객관식 경제법

양 명 조

신 조 사

머 리 말

이 책은 사법시험 1차시험의 선택과목인 경제법의 객관식 문제에 대비할 수 있도록 집필되었다. 경제법의 시험범위에 포함되어 있는 독점규제 및 공정거래에 관한 법률, 소비자기본법, 약관의 규제에 관한 법률, 할부거래에 관한 법률, 방문판매 등에 관한 법률, 전자상거래 등에서의 소비자보호에 관한 법률의 6개 법률에서 기본적이고 중요한 내용을 망라하여 5지선택형 문제로 만들고 각 문제마다 상당한 분량의 해설을 붙였다.

이 책에서 특별히 정성을 기울인 부분은 2012년, 2013년의 개정법률 내용이 충실하게 반영되도록 하였고, 2013년도 사법시험까지 5~6년분의 기출문제에 상세한 해설을 하였다는 점이다. 아울러 밀가루 담합 손해배상사건 판결, 재판매가격유지행위사건 판결 등 최근의 중요한 사건 대법원 판결을 문제에 반영하였다. 개정법률 중 공정거래위원회의 전속고발권이 크게 제한된 부분, 부당지원행위의 요건 중 '현저히 유리한'이 '상당히 유리한'으로 개정된 부분, 특수관계인에 대한 부당한 이익의 제공금지가 추가된 부분 역시 모두 문제에 반영하였다. 그 밖에 회사분할에 따른 과징금 부과 · 징수대상사업자의 선정, 처분시효기간의 연장, 법 위반 사항의 판단시점을 심리종결일로 확정한 것 등도 중요한 개정내용들이다. 해당 부분의 내용은 모두 저자의 다른 저서 「경제법」에 상세하게 설명되어 있다.

이 책을 발간함에 있어서 이화여자대학교 대학원에서 박사과정을 이수하고 있는 남윤경 변호사가 원고정리와 교정을 맡아서 수고하였다. 출판을 맡아주신 이명재 사장님과 송일근 주간님, 이종은 부장님께 감사드린다.

2013년 9월

양 명 조

차 례

제 1 장 경제법 총설

01. **경제법의 특징을 설명한 것 중 옳지 않은 것은?**

① 경제법은 자본주의 경제의 발전과정에서 나타난 모순을 극복하고 국가의 경제에 대한 통제를 규범화하기 위하여 나타나게 되었다.

② 경제법은 국가가 경제정책을 효율적으로 수행하기 위하여 제정한 모든 법규범의 총체이다.

③ 경제법은 자유방임주의에 입각한 근대 시민법 원리의 모순을 직시하고 이를 부정하는 바탕 위에서 새로운 법원리를 구성하고 있다.

④ 경제 외적 목적을 추구하기 위한 법률도 때로는 경제정책적인 목적을 위하여 이용되는 경우가 있으며, 이 경우에는 그 한도에서 경제법으로서의 성격을 가지게 된다.

⑤ 경제법은 국가의 경제에 대한 간섭을 통하여 시장기구를 유지하고, 보완하는 기능을 수행하고 있다.

해설

③ 경제법은 경제에 대한 국가의 규제를 인정하는 것은 사실이나 근대 시민법 원리를 부정하는 것이 아니라 근대 시민법의 자유시장경제적 요구와 현대자본주의 경제의 사회조화 요구를 동시에 실현하려고 한다. ④ 헌법 제23조 제1항(사유재산제), 제119조 제1항(시장경제) 등은 경제법의 근거와 한계를 제시하며, 행정법 · 민법 · 형법 등도 일정 부분에서 경제법의 성격을 띤다. 특히 세법은 경제법과 밀접한 관련이 있다. <답 ③>

02. **경제법상 규제에 관한 다음 설명 중 옳지 않은 것은?**

① 규제는 통제나 금지의 측면 외에 지원과 조성의 측면도 중요시된다.

② 경제법상의 규제는 경제정책을 실현하기 위한 국가의 경제에 대한 개입을 의미한다.

③ 권력적 규제로서는 법률에 의한 강제와 행정처분에 의한 규제가 있으며, 비권력적 규제로서는 국가의 기업운영 · 보조금교부 · 행정지도가 있다.

④ 규제는 경제생활에 있어서의 법률관계를 대상으로 하며, 사실관계는 규제대상에서 제외한다.

⑤ 규제대상이 되는 기업에는 금융 · 보험 · 운송 등 각종의 보조기업이 포함된다.

해설

③ 경제법상의 규제 방법은 크게 권력적인 규제와 비권력적 규제의 두 가지로 나눌 수 있다. 권력적 규제 중 행정처분에 의한 규제로는 명령적 행위와 형성적 행위가 있고, 비권력적 규제 중 행정지도에는 권고 · 지시 · 지도 등이 있다.
④ 경제법상 규제의 주체는 국가이며, 그 객체는 기업과 개인이다. 규제의 범위는 경제생활에 관한 법률관계와 사실관계 전반에 미치며, 생산 · 분배 · 소비로 이루어지는 경제순환의 전 과정과 각종의 보조기업이 규제대상이 된다. <답 ④>

03. **경제법과 다른 법과의 관계에 관한 다음 설명 중 옳지 않은 것은?**

① 세법도 특정 산업에 대한 조세의 감면 등을 통하여 정책적인 목적을 실현하는 경우에는 경제법에 포함된다.

② 민법상의 제도만으로는 경제법적 과제를 수행하지 못하는 경우, 경제활동에 대한 허가 등과 같은 공법적 규제가 따르게 되고 이 경우 경제법이 된다.

③ 임금이 물가정책적인 차원에서 통제되는 경우에는 경제법의 영역에 포함된다.

④ 경제에 대한 국가적 규제가 행정권에 의한 규제로 나타나는 경우, 행정법은 경제법과 일치하게 된다.

⑤ 경제활동의 국제화에 따라 국제경제에 관련된 조약도 경제법의 일부를 형성한다.

해설

④ 경제에 대한 국가적 규제 중에서 경제 외적 목적에 의한 규제는 행정법에는 속할 수 있지만 경제법에는 포함될 수 없다. 예컨대 유해식품 또는 첨가물의 제조 · 판매를 허가하는 식품위생법상의 규제는 행정법이기는 하지만 경제법은 아니다. <답 ④>

04. **다음은 경제법상 규제의 종류와 그 예에 대한 설명이다. 옳지 않은 것은?**

① 기업결합의 시정조치는 명령적 행위이다.

② 공동행위의 인가는 형성적 행위이다.

③ 행정지도는 비권력적 · 사법적 수단에 의한 행정개입이다.

④ 각종 권고는 행정지도의 예이다.

⑤ 불공정거래행위금지 규정을 위반한 사업자에 대한 형벌은 법률에 의한 직접규제이다.

✍ **해설** ....

행정지도는 경제현상의 유동성으로 법률적 규제가 적합성이 없는 경우 행해지는 비권력적 경제규제이다. 비권력적·사법적(私法的) 수단에 의한 행정개입은 시장실패를 시정하기 위한 국가의 개입으로 직접개입(공기업)과 사경제 지원(보조금, 세제혜택) 등이 있다. <답 ③>

제 2 장 경제법의 집행

제 1 절 집행기관(공정거래위원회)

01. 다음은 공정거래위원회에 관한 설명이다. 옳지 않은 것은?

① 공정거래위원회가 합의제행정기관이라 함은 위원 전원의 합의로 의결하라는 취지이다.

② 공정거래위원회는 준입법권과 준사법권까지 갖는 독립규제위원회이다.

③ 공정거래위원회의 권한과 위상은 독점규제법이 행정규제주의를 채택하고 있음을 보여준다.

④ 언론은 공정거래위원회의 전원회의의 회의장에 참석하여 심리과정을 취재할 수 있는 것이 원칙이다.

⑤ 공정거래위원회의 사건에 관한 의결의 합의는 공개대상이 아니다.

해설

① 독임제행정기관이 아니라는 뜻일 뿐 '합의'를 강조하는 것은 아니다. <답 ①>

02. 공정거래위원회의 조직과 성격 및 그 사무에 관한 다음 설명 중 옳지 않은 것을 모두 고른다면?

(가) 공정거래위원회는 독점규제법의 집행만을 관장하는 것은 아니다.

(나) 공정거래위원회는 독립규제위원회로서 행정권 외에 준입법권과 준사법권을 가진다.

(다) 피심인의 이의신청에 대한 재결권과 과태료부과권은 공정거래위원회의 준사법권에 속하지만 위법한 기업결합에 대한 이행강제금 부과권은 준사법권에 해당하지 아니한다.

(라) 공정거래위원회의 위원장은 공정거래위원회를 대표하며 중앙행정기관으로서 그 소관사무를 수행한다.

(마) 공정거래위원회는 그 운영에 필요한 사항을 규칙으로 정할 수 있는데 이는 준입법권의 중요한 예이다.

① (다), (라) ② (다), (라), (마) ③ (나), (다), (라)
④ (다) ⑤ (다), (마)

해설

(다) 이행강제금부과권과 과징금부과권 모두 준사법권에 해당한다. (라) 위원장은 다른 부처의 장관과 달라서 그 자신은 중앙행정기관이 아니고 공정거래위원회가 중앙행정기관이다. <답 ①>

03. 공정거래위원회의 위원에 관한 설명 중 옳지 않은 것은?

① 공정거래위원회는 9인의 위원으로 구성되는데, 5인 이상이 같은 정당에 소속되어서는 안 된다.
② 공정거래위원회의 위원장과 부위원장은 국무총리의 제청으로 대통령이 임명한다.
③ 공정거래위원회의 상임위원과 비상임위원의 자격요건은 같다.
④ 위원장은 국회의 인사청문을 거쳐야 한다.
⑤ 독점규제 및 공정거래 또는 소비자분야에 경험 또는 전문지식이 있는 자로서 15년 이상 변호사의 직에 있던 자는 공정거래위원회 위원장에 임명될 수 있다.

해설

① 공정거래위원회 위원은 정당가입 자체가 금지된다(법 제41조). 참고로 미국의 연방거래위원회(FTC)의 위원에 대하여는 일정 수 이상의 위원들이 동일정당의 정당원이 될 수 없도록 하는 정당편중 금지규정이 마련되어 있다. ④ 법 제37조 제2항. <답 ①>

04. 공정거래위원회의 회의에 대한 다음 설명 중 옳지 않은 것은?

① 공정거래위원회의 회의는 위원 전원으로 구성되는 전원회의와, 위원 일부로 구성되는 소회의로 구분된다.
② 소회의는 상임 · 비상임을 불문하고 위원 3인으로 구성된다.
③ 소회의에 관한 사항이라도 소회의의 결정으로 전원회의에서 처리하도록 할 수 있다.
④ 공정거래위원회의 처분에 대하여 이의신청이 있는 경우 그에 대한

재결은 전원회의에서 심의 · 의결한다.

⑤ 전원회의의 의사는 재적위원 과반수의 찬성으로 의결하고 소회의 의사는 구성위원 전원의 출석과 출석위원 전원의 찬성으로 의결한다.

해설

② 소회의는 상임위원 1인을 포함한 3인의 위원으로 구성된다. <답 ②>

05. 공정거래위원회의 회의에 대한 다음 설명 중 옳지 않은 것은?

① 전원회의의 의사는 공정거래위원회 위원장이 주재한다.

② 공정거래위원회의 심리와 의결은 공개함이 원칙이나, 사업자 또는 사업자단체의 사업상의 비밀을 보호할 필요가 있다고 인정할 때에는 공개하지 않는다.

③ 공정거래위원회의 심리는 서면심리를 원칙으로 하되, 필요한 경우 구술심리로 할 수 있다.

④ 공정거래위원회의 사건에 관한 의결의 합의는 공개하지 않는다.

⑤ 공정거래위원회는 의결서 등에 오기, 계산착오, 그 밖에 이와 유사한 오류가 있는 것이 명백한 때에는 신청에 의하거나 직권으로 경정할 수 있다.

해설

① 법 제42조 제1항. ② 법 제43조 제1항. ③ 구술심리가 원칙이고, 필요한 경우 서면심리로 할 수 있다(법 제43조 제2항). ④ 법 제43조 제3항. ⑤ 법 제45조 제2항. <답 ③>

06. 다음 중 공정거래위원회 전원회의가 심의 · 의결하는 사항이 아닌 것은?

① 공정거래위원회가 법령이나 규칙 · 고시의 해석적용에 관하여 종전에 결정한 의견을 변경할 필요가 있는 사항

② 이의신청의 규정에 의한 이의신청

③ 소회의에서 의결되지 아니하거나 소회의가 전원회의에서 처리하도록 결정한 사항

④ 규칙 또는 고시의 제정 또는 변경

⑤ 경제적 파급효과가 중대한 사항 기타 공정거래위원장이 전원회의에서 처리하는 것이 필요하다고 인정한 사항

✍ **해설**

⑤ 전원회의 스스로 전원회의에서 처리하는 것이 필요하다고 인정한 사항에 대해 전원회의가 심의 · 의결한다(법 제37조의3 제5호). <답 ⑤>

07. 공정거래위원회의 사건 심의 · 의결에 있어서 위원 및 관련자의 제척 · 기피 · 회피에 관한 다음 설명 중 옳은 것은?

① 공정거래위원회의 자문 변호사는 피심인이 공정거래위원회를 상대로 제기한 불복의 소에서 공정거래위원회를 대리할 수 없다.

② 경제학 교수인 위원은 자기가 봉직하고 있는 대학교가 피심인이 되어 있는 사건의 심의 · 의결에 참여할 수 없다.

③ 변호사인 위원은 자기가 속한 법무법인이 고문으로 있었던 회사가 피심인인 사건의 심의 · 의결에서 제척된다.

④ 공인회계사인 위원은 자기와 친족관계에 있었던 자가 피심인으로 되어 있는 사건의 심의 · 의결을 회피하여야 한다.

⑤ 일정기간 피심인을 대리하였던 변호사라도 수임인 지위를 사퇴하였다면, 위원으로서 그 피심인의 같은 사건의 심의 · 의결에서 제척되지 아니한다.

✍ **해설**

①과 같은 제한은 없다. ② 법 제44조 제1항 제5호에 해당하는 것으로 보아야 한다. ③ 그 소속 법무법인이 계속하여 고문으로 있는 피심인의 사건에 대하여만 제척된다(법 제44조 제1항 제2호). ④ 회피가 바람직하지만 회피하여야 하는 것은 아니다(동조 제3항). ⑤ 위원이 대리인으로 관여한 적이 있는 피심인의 사건에 대하여는 현재 대리인으로 관여하고 있지 않더라도 제척된다(동조 제1항 제4호). <답 ②>

08. 독점규제법상 공정거래위원회의 설치 및 운영에 관한 사항 중 옳지 않은 것은?

① 공정거래위원회가 법에 위반되는 사항에 대해 의결하는 경우에는 그 이유를 명시한 의결서로 하여야 한다.

② 공정거래위원회에는 규칙제정권이 부여되어 있다.

③ 위원은 징역 이상의 형의 선고를 받은 경우를 제외하고는 그 의사에 반하여 면직되지 않는다.

④ 대학에서 15년 이상 근무한 부교수인 자는 소비자분야에 경험 또는 전문지식이 있다면 공정거래위원회의 위원에 임명될 수 있다.

⑤ 공정거래위원회의 위원장은 위원기피신청에 대하여 공정거래위원회의 의결을 거치지 아니하고 결정한다.

해설

③ 금고 이상의 형의 선고 외에 장기간의 심신쇠약으로 직무를 수행할 수 없게 된 경우에도 의사와 관계없이 면직될 수 있다(법 제40조). <답 ③>

09. **독점규제법상의 공정거래위원회가 위반행위의 조사 및 의견청취 등을 위하여 행할 수 있는 처분으로 명시되어 있지 않은 것은?**

① 해당사업자의 사무소나 사업장에의 출입
② 전산자료와 영상자료의 조사
③ 제출된 자료나 물건의 영치
④ 당사자, 이해관계인 또는 참고인의 출석 및 의견청취
⑤ 증거확보를 위해 긴급한 경우에 압수 · 수색

해설

법 제50조 제1항에 ①②③④가 열거되어 있다. <답 ⑤>

10. **공정거래위원회에 대한 설명 중 옳지 않은 것은?**

① 공정거래위원회는 국무총리 직속기관으로 설치한다.
② 공정거래위원회 위원장은 행정처분을 할 수 있다.
③ 공정거래위원회는 중앙행정기관으로서 그 소관사무를 수행한다.
④ 공정거래위원회의 위원장은 국무회의에 출석하여 발언할 수 있다.
⑤ 공정거래위원회는 위반사실이 있다고 인정할 때에는 직권으로 필요한 조사를 할 수 있다.

해설

② 공정거래위원회가 국무총리직속의 행정기관이고 위원장이 행정기관인 것은 아니다. <답 ②>

11. **「독점규제 및 공정거래에 관한 법률」상 공정거래위원회에 관한 설명으로 옳지 않은 것은?** 〈2012 사시〉

① 공정거래위원회는 국무총리소속하에 설치되어 있다.
② 위원장은 국무총리의 제청으로 대통령이 임명한다.
③ 부위원장 · 기타 위원은 위원장의 제청으로 대통령이 임명한다.

④ 공정거래위원회의 사건에 관한 의결의 합의는 공개하지 아니한다.
⑤ 상임위원뿐만 아니라 비상임위원도 정당가입이 금지된다.

해설

③ 위원장과 부위원장은 국무총리의 제청으로 대통령이 임명하고, 기타 위원은 위원장의 제청으로 대통령이 임명한다(법 제37조 제2항) <답 ③>

제 2 절 집행절차

01. 동의의결제도에 대한 다음의 설명 중 옳지 않은 것은?

① 공정거래위원회의 조사를 받고 있는 사업자는 당해 조사의 대상이 되는 행위로 인한 경쟁제한상태 등의 자발적 해소, 소비자 피해구제 등을 위하여 동의의결을 하여 줄 것을 공정거래위원회에 신청할 수 있다.
② 공정거래위원회의 동의의결을 받게 되면 해당 행위가 이 법에 위반된다고 인정한 것을 의미하므로, 다른 소송에서 당사자는 신청인이 동의의결을 받은 사실을 들어 해당 행위가 이 법에 위반된다고 주장할 수 있다.
③ 공정거래위원회는 동의의결의 기초가 사실관계가 현저히 변경된 경우 동의의결을 취소할 수 있다.
④ 공정거래위원회가 동의의결을 취소한 경우에도 신청인이 동의의결을 하여줄 것을 신청하면 공정거래위원회는 다시 동의의결을 할 수 있다.
⑤ 공정거래위원회는 정당한 이유 없이 상당한 기한 내에 동의의결을 이행하지 아니한 자에게 동의의결이 이행되거나 취소되기 전까지 이행강제금을 부과할 수 있다.

해설

① 법 제51조의2 제1항. ② 공정거래위원회의 동의의결은 해당 행위가 이 법에 위반된다고 인정한 것을 의미하지 아니하며, 누구든지 신청인이 동의의결을 받은 사실을 들어 해당 행위가 이 법에 위반된다고 주장할 수 없다(법 제51조의2 제4항). ③ 법 제51조의4 제1호. ④ 법 제51조의4 제2항. ⑤ 법 제51조의5 제1항. <답 ②>

02. **다음은 독점규제법의 심결절차에 대한 설명이다. 옳지 않은 것은?**

① 공정거래위원회는 독점규제법의 규정에 위반하는 행위가 있는 경우에 당해 사업자 또는 사업자단체에 대하여 시정방법을 정하여 이에 따를 것을 권고할 수 있다.

② 위원회의 심결을 거치기에는 시간적 여유가 없는 경우나 시간경과로 피해가 큰 경우 시정권고를 할 수 있다.

③ 시정권고는 서면으로 하며 시정권고를 받은 자는 통지받은 날로부터 10일 이내에 수락 여부를 통지하여야 한다.

④ 시정권고를 불수락하거나 기간 내에 통지가 없는 경우는 공정거래위원회의 의결을 생략하고 시정명령을 내릴 수 있다.

⑤ 공정거래위원회는 독점규제법의 규정에 위반되는 사항에 대하여 시정조치 또는 과징금부과명령을 하기 전에 반드시 당사자 또는 이해관계인에게 의견진술의 기회를 부여하여야 한다. 그러나 신고인에게까지 의견진술의 기회를 부여할 의무는 없다.

해설

① 법 제51조 제1항. ②「공정거래위원회 회의운영 및 사건절차 등에 관한 규칙」(2011.9.7. 공정거래위원회 고시 제2011-8호) ③ 법 제51조 제2항. ④의 경우 즉시 시정명령을 내릴 수 있는 것이 아니라 정식으로 심사보고서를 작성하여 위원회의 심결에 따라 시정명령을 내린다. ⑤ 법 제52조 제1항. <답 ④>

03. **독점규제법을 위반한 사업자가 공정거래위원회의 시정권고를 받고 이를 수락하였으나 당해 시정권고의 내용을 이행하지 않았다. 이 경우에 공정거래위원회가 당해 법위반 사업자에 대하여 취할 수 있는 조치로서 옳은 것은?**

① 시정조치 불이행으로 고발조치를 할 수 있다.

② 시정권고는 법적 구속력이 없기 때문에 당사자의 동의에 관계없이 별도의 조치를 취할 수 없다.

③ 법을 위반했던 것은 사실이므로 경고조치를 할 수 있다.

④ 공정거래위원회의 심결절차를 거쳐 시정명령을 내린다.

⑤ 과태료를 부과할 수 있다.

해설

시정권고를 받은 자가 시정권고를 수락한 때에는 시정조치가 명해진 것으로 보기 때문에 그후 시정권고의 내용을 이행하지 아니하면 벌칙의 적용을 받는다

(법 제51조 제3항, 제67조 제6호). <답 ①>

04. 공정거래위원회의 사건절차는 직권조사나 신고에 의하여 개시된다. 누구든지 독점규제법의 규정에 위반되는 사실이 있다고 인정할 때에는 그 사실을 공정거래위원회에 신고할 수 있다. 위법사실의 신고에 관한 다음의 서술 중 옳지 않은 것을 모두 고른다면?

(가) 이 경우의 신고는 법에 위반되는 사실에 관한 직권발동을 촉구하는 단서를 제공하는 것으로 보아야 한다.
(나) 신고인은 공정거래위원회에 시정조치를 청구할 권리를 가진다.
(다) 공정거래위원회는 사건조사의 결과를 서면으로 당해 사건의 당사자에게 통지하여야 하는데 공정거래위원회는 신고인에게도 통지를 하고 있다.
(라) 대법원 판결은 신고인에 대한 통지와 사건당사자에 대한 통지의 성질을 서로 다르게 보고 있다.
(마) 신고인은 공정거래위원회가 신고사실에 대하여 무혐의 또는 각하처리한 경우 그러한 조치를 대상으로 항고소송을 제기할 수 있다.
(바) 신고에 대해 공정거래위원회가 무혐의결정을 내린 경우 신고인은 자료를 보완하여 다시 신고할 수 있으며 반드시 서면으로 하여야 하는 것은 아니다.

① (나), (마) ② (나), (다), (마) ③ (다), (라), (마)
④ (가), (나), (다) ⑤ (가), (나)

해설

(가)(나) 신고는 직권발동의 단서제공에 불과하고 구체적인 청구권을 인정한 것은 아니다(대판 1989.5.9, 88누4545). (다) 법 제49조 제3항에서 사건당사자에게 조사결과를 통지할 의무를 공정거래위원회에 부과하고 있는데 신고인까지 당사자에게 포함시키는 것은 잘못된 이해이다. 어쨌든 공정거래위원회는 신고인에게도 결과를 알려주고 있다. (라)(마) 대법원 판례는 신고인에 대한 통지를 '회시'라고 부르면서 당사자에 대한 '통지'와 구별하고 있다. 아울러 공정거래위원회의 무혐의 또는 각하처리로써 신고인의 권리의무에 영향을 미치지 아니하므로 항고소송의 대상이 되는 행정처분에 해당하지 않는다고 판시하였다(대판 2000.4.11, 98두5682). (바) 구두나 전화신고도 긴급하거나 부득이한 경우에는 허용된다(법 제49조 제2항; 시행령 제54조). <답 ①>

05. 공정거래위원회의 사건처리에 관한 다음 서술 중 옳지 않은 것은?

① 공정거래위원회가 신고 또는 직권인지에 따라 조사를 한 경우에는 그 결과를 서면으로 당해 사건의 당사자에게 통지하여야 한다.
② 공정거래위원회의 심의·의결절차에 있어서 피심인은 변호사 자격을 가지지 않은 자를 대리인으로 선임할 수 있다.
③ 시정권고를 받은 자가 권고를 수락한 때에는 시정조치가 있는 것으로 보므로 수락 후 권고를 이행하지 아니하면 시정조치 불이행이 되고 고발과 형사처벌의 대상이 된다.
④ 공정거래위원회는 사건의 조사를 위하여 당사자들의 출석명령이나 필요한 자료·물건의 제출을 명할 수 있는데 이러한 조사를 거부·방해 또는 기피한 자는 2억원 이하의 벌금을 부과받을 수 있다.
⑤ 공정거래위원회가 독점규제법에 위반되는 사항에 대하여 의결하는 경우에는 그 사항에 관한 심리를 종결하는 날까지 발생한 사실을 기초로 판단한다.

해설

① 법 제49조 제3항. ②「공정거래위원회 회의운영 및 사건절차등에 관한 규칙」 제36조 제1항. ③ 법 제67조 제6호. ④ 벌금이 아니라 과태료 제재가 규정되어 있다(법 제69조의2). ⑤ 법 제46조. <답 ④>

06. 다음은 공정거래위원회의 처분에 대하여 피심인이 다투는 불복절차에 관한 서술이다. 옳지 않은 것은?

① 피심인은 이의신청절차를 거치지 않고 바로 불복의 소를 제기할 수 있다.
② 공정거래사건의 당사자 또는 신고인이나 공정거래법 위반행위로 인한 피해자는 공정거래위원회에 대하여 처분과 관련된 자료의 열람 또는 복사를 요구할 수 있다. 이러한 요구에 대하여 공정거래위원회는 자료를 제출한 자의 동의가 있거나 공익상 필요하다고 인정할 때에는 이에 응하여야 한다.
③ 법 위반 여부에 대한 공정거래위원회의 판단은 피해자의 손해배상청구소송에서 담당재판부를 구속하지 아니한다.
④ 피심인의 이의신청에 대하여 공정거래위원회는 30일 이내에 재결하여야 하되 부득이한 경우에는 30일의 범위내에서 결정으로 기간을

연장할 수 있다.

⑤ 공정거래위원회의 처분에 대한 불복의 소는 공정거래위원회의 처분의 통지를 받은 날 또는 이의신청에 대한 재결서의 정본을 송달받은 날로부터 30일 이내에 제기하여야 하며 서울고등법원의 전속관할에 속한다.

해설

④ 60일 이내에 재결하여야 한다(법 제53조 제2항). <답 ④>

07. 공정거래위원회의 심결절차에 관한 다음 설명 중 옳지 않은 것은?

① 시정명령, 과징금납부명령과 고발결정은 반드시 공정거래위원회의 심결절차를 거쳐야 한다.

② 심결절차는 심사관과 피심인이 출석하여야 개의할 수 있는 것이 원칙이다.

③ 피심인의 대리인이 될 수 있는 자는 변호사의 자격을 가진 자라야 한다.

④ 이해관계 있는 제3자도 공정거래위원회의 회의에 출석하여 그 의견을 진술할 권리를 가진다.

⑤ 공정거래위원회는 법위반행위가 소멸하였더라도 재발방지가 필요한 경우 시정조치를 의결할 수 있다.

해설

③ 피심인의 대리인이 될 수 있는 자는 (i) 변호사, (ii) 피심인이 법인인 경우에는 그 임원 등 기타 각 회의의 허가를 얻은 자이다(「공정거래위원회 회의운영 및 사건절차 등에 관한 규칙」(2011.9.7. 공정거래위원회 고시 제2011-8호)제36조). <답 ③>

08. 공정거래위원회의 조사절차와 시정조치에 관한 다음 설명 중 옳지 않은 것은?

① 독점규제법에서는 공정거래위원회가 신고에 의하여 법 위반 사실을 인지한 경우에 조사결과를 서면으로 신고인에게 통지하도록 규정하고 있다.

② 시정명령의 내용은 가까운 장래에 반복될 우려가 있는 동일한 유형의 행위의 반복금지까지 명할 수 있다.

③ 독점규제법 위반행위에 대한 시정조치의 내용은 위법행위 유형별로

규정되어 있다.

④ 공정거래위원회가 위법행위자에게 시정방안을 정하여 이에 따를 것을 권고한 경우에 권고를 받은 자는 시정권고의 통지를 받은 날로부터 10일 이내에 당해 권고의 수락 여부를 공정거래위원회에 통지하여야 한다.

⑤ 당사자 또는 이해관계인은 공정거래위원회의 회의에 출석하여 그 의견을 진술하거나 필요한 자료를 제출할 수 있다.

✍ **해설**

①의 경우 법 제49조 제3항에서는 조사결과를 '당사자'에게 통지하여야 한다고 규정하고 있는데 신고인은 당사자에 포함되지 아니한다. 그러나 신고인에 대한 통지도 하도록 하는 것이 바람직하다 할 것이다. ② 독점규제 및 공정거래에 관한 법률에서 시정명령 제도를 둔 취지에 비추어 시정명령의 내용은 가까운 장래에 반복될 우려가 있는 동일한 유형의 행위의 반복금지까지 명할 수 있는 것으로 해석함이 상당하다(대판 2010.11.25, 2008두23177). ④ 법 제51조 제2항.

<답 ①>

09. 다음은 독점규제법상 시정조치명령의 집행정지제도에 대한 설명이다. 옳지 않은 것은?

① 공정거래위원회는 독점규제법의 규정에 의한 시정조치명령을 받은 자가 이의신청을 제기한 경우에 일정한 요건이 갖추어진 때에는 당사자의 신청이나 직권에 의하여 그 명령의 이행 또는 절차의 속행에 대한 정지를 결정할 수 있다.

② 집행정지를 결정하기 위해서는 명령의 이행 또는 절차의 속행으로 인하여 발생할 수 있는 회복하기 어려운 손해를 예방하기 위하여 필요하다고 인정되어야 한다.

③ 공정거래위원회는 집행정지의 결정을 한 후에 집행정지의 사유가 없어진 경우에는 당사자의 신청 또는 직권에 의하여 집행정지의 결정을 취소할 수 있다.

④ 독점규제법상 시정조치의 집행정지제도도 행정법상의 집행정지제도의 특칙이라고 할 수 있다.

⑤ 공정거래위원회는 집행정지의 요건이 갖추어진 경우에도 집행정지 여부를 결정할 수 있다.

✍ **해설**

① 법 제53조의2. ⑤ 일반적인 행정쟁송에서와 마찬가지로 공정거래위원회는

위와 같은 요건이 만족된 경우에는 집행정지를 결정할 의무가 있다고 해석하여야 한다. <답 ⑤>

10. **독점규제법 위반행위에 대한 조사 등의 절차에 관한 다음 설명 중 옳지 않은 것은?**

① 공정거래위원회의 위임을 받은 심사관 또는 조사공무원이 법위반행위를 조사한다. 이 경우 당사자, 이해관계인 또는 참고인의 출석 및 의견청취를 할 수 있다.
② 공정거래위원회는 필요한 경우에는 제출된 자료나 물건을 영치할 수 있으나, 압수는 불가능하다.
③ 공정거래위원회는 사업자, 사업자단체 또는 이들의 임직원에 대하여 원가 및 경영상황에 관한 보고를 하게 할 수 있다.
④ 시정조치 등의 이행확보가 사실상 불가능하다고 인정되는 경우에는 무혐의 결정을 내린다.
⑤ 공정거래위원회는 필요한 경우에 감정인을 지정하고 감정을 위촉할 수 있다.

해설

④ 피심인의 사망 · 해산 · 도산 · 폐업 또는 이에 준하는 사유 발생으로 시정조치 등의 이행확보가 사실상 불가능하다고 인정할 때에는 종결처리결정을 내린다. <답 ④>

11. **독점규제법상 공정거래위원회의 금융거래정보요구권에 대한 설명 중 옳지 않은 것은?**

① 공정거래위원회는 내부거래공시대상회사의 부당지원행위에 대한 조사와 관련하여 일정한 경우 금융기관의 특정점포의 장에게 금융거래정보의 제출을 요구할 수 있다.
② 공정거래위원회로부터 금융거래정보의 제출을 요구받은 금융기관의 특정점포의 장은 이를 제공하여야 한다.
③ 공정거래위원회가 요구하는 금융거래정보의 범위는 부당지원행위와 관련된 금융거래정보에 한하지 않는다.
④ 금융거래정보제출의 요구는 법위반행위에 대한 상당한 혐의가 있는 경우에 이에 의하지 않고는 법위반여부를 확인할 수 없는 경우에 한하여 인정된다.

⑤ 금융거래정보를 제공받은 자는 그 자료를 타인에게 제공 또는 누설하거나 그 목적 외의 용도로 이를 이용하여서는 아니된다.

해설

① 법 제50조 제5항 전단. ② 법 제50조 제5항 후단. ③ 요구하는 금융거래정보의 내용은 부당지원행위와 관련된 혐의가 있다고 인정되는 자의 금융기관과의 부당지원행위와 관련된 금융거래정보에 한한다(법 제50조 제5항 제5호). ④ 법 제50조 제7항. ⑤ 법 제50조 제9항. <답 ③>

12. 독점규제법상의 시효제도에 관한 다음 설명 중 옳지 않은 것은?

① 공정거래위원회가 이 법 위반행위에 대하여 조사를 개시한 경우, 독점규제법 위반행위 종료일로부터 5년이 경과하면 시정조치명령이나 과징금을 부과할 수 없다.

② 독점규제법상의 위와 같은 제도를 처분시효라고 하는데 공소시효와 그 취지를 같이한다.

③ 조사절차가 처분시효 완성 전에 개시되었다 하더라도 일단 시효가 완성되면 시정조치나 과징금을 부과할 수 없다.

④ 법원의 판결에 의하여 시정조치 또는 과징금 부과 처분이 취소된 경우로서 그 판결이유에 따라 새로운 처분을 하는 경우에는 시효완성 후에도 시정조치나 과징금을 부과할 수 있다.

⑤ 처분시효가 완성된 법 위반행위에 대하여도 공정거래위원회가 고발은 할 수 있으나 독점규제법 위반행위의 형량이 장기 3년의 징역으로 되어 있어 3년의 공소시효가 적용되므로 처분시효 완성 후의 고발은 의미가 없다.

해설

① 조사를 개시한 경우 조사개시일로부터 5년, 조사를 개시하지 않았다면 위반행위의 종료일로부터 7년이 경과하면 시정조치나 과징금을 명할 수 없다(법 제49조 제4항). ③ 독점규제법상의 처분시효에는 시효의 중단과 같은 제도가 규정되어 있지 않다(법 제49조 제4항). <답 ①>

13. 독점규제법의 위반행위에 대하여 공정거래위원회의 고발이 없더라도 검찰이 공소를 제기할 수 있는 경우로 옳은 것은?

① 시장지배적지위를 남용한 경우

② 일정한 거래분야에서 경쟁을 실질적으로 제한하는 기업결합을 한

경우

③ 지주회사의 설립 또는 전환의 신고를 하지 아니한 경우

④ 부당한 공동행위를 한 경우

⑤ 위법한 재판매가격유지행위를 한 경우

해설

①④⑤와 같이 법 제66조와 제67조에서 규정하고 있는 위법행위 유형만 전속고발권의 대상이 되고, ③과 같이 법 제68조에 규정된 행위유형에 대하여는 공정거래위원회의 고발이 없더라도 검찰이 공소를 제기할 수 있다. <답 ③>

14. **「독점규제 및 공정거래에 관한 법률」상 공정거래위원회가 부과한 시정조치 또는 과징금 등에 대한 불복절차에 관한 설명으로 옳지 않은 것은?** 〈2007 사시〉

① 공정거래위원회가 내린 과징금 부과처분에 불복이 있는 경우에는 처분의 통지를 받은 날부터 30일 이내에 공정거래위원회에 이의신청을 할 수 있다.

② 공정거래위원회가 내린 시정조치명령에 대한 불복의 소는 처분의 통지를 받은 날 또는 이의신청에 대한 재결서의 정본을 송달받은 날부터 30일 이내에 제기하여야 한다.

③ 공정거래위원회는 이의신청이 제기된 경우에 시정조치명령에 대해서는 집행정지를 결정할 수 있으나 과징금 부과처분에 대해서는 집행정지를 결정할 수 없다.

④ 공정거래위원회 위원의 면직처분에 대한 불복의 소는 서울고등법원을 전속관할로 한다.

⑤ 공정거래위원회가 내린 경고에 대해서는 같은 법률상 불복의 소를 제기할 수 없다.

해설

① 법 제53조 제1항. ② 법 제54조 제1항. ③ 법 제53조의2 제1항에서는 시정조치명령의 집행정지만을 규정하고 있다. ④ 서울고등법원을 전속관할로 하는 것은 독점규제법 위반자에 대한 공정거래위원회의 처분에 대해 당사자가 불복의 소를 제기하는 경우이다(법 제55조). ⑤ 경고는 독점규제법상의 처분이 아니므로 이에 대해서는 동 법률상의 불복의 소를 제기할 수 없다(법 제54조 참조).
<답 ④>

15. **「독점규제 및 공정거래에 관한 법률」위반의 혐의가 있는 사건의 사실 조사를 위해 공정거래위원회가 행사할 수 있는 권한에 해당하지 않는 것은?** 〈2008 사시〉

① 당사자, 이해관계인 또는 참고인의 출석 및 의견 청취 요구
② 사업자, 사업자단체 또는 이들의 임직원에 대하여 필요한 자료나 물건의 제출을 명하는 것과 제출된 자료나 물건의 영치
③ 사업자, 사업자단체의 사무소 또는 사업장 출입 및 자료나 물건의 조사
④ 영장에 의한 물건의 조사
⑤ 부당지원행위의 혐의와 관련물건의 조사요구

해설

①②③⑤는 법 제50조에 규정되어 있다. ④ 공정거래위원회는 영장에 의한 압수수색권은 없다. <답 ④>

16. **「독점규제 및 공정거래에 관한 법률」상 공정거래위원회의 시정조치에 관한 설명 중 옳지 않은 것은?** 〈2010 사시〉

① 시장지배적사업자의 지위 남용행위에 대하여는 고의·과실이 없어도 시정조치를 할 수 있다.
② 주식취득에 의한 기업결합이 경쟁을 실질적으로 제한할 우려가 있는 경우 영업양도와 같은 구조적 시정조치를 내리는 것도 가능하다.
③ 합의에 의한 부당공동행위에 대하여 일정한 경우 과징금을 감경 또는 면제할 수 있으나, 이러한 경우에도 시정조치로 합의의 파기를 반드시 명하여야 한다.
④ 불공정거래행위의 금지에 위반하는 계약이 있는 경우 그 계약 전체를 무효로 하지 않고 문제가 된 계약조항만 삭제하도록 시정조치를 하는 것도 가능하다.
⑤ 사업자단체의 결의가 사업자단체의 금지행위 규제에 위반한 경우 그 결의의 파기를 명하는 시정조치도 가능하다.

해설

① 법 제5조. ② 법 제16조 제1항. ③ 명백한 합의가 있고, 최종 심의일까지 그 합의가 종료되지 않아 부당한 공동행위가 유지되고 있으며, 공동행위가 관행화되어 있어 합의파기라는 외형적 행위를 통해 법 위반행위를 효과적으로 종료시킬 필요가 있는 경우에 "합의파기명령"을 명할 수 있지만 의무적 사항은 아니다

(법 제22조의2; 「공정거래위원회의 시정조치 운영지침」참조). ④ 부당한 계약조항에 기초하여 불공정거래행위나 재판매가격유지행위가 이루어지고, 당해 위반행위의 시정에 부당한 계약조항의 수정 또는 삭제가 필요한 경우에 "계약조항의 수정 또는 삭제명령"을 명할 수 있다(법 제24조; 「공정거래위원회의 시정조치 운영지침」 참조). ⑤ 법 제27조; 「공정거래위원회의 시정조치 운영지침」 참조.
<답 ③>

17. **「독점규제 및 공정거래에 관한 법률」상 공정거래위원회의 사건처리 등에 관한 설명으로 옳지 않은 것은?** 〈2011 사시〉

① 공정거래위원회의 처분에 불복하는 행정소송은 서울고등법원을 전속관할로 한다.

② 지주회사 설립의 신고를 하지 아니한 자에 대하여 공소를 제기하려면 공정거래위원회의 고발이 있어야 한다.

③ 공정거래위원회의 처분에 대하여 불복이 있는 자는 그 처분의 통지를 받은 날부터 30일 이내에 그 사유를 갖추어 이의신청을 할 수 있다.

④ 공정거래위원회는 시정조치를 하기 전에 당사자 또는 이해관계인에게 의견을 진술할 기회를 주어야 한다.

⑤ 공정거래위원회는 사업자, 사업자단체 또는 이들의 임직원에 대하여 원가 및 경영상황보고 등 필요한 자료나 물건의 제출을 명할 수 있다.

해설

① 법 제54조 및 제55조. ② 법 제66조 및 제67조의 죄는 공정거래위원회의 고발이 있어야 공소를 제기할 수 있으나, 지주회사 설립의 신고를 하지 않은 경우에는 법 제68조가 적용되므로 공정거래위원회의 고발이 필요하지 않다(법 제71조 제1항). ③ 법 제53조 제1항. ④ 법 제52조. ⑤ 법 제50조 제1항 제3호.
<답 ②>

18. **「독점규제 및 공정거래에 관한 법률」상 시정조치에 관한 설명으로 옳지 않은 것은?** (다툼이 있는 경우에는 대법원 판례에 의함) 〈2012 사시〉

① 공정거래위원회는 가까운 장래에 반복될 우려가 있는 동일한 유형의 행위의 반복금지를 명할 수 있다.

② 공정거래위원회는 시장지배적사업자가 상품의 가격을 부당하게 높게 결정했다면 당해 시장지배적사업자에 대하여 가격의 인하를 명

할 수 있다.

③ 공정거래위원회는 일정한 거래분야에서 경쟁을 실질적으로 제한하는 회사 간 합병이 이루어진 경우에 합병된 회사에 대하여 직접 기업분할 명령을 할 수 있다.

④ 공정거래위원회는 기업결합의 제한규정을 위반하는 행위에 대하여 시정조치를 부과하기 위한 기준을 정하여 고시할 수 있다.

⑤ 공정거래위원회는 부당한 공동행위를 하게 한 사업자에 대하여 시정명령을 받은 사실의 공표를 명할 수 있다.

해설

③ 공정거래위원회는 일정한 거래분야에서 경쟁을 실질적으로 제한하는 회사 간 합병이 이루어진 경우에 합병된 회사에 대하여 직접 기업분할 명령을 내릴 수는 없고, 당해 회사의 합병 또는 설립무효의 소를 제기할 수 있다(법 제16조 제2항). <답 ③>

19. **甲과 乙은 밀가루를 제조 · 판매하는 사업자들이고 丙은 이들로부터 밀가루를 구매하여 빵을 만들어 판매하는 사업자이다. 甲과 乙이 밀가루 공급가격을 담합하여 판매함에 따라 丙이 피해를 입은 상황에서 「독점규제 및 공정거래에 관한 법률」에 따른 손해배상청구에 관한 설명으로 옳지 않은 것은?** 〈2013 사시〉

① 丙은 甲과 乙에 대해 공정거래위원회가 시정조치를 부과하기 전에는 손해배상을 청구할 수 없다.

② 甲과 乙은 자신들의 행위에 고의 또는 과실이 없음을 입증하는 경우에는 손해배상책임을 지지 않는다.

③ 丙에게 손해가 발생한 것은 인정되나, 그 손해액 산정에 필요한 사실을 입증하는 것이 해당 사실의 성질상 극히 곤란한 경우에는, 법원은 변론 전체의 취지와 증거조사의 결과에 기초하여 상당한 손해액을 인정할 수 있다.

④ 甲과 乙의 담합행위와 丙의 손해 사이의 인과관계는 丙이 입증하여야 한다.

⑤ 丙이 甲과 乙에 대하여 징벌적 성격의 손해배상을 청구하는 것은 허용되지 아니한다.

해설

① 2004년 개정법 이전에는 독점규제법상의 손해배상책임이 무과실책임으로 규

정되어 있었고 공정거래위원회의 시정조치가 확정된 후에야 독점규제법상의 손해배상청구소송을 제기할 수 있도록 규정되어 있었다. 그러나 2004년 개정법에서는 종래의 무과실책임규정을 입증책임 전환규정으로 바꾸고 공정거래위원회의 시정조치 여부와 관계없이 독점규제법에 따른 손해배상청구를 할 수 있게 하였다. ② 독점규제법 제56조 제1항 단서. ③ 독점규제법 제57조. ④ 독점규제법에 따른 손해배상청구의 경우에는 원고가 고의·과실을 입증할 필요가 없고 피고가 고의·과실 없음을 입증하여 책임을 면할 수 있도록 규정되어 있다(독점규제법 제56조 제1항). 그러나 그 외 손해배상청구의 요건은 민법상 불법행위의 경우와 같아, 위법한 행위의 존재 및 그로 인하여 발생한 손해존재 및 인과관계는 피해자가 입증하여야 한다. ⑤ 미국법에서와 같은 3배배상(treble damages)은 도입하지 않고 실손해배상(single damages)에 그치고 있다. 밀가루가격담합 손해배상청구사건(대판 2012.11.29, 2010다93790) 참조. <답 ①>

20. **「독점규제 및 공정거래에 관한 법률」상 동의의결에 관한 설명으로 옳지 않은 것은?** 〈2013 사시〉

① 부당한 공동행위는 동의의결의 대상이 될 수 없다.
② 공정거래위원회는 동의의결을 하기 전에 검찰총장과 협의하여야 한다.
③ 동의의결의 신청인은 경쟁질서의 회복이나 거래질서의 적극적 개선을 위하여 필요한 시정방안을 제시하여야 한다.
④ 신청인이 정당한 이유 없이 동의의결을 이행하지 아니하는 경우에는 공정거래위원회가 동의의결을 취소할 수 있다.
⑤ 동의의결 대상 행위로 인해 피해를 입은 자는 민사소송에서 동의의결을 받은 사실을 근거로 그 행위가 이 법에 위반된다는 주장을 할 수 있다.

해설

⑤ 공정거래위원회의 동의의결은 해당 행위가 이 법에 위반된다고 인정한 것을 의미하지 아니하며, 누구든지 신청인이 동의의결을 받은 사실을 들어 해당 행위가 이 법에 위반된다고 주장할 수 없다(독점규제법 제51조의2 제4항). ① 공정거래위원회는 해당 행위가 독점규제법 제19조 제1항에 따른 위반행위인 경우, 독점규제법 제71조 제2항에 따른 고발요건에 해당하는 경우, 동의의결이 있기 전 신청인이 신청을 취소하는 경우에는 동의의결을 하지 아니하고 이 법에 따른 심의 절차를 진행하여야 한다(독점규제법 제51조의2 제1항). ② 독점규제법 제51조의3 제3항. ③ 독점규제법 제51조의2 제2항 제2호. ④ 독점규제법 제51조의4 제1항 제3호. <답 ⑤>

21. **「독점규제 및 공정거래에 관한 법률」상 공정거래위원회의 조사에 관한 설명으로 옳지 않은 것은?** 〈2013 사시〉

① 조사공무원은 사업자에 대하여 조사에 필요한 자료의 제출을 명할 수 있다.

② 사업자가 공정거래위원회의 명령을 받고도 임의로 자료를 제출하지 아니하는 경우 공정거래위원회가 압수수색 영장을 발부받아 그 자료의 점유를 확보할 수 있다.

③ 사업자가 자료제출명령을 받고도 이를 이행하지 아니하는 경우 공정거래위원회는 과태료를 부과할 수 있다.

④ 고의적인 현장진입 저지를 통하여 공정거래위원회의 조사를 방해한 자는 이 법에 따른 형사처벌에 처해질 수 있다.

⑤ 조사공무원은 이 법의 시행을 위하여 필요한 최소한의 범위 안에서 조사를 행하여야 한다.

해설

② 압수수색영장을 발부받아 자료의 점유를 확보할 권한은 없다. ① 독점규제법 제50조 제3항. ③ 독점규제법 제69조의2 제1항 제6호. ④ 독점규제법 제66조 제1항 제11호. ⑤ 독점규제법 제50조의2. <답 ②>

22. **「독점규제 및 공정거래에 관한 법률」상 시정조치에 관한 설명으로 옳지 않은 것은?** (다툼이 있는 경우에는 대법원 또는 헌법재판소 판례에 의함) 〈2013 사시〉

① 시정명령을 받은 사실의 공표명령은 무죄추정의 원칙에 반하지 않는다.

② 시정조치는 가까운 장래에 반복될 우려가 있는 동일 유형 행위의 반복금지를 포함할 수 있다.

③ 이 법은 시정조치의 이행을 확보하기 위하여 위법한 기업결합으로 인하여 주식처분명령을 받은 자의 의결권 행사를 제한하고 있다.

④ 공정거래위원회는 일정한 경우 당사자의 신청에 의하여 시정조치명령의 이행에 대한 정지를 결정할 수 있다.

⑤ 시정명령을 받은 사실의 공표명령은 헌법이 보장하고 있는 양심의 자유에 반한다.

해설

①⑤ 과거 헌법재판소에서 법위반 사업자단체에 대하여 "법위반사실의 공표"를 명할 수 있도록 한 독점규제법 제27조가 양심의 자유, 일반적 행동의 자유 및 명예권을 침해하고 무죄추정의 원칙에 반한다고 결정한 후(헌재 2002.1.31, 2001헌바43), 독점규제법의 각 시정조치 조항은 "시정명령을 받은 사실의 공표"명령으로 개정되었고 이는 무죄추정의 원칙에 위반되지 않는다. ② 시정조치의 유형 중에는 부작위명령 중에 가까운 장래에 당해 법위반행위와 동일 또는 유사한 행위가 반복될 우려가 있는 경우에 명하는 행위금지명령이 있다(공정거래위원회의 시정조치 운영지침). ③ 독점규제법 제18조 제2항. ④ 시정조치명령의 집행정지(독점규제법 제53조의2 제1항). <답 ⑤>

제 3 절 과징금제도

01. 독점규제법상 과징금제도에 관한 다음 설명 중 옳지 않은 것은?

① 과징금 부과처분이 있은 후 위반행위의 기간이 잘못 계산된 것을 발견한 경우 공정거래위원회는 과징금을 재산정하여 새로 부과할 수 있다.

② 여러 개의 위반행위에 대하여 하나의 과징금 납부명령을 하였으나 여러 개의 위반행위 중 일부의 위반행위에 대한 과징금 부과만이 위법하고 소송상 그 일부의 위반행위를 기초로 한 과징금액을 산정할 수 있는 자료가 있는 경우에는, 하나의 과징금 납부명령일지라도 그 일부의 위반행위에 대한 과징금액에 해당하는 부분만을 취소하여야 한다.

③ 과징금을 부과할 때에는 법 위반행위의 내용과 정도, 위반행위의 횟수도 참작하여야 한다.

④ 분할되는 A회사의 X사업부문을 분리하여 B회사를 설립한 경우 분할일 이전에 X사업부문에서 행해진 독점규제법 위반행위에 대하여 공정거래위원회는 B회사의 행위로 보고 과징금을 부과·징수할 수 있다.

⑤ 독점규제법을 위반한 회사가 합병된 경우 합병 전 회사가 행한 위법행위는 합병 후의 존속회사나 그 합병으로 인한 신설회사가 행한 행위로 보아 과징금을 부과, 징수할 수 있다.

해설

② 대판 2009.10.29, 2009두11218. ③ 법 제55조의3 제2항 ④ 법 제55조의3 제3항. ⑤ 법 제55조의3 제4항. <답 ①>

02. **독점규제법상의 과징금제도에 관한 다음 설명 중 옳은 것은?**

① 공정거래위원회가 독점규제법을 위반한 사업자를 대상으로 과징금을 부과하는 것은 행정기관에게 사법권을 부과한 것으로서 3권분립의 원칙에 어긋난다.

② 공정거래위원회의 과징금부과에 대하여 피심인은 불복의 소를 제기할 수 없다.

③ 회사인 사업자를 대상으로 과징금을 부과하더라도 위법행위의 실행행위를 한 당해 회사의 임원들에게는 위법행위를 억제하는 효과가 제한될 수밖에 없다는 점에서 실행행위자에 대한 형사처벌이 보다 효과적인 제재수단이라 할 수 있다.

④ 과징금의 부당이득환수 측면을 강조하더라도 과징금을 부과함에 있어서 피심인이 위법행위로 얻은 이득금액과 관계없이 공정거래위원회에 폭 넓은 재량을 인정하여야 한다.

⑤ 과징금의 성격을 행정제재로 본다면 위법행위로 인하여 이득을 얻지 않은 사업자에게도 과징금을 부과할 수 있으나 과징금을 부과한 이상 독점규제법에 규정된 형벌까지 부과하면 이중처벌금지의 원칙에 반하게 된다.

해설

④ 부당이득환수의 관점이라면 이득금액을 초과하는 과징금 부과는 허용되지 않는다고 해야 일관성이 있다. ⑤ 과징금과 형벌은 그 목적을 달리하므로 이중처벌금지원칙에 반하지 않는다. <답 ③>

03. **「독점규제 및 공정거래에 관한 법률」상 공정거래위원회가 과징금의 납부기한을 연장하거나 분할납부하게 할 수 있는 경우가 아닌 것은?**

① 신규사업 진출로 인하여 자금수요가 증대된 경우

② 사업여건의 악화로 사업이 중대한 위기에 처한 경우

③ 재해로 재산에 현저한 손실을 받는 경우

④ 과징금의 일시납부에 따라 자금사정에 현저한 어려움이 예상되는 경우

⑤ 도난으로 재산에 현저한 손실을 받는 경우

해설

① 신규사업 진출로 인하여 자금수요가 증대된 경우는 이에 해당하지 않는다(법 제55의4). <답 ①>

04. **「독점규제 및 공정거래에 관한 법률」상 대통령령이 정하는 매출액의 100 분의 5의 과징금을 부과할 수 있는 행위는?** 〈2008 사시〉

① 시장지배적사업자의 지위 남용행위
② 사업자의 부당한 공동행위
③ 사업자의 부당한 고객유인행위
④ 사업자단체의 구성사업자 사업활동 제한행위
⑤ 사업자의 재판매가격유지행위

해설

① 법 제6조에서는 시장지배적사업자가 남용행위를 한 경우에는 매출액에 100 분의 3을 곱한 금액을 초과하지 아니하는 범위 안에서 과징금을 부과할 수 있다고 규정한다. ② 법 제22조에서는 사업자의 부당한 공동행위에 대하여 매출액에 100분의 10을 곱한 금액을 초과하지 아니하는 범위 안에서 과징금을 부과할 수 있다고 규정한다. ③⑤ 법 제24조의2와 제31조의2에서는 사업자의 부당한 고객유인행위와 재판매가격유지행위에 대하여는 매출액에 100분의 2를 곱한 금액을 초과하지 아니하는 범위 안에서 과징금을 부과할 수 있다고 규정하고 있다. ④ 법 제26조에서 사업자단체의 구성사업자 사업활동를 제한행위 매출액에 100분의 5를 곱한 금액을 초과하지 아니하는 범위 안에서 과징금을 부과할 수 있다고 규정한다. <답 ④>

05. **「독점규제 및 공정거래에 관한 법률」상 과징금에 관한 설명으로 옳지 않은 것은?** (다툼이 있는 경우에는 판례에 의함) 〈2009 사시〉

① 과징금을 부과한 후에 그 산정기준에 관하여 새로운 자료가 나온 경우 이를 근거로 새로운 부과처분을 할 수 있다.
② 과징금의 부과는 행정제재적 성격과 부당이득의 환수로서의 성격을 모두 갖는다.
③ 형사처벌과 아울러 과징금의 병과를 예정하고 있더라도 이중처벌금지의 원칙에 위반된다고 볼 수 없다.
④ 부과된 과징금의 액수가 법정 상한비율을 초과하지 않는다고 하더라도 그 부과처분이 비례의 원칙에 위배될 때에는 재량권의 일탈 남용에 해당한다.
⑤ 공정거래위원회는 과징금을 부과함에 있어서 위반행위의 내용과 정도, 기간과 횟수 외에 위반행위로 인하여 취득한 이익의 규모 등도 참작하여야 한다.

✍ **해설**

① 대판 1999.5.28, 99두1571. ②③ 대판 2004.4.9, 2001두6197. ④ 대판 2001.2.9, 2000두6206. ⑤ 법 제55조의3. <답 ①>

06. **「독점규제 및 공정거래에 관한 법률」상 과징금에 관한 설명으로 옳지 않은 것은?** (다툼이 있는 경우에는 대법원 판례에 의함) 〈2011 사시〉

① 공정거래위원회는 기업결합의 신고를 하지 않거나 허위의 신고를 한 자에 대하여 과징금을 부과할 수 있다.

② 공정거래위원회는 과징금의 징수 또는 체납처분에 관한 업무를 국세청장에게 위탁할 수 있다.

③ 공정거래위원회가 법원의 판결을 사유로 과징금을 환급하는 경우 환급가산금을 지급하여야 한다.

④ 공정거래위원회가 과징금을 부과하고자 하는 때에는 그 위반행위의 종별과 당해 과징금의 금액 등을 명시하여 이를 납부할 것을 서면으로 통지하여야 한다.

⑤ 공정거래위원회는 과징금의 분할납부를 허용하는 경우 담보를 제공하게 할 수 있다.

✍ **해설**

① 기업결합 신고규정을 위반한 자에 대해서는 과태료를 부과할 수 있을 뿐이다(법 제69조의2 제1항 제1호). ② 법 제55조의6 제3항. ③ 법 제55조의7. ④ 법 제55조의3 제1항; 시행령 제61조의2 제1항. ⑤ 법 제55조의4 제1항.

<답 ①>

제 4 절 사적(私的)집행

01. **독점규제법을 위반한 사업자의 손해배상책임에 대한 판례의 설명 중 옳지 않은 것은?**

① 국내 밀가루 시장점유율의 대부분을 차지하는 8개 밀가루 제조·판매회사들이 공동으로 밀가루 생산량(판매량)을 제한하고 밀가루 가격을 결정·유지·변경한 경우, 당해 밀가루 제조·판매회사는 자신들로부터 밀가루를 매입한 주식회사에게 손해를 배상할 의무가 있다.

② 위법한 가격 담합에 의하여 가격이 인상된 재화 등을 매수한 경우

에, 매수인이 입는 직접적인 손해는 특별한 사정이 없다면 실제 매수한 가격과 담합행위가 없었을 경우에 형성되었을 가격의 차액이 된다.

③ 담합행위가 없었을 경우에 형성되었을 가격('가상 경쟁가격')은 담합행위가 발생한 당해 시장의 다른 가격형성 요인을 그대로 유지한 상태에서 담합행위로 인한 가격상승분만을 제외하는 방식으로 산정한다.

④ 담합에 의하여 가격이 인상된 재화 등을 매수한 매수인이 다시 이를 제3자인 수요자에게 판매한 경우에, 재화 등의 가격 인상 후 수요자에게 판매하는 제품의 가격이 인상되었다면 재화 등의 가격 인상과 제3자에게 판매하는 제품 등의 가격 인상 사이에 직접적인 인과관계가 있다.

⑤ 담합행위로 인하여 인상된 가격으로 밀가루를 구매한 사업자가 밀가루를 원료로 생산하여 판매하는 제품에 관한 가격 인상을 통하여 인상된 밀가루 가격의 전부 또는 일부를 최종 소비자에게 전가하였다 하더라도 담합한 사업자들의 손해전가의 항변은 받아들여질 수 없다.

해설

밀가루 가격 담합 사건(대판 2012.11.29, 2010다93790)의 내용이다. <답 ④>

02. 독점규제법 위반행위로 인한 손해배상청구에 관하여 다음 설명 중 옳은 것은?

① 독점규제법 위반행위로 인한 피해자가 공정거래위원회의 시정권고를 수락한 사업자를 상대로 하여 손해배상을 청구하는 경우, 그 사업자는 고의 또는 과실이 없음을 들어 배상책임을 면할 수 없다.

② 독점규제법의 규정을 위반한 행위로 인하여 손해가 발생된 것은 인정되나 그 손해액을 입증하기 위하여 필요한 사실을 입증하는 것이 해당사실의 성질상 극히 곤란한 경우에는, 법원은 변론 전체의 취지와 증거조사의 결과에 기초하여 상당한 손해액을 인정할 수 있다.

③ 독점규제법 제56조에 의한 손해배상청구권은 시정조치가 확정된 날로부터 3년을 경과하면 시효에 의하여 소멸된다.

④ 독점규제법에 의한 손해배상의 재판상 주장은 시정조치가 확정된 후에만 할 수 있다.

⑤ 독점규제법 제56조에 따라 손해배상청구를 하는 경우라도 배상액은 실손해액에 한하고 그것은 가해자가 입증하여야 한다.

✍ **해설**

① 사업자는 고의 또는 과실이 없음을 입증한 경우 책임을 면할 수 있다(법 제56조 제1항 단서). ② 법 제57조. ③ 법 제57조 제2항의 소멸시효 규정은 삭제되었다. ④ 시정조치 확정 후에만 재판상 주장이 가능하도록 제한한 법 제57조 제1항 또한 삭제되었다. ⑤ 우리 독점규제법은 3배배상제도(treble damages)를 채택하고 있지 않다. 손해배상청구소송에서 피해자는 가해자의 과실을 입증할 책임은 없으나 손해의 범위와 금액은 입증하여야 한다. <답 ②>

03. **「독점규제 및 공정거래에 관한 법률」상의 손해배상제도에 관한 설명으로 옳은 것은?**

① 같은 법에 의한 손해배상청구를 하는 경우에 사업자의 고의·과실에 대한 입증책임은 피해자에게 있다.

② 같은 법에 의한 손해배상청구권의 소멸시효기간은 1년이다.

③ 같은 법에 의한 손해배상청구권은 같은 법 규정에 의한 시정조치가 확정된 후에만 재판상 주장할 수 있다.

④ 같은 법에 의한 손해배상청구의 소가 제기된 때에는 법원은 필요한 경우 공정거래위원회에 대하여 당해 사건의 기록의 송부를 요구할 수 있다.

⑤ 같은 법에 의한 손해배상청구소송에 있어서 법원은 직권으로 손해액을 인정할 수 없다.

✍ **해설**

① 입증책임은 사업자에게 있다(법 제56조 제1항). ②③ 2004년 법개정에 의해 시정조치가 확정된 후에만 재판상 청구가 가능하도록 한 소권제한 규정과 3년 소멸시효 규정은 삭제되었다. ⑤ 독점규제법을 위반한 행위로 인하여 손해가 발생된 것은 인정되나, 그 손해액을 입증하기 위하여 필요한 사실을 입증하는 것이 해당 사실의 성질상 극히 곤란한 경우에는, 법원은 별론 전체의 취지와 증거 조사의 결과에 기초하여 상당한 손해액을 인정할 수 있다(법 제57조).

<답 ④>

04. **「독점규제 및 공정거래에 관한 법률」상 손해배상제도에 관한 설명 중 옳지 않은 것은?** <2009 사시>

① 이 법 위반에 따른 불법행위 손해배상청구권은 피해자나 그 법정대

리인이 그 손해 및 가해자를 안 날부터 3년간 이를 행사하지 않거나, 불법행위를 한 날부터 10년을 경과한 경우에는 시효로 인하여 소멸한다.

② 이 법상 손해배상의 책임을 지는 사업자 또는 사업자단체는 피해자에 대하여 고의 또는 과실이 없음을 들어 그 책임을 면할 수 없다.

③ 피해자는 공정거래위원회의 시정조치와 무관하게 법원에 손해배상청구의 소를 제기할 수 있다.

④ 이 법에 의한 손해배상청구의 소가 제기된 때에는 법원은 필요한 경우 공정거래위원회에 대하여 당해 사건의 기록의 송부를 요구할 수 있다.

⑤ 이 법의 규정을 위반한 행위로 인하여 손해가 발생된 것은 인정되나 그 손해액의 입증을 위하여 필요한 사실의 입증이 극히 곤란한 경우에는 법원은 변론 전체의 취지와 증거조사의 결과에 기초하여 상당한 손해액을 인정할 수 있다.

해설

① 소멸시효기간에 관하여는 민법 제766조가 적용된다. ② 사업자 또는 사업자단체는 이 법의 규정을 위반함으로써 피해를 입은 자가 있는 경우에는 당해 피해자에 대하여 손해배상의 책임을 진다. 다만, 사업자 또는 사업자단체가 고의 또는 과실이 없음을 입증한 경우에는 그러하지 아니하다(법 제56조 제1항). ③ 2004년 개정으로 가능하게 되었다. ④ 법 제56조의2. ⑤ 법 제57조. <답 ②>

05. **「독점규제 및 공정거래에 관한 법률」상 손해배상에 관한 설명으로 옳지 않은 것은?** (다툼이 있는 경우에는 대법원 판례에 의함) 〈2011 사시〉

① 공정거래위원회가 시정조치를 함에 있어 인정한 주요사실은 손해배상청구소송에서 법원을 구속한다.

② 위 법 위반의 불법행위로 인한 손해배상청구권의 소멸시효는 민법 규정에 의한다.

③ 위 법 위반행위의 거래 상대방이 아닌 피해자도 손해배상청구의 소를 제기할 수 있다.

④ 위 법을 위반한 사업자가 고의 또는 과실이 없음을 입증한 경우에는 피해자에 대하여 손해배상책임을 지지 아니한다.

⑤ 피해자는 공정거래위원회의 시정조치 없이도 법원에 손해배상청구의 소를 제기할 수 있다.

✍ **해설** ···

① 법원을 구속하지는 못하지만 사실상 추정을 받게 된다(대판 1990.4.10, 89다카29075). ② 민법규정에 따라 피해자가 가해자 및 손해를 안 날로부터 3년, 불법행위를 한 날로부터 10년이 경과하면 시효로 소멸한다(민법 제766조). ③⑤ 위 법 위반행위로 피해를 입은 자는 모두 원고적격을 가지며, 공정거래위원회의 시정조치가 없어도 제소가 가능하다(법 제56조 제1항). ④ 법 제56조 제1항. <답 ①>

06. **「독점규제 및 공정거래에 관한 법률」상 손해배상에 관한 설명으로 옳지 않은 것은?** 〈2012 사시〉

① 사업자의 이 법 위반행위로 인하여 피해를 입은 자는 손해배상을 청구할 수 있다.

② 이 법은 손해배상청구권에 대하여 3년의 소멸시효의 규정을 두고 있다.

③ 이 법은 고의 또는 과실이 없음을 사업자 또는 사업자단체가 입증하게 하고 있다.

④ 손해액의 산정에 필요한 사실의 입증이 해당 사실의 성질상 극히 곤란한 경우에는 법원은 변론 전체의 취지와 증거조사의 결과에 기초하여 상당한 손해액을 인정할 수 있다.

⑤ 손해배상청구의 소가 제기된 때에는 법원은 공정거래위원회에 대하여 당해 사건의 기록의 송부를 요구할 수 있다.

✍ **해설** ···

② 독점규제법상 손해배상청구권의 소멸시효에 대한 규정은 2004년 개정 시 삭제되었고, 민법상의 규정에 따라 손해배상청구권의 성격에 따라 소멸시효를 판단하면 된다. <답 ②>

제 3 장 독점규제법

제 1 절 서 론

01. 독점규제법의 적용제외에 관한 다음 설명 중 옳은 것은?

① 독점규제법은 경제헌법이라고 불리우는 것처럼 국가의 다른 정책입법에 우선하는 효력을 가진다.
② 규제산업분야에 대하여는 법률에 의하여 상당한 정도 경쟁의 자유가 제한되어 있으므로 그 한도에서 독점규제법의 적용이 배제된다.
③ 산업정책과 경쟁정책이 충돌할 경우 산업정책이 양보하여야 한다.
④ 특허권자의 특허권 행사에 대하여는 독점규제법이 적용될 여지가 없다.
⑤ 소규모사업자가 상호부조를 목적으로 설립한 조합의 불공정거래행위에 대하여는 독점규제법의 적용이 배제된다.

해설

① 특별히 우선적 효력을 인정할 근거는 없다. ③ 산업정책이 우선하는 경우가 많다. ④ 라이센스계약상의 부당한 경쟁제한, 교차라이센스 · 특허품을 매개로 한 공동행위 등에는 독점규제법이 적용된다. ⑤ 불공정거래행위와 가격공동행위의 경우에는 조합의 행위에 대한 적용제외 혜택이 부여되지 않는다. <답 ②>

02. 독점규제법상의 용어에 관한 다음 기술 중 옳은 것으로 묶인 것은?

(가) '사업자단체'라 함은 그 형태 여하를 불문하고 2 이상의 사업자가 공동의 이익을 증진할 목적으로 조직한 결합체 또는 그 연합체를 말한다.
(나) '임원'은 이사, 대표이사, 업무집행을 하는 무한책임사원뿐만 아니라 감사와 지배인까지 포함하는 개념이다.
(다) '일정한 거래분야'라 함은 거래의 객체별 · 단계별 또는 지역별로 경쟁관계에 있거나 경쟁관계가 성립될 수 있는 분야를 말한다.

(라) '손자회사'란 자회사에 의하여 그 사업내용을 지배받는 회사로서, 국내회사인지 국외회사인지 여부를 불문한다.
(마) '재판매가격유지행위'의 적용대상은 그 성질상 상품거래에 한정되며 용역거래는 제외된다.

① (가), (나), (다) ② (가), (다), (라) ③ (가), (다), (마)
④ (나), (다), (마) ⑤ (나), (라), (마)

해설

(가)(나)(다)(라)(마)는 법 제2조의 내용이다. (라)의 손자회사는 자회사에 의하여 대통령령으로 정하는 기준에 따라 사업내용을 지배받는 국내회사를 말하며 국내회사만 해당된다. (마)에서는 '상품 또는 용역을 거래함에 있어서'라고 규정하고 있다. <답 ①>

03. 독점규제법의 적용대상에 관한 다음 설명 중 옳은 것은?

① 서울특별시도 사경제의 주체로서 타인과 거래행위를 하는 경우에는 그 범위 내에서 독점규제법에서 정한 사업자에 포함된다.
② 사업자단체에 관한 규정을 적용함에 있어서 사업자의 이익을 위한 행위를 하는 임원은 사업자로 볼 수 없다.
③ 공기업은 원칙적으로 독점규제법의 적용을 받지 않는다.
④ 변호사들간의 수임료 협정은 독점규제법의 적용을 받지 않는다.
⑤ 법인격 없는 사단이나 조합은 독점규제법상의 사업자에 해당하지 아니한다.

해설

② 사업자의 이익을 위한 행위를 하는 임원은 사업자단체에 관한 규정의 적용에 있어서 사업자로 본다(법 제2조 제1호 후단). ③ 공기업이라 하여 독점규제법 적용에서 전혀 예외적 취급을 받지 못한다. ④ 소위 자유직업 종사자 모두에 대하여 독점규제법이 적용된다. 다만 가격이 '경쟁'의 대상으로 어느 정도 중요한 의미를 가지는가는 업종에 따라 차이가 있을 수 있다. ⑤ 법인격 없는 사단이나 조합 역시 독점규제법상의 사업자에 해당한다. <답 ①>

04. 독점규제법상의 '사업자'에 관한 다음 설명 중 옳은 것은?

① 대학교는 영리사업을 수행하지 않으므로 독점규제법에서 규정하고 있는 사업자에 해당하지 않는다.
② 개인의원을 운영하는 의사는 소위 전문직업인이므로 독점규제법상

의 사업자에 해당하지 아니한다.

③ 행정기관이 사경제주체로서 거래행위를 하는 경우 독점규제법상의 사업자에 해당할 수 없다.

④ 내국사업자뿐 아니라 외국사업자도 독점규제법상의 사업자에 포함된다.

⑤ 독점규제법에서는 사업자가 영위하는 사업의 종류를 열거하는 방식으로 독점규제법의 적용범위를 한정하고 있다.

해설

③ 국가나 지방자치단체도 사적 거래의 주체로서 행위하는 경우에는 그 범위에서 독점규제법의 사업자에 포함된다(대판 1990.11.23, 90다카3659). ④ 외국사업자라 하더라도 그러한 사업자의 경쟁제한행위가 우리나라의 시장에 직접적 영향을 미친다면 독점규제법을 적용할 수 있다(흑연전극봉사건, 2002.4.4. 의결 제2002-007호, 대판 2006.3.24, 2004두11275). 이 사건 피심인들의 시정조치 취소청구는 서울고등법원이 기각하였다(서울고법 2003.8.26, 2002누14647). <답 ④>

05. **다음은 원인금지주의와 폐해규제주의에 대한 설명이다. 옳지 않은 것은?**

① 원인금지주의와 폐해규제주의의 구분은 독일 독점금지법학의 이론으로 모든 나라의 독점금지법을 원인금지주의 입법과 폐해규제주의 입법으로 양분할 수 있는 것은 아니다.

② 우리나라의 독점규제법은 독점 자체를 금지하고 있지 않으므로 독점에 관한 한 원인금지주의를 채택하고 있지 않다고 설명된다.

③ 시장지배적 지위의 남용금지규정은 시장지배적지위, 즉 독과점적 지위는 인정하되 독과점의 폐해는 규제하겠다는 것으로 폐해규제주의의 입장이다.

④ 미국의 독점금지법은 원인금지주의 입법으로 분류된다.

⑤ 우리나라의 독점규제법의 기업결합제한을 보면 기업결합을 전면 금지하지 않고 일정한 거래분야의 경쟁을 실질적으로 제한하는 기업결합을 금지하고 있으므로 폐해규제주의 입법방식을 채택한 것으로 보아야 한다.

해설

기업결합에 관한 우리 독점규제법의 입법태도는 원인금지주의로 이해하는 것이 통설이다. 그 외에 부당공동행위 금지도 이 유형에 해당한다고 본다. <답 ⑤>

06. **독점규제법은 크게 시장구조의 개선에 관한 내용과 거래행태의 개선에 관한 내용으로 구분될 수 있는데 다음 중 시장구조개선에 관한 규정으로 보기 어려운 것은?**

① 경제규제 완화 ② 기업결합의 제한
③ 경제력집중의 억제 ④ 부당한 공동행위 금지
⑤ 독과점적 시장구조의 개선

해설

독점금지정책을 구현하는 방안 중에는 구조적 접근방안, 행태적 접근방안, 성과적 접근방안 등이 있다. 시장활동과정에서 일어나는 경쟁제한행위나 불공정거래행위를 금지하는 것은 행태적 접근방법의 대표적 예에 속한다. ①②③⑤는 시장구조개선에 관한 것이며, ④는 거래행태 개선에 관한 것이다. <답 ④>

07. **일정한 협동조합의 행위에 대하여는 독점규제법의 적용이 배제된다. 이에 관한 다음 설명 중 옳지 않은 것은?**

① 협동조합은 경제적 약자들이 조합을 결성하여 자신들의 이익을 방어하기 위한 조직이므로 독점규제법을 법문대로 적용하는 것이 적당하지 않을 수 있다.
② 협동조합의 행위라 하더라도 가격인상의 경우에는 경쟁제한성 여부를 심사하여 독점규제법의 적용배제 여부를 결정한다.
③ 협동조합에서 결정한 판매가격을 준수하지 않은 조합원을 제명하는 것까지 면책되는 것은 아니다.
④ 협동조합의 조합원들이 공동으로 가격을 결정한 후 각자 정해진 가격대로 판매하는 경우 위법으로 다룰 수 없다.
⑤ 사업자조합이 소규모의 사업자들만으로 구성되어야 하고 소규모사업자 이외의 자가 가입되어 있어서는 안 되며, 소규모사업자는 대기업과 대등하게 교섭할 수 있게 하기 위하여 단결할 필요성이 있는 규모의 사업자라야 독점규제법의 적용배제 혜택을 누릴 수 있다.

해설

④ 조합을 통하여 공동판매하는 경우에 한하여 독점규제법의 적용이 배제될 뿐 조합원 각자가 독립한 사업자로 판매할 경우에는 면책의 혜택이 부여되지 않는다. ③ 조합원의 독자적 판매행위를 구속하는 것은 불공정거래행위를 구성하거나 사업자단체의 금지행위에 해당할 수 있다. ⑤ 대판 2009.7.9, 2007두22078. <답 ④>

08. **독점규제법의 적용제외에 관한 다음 설명 중 옳지 않은 것은?**

① 사업자 또는 사업자단체가 다른 법률 또는 그 법률에 의한 명령이나 행정지도에 따라 행하는 행위에 대하여는 독점규제법의 규정이 적용되지 아니한다.

② 독점규제법상 '법률 또는 그 법률에 의한 명령에 따라 행하는 정당한 행위'는, 당해 사업의 특수성으로 경쟁제한이 합리적이라고 인정되는 사업 또는 인가제 등에 의하여 사업자의 독점적 지위가 보장되는 반면 공공성의 관점에서 고도의 공적 규제가 필요한 사업 등에서, 자유경쟁의 예외를 구체적으로 인정하고 있는 법률 또는 그 법률에 의한 명령의 범위 내에서 행하는 필요·최소한의 행위를 말한다.

③ 독점규제법에서 정한 요건을 갖춘 조합의 행위라도 부당한 거래거절행위에 대하여는 독점규제법이 적용된다.

④ 독점규제법에서 정한 요건을 갖춘 조합의 행위라도 일정한 거래분야에 있어서 경쟁을 실질적으로 제한함으로써 부당하게 가격을 인상하는 행위에 대하여는 독점규제법이 적용된다.

⑤ 조합원에 대한 이익배분의 한도가 정관에 정하여져 있지 아니한 조합에 대하여는 독점규제법이 적용된다.

해설

① 행정지도에 따라 행하여지는 행위라 하더라도 그것만으로 독점규제법의 적용이 제외되지 아니한다(법 제58조, 제59조, 제60조). ② 대판 2011.4.14, 2009두7912.

<답 ①>

09. **「독점규제 및 공정거래에 관한 법률」의 적용대상으로 하고 있는 사업자에 관한 설명 중 옳지 않은 것은?** 〈2008 사시〉

① 사업자라 함은 제조업, 서비스업, 기타 사업을 행하는 자를 말한다.

② 사업자의 경제활동은 반드시 영리를 목적으로 할 필요는 없다.

③ 국가 또는 지방자치단체는 사경제 주체로서 거래행위를 하는 경우에도 사업자에 포함되지 않는다.

④ 사업자를 판단함에 있어서는 자연인과 법인, 공법인과 사법인, 법인격 없는 사단 등과 같은 주체의 법적 형태는 묻지 않는다.

⑤ 사업자의 이익을 위한 행위를 하는 임원은 사업자단체에 관한 규정의 적용에 있어서는 이를 사업자로 본다.

해설

③ 국가나 지방자치단체도 사경제의 주체로서 타인과 거래행위를 하는 경우에는 그 범위 내에서 독점규제 및 공정거래에 관한 법률 소정의 사업자에 포함된다고 보아야 한다(대판 1990.11.23, 90다카3659). <답 ③>

10. **「독점규제 및 공정거래에 관한 법률」의 적용제외에 관한 설명 중 옳지 않은 것은?** 〈2009 사시〉

① 사업자가 다른 법률 또는 그 법률에 의한 명령에 따라 행하는 행위는 정당한 경우에 적용하지 아니한다.

② 「상표법」에 의한 권리의 정당한 행사라고 인정되는 행위에는 적용하지 아니한다.

③ 일정한 요건을 갖추어 설립된 조합의 행위에는 원칙적으로 적용하지 아니하며, 그 조합의 연합회의 행위도 마찬가지이다.

④ 일정한 요건을 갖추어 설립된 조합의 행위라도 불공정거래행위의 경우에는 적용된다.

⑤ 다른 법률 또는 그 법률에 의한 명령에 따라 행하는 행위로 적용제외되려면 당해 법률 또는 명령에 적용제외에 관한 명시적 규정이 필요하다.

해설

① 법 제58조. ② 법 제59조. ③④ 법 제60조. ⑤ 당해 법률에 적용제외에 관한 명시적인 규정이 없더라도 적용제외될 수 있다. <답 ⑤>

11. **「독점규제 및 공정거래에 관한 법률」상 규제하고 있지 않은 것은?**

① 상호출자금지 〈2010 사시〉

② 출자총액제한

③ 계열회사에 대한 채무보증금지

④ 금융회사 또는 보험회사의 의결권 제한

⑤ 대규모내부거래의 이사회 의결 및 공시

해설

① 법 제9조. ② 출자총액제한은 2009.3.25. 개정 시 삭제되었음. ③ 법 제10조의2. ④ 법 제11조. ⑤ 법 제11조의2. <답 ②>

12. **「독점규제 및 공정거래에 관한 법률」상 시장구조 개선의 측면에서 규제**

하고 있는 것은? 〈2010 사시〉

① 기업결합의 제한 ② 사업자단체의 금지행위
③ 부당한 국제계약의 체결제한 ④ 재판매가격유지행위의 제한
⑤ 부당한 공동행위의 금지

해설

시장구조의 개선 측면에서 규제하는 것으로 시장지배적지위 남용행위규제, 기업결합의 제한, 경제력 집중 억제가 있고, 거래형태의 개선 측면에서 규제하는 것으로 부당한 공동행위의 제한, 불공정거래행위의 금지, 사업자단체의 경쟁제한행위 금지, 재판매가격유지행위의 제한, 부당한 국제계약의 체결제한이 있다.
<답 ①>

13. **「독점규제 및 공정거래에 관한 법률」상 용어 정의로 옳은 것을 모두 고른 것은?** 〈2011 사시〉

ㄱ. '지주회사'라 함은 주식의 소유를 통하여 국내회사 및 외국회사의 사업내용을 지배하는 회사이다.
ㄴ. '계열회사'라 함은 2 이상의 회사가 동일한 기업집단에 속하는 경우에 이들 회사는 서로 상대방의 계열회사라 한다.
ㄷ. '사업자단체'라 함은 그 형태 여하를 불문하고 2 이상의 사업자가 공동의 이익을 증진할 목적으로 조직한 결합체 또는 그 연합체를 말한다.
ㄹ. '일정한 거래분야'라 함은 거래의 객체별 · 단계별 또는 지역별로 경쟁관계에 있거나 경쟁관계가 성립될 수 있는 분야를 말한다.

① ㄱ, ㄴ, ㄹ ② ㄱ, ㄷ ③ ㄴ, ㄷ
④ ㄴ, ㄷ, ㄹ ⑤ ㄴ, ㄹ

해설

ㄱ. '지주회사'는 외국회사가 아닌 국내회사의 사업내용을 지배하는 것을 주된 사업으로 하는 회사이다(법 제2조). ㄴ. 법 제2조 제3호. ㄷ. 법 제2조 제4호. ㄹ. 법 제2조 제8호.
<답 ④>

14. **「독점규제 및 공정거래에 관한 법률」의 적용대상인 사업자에 관한 설명으로 옳지 않은 것은?** (다툼이 있는 경우에는 대법원 판례에 의함) 〈2011 사시〉

① 사립대학교는 위 법상의 사업자가 될 수 있다.
② 농업 · 임업을 영위하는 자는 위 법상의 사업자가 될 수 있다.

③ 사업자는 영리를 목적으로 경제활동을 하는 자이어야 한다.
④ 사업자의 이익을 위한 행위를 하는 종업원은 사업자단체에 관한 규정의 적용에 있어서는 사업자로 본다.
⑤ 지방자치단체가 사경제의 주체로서 타인과 거래행위를 하는 경우에는 그 범위 내에서 사업자에 포함된다.

해설

① 사업을 행하기만 하면 법적 형태를 불문하고 사업자가 될 수 있다. 대학교 이외에도 지방공기업이나 시립병원 등과 같은 영조물도 유상의 공공서비스를 제공한다면 독점규제법상 사업자로 볼 수 있다. ② 1999년 개정 전 법은 제조업, 서비스업 등 12개 사업에 대해서만 적용되고, 농업, 어업, 광업 등 5개 사업에는 적용되지 않다가, 법 개정으로 사업분야를 묻지 않고 모든 사업자에게 적용되게 되었다. ③ 사업을 행한다는 것은 자기의 계산하에 사업을 영위하는 것일 뿐, 반드시 영리를 목적으로 할 필요는 없다. ④ 법 제2조 제1호. ⑤ 대판 1990.11.23, 90다카3659. <답 ③>

15. 「독점규제 및 공정거래에 관한 법률」상 적용제외 행위로 규정되어 있는 것은? 〈2012 사시〉

① 교복판매회사들의 교복판매가격에 관한 공동인상 결의 행위
② 대·중소기업으로 구성된 조합의 고객유인 행위
③ 사업자단체의 장래의 사업자수 제한 행위
④ 조합원의 탈퇴가 제한되어 있는 조합의 거래거절 행위
⑤ 「저작권법」에 의한 권리의 정당한 행사라고 인정되는 행위

해설

⑤ 「저작권법」, 「특허법」, 「실용신안법」, 「디자인보호법」 또는 「상표법」에 의한 권리의 정당한 행사라고 인정되는 행위에 대하여는 적용하지 아니한다(법 제59조). <답 ⑤>

16. 「독점규제 및 공정거래에 관한 법률」(이하 '이 법'이라 함)의 적용에 관한 설명으로 옳지 않은 것은? (다툼이 있는 경우에는 대법원 판례에 의함)

〈2013 사시〉

① 국외에서 이루어진 외국사업자의 행위라도 국내시장에 영향을 미치는 경우에는 이 법을 적용할 수 있다.
② 대한법무사협회가 「법무사법」에 근거하여 제정한 「집단등기사건수임업무처리규정」에 의하여 이 협회를 통하지 않은 개별적 집단등기사업 수임을 제한하는 행위는 법령에 따른 정당한 행위로서 이 법

의 적용을 받지 아니한다.

③ 사업자가 다른 법률에 따라 행하는 정당한 행위에 대하여는 이 법의 규정을 적용하지 아니한다.

④ 「특허법」에 의한 권리의 정당한 행사라고 인정되는 행위에 대하여는 이 법의 규정을 적용하지 아니한다.

⑤ 지역조합, 품목조합 및 품목조합연합회로 이루어진 농업협동조합중앙회는 이 법의 적용제외 대상인 소규모의 사업자조합에 해당하지 아니한다.

해설

② 대한법무사협회가 집단등기사건수임업무처리규정을 통하여 집단등기사건의 범위를 정해 두고서 집단등기사건의 위촉기관과 협의를 거쳐 위촉기관의 추천의뢰에 따라 소속 법무사로 하여금 순차적으로 집단등기사건을 수임하도록 할 뿐만 아니라, 대한법무사협회와 협의를 거치지 아니한 입주자대표회 등의 단체에서 자체 법무사 선임을 원하는 경우에도 소속 법무사가 이를 임의로 수임할 수 없도록 하고, 더욱이 지방법무사회가 운영경비 조달의 범위를 넘어서 집단등기사건의 보수액 중 일부를 징수하여 공동분배하도록 한 것은 소속 법무사들의 집단등기사건의 자유로운 수임을 제한함으로써 공정하고 자유로운 경쟁을 저해하는 결과를 가져온다고 할 것이므로, 대한법무사협회가 단체의 의사결정으로 위 규정을 제정하고 소속 지방법무사회로 하여금 그 운영세칙을 제정하여 시행하도록 한 것은 독점규제법 제26조 제1항 제3호에 규정된 '구성사업자의 사업내용 또는 활동을 부당하게 제한하는 행위'에 해당한다(대판 1997.5.16, 96누150). ① 독점규제법 제2조의2. ③ 독점규제법 제58조. ④ 독점규제법 제59조. ⑤ 사업자조합이 법 제60조에 정한 법 적용제외 조합에 해당하기 위하여는 소규모의 사업자들만으로 구성되어야 하고 소규모 사업자 이외의 자가 가입되어 있어서는 안 되며, 법 제60조에 정한 소규모 사업자는 대기업과 대등하게 교섭할 수 있게 하기 위하여 단결할 필요성이 있는 규모의 사업자라야 할 것인데, 이 사건의 경우 원고 회원은 지역조합, 품목조합 및 품목조합연합회로 이루어져 있어 소규모의 사업자 또는 소비자에 해당하지 않고, 원고는 농업협동조합법에 의하여 설립된 법인으로서 그 단결을 촉진하여야 할 필요성이 있는 임의로 설립된 조합에 해당되지 아니하므로, 법 제60조의 적용대상인 조합에 해당하지 않는다(대판 2009.7.9, 2007두22078). <답 ②>

제 2 절 독점규제법상의 경쟁, 경쟁제한과 시장지배력

01. 대법원 판결에 나타나 있는 일정한 거래분야에 관한 다음 서술 중 대법원의 이해와 어울리지 않는 서술은?

① 일정한 거래분야를 획정하기 위하여는 경쟁관계가 문제될 수 있는 관련상품시장과 관련지역시장이 구체적으로 정하여져야 한다.

② 관련상품시장은 문제되는 상품의 가격이 상당기간 어느 정도 의미있는 수준으로 인상 또는 인하될 경우 그 상품의 대표적 구매자 또는 판매자가 이에 대응하여 구매 또는 판매를 전환할 수 있는 상품의 집합을 의미한다.

③ 관련상품시장의 범위를 판단하는 데는 거래에 관련된 상품의 가격, 기능 및 효용의 유사성, 구매자들의 대체가능성에 대한 인식, 그들의 구매행태, 사회적 · 경제적으로 인정되는 업종의 동일성 및 유사성 등을 종합적으로 고려하여야 한다.

④ 대체의 용이성을 판단함에 있어서 기술발전의 속도, 전 · 후방 상품의 시장상황, 정책적 · 법적 측면까지 모두 고려하여야 한다.

⑤ 관련지역시장은 특정지역에서만 상당기간 어느 정도 의미있는 가격변동이 있을 경우 그 지역의 대표적 구매자 또는 판매자가 이에 대응하여 구매 또는 판매를 전환할 수 있는 지역 전체를 관련 지역시장이라 하고 서로 경쟁관계에 있는 사업자들이 위치한 지리적 범위를 말한다.

해설

포스코 판결에 장문의 관련시장의 획정요소가 열거되어 있다(대판 2007. 11. 22, 2002두8626). ④ 대체의 용이성에 관하여는 시간적 · 경제적 · 법적 측면을 강조한 바 있다. 기술발전의 속도, 전 · 후방 상품의 시장상황은 경쟁관계에 있는 상품들의 범위를 정하는데 고려된다고 설시하였다. <답 ④>

02. 다음 중 하나의 관련시장으로 획정하는 것이 타당한 제품(용역)시장 또는 지리적 시장은 어느 것인가?

① KTX 서비스와 국내항공여객운송

② 대도시 경계선인 강을 사이에 두고 서로 10km 떨어져 있는 대형

할인점

③ 이동전화와 공중전화

④ 도보이동 거리 내에 있는 초대형 대학병원과 동네 가정의학과의원

⑤ 서울시내의 모든 대학교

해설

② 공정거래위원회의 심결례에 따르면 대형 할인점시장의 경우 대도시 지역에서는 반경 5km, 중소 도시에서는 반경 10km의 원을 그려 관련지역시장으로 보았다. ③ 용도면에서 합리적 대체가능성을 기대하기 어렵다. ④ 동네 의원의 진료의뢰서가 있어야 초대형 대학병원(3차진료기관)에서 진료받을 수 있다. ⑤ 서울시내의 개별 대학이 등록금 수준으로 경쟁하는 것이 아니므로 수요의 교차탄력성을 인정하기 어렵다. <답 ①>

03. 다음은 시장지배력을 평가함에 있어서 시장점유율에 의존하는 방법에 관한 설명이다. 옳지 않은 것은?

① 시장점유율을 산정하기 위해서는 우선 관련시장의 범위를 획정하여야 한다.

② 시장점유율은 과거의 자료를 기초로 산출될 수밖에 없기 때문에 현재의 시장지배력을 정확하게 나타내지 못한다는 한계를 가진다.

③ 시장지배력을 가진 사업자가 경쟁가격 수준 이상으로 가격인상을 시도하면 종래의 시장점유율을 유지할 수 없는 것이 일반적이다.

④ 제품차별화의 정도가 큰 시장에서는 시장점유율이 낮은 사업자라도 한계비용을 훨씬 초과하는 가격을 설정할 수 있다.

⑤ 시장점유율에 의한 시장지배력 평가의 장점은 객관적이고 예견가능성을 보장해 준다는 점과 법집행의 투명성 관점에서 우수하다는 점이다.

해설

③ 시장지배력은 경쟁가격 수준보다 높게 가격을 인상할 수 있는 능력 또는 판매량의 감소없이 가격을 인상할 수 있는 지위를 가리킨다. <답 ③>

04. 각국의 독점금지법의 입법주의, 판례의 입장 등에 관한 다음 설명 중 옳지 않은 것을 모두 모은 답은 어느 것인가?

(가) 역사적으로 당연위법의 원칙이 합리성의 원칙보다 먼저 등장하였다.
(나) 약식합리성심사는 당연위법의 원칙에 가까운 집행원칙이다.

(다) 독점 그 자체를 금지하고 있지 아니하는 입법은 대부분 폐해규제주의의 입법으로 분류되고 있다.
(라) 성과위주의 접근방식은 주로 개별기업 또는 해당산업분야의 수익률에 주목한다.
(마) 합리성의 원칙에 따른 독점금지법 집행에서 가장 중요시하는 것은 문제된 행위의 경쟁제한적 효과와 경쟁촉진적 효과의 비교이다.

① (가) ② (가), (나) ③ (가), (다)
④ (나), (라) ⑤ (나), (라), (마)

해설

(가) 합리성의 원칙이 주류이고 특정행위유형에 당연위법의 원칙이 적용되게 되었다. <답 ①>

05. 특정거래분야에서의 가격 결정과 시장지배력에 관한 다음 설명 중 옳지 않은 것은?

① 전통적인 완전경쟁시장모델의 경우 그 시장에서 사업활동을 하는 무수히 많은 사업자 중 1개 사업자가 생산량(판매량)을 감소시킨다 하더라도 가격상승으로 연결되지 못한다.
② 시장지배력은 경쟁시장에서 형성될 가격수준보다 높게 가격을 인상할 수 있는 능력이라고 정의되기도 한다.
③ 경쟁사업자의 비용이 증가되도록 함으로써 경쟁자를 시장에서 배제시킬 수 있는 능력도 시장지배력에 포함시킬 수 있다.
④ 개별사업자가 가격을 인상할 수 있는 힘을 시장지배력으로 보는 것은 가장 간명한 접근방법이다.
⑤ 특정기업의 입장에서 볼 때 경쟁가격수준 이상으로 가격을 인상할 유인이 항상 존재하는 것은 아니다.

해설

④ 단순히 가격을 인상할 수 있는 시도는 시도에 불과하고 '힘' 또는 시장지배력이라고 할 수 없다. 상당기간 인상된 가격을 유지할 수 있어야 하고 그 결과 판매량의 감소가 초래되지 않아야 이윤증가로 이어지고 비로소 '시장지배력'의 존재를 인정할 수 있다. <답 ④>

06. 경쟁과 경쟁제한에 대한 보기의 설명 중 옳은 것을 모두 모은 것은 어느

것인가?

㈎ Bork판사는 더 이상 소비자 복지가 향상될 수 없는 상태를 경쟁이라 하고 소비자 복지가 향상될 여지가 있는 상태를 독점이나 거래제한으로 설명한 바 있다. ㈏ 경쟁은 같은 산업에 종사하는 사업자간의 고객유치를 위한 노력을 가리키는 것으로 어느 한 개인이나 기업이 다른 개인이나 기업에 의해 제한받지 않는 상태를 의미한다. 독점금지법학에서 논하는 유효경쟁은 경제학에서 말하는 완전경쟁과 같은 개념이다. ㈐ 공동행위의 경우 거의 모든 경우에 경쟁제한적 효과를 예상할 수 있는 데 반하여 기업결합의 경우 바로 경쟁제한성을 인정하는 것은 적당하지 않다. 공동행위는 경쟁을 제한하기 위하여 결성되는 데 반하여 기업결합은 경쟁제한이외의 목적을 위하여 행해지는 경우가 많기 때문이다. ㈑ 전혀 시장지배력을 갖추지 못한 사업자(들)의 경쟁제한행위에 대하여 독점규제법을 집행하는 것은 행정자원의 낭비라는 비판이 가해지고 있다. ㈒ 경쟁은 시장지배력을 갖춘 기업이 없는 상태를 가리키고, 경쟁제한은 시장지배력을 갖춘 기업이 존재하는 상태, 그러한 시장지배력이 강화되는 현상을 가리킨다고 설명된다.

① ㈎, ㈏, ㈐ ② ㈎, ㈐, ㈑, ㈒ ③ ㈎, ㈐, ㈒
④ ㈏, ㈐, ㈑ ⑤ ㈐, ㈑, ㈒

해설

㈏ 유효경쟁은 완전경쟁이라는 교과서적 이상을 버리고 주어진 불완전시장 내에서 경제적 복지실현이라는 경쟁의 이익을 최대한 발휘시키고자 하는 정책을 나타내는 개념이다. 유효경쟁은 상당수의 경쟁자와 자유로운 시장진입을 최소요건으로 한다. <답 ②>

07. 다음은 합리성의 원칙과 당연위법의 원칙에 대한 설명이다. 옳지 않은 것은?

① 적나라한 거래제한은 당연위법의 원칙이 적용되고 적법한 거래에 부수하는 거래제한은 합리적인 범위 내에서 적법하다는 해석은 영미의 코먼로 계약법의 영향을 받은 해석론이다.

② 코먼로의 합리성의 원칙은 셔먼법의 해석에 있어서 영향을 주지 못했다.
③ 합리성의 원칙을 가장 광의로 이해하여 적용한다면 문제된 행위가 비록 경쟁을 실질적으로 제한하는 효과를 가져오는 경우에도 소상인의 보호나 취약산업의 보호와 같은 효과를 가져오는 경우에는 그로 인한 경쟁제한의 폐해와 사회적 이익을 비교 · 형량해야 한다.
④ 고전적 의미의 합리성의 원칙이란 문제된 행위의 경쟁촉진효과와 경쟁제한효과를 비교 · 형량하여, 전자가 후자를 능가하는 경우에는 적법한 것으로 판단하는 해석론을 말한다.
⑤ 협의의 합리성의 원칙이란 당연위법의 원칙에 대립되는 개념으로서, 문제된 행위가 시장에 미치는 효과를 개별적으로 검토해야 한다는 해석론을 말한다.

해설

② 코먼로상의 원칙은 셔먼법 초기의 법해석에 결정적인 영향을 주었을 뿐만 아니라 경업금지협약과 같은 거래제한행위의 경우에는 지금까지도 적용되고 있다. <답 ②>

08. 「독점규제 및 공정거래에 관한 법률」상 일정한 거래분야(관련시장)에 관한 설명 중 옳지 않은 것은? 〈2010 사시〉

① 관련시장은 일반적으로 상품시장과 지역시장으로 나눌 수 있다.
② 관련시장을 넓게 획정할수록 시장지배력 또는 문제가 된 행위의 경쟁제한성이 큰 것으로 판단될 개연성이 높다.
③ 관련시장의 획정은 기업결합의 경우 그 경쟁제한성을 판단하기 위한 전제로서 상호경쟁관계에 있는 사업자들의 범위를 획정하는 것이다.
④ 관련시장을 획정함에 있어서 수요와 공급의 합리적인 대체가능성이 중요한 기준이 될 수 있다.
⑤ 관련시장은 제조 · 도매 · 소매 등 거래 단계별로 획정될 수도 있다.

해설

② 일반적으로 시장의 범위가 넓게 획정될수록 경쟁이 실질적으로 제한되거나 감소될 가능성은 줄어들고 특정사업자의 시장지배력을 인정하기도 어렵게 된다. ④ 미국 연방대법원은 관련시장 획정시 고려하여야 할 요소로 합리적 대체가능성과 수요의 교차탄력성을 제시하였다. <답 ②>

제 3 절 시장지배적지위의 남용금지

01. 다음 서술 중 대법원 판결의 입장과 다른 것은?

① 시장지배적사업자의 지위남용행위 유형 중 다른 사업자의 사업활동을 부당하게 방해하는 행위에 있어서 '다른 사업자'에는 시장지배적사업자의 거래상대방인 사업자도 포함된다.

② 시장지배적사업자의 지위남용행위 중 사업활동 방해행위의 부당성은 특정 사업자의 사업활동을 방해하는 경우로는 부족하고 시장에서의 자유로운 경쟁을 제한하려는 의도나 목적을 갖고, 객관적으로도 경쟁제한의 효과가 생길 만한 우려가 있는 행위로 평가될 수 있는 행위를 하여야 인정된다.

③ 시장지배적사업자의 지위남용행위 중 사업활동 방해행위가 인정되기 위해서는 상품의 가격 상승, 산출량 감소, 혁신 저해, 유력한 경쟁사업자의 수의 감소, 다양성 감소 등과 같은 경쟁제한의 효과가 없다는 점을 피심인이 입증하여야 한다.

④ 소비자의 이익을 '현저히' 저해할 우려가 있는지 여부는 당해 상품이나 용역의 특성, 이익이 저해되는 소비자의 범위, 유사 시장에 있는 다른 사업자의 거래조건, 거래조건 등의 변경을 전후한 시장지배적사업자의 비용 변동 정도, 당해 상품 또는 용역의 가격 등과 경제적 가치와의 차이 등 여러 사정을 종합적으로 고려하여 구체적 · 개별적으로 판단하여야 한다.

⑤ 금융기관과 개인 사이에 이루어지는 대출거래의 경우, 금융기관이 고객들에 비하여 상대적으로 우월한 지위에 있다.

해설

①② 대판 2010.3.25, 2008두7465. ③ 공정거래위원회가 입증책임을 부담한다(대판 2010.3.25, 2008두7465). ④ 대판 2010.2.11, 2008두16407. ⑤ 대판 2009.10.29, 2007두20812. <답 ③>

02. 시장지배적지위 남용행위에 관한 다음 설명 중 옳지 않은 것은?

① 공정거래위원회는 시장지배적사업자로 추정을 받지 아니하는 사업자에 대하여는 시장지배적지위의 남용을 이유로 시정조치나 과징금을 부과할 수 없다.

② 일정한 거래분야에서 연간 매출액이 40억원 미만인 사업자도 시장지배적지위를 남용하면 독점규제법에 따라 시정조치 또는 과징금을 부과받을 수 있다.

③ 일정한 거래분야에서 연간 구매액이 10억원 미만인 사업자는 독점규제법에서 정한 시장지배적사업자의 추정요건을 갖추었더라도 시장지배적사업자로 추정되지 아니한다.

④ 문제된 시장지배적지위 남용행위를 한 사업자가 시장지배적사업자에 해당한다는 것은 그를 상대로 독점규제법상의 손해배상을 청구하는 피해자(원고)가 입증하여야만 한다.

⑤ 일정한 거래분야에서 연간 매출액이 100억원 정도인 사업자라도 시장점유율이 100분의 10 미만인 사업자는 시장지배적사업자로 추정받지 아니한다.

해설

① 법 제4조의 추정요건을 갖추지 못한 사업자라도 법 제2조 제7호의 시장지배적사업자 요건을 갖추었다면 그 시장지배적지위 남용행위를 이유로 시정조치 또는 과징금을 부과당할 수 있다. <답 ①>

03. 다음 중 시장지배적지위 남용행위에 관한 대법원 판결의 판시내용과 일치하지 않는 것은?

① 거래거절행위가 시장지배적지위 남용행위에 해당하려면 그 거래거절행위가 다른 사업자의 사업활동을 부당하게 어렵게 하는 행위로 평가될 수 있어야 한다.

② 같은 거래거절행위라 하더라도 시장지배적지위 남용행위로서의 부당성은 불공정거래행위로서의 부당성과 다르다.

③ 시장지배적지위 남용행위의 부당성은 '독과점적 시장에서의 경쟁촉진'이라는 입법목적에 맞추어 독자적으로 평가·해석하여야 하므로 문제의 거래거절로 인하여 특정사업자가 사업활동에 곤란을 겪게 된 것만으로는 시장지배적지위 남용행위로서의 부당성을 인정하기에 부족하다.

④ 시장지배적지위 남용행위에 해당하려면 문제의 거래거절이 상품의 가격상승, 산출량 감소, 혁신저해, 유력한 경쟁사업자수의 감소, 다양성 감소 등과 같은 경쟁제한의 효과가 생길 만한 우려가 있는 행위라야 한다.

⑤ 시장지배적지위 남용행위에 해당하려면 공정거래위원회가 시장지배적사업자의 경쟁제한의 효과에 대한 의도와 목적을 입증하여야 하는데 이를 위하여 문제의 거래거절행위로 인하여 현실적으로 경쟁제한 효과가 나타났음을 입증하여야 한다.

해설

⑤ 포스코사건 판결에서 대법원은 ①②③④와 같은 판시에 이어 시장지배적사업자의 의도나 목적은 정황증거에 의해서도 판단할 수 있다고 하였다(대판 2007.11.22, 2002두8626 전원합의체 판결). <답 ⑤>

04. 시장지배적지위의 남용행위 유형에 관한 다음 설명 중 옳지 않은 것은?

① 독점규제법에서는 시장지배적사업자의 가격남용행위를 부당하게 가격을 결정, 유지, 변경하는 행위로 규정하고 있는 데 반하여 시행령에서는 변경행위만을 위법행위유형으로 규정하고 있다.

② 독점규제법 제3조의2에서 남용행위의 유형 또는 기준은 대통령령으로 정할 수 있다고 규정하고 있는데 불과하므로, 이론상으로는 대통령령에 유형 또는 기준이 정하여져 있지 않더라도 법규정상의 남용행위 유형인 부당한 가격의 유지에 대하여 시정조치나 과징금을 부과할 수 있다.

③ 남용행위 유형에 대하여 독점규제법에서는 '부당하게'라는 요건을 규정하고 있음에도 불구하고 시행령에서는 대부분 '정당한 이유없이'라고 규정하고 있다. 이러한 요건상의 차이는 입증책임의 배분에 있어서 시행령에서 법을 위반하여 피심인이나 손해배상청구소송의 피고에게 불리한 규정을 둔 것이라고 비판하는 것이 통설이다.

④ 마이크로소프트 사건에서 공정거래위원회는 윈도우서버운영체제에 윈도우미디어서비스(WMS)를 결합하여 판매한 행위를 경쟁사업자의 사업활동방해행위와 소비자이익 저해행위 두 가지 모두에 해당한다고 심결하였다.

⑤ 시장지배적지위의 남용행위 유형 중에는 필수설비이론을 참고한 행위유형이 포함되어 있다.

해설

③ 법과 시행령의 '부당하게'와 '정당한 이유없이'라는 요건상의 차이가 있다 하더라도 시행령의 규정이 법의 규정과 충돌한다고 보지는 않는다(불공정거래행위 유형의 법규정과 시행령 별표 참조). ④ 2006.2.24, 의결 제2006-042호.

⑤ 시행령 제5조 제3항 제3호. <답 ③>

05. 시장지배적사업자에 관한 다음 다섯 개의 설명 중 옳은 것을 모두 모은 것은 어느 것인가?

> ㈎ 일정한 거래분야에서 시장점유율이 시장지배적사업자의 추정기준에 미달하는 사업자라도 정의규정의 요건을 갖춘 경우라면 시장지배적사업자로서 시장지배적지위의 남용행위 금지규정의 적용을 받을 수 있다.
> ㈏ 셋을 초과하는 사업자들이 시장지배적사업자로 추정받는 경우는 있을 수 없다.
> ㈐ 동일한 기업집단에 속하는 2 이상의 사업자가 동종의 용역을 공급하거나 동종의 제품을 생산한다는 사례는 현실성이 없기 때문에 시장지배적사업자의 추정기준을 적용함에 있어서 계열회사관계에 있는 사업자들의 시장점유율을 합산하는 규정은 실제로 활용될 여지가 없다.
> ㈑ 일단 시장지배적사업자로 추정을 받게 되면 외국으로부터의 수입물량이 급증할 것이 예상된다는 반증을 제출하더라도 그 추정을 깨뜨릴 수 없다.
> ㈒ 시장지배적사업자의 가격남용행위의 구성요건은 '정당한 이유없이 상품의 가격이나 용역의 대가를 수요의 변동이나 공급에 필요한 비용(동종 또는 유사업종의 통상적인 수준의 것에 한한다)의 변동에 비하여 현저하게 상승시키거나 근소하게 하락시키는 경우'로 규정되어 있다. 여기서 정당한 이유가 없음에 대한 입증책임은 공정거래위원회나 사적소송의 원고가 부담한다.

① ㈎ ② ㈏, ㈐ ③ ㈎, ㈏, ㈐
④ ㈏, ㈐, ㈑ ⑤ ㈎, ㈏, ㈐, ㈑, ㈒

해설

㈏ 계열회사관계에 있는 사업자들의 시장점유율을 합산하여 하나의 사업자로 보고 시장지배적사업자의 추정을 하게 되므로 경우에 따라서는 4개의 사업자가 시장지배적사업자로 추정받는 경우도 있을 수 있다. 예를 들어 시장점유율이 A 30%, B 30%, C 10%, D 10%인 시장에서 C와 D가 계열회사의 관계에 있다면 A, B, C, D 네 사업자가 시장지배적사업자로 추정받는다. ㈐ 승용차시장에서 현대자동차(주)와 기아자동차(주)는 계열회사관계에 있다. ㈑ 잠재적 경쟁의 위협이 강력한 시장이라면 현재의 시장점유율이 높은 사업자라도 그 지위를 남용

하기 어렵기 때문에 시장점유율만으로는 추정기준을 충족시키는 사업자라도 반증을 들어 그 추정을 복멸할 수 있도록 허용하여야 한다. ㈒ 구성요건에서 '정당한 이유없이'라는 구절로 시작하는 경우 정당한 이유에 대한 입증책임은, 공정거래위원회의 심결절차에서 피심인이 부담하고 사적소송에서는 피고가 부담한다. 다만 이러한 구성요건과 당연위법은 구별되어야 한다. <답 ①>

06. **다음은 시장지배적지위의 남용행위에 관한 설명이다. 옳지 않은 것은?**

① 일정한 거래분야에 있어서 1사업자의 시장점유율이 100분의 50 이상이거나, 3 이하의 사업자의 시장점유율의 합계가 100분의 75 이상인 경우 시장지배적사업자로 추정된다.

② 금융업 또는 보험업을 영위하는 회사는 시장지배적사업자에 해당할 수 있다.

③ 소비자의 이익을 현저히 저해하는 행위는 경쟁을 제한하는 행위의 한 가지 예에 속하므로 결국 독점규제법 제3조의2 제1항 각 호의 행위는 모두 경쟁을 제한하는 행위로 분류될 수 있다.

④ 기존 경쟁자의 시장퇴출을 부당한 방법으로 촉진시키는 행위는 경쟁사업자 배제행위와 다른 사업자의 사업활동을 부당하게 방해하는 행위 양자에 해당할 수 있다.

⑤ 시장지배적사업자에 대한 독점규제법상의 규제는 독점규제법상 시장지배적사업자의 정의에 해당하는 사업자에 대해서만 적용된다.

해설

③ 장기적으로 일정한 거래분야에서 경쟁이 실질적으로 제한되면 소비자의 이익이 침해되는 결과가 발생하지만 소비자이익을 침해하는 행위가 경쟁제한행위에 해당한다고 볼 수는 없는 약탈가격설정행위처럼 단기적으로는 소비자에게 이익을 주지만 경쟁을 제한하는 행위가 있고, 부당하게 높은 가격을 설정하는 행위처럼 경쟁을 제한하는 행위는 아니지만 소비자의 이익을 침해하는 행위가 있다. <답 ③>

07. **다음은 시장지배적지위의 남용행위와 불공정거래행위의 공통점과 차이점에 대한 설명이다. 옳지 않은 것은?**

① 전자는 미리 시장지배적사업자의 요건을 갖춘 사업자에 대해서만 문제되지만, 후자는 모든 사업자에 대해 적용된다.

② 시장지배적사업자가 경쟁자의 고객을 부당한 방법으로 자기와 거래하도록 유인하는 행위는 시장지배적지위의 남용행위에 해당할 뿐만

아니라 불공정거래행위에도 해당한다.

③ 시장지배적지위의 남용행위는 일정한 거래분야에서 경쟁을 실질적으로 제한하는 행위에 해당하는 경우가 많지만, 불공정거래행위는 행위의 불공정성만이 문제될 뿐 일정한 거래분야에서의 경쟁제한성과는 아무런 관련이 없다.

④ 시장지배적지위의 남용행위에 대해서는 매출액의 100분의 3에 해당하는 액수나 10억원 이하의 범위에서 과징금을 부과할 수 있는 데 반해, 불공정거래행위의 경우에는 매출액의 100분의 2에 해당하는 액수나 5억원 이하의 범위에서 과징금을 부과할 수 있다. 따라서 전자에 대한 제재가 후자에 대한 제재보다 강하다고 할 수 있다.

⑤ 양자는 모두 수직적 거래제한에 해당하는 경우가 많지만 거래제한적 요소가 없는 경우도 있을 수 있다는 점은 공통된다.

해설

③ 시장지배적지위의 남용행위는 물론이고 불공정거래행위도 본질적으로 일정한 거래분야에서 경쟁을 실질적으로 제한할 수 있기 때문에 독점규제법상 문제가 되는 것이다. 다만 전자의 경우는 시장지배력으로 인해 후자에 비해 경쟁을 실질적으로 제한할 가능성이 높다는 점에서 차이가 있을 뿐이다. <답 ③>

08. 시장지배적지위의 남용행위에 대한 설명으로 옳지 않은 것은?

① 정당한 이유 없이 상품의 재고량을 현저히 증가시키는 행위는 부당한 출고조절이 된다.

② 기존 유통업자와 배타적 대리점계약을 통하여 신규진입을 방해하는 경우 부당한 시장참입의 제한에 해당한다.

③ 가격차별의 경우에도 약탈가격이 문제될 수 있다.

④ 제품의 용량을 감소시킨 행위는 가격남용에 해당할 수 있다.

⑤ 가격차별은 우리 독점규제법상 불공정거래행위나 시장지배적지위의 남용에 해당할 수는 있지만 부당한 공동행위에 해당할 가능성은 없다.

해설

③ 공정거래위원회의 「시장지배적지위 남용행위 심사기준」 참조. ④ 제품의 용량을 감소시킨 행위는 실질적으로는 가격인상과 같은 효과를 가져오는 것이기 때문에 가격남용에 해당하며 이에 대한 공정거래위원회의 심결례(해태제과사건, 1992.1.15. 의결 제92-1호)도 있다. ⑤ 카르텔에 가담하지 않은 자를 배제할 목적으로 약탈가격에 따른 가격담합은 부당한 공동행위에 해당한다. <답 ⑤>

09. 기존의 항공사와 대리점계약을 맺고 항공권판매업무를 하고 있는 여행사들이 경쟁항공사와 복수대리점계약을 맺자 기존 항공사가 양자택일을 요구한 경우 남용행위의 유형 중 어디에 해당하는가?

① 부당한 시장참입 제한
② 부당한 사업활동 방해
③ 부당한 출고조절
④ 부당한 가격결정
⑤ 기타 경쟁제한 행위

해설

② 부당한 사업활동방해에 해당한다. 시장참입의 제한(새로운 경쟁사업자의 참가를 부당하게 방해하는 행위)에서 새로운 경쟁사업자는 진입을 시도하는 사업자와 실제로 진입해 판매를 개시하기 전까지의 사업자를 의미함을 유의하여야 한다. <답 ②>

10. 다음은 시장지배적지위의 남용행위에 대한 독점규제법상의 제재조치에 대한 설명이다. 옳지 않은 것은?

① 공정거래위원회는 시장지배적사업자가 남용행위를 한 경우에는 당해 사업자에 대하여 대통령령이 정하는 매출액에 100분의 3을 곱한 금액을 초과하지 아니하는 범위 안에서 과징금을 부과할 수 있다.
② 다만 매출액이 없거나 매출액의 산정이 곤란한 경우로서 대통령령이 정하는 경우에는 10억원을 초과하지 아니하는 범위 안에서 과징금을 부과할 수 있다.
③ 시장지배적지위의 남용행위에 해당하더라도 사법상 효력에는 영향이 없다.
④ 시장지배적지위의 남용금지에 관한 규정을 위반하여 남용행위를 한 자에 대해서는 3년 이하의 징역 또는 2억원 이하의 벌금에 처한다.
⑤ 공정거래위원회는 시장지배적지위의 남용금지규정에 위반하는 행위가 있을 때에는 당해 시장지배적사업자에 대하여 가격의 인하, 당해 행위의 중지, 시정명령을 받은 사실의 공표, 기타 시정을 위하여 필요한 조치를 명할 수 있다.

해설

③ 시장지배적지위의 남용행위에 해당하는 거래제한행위의 사법상 효력을 부정하는 입장도 유력하다. ⑤ 과징금도 중요한 제재수단이다. <답 ③>

11. **다음 중 시장지배적지위 남용행위에 관한 다음 설명 중 옳지 않은 것은?**

① 제과회사가 제품용량을 감소시켜 실질적으로 가격을 인상한 행위는 부당한 가격결정에 해당한다.

② 대리점이나 도매상에 대하여 경쟁사업자와 맺고 있는 기존의 거래관계를 단절할 것을 강요한 경우는 부당한 사업활동방해에 해당한다.

③ 불량케이블을 공급한 사업자가 불량케이블을 교체해 주지도 않으면서 소비자가 다른 업체로부터 동일한 케이블을 공급받으려 하자 다른 업체로 하여금 케이블을 공급하지 못하도록 하는 행위는 부당한 출고조절에 해당한다.

④ 한국방송광고공사가 광고주로 하여금 2개 이하의 광고회사와만 광고대행계약을 체결할 수 있도록 하는 행위는 광고주의 계약자유를 침해하기 때문에 경쟁을 실질적으로 제한하는 행위에 해당한다.

⑤ 경쟁사업자를 배제하려고 승강기를 현저하게 원가 이하로 공급하는 행위는 경쟁사업자배제에 해당한다.

✍ **해설**

③의 예는 부당한 사업활동방해에 해당한다. <답 ③>

12. **서울시가 전동차 제작회사와 전동차 납품계약을 체결함에 있어 계약금액결정에 하자 또는 착오가 있어 계약금액을 감액할 사유가 발생할 경우에는 계약체결 후라도 서울시가 계약금액을 감액 또는 환수조치할 수 있도록 특약하였다. 그리고 그 뒤에 이를 근거로 감액통보를 하고 일부 금원을 지급하지 않았다. 이에 대한 대법원 판례의 설시내용과 다른 것은?**

① 국가나 지방자치단체도 사경제의 주체로서 타인과 거래행위를 하는 경우에는 그 범위 내에서 「독점규제 및 공정거래에 관한 법률」 소정의 사업자에 포함된다고 보아야 한다.

② 서울시와 전동차제작회사간에 전동차제작납품계약을 체결함에 있어 계약금액은 총액을 확정하되 계약체결 후라도 계약금액 결정에 하자 또는 착오가 있어 계약금액을 감액하여야 할 사유가 발생할 경우에는 서울시가 계약금액을 감액 또는 환수 조치할 수 있도록 특약한 경우, 위 회사의 기업 규모를 고려할 때 서울시는 독점적 수요자의 지위에 있었다고 할 수 없다.

③ 계약 당시 실제거래가격에 대한 정보부족 때문에 총액확정계약으로 하되 감액 특약을 한 사정에 비추어 볼 때, 위 계약체결에 있어서 서울시가 위 회사의 자유의사를 부당하게 억압하였다거나 위 감액 특약이 정상적인 거래관행에 비추어 상대방에게 불이익이 되도록 부당하게 거래조건을 설정한 행위라고 할 수 없으므로 감액특약을 한 것이 「독점규제 및 공정거래에 관한 법률」소정의 불공정거래행위에 속한다고 할 수 없다.

④ 이 사건의 계약을 체결함에 있어 감액특약을 하게 된 것이 전동차 제작에 소요되는 외자재의 실제거래가격에 관한 서울시의 정보부족 때문이었다는 사정을 고려하면, 위 감액특약에 있어서 계약금액 결정에 하자 또는 착오가 있었는지의 여부는 계약체결 당시를 기준으로 판단하여야 할 것이다.

⑤ 신의칙과 형평의 원칙에 비추어 볼 때 최소한 서울시에 과실이 있는 경우에는 위 감액특약을 이유로 계약금액의 감액을 주장할 수 없다고 해석하여야 할 것이다.

해설

⑤ 악의나 중과실이 있는 경우에만 계약금액의 감액을 주장할 수 없다고 판시하였다(대판 1990.11.23, 90다카3659). 이 사건은 1990년 당시의 독점규제법하에서는 불공정거래행위사건으로 의의가 있었으나 현행법상으로는 시장지배적지위의 남용행위 사건으로서 의의를 가진다. <답 ⑤>

13. **「독점규제 및 공정거래에 관한 법률」상 시장지배적사업자인지의 여부를 판단한 것으로 옳은 것은?**

① 유사품 및 인접시장이 존재하여 당해 시장에 영향을 미치는 경우에는 시장지배적사업자일 가능성이 낮아질 수 있다.

② 당해 시장에 대한 신규진입이 가까운 시일 내에 용이하게 이루어질 수 있는 경우에는 시장지배적사업자일 가능성이 높아질 수 있다.

③ 당해 사업자의 원재료 구매비율이나 공급비율이 시장지배적사업자로 추정되는 시장점유율 요건에 해당되면 시장지배적사업자일 가능성이 낮아질 수 있다.

④ 사업자간의 가격·수량 기타의 거래조건에 관한 명시적·묵시적 공동행위가 이루어지기 용이한 경우에는 시장지배적사업자일 가능성이 낮아질 수 있다.

⑤ 당해 사업자에 비해 경쟁사업자의 규모가 상대적으로 큰 경우에는 시장지배적사업자일 가능성이 높아질 수 있다.

해설

시장지배적사업자는 일정한 거래분야의 공급자나 수요자로서 단독으로 또는 다른 사업자와 함께 상품이나 용역의 가격, 수량, 품질 기타의 거래조건을 결정, 유지 또는 변경할 수 있는 시장지위를 가진 사업자를 말한다(법 제2조 제7호). 경쟁사업자의 상대적 규모가 작을수록, 경쟁사업자간의 공동행위의 가능성이 클수록, 유사 제품 및 인접시장이 적게 존재할수록, 시장봉쇄력이 클수록 당해 사업자의 시장지배력은 크다고 볼 수 있다. <답 ①>

14. 다음 사안에 대하여 독점규제법상 시장지배적지위 남용 금지규정을 적용하는 경우에 관한 설명 중 옳지 않은 것은? 〈2007 사시〉

> 국내에서 혈액암치료제를 생산하여 판매하는 A, B, C는 치료약의 투여 시 부작용을 획기적으로 줄여줄 수 있는 원료를 공동으로 개발하여 특허를 획득하였다. 동 원료를 이용하여 A, B, C는 현재 국내 혈액암치료제시장에서 각각 30%, 24% 및 15%의 점유율을 차지하고 있다. 혈액암치료제시장의 후발 주자로서 점유율이 8%에 불과한 D는 A, B, C가 공동으로 개발한 원료의 공급을 요청하였으나, A, B, C가 이를 거절하였다.

① A, B, C의 시장지배적지위 여부를 판단하기 위해서는 먼저 관련시장을 획정하여야 한다.

② 혈액암치료제시장을 관련시장으로 획정할 경우 A, B, C가 합계 69%의 점유율을 가지는 데 불과하여 시장지배적사업자로 추정되지 않으므로, 진입장벽의 존재와 정도 등 시장상황을 종합적으로 고려하여 시장지배적지위 유무를 공정거래위원회가 입증하여야 한다.

③ A, B, C가 공동으로 개발한 원료가 같은 법 시행령이 정하는 필수요소에 해당하는 경우에는 시장지배적지위 남용이 성립하고, 부당한 출고조절에 해당한다.

④ A, B, C의 남용여부를 판단하기 위해서는 공급거절에 정당한 사유가 존재하는지 여부를 최종적으로 고려하여야 한다.

⑤ A, B, C는 새로 개발한 원료에 대하여 특허를 가지고 있으므로, 공급거절이 특허권의 정당한 행사에 해당하는지 여부를 검토하여야

한다.

해설

② 3 이하의 사업자의 시장점유율의 합계가 100분의 75 이상이 되어야 시장지배적사업자로 추정되므로(법 제4조 제2호) 타당한 설명이다. ③ 부당한 사업활동방해에 해당한다(법 제3조의2 제1항 제3호; 시행령 제5조 제3항). <답 ③>

15. **어떤 거래분야에서 사업자들의 시장점유율이 A회사 50%, B회사 12%, C회사 9%, D회사 9%, E회사 4%이며, E회사는 C회사의 계열회사이다. 이 경우 독점규제법에 의하여 시장지배적사업자로 추정될 수 있는 자를 전부 고른 것은?** 〈2007 사시〉

① A회사
② A회사, B회사, C회사
③ A회사, B회사, E회사
④ A회사, B회사, C회사, D회사
⑤ A회사, B회사, C회사, E회사

해설

법 제4조 각호 참조. A는 시장점유율이 100분의 50 이상이므로 법 제4조 제1호에 의하여 시장지배적사업자로 추정될 수 있고, E회사는 C회사의 계열회사이므로 이를 하나의 사업자로 본다(시행령 제4조 제3항). 이 경우 A, B, C(E 포함)회사의 시장점유율을 합산하면 50%+12%+13%=75%가 되므로 결국 A, B, C, E회사는 시장지배적사업자로 추정될 수 있다. D회사는 시장점유율이 10% 미만이므로 추정대상에서 제외된다(법 제4조 제2호 단서). <답 ⑤>

16. **「독점규제 및 공정거래에 관한 법률」상 시장지배적지위의 남용에 관한 설명 중 옳은 것은?** (다툼이 있는 경우에는 판례에 의함) 〈2008 사시〉

① 공급자만이 시장지배적사업자로 규제된다.
② 3 이하의 사업자의 시장점유율의 합계가 100분의 70 이상인 경우 각 사업자는 시장지배적사업자로 추정된다.
③ 일정한 거래분야에서 연간 매출액 또는 구매액이 40억원 미만인 사업자는 시장지배적사업자의 추정조항의 적용대상에서 제외된다.
④ 시장지배적사업자의 거래거절은 경쟁제한의 우려 여부와 관계없이 시장지배적지위의 남용행위로서 규제된다.
⑤ 특정 사업자가 시장지배적지위에 있는지 여부를 판단함에 있어서 외국으로부터의 관련상품의 수입가능성은 고려되지 않는다.

해설

① 수요자도 시장지배적사업자로 규제된다(법 제2조). ②③ 3 이하의 사업자의

시장점유율의 합계가 100분의 75 이상, 다만 이 경우에 시장점유율이 100분의 10 미만인 자를 제외한다. 매출액 또는 구매액에 40억원 미만인 사업자도 제외한다(법 제4조 제2호). ④ 경쟁제한의 우려가 있어야 규제된다(대판 2007.1.25, 2004두7610). ⑤ 외국으로부터의 수입가능성 등을 종합적으로 고려하여 판단한다(대판 2007.11.22, 2002두8626 전원합의체). <답 ③>

17. **「독점규제 및 공정거래에 관한 법률」상 시장지배적지위의 남용행위와 부당한 공동행위를 비교한 것이다. 옳은 것을 모두 고른 것은?** 〈2009 사시〉

ㄱ. 양자 모두 부당한 가격결정행위가 행위유형의 하나로 규정되어 있으나, 시장지배적지위의 남용행위는 실제 행위가 있어야 성립하는 반면에, 부당한 공동행위는 그 행위를 할 것을 합의한 것만으로도 규제될 수 있다.
ㄴ. 양자 모두 행위자가 관련시장에서 시장지배적사업자 또는 그에 준하는 지위에 있을 것을 요건으로 한다.
ㄷ. 양자 모두 법률상 요건에 관한 추정규정이 있다.
ㄹ. 부당한 공동행위는 복수의 사업자가 행하는 것을 전제로 하는 반면에, 시장지배적지위의 남용행위는 일정한 거래분야에서 하나의 사업자만이 규제대상이 된다.

① ㄱ, ㄴ ② ㄴ, ㄷ ③ ㄱ, ㄷ
④ ㄴ, ㄹ ⑤ ㄷ, ㄹ

해설

ㄱ. 법 제3조의2 제1항 제1호, 법 제19조 제1항 제1호. ㄴ. 부당한 공동행위는 시장지배적사업자의 지위나 그에 준하는 지위를 요건으로 하지 않는다. 다른 사업자와 공동으로 부당하게 경쟁을 제한하는 합의를 하면 성립한다(법 제19조 제1항). ㄷ. 법 제4조, 법 제19조 제5항. ㄹ. '시장지배적사업자'라 함은 일정한 거래분야의 공급자나 수요자로서 단독으로 또는 다른 사업자와 함께 상품이나 용역의 가격·수량·품질 기타의 거래조건을 결정·유지 또는 변경할 수 있는 시장지위를 가진 사업자를 말한다(법 제2조 제7호). <답 ③>

18. **일정한 거래분야에서 사업자들의 시장점유율이 다음과 같다면 「독점규제 및 공정거래에 관한 법률」에 의하여 시장지배적사업자로 추정되는 자를 모두 고른 것은?** 〈2009 사시〉

甲회사 50%, 乙회사 15%, 丙회사 10%, 丁회사 8%, 戊회사 5%. 단,

甲은 丁의 계열회사이며, 乙은 戊의 계열회사임(모두 연간 매출액 또는 구매액이 40억원 이상임).

① 甲회사
② 甲회사, 乙회사, 丙회사
③ 甲회사, 乙회사, 丁회사
④ 甲회사, 乙회사, 丁회사, 戊회사
⑤ 甲회사, 乙회사, 丙회사, 丁회사, 戊회사

해설

계열회사는 하나의 사업자로 본다(시행령 제4조 제3항). 따라서 시장점유율의 합계가 58% + 20% + 10% = 88%로 전부 시장지배적사업자로 추정된다(법 제4조 참조). <답 ⑤>

19. **「독점규제 및 공정거래에 관한 법률」상 시장지배적사업자에 관한 설명으로 옳지 않은 것은?** 〈2010 사시〉

① 공급자뿐만 아니라 수요자도 시장지배적사업자가 될 수 있다.
② 시장지배적사업자는 일정한 거래분야에서 연간 매출액 또는 구매액이 일정 규모 이상이 되어야 한다.
③ 시장지배적사업자의 추정 규정을 적용함에 있어서 그 사업자의 시장점유율뿐만 아니라 계열회사의 시장점유율도 합산한다.
④ 공정거래위원회는 시장지배적지위를 남용한 사업자에 대하여 '시정명령을 받은 사실의 공표'를 명할 수 있다.
⑤ 공정거래위원회는 시장지배적지위를 남용한 사업자에 대하여 시정조치로 가격인하명령을 할 수 있다.

해설

② 매출액 등이 자금력으로서 시장지배적사업자를 판단하는데 고려요소가 될 수는 있지만 매출액과 구매액에 대한 요건이 규정되어 있는 것은 아니다(법 제2조 제7호). ③ 시행령 제4조 제3항. ④⑤ 법 제5조. <답 ②>

20. **아래의 사례에서 甲회사의 공급거절행위에 대하여 「독점규제 및 공정거래에 관한 법률」 위반 여부에 대한 기술 중 옳지 않은 것은?** (다툼이 있는 경우에는 대법원 판례에 의함) 〈2010 사시〉

甲회사는 연간 매출액이 1,000억원 이상인 사업자로서 국내에서 생

> 산되는 A 제품의 100%를 공급하고 있다. A 제품은 B 제품 생산에 필수적인 원료인데 국내 생산품 외에 외국으로부터의 수입이 비교적 용이하다. B 제품 시장에서는 甲회사가 58.4%의, 乙회사가 11.1%의 각 시장점유율을 갖고 있다. 그런데 甲회사는 乙회사에 대하여 A 제품의 공급을 거절하였다.

① 甲회사의 행위는 시장지배적지위의 남용행위 중 '다른 사업자의 사업활동방해행위'에 해당될 수 있다.
② 甲회사의 시장지배적지위를 판단함에 있어 A 제품의 수입가능성도 고려하여야 한다.
③ 甲회사의 행위는 시장에서의 독점을 유지·강화할 의도나 목적을 가지고 있을 뿐만 아니라 객관적으로도 그러한 경쟁제한의 효과가 생길 만한 우려가 있는 경우에 부당성이 인정될 수 있다.
④ 甲회사는 A, B 제품 시장에서 시장지배적사업자로 추정되므로 위 거래거절 행위에 대하여는 그 부당성까지 추정된다.
⑤ 甲회사의 행위가 시장지배적지위의 남용행위에 해당되지 않더라도 불공정거래행위에 해당될 수 있다.

해설

① 법 제3조의2 제1항 제3호; 시행령 제5조 제3항 제1호. ②③④ 거래거절행위가 독점규제 및 공정거래에 관한 법률 제3조의2 제1항 제3호의 시장지배적사업자의 지위 남용행위에 해당하려면 그 거래거절행위가 다른 사업자의 사업활동을 부당하게 어렵게 하는 행위로 평가될 수 있어야 하는바, 여기에서 말하는 '부당성'은 불공정거래행위로서의 거절행위의 부당성과는 별도로 '독과점적 시장에서의 경쟁촉진'이라는 입법목적에 맞추어 독자적으로 평가·해석하여야 하므로, … 특정 사업자가 불이익을 입게 되었다는 사정만으로는 그 부당성을 인정하기에 부족하고, 그 중에서도 특히 시장에서의 독점을 유지·강화할 의도나 목적, 즉 시장에서의 자유로운 경쟁을 제한함으로써 인위적으로 시장질서에 영향을 가하려는 의도나 목적을 갖고, 객관적으로도 그러한 경쟁제한의 효과가 생길 만한 우려가 있는 행위로 평가될 수 있는 행위로서의 성질을 갖는 거래거절행위를 하였을 때에 그 부당성이 인정될 수 있다. … 그리고 이 때 경쟁제한의 효과가 문제되는 관련시장은 시장지배적사업자 또는 경쟁사업자가 속한 시장뿐만 아니라 그 시장의 상품 생산을 위하여 필요한 원재료나 부품 및 반제품 등을 공급하는 시장 또는 그 시장에서 생산된 상품을 공급받아 새로운 상품을 생산하는 시장도 포함될 수 있다(대판 2007.11.22, 2002두8626 전원합의체 판결). ⑤ 시장지배적지위 남용행위에 해당되지 않더라도 불공정거래행위 중 거래거절에 해당될 가능성이 있다.

<답 ④>

21. **「독점규제 및 공정거래에 관한 법률」 제3조의2 제1항에 열거된 시장지배적지위의 남용행위의 유형이 아닌 것은?** 〈2011 사시〉

① 자기의 거래상의 지위를 부당하게 이용하여 거래하는 행위
② 상품의 판매 또는 용역의 제공을 부당하게 조절하는 행위
③ 다른 사업자의 사업활동을 부당하게 방해하는 행위
④ 새로운 경쟁사업자의 참가를 부당하게 방해하는 행위
⑤ 부당하게 경쟁사업자를 배제하기 위하여 거래하는 행위

해설

②③④⑤법 제3조의2 제1항 참조. ①은 불공정거래행위의 유형에 해당한다. <답 ①>

22. **「독점규제 및 공정거래에 관한 법률」상 시장지배적지위의 남용행위와 불공정거래행위에 관한 설명으로 옳은 것은?** 〈2011 사시〉

① 시장지배적사업자의 추정에 관한 규정은 불공정거래행위에 준용된다.
② 시장지배적지위의 남용금지에 위반하는 경우 시정조치를 명하거나 이행강제금을 부과할 수 있다.
③ 시장지배적지위의 남용행위에 대한 형사벌의 법정형은 불공정거래행위에 대한 그것보다 가볍다.
④ 불공정거래행위에 대한 시정조치로 계약조항의 삭제를 명할 수 없다.
⑤ 시장지배적지위의 남용금지는 시장지배적사업자에게만 적용되지만, 불공정거래행위의 금지는 모든 사업자에게 적용된다.

해설

①⑤ 불공정거래행위는 행위주체를 한정하지 않으므로 시장지배적사업자의 추정에 관한 규정이 적용되지 않는다. ② 시장지배적지위의 남용금지에 위반하는 경우 시정조치를 명할 수는 있으나(법 제5조), 이행강제금을 부과할 수 있다는 규정은 없다. 이행강제금은 기업결합의 제한규정을 위반한 경우에 부과될 수 있다(법 제17조의3). ③ 시장지배적지위의 남용행위를 위반한 경우 3년 이하의 징역 또는 2억원 이하의 벌금에 처할 수 있는 반면(법 제66조), 불공정거래행위를 한 경우 2년 이하의 징역 또는 1억 5천만원 이하의 벌금에 처할 수 있다(법 제67조). ④ 불공정거래행위에 대한 시정조치로 당해 불공정거래행위의 중지, 계약조항의 삭제, 시정명령을 받은 사실의 공표 기타 시정을 위한 필요한 조치를 명할 수 있다(법 제24조). <답 ⑤>

23. **「독점규제 및 공정거래에 관한 법률」상 시장지배적사업자에 관한 설명으

로 옳지 않은 것은? (다툼이 있는 경우에는 대법원 판례에 의함) 〈2013 사시〉

① 시장지배적사업자를 판단함에 있어서는 시장점유율, 진입장벽의 존재 및 정도, 경쟁사업자의 상대적 규모 등을 종합적으로 고려한다.

② 용역시장의 수요자도 시장지배적사업자가 될 수 있다.

③ 시장점유율이 이 법상의 시장지배적사업자 추정기준에 이르지 않더라도 공정거래위원회의 입증을 통해 시장지배적사업자로 인정될 수 있다.

④ 일정한 거래분야에서 어느 회사의 연간 매출액이 30억 원이고 그 계열회사의 연간 매출액이 20억 원인 경우에 두 회사는 시장지배적사업자 추정규정의 적용대상이 되지 아니한다.

⑤ 시장지배적사업자를 판단함에 있어서 독립된 사업자들이 각기 자기의 책임과 계산하에 독립적으로 사업을 하고 있을 뿐 손익분배 등을 함께하고 있지 않다면 그 사업자들을 통틀어 하나의 사업자로 볼 수는 없다.

✍ 해설

④ 법 제4조의 규정을 적용함에 있어서 당해사업자와 그 계열회사는 이를 하나의 사업자로 본다(독점규제법 시행령 제4조 제3항). 두 회사는 하나의 사업자로 보므로 연간매출액이 50억원이 되고, 연간 매출액 또는 구매액이 40억원 미만인 사업자만 추정대상에서 제외되므로 ④의 두 회사는 시장지배적사업자의 추정규정의 적용대상이 된다(독점규제법 제4조). ①③ 추정조항은 어디까지나 추정에 불과하므로 그것만으로 시장지배적사업자로 확정되는 것은 아니고, 시장점유율, 진입장벽의 존재 및 정도, 경쟁사업자의 상대적 규모등을 종합적으로 고려하여 판단하여야 한다. ②⑤는 당연한 설명이다. <답 ④>

제 4 절 기업결합의 제한

01. **다음 중 기업결합에 대한 대법원 판결의 설시로서 옳은 것을 모두 고른다면?**

ㄱ. 공정거래위원회가 당해 기업결합 외의 방법으로 달성하기 어려운 효율성 증대효과가 경쟁제한으로 인한 폐해보다 큰 경우 기업결합 제한규정을 적용하지 아니하고 있는바, 그 효율성 증대효과는 가까운 시일 내에 발생할 것이 명백하여야 한다.

ㄴ. 수평적 기업결합에서 이러한 실질적 경쟁제한성 유무를 판단하

는 경우에는 법 제7조 제4항 제1호가 규정하고 있는 경쟁제한성 추정요건의 충족 여부 외에도 해외경쟁의 도입수준 및 국제적 경쟁상황, 신규 진입의 가능성, 경쟁사업자들 사이의 공동행위 가능성, 유사품 및 인접시장의 존재 여부 등을 종합적으로 고려하여 개별적으로 판단하여야 한다.

ㄷ. 회사가 기업결합을 위하여 주식 100%를 소유한 자회사를 설립하고 소멸회사인 자회사와 존속회사인 피취득회사의 합병과정에서 존속회사가 발행한 신주를 소멸회사의 주식을 대신하여 전부 취득한 경우, 공정거래위원회의 시정조치처분은 처분기간의 제한을 받지 않는다.

ㄹ. 공정거래위원회가 일정한 거래분야에서의 경쟁을 실질적으로 제한하는 기업결합에 대하여 부과하는 시정조치에 대해서는 비교적 넓은 재량이 부여되어 있다.

① ㄱ, ㄴ, ㄷ, ㄹ ② ㄱ, ㄷ, ㄹ ③ ㄱ, ㄴ, ㄹ
④ ㄴ, ㄹ ⑤ ㄱ, ㄴ

해설

동양제철화학 사건(대판 2009.9.10, 2008두9744). <답 ①>

02. 기업결합 사건에서의 경쟁제한성의 추정과 효율성 증대효과에 관한 다음 설명 중 옳은 것은?

① 효율성 증대효과는 상당한 시일의 경과 후에 발생할 것이 예견되면 충분하다.

② 경쟁제한성이 인정되는 회사합병이 효력을 발생한 경우 공정거래위원회는 합병 이전의 상태로 환원할 것을 명하였다.

③ 기업결합 당사회사의 시장점유율의 합계가 시장지배적사업자의 추정요건에 해당하고 당해 거래분야에서 1위이더라도 그것만으로는 경쟁제한성이 추정되지 못한다.

④ 기업결합의 경쟁제한성은 공정거래위원회나 손해배상청구소송의 피고가 입증하여야 한다.

⑤ 경쟁제한성이 인정되는 다른 회사의 영업 전부의 양수에 대하여는 법 위반사실의 공표를 명할 수 있다.

해설

① 효율성 증대효과는 가까운 시일 내에 발생할 것이 명백하여야 한다. ② 합병무효의 소를 제기하여야 한다(법 제16조 제2항). ③의 두 가지 요건 외에 결합 당사회사의 시장점유율의 합계와 시장점유율 2위인 회사의 시장점유율의 차이가 그 당사회사의 시장점유율 합계의 100분의 25 이상이라는 요건까지 갖추어야 한다. ④ 원고가 입증하여야 한다. ⑤ 시정조치를 받은 사실의 공표를 명할 수 있다. 법 위반사실의 공표명령은 위헌결정을 받은 바 있다. <답 ③>

03. **경쟁제한적 기업결합에 대한 다음의 시정조치 중 행태적 시정조치에 해당하지 않는 것은?**

① 피심인은 시정명령을 받은 날로부터 5년간 생산제품의 출고원가를 소비자물가 상승률 이상으로 인상하여서는 아니된다.

② 피심인은 자사제품의 도매상과 거래함에 있어 부당하게 자기와 거래하도록 유인·강제하지 않도록 하는 구체적 방안을 수립하여 공정거래위원회 승인을 받아야 한다.

③ 결합 당사회사인 피심인들은 시정명령을 받은 날로부터 5년간 영업 관련 인력과 조직을 분리 운영하여야 한다.

④ 피심인의 특정 점포를 시정명령을 받은 날로부터 1년 내에 매각하여야 한다. 매수인의 선정은 공정거래위원회와 협의하여야 한다.

⑤ 피심인과 공정거래위원회가 협의하여 산정한 100개 품목의 가격이 인접한 경쟁사업자의 해당 품목의 가격보다 높을 경우 그 사실을 신고한 소비자에게 보상금을 지급하여야 한다.

해설

①②③은 하이트맥주 사건(2006.1.24. 의결 제2006-009호)의 시정조치이고, ⑤는 2008년 홈플러스(삼성테스코)사건(2008.10.27. 의결 제2008-285호)의 시정조치로서 모두 행태적 조치의 대표적 사례이다. ④는 2006년 신세계의 월마트 인수사건(2006.11.14. 의결 제2006-264호)에서의 구조적 시정조치의 예이다. ④는 2008년 9월 서울고등법원에서 취소판결을 받았다. <답 ④>

04. **기업결합의 신고에 관한 다음 설명 중 옳은 것은?**

① 자산총액 또는 매출액 규모가(계열회사의 그것과 합산한다. 이 문제의 모든 문항에 공통된다) 2천억원 이상인 회사가 자산총액 또는 매출액이 500억원 이상인 회사를 상대로 기업결합을 하는 경우에 신고의무를 부담한다.

② 기업결합신고대상회사의 규모를 산정함에 있어서 계열회사의 자산총액 또는 매출액을 합산하되 영업양수의 경우에 영업을 양수하는 회사의 규모를 산정할 때 계열회사의 자산총액 또는 매출액을 합산하지 아니한다.

③ 기업결합신고 대상회사의 특수관계인이 상대회사의 특수관계인과 공동으로 새로운 회사의 설립에 참여하여 그 회사의 제2위 출자자가 되는 경우 공정거래위원회에 당해 기업결합 사실을 신고하여야 한다.

④ 자산총액 또는 매출액 규모가 1,000억원인 회사가 자산총액 또는 매출액 규모가 2,000억원인 회사를 상대로 기업결합을 할 경우에는 신고의무를 부담하지 아니한다.

⑤ 비상장회사 B의 발행주식의 100분의 25를 소유하여 최다 출자자인 A회사가 특수관계인의 소유분과 합산하여 B회사의 주식을 100분의 20만큼 추가 취득할 경우에도 공정거래위원회에 신고하여야 한다.

해설

② 양도하는 회사의 규모를 산정할 때 계열회사의 자산총액 또는 매출액은 합산하지 않고 양수하는 회사의 경우는 합산하는 것으로 새긴다. ③ 최다출자자가 되는 경우만 신고의무를 부담한다(법 제12조 제1항). ④ 200억원 이상이며 2,000억원 미만 규모의 회사가 2,000억원 이상 규모의 회사를 결합하는 경우도 신고의무를 부담한다(법 제12조 제1항). ⑤ 100분의 20 이상을 소유하면서 이미 최다출자인 경우는 추가 출자를 신고할 필요가 없다. <답 ①>

05. 맥주회사가 소주회사의 발행주식총수의 과반수를 취득한 기업결합사건에 대한 다음 설명 중 그 타당성을 인정받기 어려운 것은?

① 맥주와 소주는 맛, 도수, 수요패턴 등 여러 면에서 차이가 있기 때문에 맥주시장과 소주시장은 별개의 시장으로 획정한다.

② SSNIP(작지만 중요하고 일시적이 아닌 가격인상) 심사를 하더라도 맥주와 소주는 긴밀한 대체관계에 있다고 보기 어렵다.

③ 대한민국에서 소주의 지리적 시장은 전국시장으로 볼 수 있다.

④ 맥주회사가 생산해온 먹는 샘물의 지리적 시장은 전국시장으로 보는 것이 타당하다.

⑤ 맥주회사와 소주회사가 결합하면 강력한 유통망을 확보하게 되는

결과 맥주시장과 소주시장에서 신규진입자가 사업활동을 시작하기 어려워진다.

해설

③ 국내 특정지역(예: 전남, 경남, 부산, 제주 등)의 소비자들은 자신의 지역에서 생산되는 소주의 가격이 일정한 수준 인상되더라도 다른 지역에서 생산되는 소주로 소비전환을 하지 않으려는 강한 '충성도'를 보이고 있다. <답 ③>

06. 독점규제법상 기업결합사건에서의 경쟁제한과 부당한 공동행위 사건의 경쟁제한에 대한 다음 설명 중 옳지 않은 것을 모두 모은 답은?

(가) 기업결합사건에서 위법성을 인정하기 위해서는 적극적으로 '일정한 거래분야에 있어서의 경쟁의 실질적 제한'을 찾아내야 한다.
(나) 기업결합은 대부분 경쟁제한행위로서 위법성을 인정받는다.
(다) 공동행위는 독립한 사업자간의 행동통일로서 지배관계가 형성되지 아니하므로 경쟁제한성을 인정하기 어렵다.
(라) 공동행위의 경쟁제한이 부당한가 여부는 미국 독점금지법의 집행원칙 중 하나인 합리성의 원칙에 따라 판단되어야 한다.
(마) 부당한 공동행위에 있어서의 부당성은 경쟁제한성이 작거나 미미한 공동행위에 대하여 행정적 · 사법적 규제를 하지 않도록 하는 소극적 · 제외적 요건으로 이해된다.

① (나), (마) ② (가), (다) ③ (가), (라)
④ (나), (다), (라) ⑤ (나), (라), (마)

해설

(나) 기업결합은 경쟁촉진적인 경우가 많아서 중립적인 경쟁제한성 평가가 요구된다. (다) 공동행위는 대부분 경쟁제한성을 가진다. (라) 개별공동행위마다 경쟁제한적 효과와 경쟁촉진적 효과를 비교 · 형량하도록 하는 것은 우리의 카르텔법 집행을 무력화시킬 수 있어 타당하지 않다. <답 ④>

07. 경쟁제한적 기업결합에 관한 다음 설명 중 옳지 않은 것은?

① 기업결합 당사회사의 규모와 관계없이 일정한 거래분야에서 경쟁을 실질적으로 제한하는 기업결합은 금지된다.
② 호텔업과 은행업의 결합은 순수한 혼합결합에 속한다.
③ 맥주회사와 소주회사의 기업결합은 수평적 기업결합에 해당한다는

것이 공정거래위원회의 입장이었다.

④ 다이아몬드 가공회사가 다이아몬드 광산회사의 주식을 취득하는 것은 수직적 기업결합 중에서 후방결합에 해당한다.

⑤ 과거에 주식취득의 신고를 하여 공정거래위원회의 승인을 받았다 하더라도 같은 회사의 주식을 추가로 취득하여 최다출자자가 아닌 상태에서 최다출자자가 될 경우 다시 신고하여야 한다.

해설

② 혼합결합은 상호경쟁관계나 거래관계가 없는 기업간의 결합으로 대기업의 문어발식 확장이 여기에 해당한다. 이러한 혼합결합의 경쟁제한효과에 대해서는 논란이 있다. ③ ㈜하이트 맥주의 ㈜진로 주식 취득사건(2006.1.24. 의결 제2006- 009호)에서 공정거래위원회는 맥주시장과 소주시장을 별개의 시장으로 보았다. 다만 인접시장을 인정하는 학설에 의하면 수평적 기업결합과 같은 경쟁효과를 도외시할 수는 없다. <답 ③>

08. 독점규제법상의 기업결합규제에 관한 다음 설명 중 옳은 것은?

① 기업결합은 카르텔에 비하여 결합의 정도가 강하다.

② 독점규제법은 경쟁제한적 기업결합에 대한 예외인정사유로서 효율성 증대와 회생불가능한 회사의 구제를 열거하고 있는데 이는 예시적 열거로 해석하여야 한다.

③ 경쟁제한적 기업결합에 대한 예외인정은 공정거래위원회의 고유권한이고 사법부의 최종적 판단을 배제한다.

④ 예외사유에 해당하는 경쟁제한적 기업결합에 대하여도 시정조치를 명할 수 있다.

⑤ 기업결합에서 문제되는 주식의 취득 또는 소유는 취득 또는 소유의 명의와 관계없이 실질적인 소유관계를 기준으로 한다.

해설

① 기업결합은 경쟁을 축소시켜 시장구조에 악영향을 초래할 수 있지만 업종의 다양화, 경영의 다각화가 가능해지므로, 경쟁제한적인 기업결합뿐 아니라 경쟁촉진적인 것도 있다. ② 두 가지 사유만 예외인정이 가능한 한정적 열거이다. ③ 예외인정사유에 해당하는지 여부는 불복의 소를 통하여 법원의 최종적 판단을 받게 된다. ④ 예외인정을 하는 이상 공정거래위원회가 시정조치를 명할 수 없다. <답 ①>

09. 기업결합제한제도에 있어서 실질적 경쟁제한성에 관한 설명 중 옳지

않은 것은?

① 계열회사 매출액을 합산한 매출액이 5조원인 회사가 중소기업의 시장점유율이 100분의 75인 거래분야에서 기업결합을 하여 100분의 10의 시장점유율을 가지게 되는 경우 경쟁을 실질적으로 제한하는 것으로 추정된다.

② 시장점유율을 기준으로 기업결합 당사회사의 시장점유율의 합계가 시장지배적사업자의 추정요건에 해당하고 당해 거래분야에서 제1위이고 제2위인 회사의 시장점유율과의 차이가 시장점유율 합계의 25% 이상인 경우에는 경쟁제한성이 추정된다.

③ 경쟁은 완전경쟁이 아니라 유효경쟁을 의미한다.

④ 독점규제법에 규정되어 있는 기업결합의 경쟁제한성 추정조항은 양적 기준뿐만 아니라 질적 기준도 적용하여 경쟁제한성에 관한 위법성추정규정의 객관성을 확보하고 있다.

⑤ 경쟁을 실질적으로 제한하는 행위라 함은 일정한 거래분야의 경쟁이 감소하여 특정사업자 또는 사업자단체의 의사에 따라 어느 정도 자유로이 가격, 수량, 품질 기타 거래조건 등의 결정에 영향을 미치거나 미칠 우려가 있는 상태를 초래하는 행위를 말한다.

해설

① 중소기업사업분야에서의 기업결합에 대한 실질적 경쟁제한성 추정규정은 대규모회사 즉 자산총액 또는 매출액의 규모가 2조원 이상인 회사에만 적용된다(법 제7조 제4항 제2호; 시행령 제12조의2). ④ 기업결합의 경쟁제한성 추정조항은 전적으로 시장점유율, 즉 양적 기준에 의존하고 있는데 이는 위법성추정규정의 객관성 확보를 위한 것이다. <답 ④>

10. **신고대상 기업결합의 신고와 심사요청에 관한 다음 설명 중 옳은 것으로 묶인 것은?**

(가) 기업결합일로부터 30일 이내에 신고함을 원칙으로 한다.
(나) 주식취득에 의한 기업결합 중 신고대상 기업결합인 경우 기업결합의 당사 회사 중에 자산총액이 2조원 이상인 회사가 없다면 주권을 교부받은 날로부터 30일 이내에 신고해야 한다.
(다) 대규모회사가 합병을 하는 경우 합병에 대한 주주총회 의결이 있은 날로부터 30일 이내에 신고하여야 한다.
(라) 사전신고의 경우 대기기간은 30일이지만 공정거래위원회가 필

요하다고 인정할 때에는 그 기간을 단축하거나 그 기간의 만료일 다음 날로부터 60일의 범위 안에서 그 기간을 연장할 수 있다.

(마) 기업결합을 하고자 하는 자가 미리 심사요청을 해온 경우 공정거래위원회는 30일 이내에 결과를 통지해야 한다. 다만 공정거래위원회가 필요하다고 인정할 때에는 60일을 초과하지 않는 범위에서 심사기간을 연장할 수 있다.

① (가), (나) ② (가) ③ (나), (다), (라)
④ (라), (마) ⑤ 없다

해설

(가) 법 제12조 제6항. (나) 주식회사의 주식을 양수하는 경우에는 주권교부일, 주식회사의 신주를 유상취득하는 경우에는 주식대금의 납입기일 다음 날, 주식회사가 아닌 회사의 지분을 양수하는 경우에는 지분양수의 효력발생일, 감자 또는 주식의 소각 그 밖의 사유로 주식소유비율이 증가하는 경우에는 주식소유비율의 증가가 확정되는 날이 각각 기준이 된다(법 제12조 제6항; 시행령 제18조 제8항). (다) 합병계약을 체결한 날로부터 기업결합일 전까지의 기간내에 신고하여야 한다(법 제12조 제6항; 시행령 제18조 제8항). (라) 법 제12조 제7항에서 연장기간을 90일로 정하고 있다. (마) 법 제12조 제10항에서 연장기간을 90일로 정하고 있다. <답 ①>

11. 독점금지법학에서는 유효경쟁의 유지·보호를 목표로 삼고 있다. 유효경쟁의 존부를 판단하는 기준에 관하여 구조학파와 성과학파가 갈리는데 이 주제에 관한 다음 설명 중 적당하지 않은 것은?

① 구조기준설은 해당시장에서 영업활동을 수행하는 사업자의 수를 중요시한다.
② 성과기준설은 해당시장에서 영업활동을 수행하는 사업자들의 이윤수준을 중요시한다.
③ 구조기준설은 해당시장에서 영업활동을 수행하는 사업자들의 시장점유율을 중요시한다.
④ 성과기준설에 의하면 기술혁신의 속도가 느리고 사업자들이 비용절감의 노력을 기울이지 않는 시장에서 유효경쟁이 존재한다고 한다.
⑤ 구조기준설에 의하면 신규사업자의 시장진입이 어려울 경우 유효경쟁이 존재하지 않는다고 한다.

해설

④의 경우를 유효경쟁이 존재하지 않는 시장의 중요한 징표로 보는 것이 성과학파의 이론이다. <답 ④>

12. 공정거래위원회의 기업결합 심결례에 비추어 볼 때, 다음 서술 중 옳지 않은 것은?

① 시정조치를 명하면서도 결과적으로는 기업결합을 허용한 사례가 있다.

② 경쟁제한적인 기업결합에 대하여 법에서 규정하고 있는 여러 가지 시정조치 유형 중 '기업결합에 따른 경쟁제한의 폐해를 방지할 수 있는 영업방식 또는 영업범위의 제한'의 시정조치를 공정거래위원회가 활용한 예는 없다.

③ 문제의 회사 자체는 부실기업이 아니라 하더라도 일부 사업부문이 부실한 경우에 회생이 불가한 회사와의 기업결합으로 인정하여 경쟁제한적 기업결합을 허용한 예가 있다.

④ 기업결합의 경쟁제한성 판단에 있어서 공정거래위원회는 피심인이 제기한 수입물량의 항변을 검토한 예가 있다.

⑤ 경쟁제한적 기업결합의 예외인정과 관련하여 공정거래위원회는 회생이 불가한 회사와의 기업결합일 것이라는 요건과 효율성 증대효과가 경쟁제한의 폐해보다 클 것이라는 요건 두 가지 모두를 충족시키지 못하는 경우에 시정조치를 명하였다.

해설

①, ②의 경우 장래의 가격인상을 제한하는 시정조치와 함께 경쟁제한적 기업결합을 허용한 사례로는 현대자동차(주)의 기아자동차(주) 주식취득사건(1999.4.7. 의결 제99-43호), 오비맥주(주)의 진로쿠어스맥주(주) 주식취득사건 심결례(1999.12.10. 의결 제99-252호) 등이 있다. ③ 철도차량 3사의 한국철도차량(주) 설립사건(1999.6.30. 기업결합 허용) 참조. ④ 동양화학공업(주)의 한국과산화공업(주)의 주식취득사건 심결(1982.1.13. 의결 제82-1호) 참조. ⑤ 위 오비맥주(주) 사건 심결례 참조. <답 ②>

13. 독점규제법의 기업결합규제에 관한 다음 서술 중 옳지 않은 것은?

① 기업결합일이 속하는 사업연도의 직전 사업연도의 자산총액이 850억원인 회사가 기업결합일이 속하는 사업연도 초에 100억원 규모의 증자를 하였다 하더라도 기업결합신고의무를 부담하지 아니한다.

② 기업결합신고의무를 부담하는 회사라 하더라도 다른 회사의 발행주식총수(무의결권주식은 제외)의 100분의 10을 소유하게 될 경우에는 신고할 필요가 없다.

③ 자산총액이 1조원 이상인 회사가 포함된 합병의 경우 신고 후 30일, 추가로 공정거래위원회에 의해 90일이 연장된 때에는 그 기간까지 합병등기를 해서는 안된다.

④ 시장점유율 1위인 시장점유율 45%인 회사와 2위인 30%인 회사가 합병하는 경우 경쟁제한성이 추정된다.

⑤ 공정거래위원회의 최근 실무 경향은 경쟁제한적 기업결합을 전면 금지시키기보다 경쟁제한이 우려되는 부분을 찾아내어 이를 제거하거나 통제하는 시정조치를 활용하고 있다.

해설

③ 대규모회사(자산총액 또는 매출액이 2조원 이상인 회사)에만 합병등기가 제한된다(법 제12조 제8항). ① 기업결합신고의무를 지는 회사는 자산총액 또는 매출액이 2천억원 이상인 회사이다(시행령 제18조 제1항). ② 비상장법인 주식의 발행주식총수의 100분의 20 이상, 상장법인 주식의 경우 100분의 15 이상을 소유하게 될 경우에 신고하여야 한다(법 제12조 제1항 제1호). ④ 합병 후 65%의 시장점유율을 가지게 되고 합병 후 2위(합병 전 3위) 회사(그 시장점유율은 35% 미만일 것임)와 65%의 25%(약 18%) 이상의 차이가 나므로 추정요건을 충족한다. ⑤ 오비맥주(주)의 진로쿠어스맥주(주) 주식취득 사건(1999.12.10. 의결 제99-252호) 참조. <답 ③>

14. 독점규제법상 '일정한 거래분야'에 관한 다음 설명 중 옳지 않은 것은?

① 독점규제법상 일정한 거래분야는 강학상의 관련시장에 해당하며 경쟁이 이루어지는 범위를 가리킨다.

② 독점규제법에서는 관련제품시장과 관련지리적 시장 이외에 거래단계별로 관련시장이 획정될 수 있음을 시사하고 있다.

③ 관련제품시장이나 관련용역시장의 획정에 있어서는 대상제품이나 용역간의 대체가능성과 수요의 가격탄력성이 중요한 고려대상이 되며, 관련지리적 시장의 획정에 있어서는 운송비용이나 소비자의 구매형태 등이 중요 고려대상이 된다.

④ 공정거래위원회는 아울렛을 대형할인점과 같은 제품시장으로 분류하고, 대형할인점의 지역시장을 획정함에 있어서 대도시지역과 지방소도시지역의 지역시장 범위를 다르게 획정하였다.

⑤ 법원에서 하부시장의 개념을 도입하여 관련제품시장의 범위를 좁게 획정하면 공정거래위원회나 손해배상을 청구하는 원고의 승소가능성이 낮아진다.

해설

④ 이랜드의 까르푸 기업결합사건과 (주)신세계의 월마트 기업결합사건 두 가지 의결에서 공정거래위원회는 아울렛과 할인매장을 같은 (제품)시장으로 보았다. 여기서 제품시장의 획정은 유통업분야에서의 취급상품과 영업형태 등을 기준으로 획정되었다. 그리고 대도시지역에서는 기준매장의 반경 5Km 원을 기초로 하고 지방소도시지역에서는 기준매장의 반경 10Km 원을 기초로 하여 지역시장의 범위를 정하였다. ⑤ 관련시장의 범위를 좁게 획정할수록 경쟁의 실질적 제한을 인정하기가 쉽고, 관련시장의 범위를 넓게 획정할수록 경쟁의 제한, 즉 독점규제법 위반행위를 인정하기가 어려워진다. 하부시장(submarket)이라는 개념은 관련제품시장을 다시 세분하는 것으로, 조미료시장을 발효조미료시장과 혼합조미료시장으로 구분하거나, 구두시장을 여자구두시장과 남자구두시장으로 구분하는 것이 그 예가 될 수 있다. <답 ⑤>

15. 다음은 기업결합의 신고에 대한 설명이다. 옳지 않은 것은?

① 모든 기업결합에 대해 신고의무가 있는 것이 아니라 일정한 규모 이상의 회사가 당사회사가 되는 경우에만 신고의무가 발생한다.

② 기업결합에 대한 신고의무는 단순히 절차적인 의무일 뿐이므로 문제된 기업결합이 경쟁제한적 효과를 갖거나 불공정한 방법에 의한 기업결합에 해당하는 사유가 없는 한 공정거래위원회는 기업결합에 대한 신고 후 대기의무를 위반하였다는 이유만으로 기업결합 자체의 효력을 문제삼을 수는 없다.

③ 기업결합에 대한 신고의무는 관계중앙행정기관의 장이 다른 법률의 규정에 의하여 미리 당해 기업결합에 관하여 공정거래위원회와 협의한 경우에는 발생하지 않는다.

④ 기업결합에 대한 신고의무는 원칙적으로 사후적 성격을 갖고, 대규모회사나 시장지배적사업자가 관련된 기업결합에 있어서만 사전적 성격을 갖는데, 그 이외의 회사들도 사전에 공정거래위원회에 심사를 요청할 수 있다.

⑤ 기업결합을 하고자 하는 자가 사전에 공정거래위원회에 심사를 요청하는 경우에는 문제된 기업결합의 경쟁제한성 여부에 대한 심사만을 요청할 수 있도록 하고 있어서 기업결합방법의 불공정성에 대

해서도 사전심사를 요청할 수 있는지가 분명하지 않다.

해설

② 사전신고의무가 부과된 경우에는 공정거래위원회는 기업결합에 대한 신고 후 대기의무를 이행하지 않았다는 이유만으로 합병 또는 설립무효의 소를 제기할 수 있다(법 제16조 제2항). <답 ②>

16. 기업결합제한규정을 위반한 사업자에 대한 시정조치와 이행강제금의 부과에 관한 다음 설명 중 옳지 않은 것은?

① 합병무효 또는 설립무효의 소를 제기할 수 있다. 임원겸임의 경우는 임원의 사임명령을 내릴 수 있을 뿐이다.

② 기업결합에 따른 경쟁제한의 폐해를 방지할 수 있는 영업방식 또는 영업범위의 제한을 명할 수 있다.

③ 주식취득 · 회사설립 · 합병 등의 경우 이행강제금은 모두 주식의 장부가액과 인수하는 채무의 합계액을 기준으로 한다.

④ 공정거래위원회는 경쟁제한적 기업결합을 금지하는 독점규제법 제7조 제1항의 규정에 위반하여 주식을 취득한 자에 대하여 과징금과 이행강제금을 병과할 수는 없다.

⑤ 이행강제금의 산출기간은 시정조치에서 정한 기간의 종료일 다음날부터 시정조치를 현실적으로 이행하는 날까지의 기간으로 한다.

해설

① 임원겸임의 경우 시정조치 외에 시정조치에서 정한 기간 내에 이행을 하지 아니하는 자에 대하여 매 1일당 200만원 이내에 이행강제금부과가 가능하다(법 제17조의3 제1항). ③ 법 제16조 제1항 제7호. 결합회사의 여러가지 생산품목 중 특히 시장점유율이 높아지는 품목의 생산을 제한할 수 있다. <답 ①>

17. 다음 중 독점규제법 시행령 제21조의4에서 규정하고 있는 기업결합제한의 탈법행위에 해당하지 않는 것은?

① 대규모회사가 회사의 내부조직을 이용하여 시장점유율이 시장지배적사업자의 추정요건에 해당하게 되는 행위

② 대규모회사가 내부조직을 이용하여 중소기업의 시장점유율이 3분의 2 이상인 거래분야에서 100분의 5 이상의 시장점유율을 가지게 되는 행위

③ 대규모회사가 내부조직을 이용하여 대규모로 수요하는 상품 또는

용역의 생산에 참여하는 행위

④ 기업결합 외의 방법을 통하여 당해 회사의 시장점유율과 제2위인 회사의 시장점유율과의 차이가 당해 회사의 시장점유율의 100분의 25 이상이 되는 경우

⑤ 비영리법인 또는 단체가 주식소유를 통하여 국내 회사의 사업내용을 지배하는 것을 주된 사업으로 하는 행위

해설

⑤는 1999년 시행령 개정에서 삭제되었다. <답 ⑤>

18. **독점규제법상 사업자 내지 기업의 규모를 요건으로 요구하지 않는 규정은?**

① 시장지배적사업자의 인정요건에 관한 규정

② 대규모내부거래의 이사회 의결 및 공시의무에 관한 규정

③ 상호출자 금지대상 가입집단에 관한 규정

④ 대규모회사의 기준에 관한 규정

⑤ 지주회사의 인정요건에 관한 규정

해설

① 2007년 7월의 개정법에 의하면 시장지배적사업자의 인정요건으로 연간 매출액 또는 구매액이 10억원 이상인 사업자일 것이 요구되지 않는다(법 제2조 제7호). 따라서 ①번이 정답이 된다. ② 내부거래 공시대상회사는 상호출자제한기업집단(소속국내회사 등의 자산총액의 합계액이 2조원 이상인 기업집단)에 속하는 회사이다(법 제11조의2 제1항; 시행령 제17조의8 제1항). ④ 대규모회사는 자산총액 또는 매출액 규모가 2조원 이상인 회사이다(시행령 제12조의2). ⑤ 독점규제법의 규제대상이 되는 지주회사는 자산총액이 1천억원 이상인 회사에 한정된다(법 제2조 제1의2호; 시행령 제2조 제1항). <답 ①>

19. **「독점규제 및 공정거래에 관한 법률」상 기업결합의 규제에 관한 설명 중 옳지 않은 것은?**

① 기업결합의 예외적 허용요건에 대한 입증은 사업자가 부담한다.

② 불공정한 방법에 의한 기업결합이라도 그것이 효율성 증대효과를 수반하는 경우에는 허용된다.

③ 자산총액 또는 매출액 규모가 2조원 미만인 회사가 임원겸임 방식으로 하는 기업결합은 일정한 거래분야에서 경쟁을 실질적으로 제한하더라도 허용된다.

④ 새로운 회사의 설립에 특수관계인만이 참여하는 방식에 의한 기업결합

은 일정한 거래분야에서 경쟁을 실질적으로 제한하더라도 허용된다.
⑤ 기업결합에 대한 시정조치를 이행하지 아니하는 자에 대하여 공정거래위원회는 이행강제금을 부과할 수 있다.

해설

① 법 제12조 제1항, 시행령 제18조 제1항. ② 불공정한 방법에 의한 기업결합의 경우 실질적 경쟁제한성에 대한 추정규정이나 예외인정 규정이 없다. 불공정한 방법에 의한 기업결합을 금지하는 규정은 2007년 개정법에서 삭제되었다. ③ 법 제7조 제1항 단서. ④ 법 제7조 제1항 제5호 가목. ⑤ 법 제17조의3. <답 ②>

20. **「독점규제 및 공정거래에 관한 법률」상 기업결합에 관한 설명으로 옳지 않은 것은?**

① 공정거래위원회가 사전심사요청을 받은 경우에는 원칙적으로 30일 이내에 그 심사결과를 요청한 자에게 통지하여야 한다.
② 기업결합의 금지규정에 위반하여 합병 또는 새로운 회사를 설립한 경우에 공정거래위원회는 당해 회사의 합병 또는 설립무효의 소를 제기할 수 있다.
③ 자산총액 또는 매출액이 500억원인 회사의 임원이 같은 기업집단에 속하는 기업결합신고대상회사의 임원을 겸임하는 경우에는 공정거래위원회에 신고하여야 한다.
④ 기업결합신고대상회사의 상대회사의 자산총액 또는 매출액의 규모가 30억원 미만인 경우에는 공정거래위원회에 대한 신고의무가 면제된다.
⑤ 공정거래위원회는 주식의 취득을 통한 경쟁제한적인 기업결합에 대하여 주식의 전부 또는 일부의 처분을 명할 수 있다.

해설

① 법 제12조 제10항. ② 법 제16조 제2항. ③ 자산총액 또는 매출액이 2조원 이상인 대규모 회사의 경우에만 임원겸임이 규제대상이 된다(법 제7조 제1항 단서). ④ 법 제12조 제1항; 시행령 제18조 제2항. ⑤ 법 제16조 제1항 제2호. <답 ③>

21. **「독점규제 및 공정거래에 관한 법률」상의 기업결합의 제한과 부당한 공동행위를 비교한 것이다. 옳은 것으로 묶인 것은?** 〈2008 사시〉

ㄱ. 양자 모두 시정조치 또는 과징금 부과의 대상이 될 수 있다.

ㄴ. 기업결합의 제한에는 경쟁제한성을 추정하는 규정이 있고, 부당한 공동행위에는 합의를 추정하는 규정이 있다.
ㄷ. 양자 모두 신고자에 대하여 시정조치나 과징금 등을 감면할 수 있는 규정을 두고 있다.
ㄹ. 부당한 공동행위를 약정하는 계약등에 대해서는 이를 무효로 하는 규정이 있지만, 기업결합의 제한에 대해서는 그러한 규정이 없다.

① ㄱ, ㄴ ② ㄴ, ㄷ ③ ㄱ, ㄷ
④ ㄴ, ㄹ ⑤ ㄷ, ㄹ

해설

ㄱ. 기업결합에는 과징금제도가 없고 이행강제금제도만 있다(법 제17조의3).
ㄷ. 자진신고자 감면제도는 공동행위에만 있다(법 제22조의2). <답 ④>

22. **「독점규제 및 공정거래에 관한 법률」상 기업결합에 관한 설명 중 옳은 것으로 묶인 것은?** <2008 사시>

ㄱ. 수평형 기업결합의 실질적 경쟁제한성 여부는 시장의 집중상황, 해외경쟁의 도입수준, 신규진입의 가능성 등을 종합적으로 고려하여 판단한다.
ㄴ. 불공정한 방법에 의한 기업결합도 이 법의 규정에 의해 금지된다.
ㄷ. 회생이 불가한 회사와의 기업결합에 해당한다고 공정거래위원회가 인정하는 기업결합에 대하여는 기업결합 제한의 규정을 적용하지 아니한다.
ㄹ. 기업결합제한의 예외사유의 요건을 충족하는지에 대한 입증은 공정거래위원회가 하여야 한다.

① ㄱ, ㄴ ② ㄱ, ㄷ ③ ㄴ, ㄷ
④ ㄴ, ㄹ ⑤ ㄷ, ㄹ

해설

ㄱ. 대판 2007.11.22, 2002두8626 전원합의체. ㄴ. 불공정한 방법에 의한 기업결합금지규정은 폐지되었다. ㄷ. 법 제7조 제2항 제2호. ㄹ의 경우 해당요건을 충족하는지에 대한 입증은 당해 사업자가 하여야 한다(법 제7조). <답 ②>

23. **「독점규제 및 공정거래에 관한 법률」상 기업결합의 규제에 관한 설명 중 옳은 것은?** 〈2009 사시〉

① 자산총액 또는 매출액의 규모를 불문하고 다른 회사의 임원의 지위를 겸임하는 것은 규제대상이다.
② 기업결합은 개별 기업의 법적 독립성을 소멸시키는 기업간의 인적·자본적·조직적 결합으로 기업의 내부적 성장을 위한 대표적 수단이다.
③ 이 법은 일정한 거래분야에서 경쟁을 실질적으로 제한하는 기업결합만을 규제하고 있다.
④ 이 법은 기업결합에 관하여 사전신고를 원칙으로 하고 있다.
⑤ 이 법 상 특수관계인 등을 통한 간접적인 기업결합은 규제대상에서 제외되어 있다.

해설

① 임원겸임은 대규모회사에 한하여 규제된다(법 제7조 제1항 단서). ② 경제적 독립성을 소멸시키는 것이 기업결합이다. ③ 법 제7조 제1항. 법개정 전에는 불공정한 기업결합도 규제대상에 포함되어 있었다(삭제된 법 제7조 제3항). ④ 사후신고가 원칙이다(법 제12조 제6항). ⑤ 법문에서 특수관계인을 통한 기업결합까지 규제대상에 포함시키고 있다(법 제7조 제1항). <답 ③>

24. **「독점규제 및 공정거래에 관한 법률」상 기업결합의 제한에 관한 설명 중 옳지 않은 것은?** 〈2010 사시〉

① 임원 또는 종업원에 의한 다른 회사의 임원지위의 겸임도 제한되는 기업결합 유형에 속한다.
② 기업결합과 관련된 주식의 취득 또는 소유는 소유명의와 관계없이 실질적인 소유관계를 기준으로 판단한다.
③ 상법 제530조의2(회사의 분할·분할합병) 제1항의 규정에 따라 분할에 의한 회사설립에 참여하는 경우에는 기업결합의 제한규정을 적용하지 않는다.
④ 수평적 기업결합의 경쟁제한성은 단독효과 또는 공동행위의 가능성보다도 시장의 봉쇄효과를 중심으로 판단한다.
⑤ 기업결합의 제한규정에 대한 예외로 효율성 증대를 위한 기업결합과 회생이 불가한 회사와의 기업결합을 규정하고 있다.

✍ **해설**

① 법 제7조 제1항 제2호. ② 법 제7조의2. ③ 법 제7조 제1항 제5호 나목. ④ 수평형 기업결합의 경쟁제한성은 기업결합 전후의 시장집중상황, 결합당사회사 단독의 경쟁제한 가능성, 경쟁사업자간의 공동행위 가능성, 해외경쟁의 도입수준 및 국제적 경쟁상황, 신규진입의 가능성, 유사품 및 인접시장의 존재 여부 등을, 수직적 기업결합의 경쟁제한성은 시장의 봉쇄효과, 경쟁사업자간 공동행위 가능성 등을, 혼합형 기업결합의 경쟁제한성은 잠재적 경쟁의 저해효과, 경쟁사업자 배제효과, 진입장벽 증대효과 등을 종합적으로 고려하여 심사한다(「기업결합 심사기준」, 2009.8.20. 공정거래위원회고시 제2009-39호). ⑤ 법 제7조 제2항.
<답 ④>

25. **「독점규제 및 공정거래에 관한 법률」상 기업결합의 제한규정에 위반하는 행위에 대한 설명 중 옳지 않은 것은?** 〈2010 사시〉

① 공정거래위원회는 기업결합의 제한에 위반한 회사의 합병에 대하여 합병무효의 소를 제기할 수 있다.

② 공정거래위원회는 기업결합의 제한에 위반하는 자에 대하여 일정한 경우 이행강제금을 부과할 수 있다.

③ 공정거래위원회는 당해 행위가 기업결합의 제한에 위반하거나, 위반할 우려가 있는 행위가 있는 때에는 시정조치를 명할 수 있다.

④ 공정거래위원회는 기업결합의 제한에 위반하는 행위를 하는 사업자에 대하여 당해 행위의 중지 등의 시정조치를 명할 수 있다.

⑤ 공정거래위원회가 시정조치를 명할 경우 그 명령을 발하는 기간에는 아무런 제한이 없다.

✍ **해설**

① 법 제16조 제2항. ② 법 제17조의3. ③④ 법 제16조 제1항. ⑤ 법 제16조 제1항 제2문.
<답 ⑤>

26. **「독점규제 및 공정거래에 관한 법률」상 기업결합의 제한에 관한 설명 중 옳은 것으로만 묶은 것은?** 〈2011 사시〉

ㄱ. 합병의 경우 합병등기일부터 30일 이내에 기업결합의 신고를 하여야 한다.
ㄴ. 기업결합을 위한 주식의 취득 또는 소유는 그 명의와 관계없이 실질적인 소유관계를 기준으로 한다.
ㄷ. 다른 회사의 영업용 고정자산의 전부 또는 주요부분의 양수는

기업결합제한규정의 적용대상이 되지 아니한다.
ㄹ. 계열회사의 자산총액 또는 매출액을 합산한 규모가 2조원 미만인 회사의 임원겸임의 경우는 기업결합제한규정의 적용대상이 되지 아니한다.

① ㄱ, ㄴ ② ㄱ, ㄹ ③ ㄴ, ㄷ
④ ㄴ, ㄹ ⑤ ㄷ, ㄹ

해설

ㄱ. 대규모회사(자산총액 또는 매출액 규모가 2조원 이상인 회사)의 합병의 경우는 합병계약체결일부터 기업결합일 전까지 신고하여야 한다(법 제12조 제6항 단서; 시행령 제18조 제10항 제2호). ㄴ. 법 제7조의2. ㄷ. 영업용 고정자산의 전부 또는 주요부분의 양수도 기업결합제한규정의 적용대상이 된다(법 제7조 제1항 제4호). ㄹ. 2조원 이상인 회사이다(법 제7조 제1항 단서; 시행령 제12조의2). <답 ④>

27. 「독점규제 및 공정거래에 관한 법률」상 상호출자제한기업집단에 속하는 회사에 대한 규제 등에 관한 설명으로 옳지 않은 것은? 〈2012 사시〉

① 직접적 상호출자뿐만 아니라 순환형 상호출자도 금지된다.
② 위 규제는 원칙적으로 상호출자제한기업집단에 속하는 회사로 지정되었다는 통지를 받은 날부터 적용된다.
③ 위 규제는 상호출자 당사회사가 주식회사가 아닌 경우에도 적용된다.
④ 영업 일부의 양수로 인한 상호출자는 허용되지 아니한다.
⑤ 공정거래위원회는 상호출자제한기업집단에 속하는 회사의 현황 등에 관한 정보를 공개할 수 있다.

해설

① 현재 상호출자제한기업집단에 속하는 회사는 자기의 주식을 취득 또는 소유하고 있는 계열회사의 주식을 취득 또는 소유하지 못하도록 하는 직접적 상호출자만 규제하고 있다. <답 ①>

28. 「독점규제 및 공정거래에 관한 법률」상 내부거래공시대상회사의 대규모내부거래의 이사회 의결 및 공시에 관한 설명으로 옳지 않은 것은? 〈2012 사시〉

① 대규모내부거래에 대한 이사회 의결 및 공시를 요하는 기업집단은 이 법에 의한 상호출자제한기업집단으로 한다.
② 상장회사뿐 아니라 비상장회사도 그 적용대상이 될 수 있다.

③ 허위로 공시한 자에게는 이 법상 과태료가 부과될 수 있다.
④ 공정거래위원회는 위 공시 관련 업무를 「자본시장과 금융투자업에 관한 법률」에 따른 신고수리기관에 위탁할 수 있다.
⑤ 금융업 또는 보험업을 영위하는 내부거래공시대상회사가 약관에 따라 정형화된 거래행위를 하고자 하는 때에는 이사회의 의결과 공시를 요하지 않는다.

해설

⑤ 금융업 또는 보험업을 영위하는 내부거래공시대상회사가 약관에 따라 정형화된 거래행위를 하고자 하는 때에는 이사회의 의결을 거치지 아니하고 이를 할 수 있지만, 그 거래내용은 공시하여야 한다(법 제11조의2 제4항). <답 ⑤>

29. 「독점규제 및 공정거래에 관한 법률」상 기업결합의 제한에 관한 설명으로 옳은 것을 모두 고른 것은? (다툼이 있는 경우에는 대법원 판례에 의함)

〈2013 사시〉

ㄱ. 자산총액 또는 연간 매출액이 2조원 이상인 대규모회사의 임원이 계열회사의 임원을 겸임하는 경우에는 기업결합신고를 할 의무가 없다.
ㄴ. 신고대상이 되지 아니하는 기업결합은 경쟁제한성의 추정 대상에서 제외된다.
ㄷ. 위법한 기업결합에 대하여 결합 자체는 허용하되 영업범위를 제한하는 방식으로 시정조치를 명할 수도 있다.
ㄹ. 기업결합이 경쟁을 실질적으로 제한하는지 여부를 판단하기 위하여 반드시 관련시장의 획정이 선행되어야 하는 것은 아니다.

① ㄱ, ㄴ ② ㄱ, ㄷ ③ ㄴ, ㄷ
④ ㄴ, ㄹ ⑤ ㄷ, ㄹ

해설

ㄱ. 독점규제법 제12조 제1항 제3호. ㄴ. 기업결합의 신고대상이 아니라고 하더라도 경쟁제한성의 추정대상에서 제외되는 것은 아니다. ㄷ. 행태적 조치는 일정 기간을 정하여 결합당사회사의 영업조건·영업방식·영업범위 또는 내부경영활동 등을 일정하게 제한하는 시정조치이다. 시정조치는 구조적 조치를 부과하되 구조적 조치의 효과적 이행을 보완하기 위한 차원에서 행태적 조치를 병과함이 원칙이나, 구조적 조치가 불가능하거나 효과적이지 아니한 경우 등에는 행태적 조치만을 부과할 수 있다(기업결합 시정조치 부과기준). ㄹ. 경쟁제한성

판단을 위해서는 관련시장의 획정이 선행되어야 한다. <답 ②>

제 5 절 경제력집중의 억제

01. 독점규제법의 경제력집중 억제 관련규정에 대한 다음 설명 중 옳지 않은 것은?

① 독점규제법은 금융지주회사의 일반지주회사 보유와 일반지주회사의 금융자회사 보유를 엄격하게 구별지우고 있다.
② 시장집중은 특정 산업분야나 시장에서 상위 몇 개 기업이 가지는 시장지배력과 밀접한 관계가 있다.
③ 상호출자제한을 받는 기업집단은 금융기업집단과 일반기업집단으로 구분된다.
④ 경제력의 집중은 일정한 거래분야에서 발생하는 문제가 아니라 국민경제 전체에서 발생하는 문제이기 때문에 전통적 경쟁법과는 직접적인 관련이 없다.
⑤ 경제력집중의 억제를 위한 독점규제법의 규정은 모두 재벌문제에 대한 경영구조 측면에서의 접근법이다.

해설

② 경제력집중은 일반집중과 시장집중(산업집중)으로 나누어지는바, 일반집중은 국민경제 전체, 혹은 제조업에서 상위의 몇 개 기업의 경제적 자원이나 경제적 활동의 상대적 비율을 말한다. ③ 금융업 또는 보험업만을 영위하는 기업집단은 상호출자를 규제받고 있지 아니하다(법 제14조 제1항; 시행령 제17조 제1항). <답 ③>

02. 다음은 지주회사에 관한 설명이다. 옳지 않은 것으로 묶인 것은?

(가) 독점규제법의 규제대상이 되는 지주회사는 자산총액이 500억원 이상인 회사로서 국내회사의 사업내용을 지배하는 것을 주된 사업으로 하는 회사이다. 여기에서 주된 사업의 기준은 지주회사가 자신의 자산총액의 25% 이상을 타회사 주식보유에 사용하였느냐의 여부이다.
(나) 일반지주회사의 손자회사는 국내계열회사의 발행주식총수의 100

분의 55에 상당하는 주식을 소유함으로써 증손회사로 거느릴 수 있다.
(다) 독점규제법은 다른 회사의 사업활동을 지배하는 것을 주된 사업으로 하는 '순수지주회사'만을 규제대상으로 한다.
(라) 지주회사는 지주회사로 전환하거나 설립될 당시에 자본총액의 2배를 초과하는 부채액을 보유하고 있는 때에는 지주회사로 전환하거나 설립된 날로부터 1년간은 자본총액의 2배를 초과하는 부채액을 보유할 수 있다.
(마) 지주회사제도는 기업재편과 분사화를 통한 책임경영의 확보, 주주보호 등의 장점이 있으나 지주회사를 통한 경제력집중과 문어발식 사업확장 등의 폐단이 있다.

① (가), (나) ② (가), (나), (라) ③ (다), (라), (마)
④ (나), (다), (라) ⑤ (가), (나), (다), (라), (마)

해설

(가) 지주회사 기준 자산총액은 1000억원 이상이며, 지주회사가 자신의 자산 총액의 50% 이상을 타회사 주식보유에 사용하여야 한다(시행령 제2조). (나) 일반 지주회사의 손자회사는 국내계열회사의 주식을 소유하여서는 안 된다. 단 계열회사 주식의 전부를 소유하는 것은 허용된다(법 제8조의2 제4항). (라) 설립된 날로부터 2년간 자본총액을 초과하는 부채액을 보유할 수 있다(법 제8조의2 제2항 제1호).
<답 ②>

03. **계열회사간에 상호출자가 전면 금지되는 상호출자제한기업집단의 범위에 관한 다음 설명 중 옳지 않은 것은?**

① 공정거래위원회가 상호출자제한기업집단으로 지정한 기업집단만이 규제대상이 된다.
② 금융업만을 영위하는 기업집단은 제외된다.
③ 보험업을 영위하는 회사가 기업집단 정의규정의 동일인인 기업집단은 다른 요건을 갖춘 경우 상호출자제한기업집단으로 지정될 수 있다.
④ 당해 기업집단에 속하는 회사 중 회생절차가 진행중인 회사의 자산총액의 합계액이 기업집단 전체 자산총액의 100분의 50 이상인 기업집단은 제외된다.
⑤ 당해 기업집단에 속하는 회사 중 회생절차가 진행중인 회사 또는

기업구조조정 촉진법에 의한 관리절차가 진행중인 회사를 제외한 회사의 자산총액의 합계액이 5조원 이상인 기업집단은 상호출자제한기업집단으로 지정될 수 있다.

해설

③ 보험업 또는 금융업을 영위하는 회사가 기업집단 정의규정의 동일인인 기업집단은 상호출자제한기업집단의 범위에서 제외된다(법 제14조 제1항; 시행령 제17조 제1항 제2호). ② 시행령 제17조 제1항 제1호. ④⑤ 시행령 제17조 제1항 제5호. <답 ③>

04. **비상장회사 등의 중요사항 공시의무에 관한 다음 설명 중 옳지 않은 것을 모두 모은 답은?**

㈎ 시장감시를 통한 소유지배구조 개선 및 투명성 제고를 유도하기 위하여 회사규모와 상관없이 비상장·비등록회사에 대하여 소유지배구조·재무구조·경영활동 관련 중요사항에 대하여 공시할 의무를 부과하고 있다. ㈏ 금융업 또는 보험업을 영위하는 회사도 공시의무가 있다. ㈐ 공시사항에는 최대주주와 주요주주의 주식보유현황 및 그 변동사항, 임원의 변동 등 회사의 소유지배구조와 관련된 중요사항, 자산·주식의 취득, 증여, 담보제공, 채무인수·면제 등 회사의 재무구조에 중요한 변동을 초래하는 사항, 영업양도·양수, 합병·분할, 주식의 교환·이전 등 회사의 경영활동과 관련된 중요한 사항으로서 대통령령이 정하는 사항이 포함된다. ㈑ 또한 내부거래공시대상 회사와 같이 거래의 목적·상대방·규모 및 조건 등 중요내용도 공시해야 한다. ㈒ 내부거래공시대상회사가 대규모내부거래를 함에 있어 공시하여야 하는 사항도 역시 함께 공시하여야 한다.

① ㈎, ㈏　② ㈏, ㈑　③ ㈏, ㈐
④ ㈎, ㈏, ㈒　⑤ ㈏, ㈐, ㈒

해설

㈎ 일정규모 이상의 자산총액 등 대통령령이 정하는 기준에 해당하는 기업집단, 즉 상호출자제한기업집단 소속의 비상장, 비등록회사만 공시의무가 있고, ㈏ 비상장 또는 비등록회사 중 금융업 또는 보험업을 영위하는 회사는 제외되며, ㈒ 법 제11조의2의 규정에 따라 공시되는 사항은 비상장회사 등의 공시대상에서

제외된다(법 제11조의3 제1항 단서). <답 ④>

05. 독점규제법상 지주회사의 행위제한에 관한 설명으로 옳은 것은?

① 원칙적으로 자본총액의 2배를 초과하는 부채액을 보유할 수 없으나, 지주회사로 전환하거나 설립될 당시에 자본총액의 2배를 초과하는 부채액을 보유하고 있는 때에는 지주회사로 전환하거나 설립된 날부터 1년간은 자본총액을 초과하는 부채액을 보유할 수 있다.

② 계열회사가 아닌 국내회사(사회기반시설에 대한 민간투자사업을 영위하는 회사를 제외)의 주식을 당해 회사 발행주식총수의 100분의 5를 초과하여 소유하거나 자회사 외의 국내계열회사의 주식을 대통령령이 정하는 지배목적으로 소유할 수 없다.

③ 금융지주회사는 금융업 또는 보험업을 영위하는 회사 외의 국내회사의 주식을 소유할 수 없으나, 금융지주회사로 전환하거나 설립될 당시에 금융업 또는 보험업을 영위하는 회사 외의 국내회사 주식을 소유하고 있는 때에는 2년의 유예기간 동안 예외적으로 소유가 허용된다.

④ 일반지주회사가 금융업 또는 보험업을 영위하는 국내회사의 주식을 소유하는 행위에 대하여는 금융지주회사와는 달리 유예기간이 허용되지 않는다.

⑤ 일반지주회사의 손자회사는 자회사와는 달리 국내계열회사의 주식을 소유할 수 있다.

해설

① 2년간 보유할 수 있다(법 제8조의2 제2항 제1호 단서). ② 자회사 외의 국내계열회사의 주식을 소유하는 행위 자체가 금지되고 지배목적으로 소유할 것을 요구하지 않는다(법 제8조의2 제2항 제3호). ③ 법 제8조의2 제2항 제4호 단서. ④ 일반지주회사의 경우도 2년의 유예기간이 허용된다(법 제8조의2 제2항 제5호 단서). ⑤ 일반지주회사의 자회사는 손자회사의 주식을 당해 손자회사 발행주식총수의 100분의 40 미만으로 소유하거나 손자회사가 아닌 국내계열회사의 주식을 소유할 수 없고, 일반지주회사의 손자회사는 국내계열회사의 주식을 소유할 수 없다(법 제8조의2 제3항 · 제4항). <답 ③>

06. 다음 중 지주회사의 행위제한에 관한 설명으로 옳지 않은 것은?

① 지주회사는 원칙적으로 자회사의 주식을 자회사주식보유기준 미만으로 소유할 수 없으나, 자회사가 다른 회사와 합병하여 자회사주

식보유기준에 미달하게 된 날부터 1년간은 자회사주식보유기준 미만으로 자회사의 주식을 소유할 수 있다.

② 일반지주회사의 자회사는 원칙적으로 손자회사가 아닌 국내계열회사의 주식을 소유할 수 없으나, 자기주식을 보유하고 있는 자회사가 회사분할로 인하여 다른 국내계열회사의 주식을 소유하게 된 경우에는 주식을 소유한 날부터 1년간은 손자회사가 아닌 국내계열회사의 주식을 소유할 수 있다.

③ 일반지주회사의 손자회사는 원칙적으로 국내계열회사의 주식을 소유할 수 없으나, 손자회사가 금융업 또는 보험업을 영위하는 회사를 제외한 국내계열회사의 발행주식총수를 소유하고 있는 경우에는 주식을 소유한 날로부터 1년간은 국내계열회사의 주식을 소유할 수 있다.

④ 증손회사는 원칙적으로 국내계열회사의 주식을 소유할 수 없으나, 증손회사가 될 당시에 주식을 소유하고 있는 국내계열회사의 주식은 증손회사에 해당하게 된 날부터 2년간 소유할 수 있다.

⑤ 증손회사는 원칙적으로 국내계열회사의 주식을 소유할 수 없으나, 주식을 소유하고 있는 비계열 국내회사가 계열회사에 해당하게 된 경우에는 그 회사가 계열회사에 해당하게 된 날부터 1년간은 국내계열회사의 주식을 소유할 수 있다.

해설

① 법 제8조의2 제2항 제2호 사목. ② 법 제8조의2 제3항 제2호 바목. ③ 이 경우는 별도의 유예기간이 설정되어 있지 않다(법 제8조의2 제4항 제4호). ④ ⑤ 법 제8조의2 제5항. <답 ③>

07. 다음은 대규모내부거래에 대한 독점규제법의 규제에 대한 설명이다. 다음 설명 중 옳은 것을 모두 모은 답은?

(가) 내부거래공시대상회사는 당해 기업집단에 속하는 국내회사들의 자산총액의 합계액이 5조원 이상이 되어 공정거래위원회가 상호출자제한기업집단으로 지정한 기업집단에 속하는 회사를 가리킨다.

(나) 내부거래공시대상회사인 거래에는 상품거래행위, 자금거래행위가 포함된다.

㈐ 내부거래공시대상인 거래에는 용역제공행위, 주식거래행위, 부동산거래행위가 포함된다.
㈑ 내부거래공시대상인거래는 내부거래공시대상인회사가 특수관계인을 상대로 하거나 특수관계인을 위하여 당해 회사가 자본금의 100분의 10 이상 또는 100억원 이상이고 법에서 정한 유형의 거래에 한정된다.
㈒ 내부거래공시대상회사가 대규모내부거래를 하고자 할 때에는 미리 이사회의 의결을 거친 후 이를 공시하여야 한다. 이 경우에 상장법인이 이사회내 위원회(사외이사 수가 3인 이상, 그 비중이 3분의 2 이상인 경우에 한함)에서 의결한 경우에는 이사회의 의결을 거친 것으로 볼 수 있다.

① ㈎ ② ㈏, ㈐ ③ ㈎, ㈑, ㈒
④ ㈏, ㈐, ㈑, ㈒ ⑤ ㈎, ㈏, ㈐, ㈑, ㈒

해설

㈏와 ㈐의 상품거래행위와 용역제공행위도 2007년 4월의 법개정으로 공시대상거래에 포함되었다(법 제11조의2 제1항). <답 ⑤>

08. 다음 중 동일인이 회사경영에 대하여 상당한 영향력을 행사하고 있다고 인정되더라도 사실상 그 회사의 사업내용을 지배하고 있는 것으로 볼 수 없는 경우는?

① 동일인이 다른 주요 주주와의 합의에 의하여 임원의 100분의 50 이상을 선임하였으나 대표이사는 동일인의 의도대로 선임하지 못한 경우
② 동일인이 당해 회사의 신규투자에 관한 의사결정에 지배적인 영향력을 행사하고 있는 경우
③ 동일인의 임원이 당해 회사의 임원을 겸하고 있는 경우
④ 통상적인 범위 내에서 동일인이 당해 회사를 위하여 채무보증을 하여 준 경우
⑤ 당해 회사가 동일인의 기업집단에 속하는 회사로 인정될 만한 영업상의 표시행위를 함으로써 경제적 동일체로 인정하는 것이 사회통념에 부합하는 경우

해설

통상적인 범위를 넘어서 채무보증을 하였어야 사실상 사업내용을 지배하는 것

으로 인정된다. ①의 경우 대표이사의 선임까지 하거나 할 수 있었어야 사실상 사업내용을 지배하는 것으로 인정되는 것은 아니다. ②③⑤ 중 하나에 해당하고 당해 회사 경영에 대하여 상당한 영향력을 행사하고 있다고 인정되면 당해 회사는 동일인의 사실상 사업지배를 받는 것으로 된다(시행령 제3조 제2호).

<답 ④>

09. 기업집단의 범위에 속하는 회사 중에서 이해관계인의 요청에 의하여 공정거래위원회가 동일인이 그 사업내용을 지배하지 아니한다고 인정하여 동일인이 지배하는 기업집단의 범위에서 제외할 수 있는 경우가 있다. 이를 독립경영 인정기준이라 하는데 다음 중 독립경영 인정기준에 해당하지 않는 경우는?

① 동일인이 지배하는 기업집단으로부터의 제외를 요청한 친족측 계열회사(비상장법인)에 대하여 동일인 및 독립경영자측을 제외한 동일인 관련자가 소유하고 있는 주식의 합계가 제외를 요청한 회사의 발행주식총수의 100분의 10에 미달하는 경우

② 주권상장법인이 아닌 동일인측 계열회사에 대하여 친족측 계열회사 및 그와 동일인 관련자의 관계에 있는 자가 소유하고 있는 주식의 합계가 그 동일인측 계열회사의 발행주식총수의 100분의 15에 미달하는 경우

③ 동일인측 계열회사와 친족측 계열회사간에 임원의 상호겸임이 없는 경우

④ 동일인측 계열회사와 친족측 계열회사간에 채무보증이나 자금대차가 없는 경우

⑤ 최근 1년간의 각 동일인측 계열회사의 총매입거래액 중에서 친족측 계열회사로부터 매입거래액이 차지하는 비율이 100분의 50에 미달하는 경우

해설

기업집단으로부터의 제외는 시행령 제3조의2 제1항에 규정되어 있다. ①의 경우 100분의 10 미만, ②의 경우는 100분의 15(주권상장법인의 경우는 100분의 3) 미만이라야 독립경영 인정기준을 갖출 수 있다(시행령 제3조의2 제1항 제2호 가목 · 나목). ⑤는 1999년 시행령에서 삭제되었다.

<답 ⑤>

10. 기업집단의 개념에 대한 설명이다. 옳지 않은 것은?

① 동일인이 사실상 사업내용을 지배하는 회사의 집단이 기업집단이다.

② 동일기업집단 내에서 지배하는 회사와 지배를 받는 회사는 서로 계열회사 관계에 있지 아니하다.
③ 동일인이 회사인 경우는 그 동일인과 동일인이 지배하는 1 이상의 회사의 집단이 기업집단을 이룬다.
④ 동일인이 회사가 아닌 경우 그 동일인이 지배하는 2 이상의 회사의 집단이 기업집단을 이룬다.
⑤ '사실상 사업내용 지배'란 동일인이 단독 또는 동일인관련자와 합하여 당해 회사의 발행주식 총수의 100분의 30 이상을 소유하는 경우로서 최다출자자인 회사인 경우를 가리킨다.

해설

②의 경우도 이들 회사는 서로 상대방의 계열회사에 해당한다(법 제2조 제3호). ⑤ 사실상 사업내용 지배는 시행령 제3조에 의하면 위 내용 외에 '당해 회사의 경영에 대하여 상당한 영향력을 행사하고 있다고 인정되는 회사'가 있다.

<답 ②>

11. 상호출자제한기업집단의 지정에 대한 다음 설명 중 옳지 않은 것은?

① 공정거래위원회는 상호출자제한기업집단을 지정하고 동 기업집단에 속하는 회사에 이를 통지하여야 하며, 통지를 받은 다음날부터 상호출자금지의 규정이 적용된다.
② 새로 설립되어 직전사업 대차대조표가 없는 경우에는 지정일 현재 납입자본금을 기준으로 정한다.
③ 금융 · 보험업을 영위하는 회사의 경우에는 자산총액이 아니라 자본총액 또는 자본금 중 큰 금액으로 한다.
④ 상호출자제한기업집단의 범위는 채무보증제한기업집단의 범위와 동일하다.
⑤ 상호출자제한기업집단으로 통지받은 회사가 통지 당시 독점규제법 위반 상태에 있는 경우, 당해 상호출자제한기업집단은 일정기간 내에 법 위반상태를 해소하여야 한다.

해설

① 상호출자의 금지 규정은 통지를 받은 날부터 적용된다(법 제14조 제2항). ⑤ 통지 당시 법 위반상태에 있는 경우 1년간 법 적용을 유예한다(법 제14조 제3항 제1호).

<답 ①>

12. **다음 독점규제법 위반행위 유형 중 탈법행위금지가 규정되어 있지 않은 것은?**

① 시장지배적지위의 남용금지　② 지주회사의 행위제한
③ 상호출자의 금지　④ 기업결합의 제한
⑤ 금융 · 보험회사의 의결권의 제한

해설
탈법행위의 금지는 기업결합의 제한 및 경제력집중 억제제도에 규정되어 있다(법 제15조). <답 ①>

13. **다음은 상호출자의 금지에 관한 설명이다. 옳지 않은 것은?**

① 상호출자제한기업집단에 속하는 회사는 자기의 주식을 취득 또는 소유하고 있는 계열회사의 주식을 취득 또는 소유하여서는 아니된다.
② 회사의 합병 또는 영업 전부의 양수, 혹은 담보권의 실행 또는 대물변제의 수령에 해당하는 경우에는 상호출자금지의 적용을 받지 아니한다.
③ 예외적으로 상호출자를 허용받은 회사는 당해 주식을 취득 또는 소유한 날로부터 6월 이내에 이를 처분하여야 한다.
④ 상호출자제한기업집단에 속하는 금융 · 보험회사는 취득 또는 소유하고 있는 국내계열회사의 주식에 대하여 의결권을 행사할 수 없다.
⑤ 상호출자를 금지당하는 기업집단의 규모는 소속계열회사의 자산총액의 합계액이 10조원 이상인 기업집단에 한정된다.

해설
⑤ 5조원 이상이다(시행령 제17조 제1항). <답 ⑤>

14. **금융 · 보험회사의 의결권제한과 관련한 다음 설명 중 옳지 않은 것은?**

① 상호출자제한기업집단에 속하는 금융 · 보험회사는 상호출자가 금지되나, 채무보증제한은 금지되지 아니한다.
② 상호출자제한기업집단에 속하는 금융 · 보험회사는 취득 또는 소유하고 있는 국내회사주식에 대하여 의결권을 행사할 수 없다.
③ 금융 · 보험회사의 의결권 제한규정을 면탈하려는 탈법행위는 금지된다.
④ 금융 · 보험회사가 사업영위나 보험자산의 효율적인 운용 · 관리를

위하여 관련법령의 승인을 얻어 주식을 취득 또는 소유하고 있는 경우에는 의결권을 행사할 수 있다.

⑤ 의결권제한규정 위반에 대하여는 3년 이하의 징역이나 2억원 이하의 벌금이 과해진다.

해설

① 상호출자의 금지는 금융회사·보험회사라 하더라도 면제되지 아니한다. 채무보증제한은 금융회사나 보험회사에는 적용되지 아니한다(법 제9조, 법 제10조의2 제1항 본문 중 괄호). ② 국내회사주식이 아니라 국내계열회사주식이다.

<답 ②>

15. 독점규제법 상의 채무보증제한기업집단에 속하는 회사에 대한 규제내용으로 옳지 않은 것은?

① 계열회사간 상호지급보증을 매개로 한 여신편중이 경제력집중의 수단이 되고 있어서 이를 규제하기 위한 것으로, 국내계열회사에 대한 채무보증이 금지된다.

② 채무보증제한기업집단에 속하는 회사 중 금융 및 보험업을 영위하는 회사는 채무보증금지규정을 적용받지 않는다.

③ 조세특례제한법에 의한 합리화기준에 따라 인수되는 회사의 채무와 관련하여 행하는 보증은 예외가 인정된다.

④ 자기자본의 100분의 10 범위 내에서 계열회사에 대한 신규채무보증이 허용된다.

⑤ 기업의 국제경쟁력강화를 위하여 필요한 경우에는 예외가 인정된다.

해설

④ 채무보증의 규모를 불문하고 계열회사에 대한 신규채무보증은 원칙적으로 전면 금지되고 있다(법 제10조의2 제1항). ③과 ⑤는 법 제 10조의2 제1항에서 예외를 인정하고 있다.

<답 ④>

16. 「독점규제 및 공정거래에 관한 법률」상 채무보증금지에 관한 설명 중 옳지 않은 것은?

① 금지되는 채무보증에는 국내금융기관의 여신과 관련된 채무 외에 사인으로부터의 대차로 인한 채무의 보증도 포함된다.

② 채무보증제한기업집단의 범위와 상호출자제한기업집단의 범위는 동일하다.

③ 금융업 또는 보험업을 영위하는 회사는 비록 채무보증제한기업집단에 속하는 회사이더라도 채무보증금지의 적용을 받지 아니한다.

④ 채무보증제한기업집단에 속하는 회사는 국내계열회사에 대한 채무보증현황을 국내금융기관의 확인을 받아 공정거래위원회에 신고하여야 한다.

⑤ 채무보증금지의 규정을 면탈하려는 탈법행위도 금지된다.

해설

① 법 제10조의2 제2항에 의하여 금지되는 채무보증은 '은행법에 의한 금융기관과 한국산업은행 · 한국수출입은행 · 장기신용은행 및 중소기업은행, 보험업법에 의한 보험회사, 증권거래법에 의한 증권회사, 종합금융회사에관한법률에 의한 종합금융회사, 기타 대통령령이 정하는 금융기관'의 여신과 관련된 채무보증에 한정된다. ② 법 제10조의2 제1항. ③ 법 제10조의2 제1항. ④ 법 제13조 제2항. ⑤ 법 제15조 제1항. <답 ①>

17. **「독점규제 및 공정거래에 관한 법률」상 상호출자제한기업집단에 속하는 회사가 자기의 주식을 취득 또는 소유하고 있는 계열회사의 주식을 취득 또는 소유할 수 있는 경우에 해당하지 않는 것을 모두 고른 것은?**

(가) 회사의 합병	(나) 영업일부의 양수
(다) 담보권의 실행	(라) 대물변제의 수령
(마) 영업전부의 양도	

① (가), (나) ② (가), (라) ③ (나), (마)

④ (다), (라) ⑤ (다), (마)

해설

회사의 합병 또는 영업전부의 양수, 담보권의 실행 또는 대물변제의 수령의 경우 상호출자금지의 적용이 제외되지만, 이 경우 당해 주식을 취득 또는 소유한 날로부터 6개월 내에 처분하여야 한다(법 제9조 제1항 각 호 및 법 제9조 제2항). <답 ③>

18. **자산총액이 5조원인 甲기업집단은 자연인 A를 동일인으로 하여 총 10개의 계열회사로 구성되어 있으며, 계열회사들 가운데 B회사는 보험회사이고, C회사는 대규모회사로서 비상장 · 비등록 주식회사라고 할 때 다음 설명 중 독점규제법 상 옳지 않은 것은?** 〈2007 사시〉

① B회사가 A의 직계비속의 사업자금을 대출약관에 의거하여 대출함에

있어서 B회사는 이사회의 의결을 거칠 필요가 없다.

② C회사가 국내금융기관으로부터 사업 확장에 따른 대출을 받을 경우 이 대출과 관련하여 B회사는 C회사의 채무를 보증할 수 있다.

③ C회사의 이사가 甲기업집단에 속하지 않는 D주식회사의 임원을 겸임할 경우 C회사는 공정거래위원회에 D회사 주주총회의 임원선임 결의가 있는 날부터 30일 이내에 이를 신고하여야 한다.

④ 甲기업집단의 동일인 및 동일인관련자 가운데 B회사만이 C회사의 주식을 소유하고 있는 경우, C회사가 정관을 변경할 때 B회사는 C회사의 발행주식총수의 100분의 15를 초과하지 않는 범위 내에서 의결권을 행사할 수 있다.

⑤ 만일 C회사가 직전사업연도 말 현재 자본총계가 120억원이고 자본금이 100억원인 경우라면, C회사가 A의 직계비속에게 제3자 배정방식으로 총발행금액 50억원 규모의 전환사채를 발행할 때에는 C회사는 이를 공시하여야 한다.

해설

① 대규모내부거래에 해당하나 B회사는 보험업을 영위하는 회사로서 예외요건을 충족하므로 이사회의 의결을 거칠 필요가 없다(법 제11조의2 제4항). ② B회사는 보험업을 영위하는 회사(보험회사)이므로 C회사에 대한 채무보증이 가능하다(법 제10조의2 제1항). ③ 법 제11조의3. ④ C회사는 비상장·비등록 주식회사이므로 보험회사인 B회사가 의결권의 행사를 할 수 있는 예외요건을 충족하지 못하여 결국 B회사는 의결권을 행사할 수 없다(법 제11조). ⑤ 공시대상인 거래의 규모는 자본총계 또는 자본금 중 큰 금액의 100분의 10 이상이거나 100억원 이상인 거래행위(법 제11조의2 제1항; 시행령 제17조의8 제2항). <답 ④>

19. 지주회사에 관한 설명 중 옳지 않은 것은? 〈2007 사시〉

① 지주회사는 다른 회사의 사업내용을 지배하는 방법들 가운데 주식 또는 지분의 소유를 통한 지배만이 문제된다.

② 일반지주회사의 자회사는 사업관련 손자회사가 아닌 국내계열회사의 주식을 소유하는 행위를 하지 못한다.

③ 지주회사가 사업연도중에 소유주식의 감소 등의 사유로 지주회사 기준에 미달하게 된 때에는 이를 공정거래위원회에 신고하여야 하며 이 경우에는 신고한 날부터 소급하여 지주회사로 보지 않는다.

④ 일반지주회사의 사업관련 손자회사는 국내계열회사의 주식을 소유할 수 없다.

⑤ 지주회사로 전환하거나 설립될 당시에 자본총액을 초과하는 부채액을 보유하고 있는 때에는 지주회사로의 전환유형과 관계없이 지주회사로 전환하거나 설립된 날부터 2년간은 자본총액을 초과하는 부채액을 보유할 수 있다.

해설

① 법 제2조 제1의2호. ②④ 출제 당시에는 옳은 내용이나, 2007년 7월의 법개정으로 자회사와 손자회사간의 사업관련성 요건이 폐지되었으므로 옳지 않은 내용이 되어 정답이다(법 제8조의2 제3항 제2호, 동조 제4항). ③ 소급하지 않고 '당해 사유의 발생일로부터' 지주회사의 취급을 면하게 된다(시행령 제15조 제4항). ⑤ 출제 당시에는 옳은 내용이나, 2007년 4월의 법개정으로 '자본총액' 부분이 '자본총액의 2배'로 변경되었으므로 옳지 않은 내용이 되어 정답이다(법 제8조의2 제2항 제1호 단서). 결국 정답은 ②③④⑤번이 된다. <답 ②, ③, ④, ⑤>

20. **「독점규제 및 공정거래에 관한 법률」상 지주회사에 관한 설명 중 옳지 않은 것은?** 〈2008 사시〉

① 원칙적으로 계열회사가 아닌 국내회사의 주식을 당해 회사 발행주식총수의 100분의 5를 초과하여 소유하는 행위를 하여서는 아니 된다.

② 원칙적으로 자본총액의 2배를 초과하는 부채액을 보유하여서는 아니 된다.

③ 원칙적으로 자회사의 주식을 당해 자회사 발행주식총수의 100분의 50 미만으로 소유해서는 아니된다.

④ 원칙적으로 자회사 외의 국내계열회사의 주식을 소유하는 행위를 하여서는 아니된다.

⑤ 금융지주회사는 원칙적으로 금융업 또는 보험업을 영위하는 회사 외의 국내회사의 주식을 소유할 수 없다.

해설

① 제8조의2 제2항 제3호. ② 법 제8조의2 제2항 제1호. ③ 지주회사는 자회사의 발행주식 총수의 100분의 40(자회사가 상장법인, 국외상장법인, 공동출자법인 또는 벤처지주회사의 자회사인 경우에는 100분의 20으로 하며, 이를 '자회사주식보유기준'이라 한다)의 지분율을 유지하여야 한다(법 제8조의2 제2항 제2호). 그 지분율을 법에서 정한 비율 미만으로 축소하는 것은 금지된다. ④ 법 제8조의2 제2항 제3호. ⑤ 법 제8조의2 제2항 제4호. <답 ③>

21. **「독점규제 및 공정거래에 관한 법률」상 지주회사에 관한 설명 중 옳지**

않은 것은? 〈2009 사시〉

① 유한회사도 지주회사가 될 수 있다.
② 지주회사는 주식소유현황 · 재무상황 등 사업내용에 관한 보고서를 공정거래위원회에 제출하여야 한다.
③ 주식의 취득 또는 소유는 취득 또는 소유의 명의와 관계없이 실질적인 소유관계를 기준으로 한다.
④ 일반지주회사는 자회사가 공동출자법인인 경우에 자회사 발행주식총수의 100분의 50 이상을 소유하여야 한다.
⑤ 벤처지주회사는 자회사 발행주식총수의 100분의 20 이상을 소유하여야 한다.

해설

① 법 제2조 제1호의2 '지주회사'의 정의 참조. ② 시행령 제15조 제1항. ③ 법 제7조의2. ④⑤ 지주회사는 자회사의 주식을 그 자회사 발행주식총수의 100분의 40[자회사가 상장법인, 국외상장법인, 공동출자법인 또는 벤처지주회사의 자회사인 경우에는 100분의 20] 미만으로 소유하는 행위를 하여서는 아니된다(법 제8조의2 제2항 제2호). <답 ④>

22. **「독점규제 및 공정거래에 관한 법률」상 경제력집중을 억제하기 위한 제도로 규정되어 있지 않은 것은?** 〈2011 사시〉

① 상호출자제한기업집단에 속하는 회사의 상호출자 금지
② 채무보증제한기업집단에 속하는 회사를 지배하는 동일인의 지주회사의 설립 제한
③ 채무보증제한기업집단에 속하는 회사의 시장지배적지위 남용 금지
④ 채무보증제한기업집단에 속하는 회사의 국내계열회사에 대한 채무보증 금지
⑤ 상호출자제한기업집단에 속하는 금융회사의 국내계열회사 주식에 대한 의결권 제한

해설

③ 시장지배적지위 남용금지는 경제력 집중을 억제하기 위한 제도가 아니라 독과점사업자가 지배력을 이용하여 소비자 이익을 저해하거나 경쟁을 제한하는 행위를 규제하기 위한 제도이며, 지정된 기업집단에 한하지 않고 사안별로 시장지배적 지위가 있는지 여부를 판단하고 있다. ① 법 제9조. ② 법 제8조의3. ④ 법 제10조의2. ⑤ 법 제11조. <답 ③>

23. **「독점규제 및 공정거래에 관한 법률」상 기업결합의 유형 중 혼합형 결합에 관한 설명으로 옳지 않은 것은?** 〈2012 사시〉

① 일반적으로 수평형 결합에 비하여 경쟁제한성이 낮은 것으로 평가된다.

② 혼합형 결합이 경쟁제한적인 것으로 판단되기 위해서는 잠재적 경쟁의 침해가 발생하여야 한다.

③ 공정거래위원회는 맥주회사와 소주회사 간의 기업결합을 혼합형 결합으로 보고 그 경쟁제한성을 인정한 바 있다.

④ 이 법은 대규모회사가 직접 또는 특수관계인을 통하여 행한 기업결합에 관하여 경쟁제한성을 추정하는 규정을 두고 있다.

⑤ 이 법상 대규모회사의 혼합형 결합의 경쟁제한성이 인정되기 위해서는 대규모회사가 시장지배적사업자이어야 한다.

해설

⑤ 법 제7조 제4항에 의한 요건을 구비한 경우에 기업결합의 경쟁제한성의 추정을 받고 있으나, 기업결합 방식과는 무관하다. <답 ⑤>

24. **「독점규제 및 공정거래에 관한 법률」상 '상호출자의 금지'에 대한 예외적 허용사유로 이 법에 규정되어 있지 않은 것은?** 〈2013 사시〉

① 회사의 합병
② 영업전부의 양수
③ 담보권의 실행
④ 대물변제의 수령
⑤ 새로운 회사의 설립

해설

상호출자금지에 대한 예외적 허용사유로는 회사의 합병 또는 영업전부의 양수, 담보권의 실행 또는 대물변제의 수령이다. 새로운 회사의 설립은 해당되지 않는다(독점규제법 제9조 제1항). <답 ⑤>

제 6 절 부당한 공동행위의 제한

01. **부당한 공동행위의 시기와 종기를 결정하는 기준에 대한 다음 설명 중 옳지 않은 것은?**

① 참가사업자 셋 중 2인의 사업자가 파기선언을 하였다 하더라도 파기선언을 하지 않은 사업자에 대하여는 그 후 실제로 공동행위를

중단한 날을 종기로 보아야 한다.

② 기본 합의가 있고 그 후 실행과정에서 수차례 개별적 합의가 있는 경우에는 기본합의의 시점을 부당한 공동행위의 시기로 볼 수 있다.

③ 기본합의가 없었더라도 각 담합행위가 단일한 의사에 기하여 동일한 목적을 수행하기 위한 것으로서 단절됨이 없이 계속 실행되어 왔다면 최초 담합의 시점을 전체 부당한 공동행위의 시기로 볼 수 있다.

④ 참가사업자 중 일부가 합의를 이행하지 않았다는 사실만으로 부당한 공동행위가 종료되었다고 볼 수 없다.

⑤ 참가사업자 중 1인이 부당한 공동행위의 종기를 인정받기 위해서는 다른 참가사업자들에게 합의탈퇴를 알리는 의사표시를 하고 담합이 없었더라면 존재하였을 가격수준으로 인하하는 등 합의에 반하는 행위를 하여야 한다.

해설

① 셋 중 두 사업자의 파기선언만으로도 더 이상 '2인 이상의 의사의 합치'라는 공동행위의 요건을 충족하지 못하게 된다(대판 2010.3.11, 2008두15176). ②③ 대판 2009.1.30, 2008두16179. ④ 대판 2008.9.25, 2007두3756. ⑤ 합의에 참가한 사업자 전부에 대하여 부당한 공동행위가 종료되었다고 하기 위해서는 합의에 참가한 사업자들이 명시적으로 합의를 파기하고 각 사업자가 각자의 독자적인 판단에 따라 담합이 없었더라면 존재하였을 가격 수준으로 인하하는 등 합의에 반하는 행위를 하거나 또는 합의에 참가한 사업자들 사이에 반복적인 가격경쟁 등을 통하여 담합이 사실상 파기되었다고 인정할 수 있을 만한 행위가 일정 기간 계속되는 등 합의가 사실상 파기되었다고 볼 수 있을 만한 사정이 있어야 한다(대판 2011.4.14. 2009두4159; 대판 2008.10.23, 2007두12774).

<답 ①>

02. 다음 서술 중 부당한 공동행위에 대한 대법원 판결의 설시로서 옳지 않은 것은?

① 사업자들이 부당한 공동행위의 기본적 원칙에 관한 합의 없이 장기간에 걸쳐 여러 차례의 합의를 해왔고, 각 합의의 구체적인 내용이나 구성원 등에 일부 변경이 있었다면 각 합의가 단일한 의사에 터잡아 동일한 목적을 수행하기 위한 것으로서 끊임없이 계속 실행되어 왔다 할지라도 각 행위마다 1개의 부당한 공동행위가 성립한다.

② 부당한 공동행위에 대한 과징금을 부과함에 있어 여러 개의 위반행

위에 대하여 하나의 과징금 납부명령을 하였으나 여러 개의 위반행위 중 일부의 위반행위에 대한 과징금 부과만이 위법하고 소송상 그 일부의 위반행위를 기초로 한 과징금액을 산정할 수 있는 자료가 있는 경우에는, 하나의 과징금 납부명령일지라도 그 일부의 위반행위에 대한 과징금액에 해당하는 부분만을 취소하여야 한다.

③ 사업자들이 공동으로 가격을 결정하거나 변경하는 행위는 특별한 사정이 없는 한 부당하다고 볼 수밖에 없으므로, 공정한 거래질서에 대한 침해의 우려가 있는 한 단순한 사업경영상의 필요나 거래상의 합리성 내지 필요성 유무는 불공정거래행위의 성립에 영향을 미칠 수 없다.

④ 부당한 공동행위 사실을 신고하거나 조사에 협조하여 법 제22조의2 제1항에 따라 과징금을 감경 또는 면제할 때에는, 먼저 위 법 제22조에 정해진 한도액을 초과하지 않는 범위 안에서 과징금을 산정한 다음, 그와 같이 산정된 과징금을 감경 또는 면제하여야 한다.

⑤ 공정거래위원회가 부당한 공동행위를 한 영화배급사 등에게 과징금 납부명령을 하면서 일부 영화의 위반행위 기간 이후의 매출액까지 산입하여 과징금을 산정하였다면, 정당한 과징금 액수를 초과하는 부분을 취소하거나 과징금 납부명령 전부를 취소하여야 한다.

해설

① 사업자들이 부당한 공동행위의 기본적 원칙에 관한 합의를 하고 이를 실행하는 과정에서 수차례의 합의를 계속하여 온 경우는 물론, 그러한 기본적 원칙에 관한 합의 없이 장기간에 걸쳐 여러 차례의 합의를 해 온 경우에도 그 각 합의가 단일한 의사에 터잡아 동일한 목적을 수행하기 위한 것으로서 끊임없이 계속 실행되어 왔다면, 그 각 합의의 구체적인 내용이나 구성원 등에 일부 변경이 있었다고 할지라도, 특별한 사정이 없는 한 그와 같은 일련의 합의는 전체적으로 1개의 부당한 공동행위로 봄이 상당하다(대판 2010.3.11, 2008두15169). ② 대판 2009.10.29, 2009두11218. ③ 대판 2010.2.11, 2009두11485. ④ 대판 2010.1.14, 2009두15043. ⑤ 대판 2010.2.11, 2009두11485. <답 ①>

03. 다음 서술 중 부당한 공동행위에 대한 대법원 판결의 설시로서 옳지 않은 것은?

① 가격결정 등의 합의 및 그에 기한 실행행위가 있었던 경우 부당한 공동행위가 종료한 날은 그 합의에 기한 실행행위가 종료한 날을 의미한다.

② 부당한 공동행위에 대하여 공정거래위원회가 명하는 시정명령의 내용은 과거의 위반행위에 대한 중지는 물론 가까운 장래에 반복될 우려가 있는 동일한 유형의 행위에 대한 반복금지까지 명할 수 있다.
③ 밀가루 가격, 판매량 또는 생산량에 대하여 수시로 정보를 교환한 밀가루 제조회사들에게 정보교환 금지명령을 한 것이 독점규제법 제21조에서 정한 '시정을 위한 필요한 조치'에 해당하고 그 조치는 명확성과 구체성의 원칙이나 비례의 원칙에 위배되지 않는다.
④ 독점규제법 제19조 제1항 후단의 '다른 사업자로 하여금 부당한 공동행위를 행하도록 하는 행위'는 다른 사업자로 하여금 부당한 공동행위를 하도록 교사하는 행위뿐만 아니라 다른 사업자의 부당한 공동행위를 방조하는 행위도 포함한다.
⑤ 공정거래위원회가 법 위반행위자에 대하여 부과하는 과징금 부과처분은 재량행위에 해당한다.

해설

① 대판 2006.3.24, 2004두11275. ②③ 대판 2009.5.28, 2008두549. ④ 제19조 제1항 후단의 '다른 사업자로 하여금 부당한 공동행위를 행하도록 하는 행위'는 다른 사업자로 하여금 부당한 공동행위를 하도록 교사하는 행위 또는 이에 준하는 행위를 의미하고, 다른 사업자의 부당한 공동행위를 단순히 방조하는 행위는 여기에 포함되지 않는다(대판 2009.5.14, 2009두1556). ⑤ 대판 2010.3.11, 2008두15176.

<답 ④>

04. **부당한 공동행위의 행위유형에 관한 다음 설명 중 옳지 않은 것은?**

① 공동행위 행위유형으로서의 회사설립은 생산활동이나 영업활동의 공동수행을 통한 경쟁의 배제와 행동통일이 규제의 대상이 된다.
② 참가사업자 각자가 최종수요자에게 직접 공급하지 않고 공동판매기구를 통하여서만 공급하기로 하는 협정은 거래상대방을 제한하는 공동행위에 해당한다.
③ 최고가격을 고정시키는 합의도 가격 공동행위에 해당한다.
④ 가격 공동행위의 위법성을 판단함에 있어서 참가사업자들의 시장점유율의 합산 수치는 고려대상이 될 수 없다.
⑤ 참가사업자의 사업활동 또는 사업내용을 방해하거나 제한함으로써 일정한 거래분야에서 경쟁을 실질적으로 제한하면 부당한 공동행위가 성립한다.

해설

④ 우리 법의 공동행위는 합리성의 원칙을 채택한 것이 아니지만, 그렇다고 하여 당연위법의 원칙을 채택한 것이라고도 보기 어려우므로 참가사업자의 시장점유율을 전혀 고려하지 않는 것은 적당하지 아니하다. <답 ④>

05. 독점규제법에서 규율하는 부당한 공동행위에 관한 다음 설명 중 옳은 것은?

① 가격담합, 입찰담합, 시장분할협정 등 시장분석 없이 위법성이 인정되는 카르텔유형을 강학상 경성카르텔이라고 부른다.

② 기업결합의 경우에 비하여 공동행위의 경쟁제한성은 크지 않다.

③ 우리의 독점규제법은 부당한 공동행위를 합리성의 원칙에 따라 심사하도록 규정하고 있다.

④ 인가를 받지 않는 이상 모든 공동행위가 금지된다.

⑤ 부당한 공동행위의 위법성은 경쟁제한성에서 찾기보다 합의에서 찾아야 한다.

해설

② 기업결합의 경우 위법성을 인정하기 위하여는 특별히 경쟁제한성을 찾아내야 하는 데 반하여 공동행위의 경우 일반적으로 경쟁제한성이 인정되고 특별한 경우에 경쟁제한성이 부인된다. ③ 공동행위 사건마다 경쟁제한적 효과와 경쟁촉진적 효과를 교량하여야 한다면 카르텔금지의 실효성을 확보할 수 없다. ④ 인가를 받지 않은 '부당한' 공동행위만 금지되는 것이고 모든 공동행위가 금지되는 것은 아니다. ⑤ 카르텔은 그것이 합의에 의한 것이라고 하여 위법한 것이 아니고 경쟁을 제한하기 때문에 위법일 수 있는 것이다. <답 ①>

06. 부당한 공동행위의 성립요건에 관한 다음 설명 중 옳지 않은 것은?

① '공동으로'라 함은 주로 참가사업자간의 행동통일을 가리키는 것이지 합의를 가리키는 것이 아니다.

② 의사의 합치가 없는 행위의 일치는 부당한 공동행위를 구성하지 아니한다.

③ 독점규제법에 개별적으로 열거되지 아니한 행위유형에 대하여는 부당한 공동행위의 성립을 인정할 수 없다.

④ 의사의 합치는 정식의 명시적인 것을 요구하지 않는다.

⑤ 합의의 증거가 확보되지 않은 경우를 묵시적 합의라고 부른다.

해설

⑤ 명시적 합의와 묵시적 합의의 구분은 explicit collusion과 tacit collusion

에서 알 수 있듯이 외부에 드러내놓고 합의를 했느냐에 따른 구분이며 증거의 확보와 직접 관련되는 것은 아니다. 묵시적 합의도 증거에 의하여 입증할 수 있다. 다만 직접증거의 확보보다는 간접증거에 의하여 입증하는 것이 보통이다. 합의에 대한 법률상의 추정규정을 가지는 우리의 법 하에서는 간접증거도 확보하지 못한 경우에 추정규정을 원용하게 된다. <답 ⑤>

07. 우리나라의 대법원 판결은 합의추정사건에서 추가적 요인과 정당화 사유를 구별하지 않고 있다. 다음 중 대법원 판결에서 부당한 공동행위의 추정복멸을 인정함에 있어서 고려할 사정으로 열거하고 있지 않은 것은?

① 참가사업자 각자의 이익에 반하는 행위
② 당해 상품 거래분야 시장의 특성과 현황
③ 시장가격에 영향을 미치는 제반 내외부적 영향
④ 사업자의 개별적 사업여건에 비추어 본 경영판단의 정당성
⑤ 사업자 상호간의 회합 등 직접적 의사 교환의 실태

해설

이 문제는 추가적 요인을 묻는 문제가 아니고 복멸사유, 즉 정당화 사유를 묻는 문제이다. ①은 합의추정 규정이 없는 입법례의 국가에서 합의추정의 정황증거 또는 추가적 요인으로 꼽히는 항목이고, 우리나라의 판례에서는 추가적 요인을 거론하고 있지 않다. ⑤ 역시 대표적 추가적 요인에 해당하는데 대법원 판결은 복멸사유와 추가적 요인을 구별하지 않고 모두 복멸사유에 넣어서 망라적으로 고려하도록 하고 있다(대판 2003.5.27, 2002두4648). <답 ①>

08. 부당한 공동행위의 성립요건 중 의사의 합치에 관한 다음 설명 중 옳은 것은?

① 합의는 청약과 승낙으로 성립한다.
② 인식있는 평행행위 또는 의식적 동조행위의 경우 그 정의에서 의사의 합치를 인정하고 있다.
③ 참가사업자 전원이 합의를 준수할 진정한 의사가 있는 경우에 의사의 합치를 인정할 수 있다.
④ 구두로 한 합의도 명시적 합의에 해당한다.
⑤ 정황증거로는 의사의 합치를 입증할 수 없다.

해설

① 공동행위의 합의는 '요해' 정도로도 성립될 수 있으며 공식적인(계약법상의) 합의 외에 다양한 모습의 합의가 있을 수 있다. ② 인식있는 평행행위 또는 의식적 동조행위는 의사의 연락이 없음을 전제로 하는 개념이다. ③ 참가사업자

일부에게 합의를 준수할 의사가 없었다 하더라도 합의의 성립이 부인되는 것은 아니다(국제종합토건 사건 판결, 대판 1999.2.23, 98두15849). ④ 명시적 합의는 서면이든 구두이든 묻지 않고 참가사업자간에 드러내놓고 의사교환이 이루어진 경우이다. 반면에 묵시적 합의는 외부로 표현된 의사교환은 없었으나 서로 양해(요해)한 경우를 가리킨다. ⑤ 행위의 일치가 있고 추가적 요인에 해당하는 정황증거가 제시되면 의사의 합치가 인정된다. <답 ④>

09. 부당한 공동행위에 관한 다음 설명 중 옳은 것은?

① 부당한 공동행위를 한 사업자가 그 사실을 위원회에 신고하면 시행령에서 정한 기준에 따라 시정조치와 과징금을 감경 또는 면제받을 수 있고 고발도 면제받을 수 있으나, 포상금은 받을 수 없다.
② 당해 카르텔을 주도하였거나 다른 사업자에게 카르텔을 강요한 자라 하더라도 자진신고자의 신고요건을 충족하면 면책받을 수 있다.
③ 제1의 부당한 공동행위에 관하여 신고자 감면요건을 갖추지 못한 자라도 자신이 참가하였던 제2의 부당한 공동행위에 대하여 신고자 감면의 요건을 충족하는 경우에는 제1의 부당한 공동행위에 대해서는 과징금 또는 시정조치의 감면을 받을 수 있다.
④ 법 제22조의2에 의한 자진신고자에 대한 감면은 부당한 공동행위나 불공정거래행위를 한 사업자에게 적용된다.
⑤ 과징금과 시정조치의 감면은 부당한 공동행위를 한 사업자가 그 사실을 공정거래위원회에 신고한 경우에만 적용되고 증거제공 등의 방법으로 조사에 협조한 자에게는 적용되지 않는다.

해설

① 다만 고발도 면제받을 수 있는 것은 2013.7.16. 독점규제법 개정시 신설된 조문으로 동법의 시행일은 2014.1.17.이다(법 제22조의2). ② 시행령 제35조 제1항 제5호. ③ 제1의 공동행위에 대해서 과징금은 감면하고 시정조치는 감경할 수 있는데 이것을 가리켜 Amnesty Plus라고 부른다(시행령 제35조 제1항 제4호). ④ 본조에 의해 자진신고자가 감면을 받을 수 있는 것은 부당한 공동행위에 한한다. 이와는 별개로 법 제64조의2에 의하여 제보자가 포상금을 받을 수 있는 것은 물론이다. ⑤ 조사협조자도 감면 혜택을 받을 수 있다(시행령 제35조 제1항). <답 ①>

10. 부당한 공동행위에 관한 다음 설명 중 옳지 않은 것은?

① 부당한 공동행위에 참가한 사업자들은 합하여 상당한 정도로 시장에 대한 영향력을 갖춘 자들이라야 규제대상이 되지만 시장지배적

사업자의 추정요건을 충족할 정도의 높은 시장점유율을 요건으로 하지는 않는다.

② 합의추정 사건에서는 일정한 거래분야에 있어서의 실질적 경쟁제한성과 문제의 행위를 참가사업자들이 공동으로 한 것으로 볼 수 있는 상당한 개연성이 인정되면 합의가 추정된다.

③ 명시적 합의의 경우이든 묵시적 합의의 경우이든 합의의 입증책임은 항상 공정거래위원회가 부담하지만 추정의 요건을 갖춘 경우 피심인이 복멸사유를 제시함으로써 반증하여야 한다.

④ 부당한 공동행위의 합의는 당사자간에서만 무효이므로 합의의 내용에 따라 체결된 참가사업자와 제3자간의 계약은 쌍방당사자 누구든지 이행책임을 면할 수 없다.

⑤ 참가사업자 중 일부가 비진의표시에 의해 합의한 경우에도 그것만으로 부당한 공동행위의 성립을 부인할 수 없다.

해설

② 개정법 제19조 제5항에서는 '실질적 경쟁제한'이라는 요건이 삭제되었고 "… 제반사정에 비추어 그 행위를 그 사업자들이 공동으로 한 것으로 볼 수 있는 상당한 개연성이 있는 때에" 합의한 것으로 '추정한다'고 규정하고 있다. ③ 명시적 합의냐 묵시적 합의이냐는 중요하지 않다. 법 제19조 제5항의 요건이 충족되면 피심인이 합의 추정을 복멸할 입증책임을 부담한다. <답 ②>

11. **행정지도와 부당한 공동행위의 관계에 관한 다음 설명 중 옳은 것은?**

① 법률의 근거에 따라 행해지는 행정지도는 행정행위에 해당한다.

② 사업자단체가 주무관청의 행정지도에 따라 독점규제법 위반행위를 하였다면 위법성이 조각된다.

③ 법률의 명시적 규정에 따른 행정지도에 따라 행해진 사업자의 행위는 법령에 따른 정당한 행위로서 독점규제법의 적용을 받지 않을 수 있다.

④ 맥주 3사 사건의 대법원 판결은 부당한 공동행위의 성립을 인정하면서도 행정지도를 이유로 위법성이 조각된다고 본 것이다.

⑤ 행정지도에 따른 독점규제법 위반행위에 대하여는 시정명령 대신 시정권고를 하여야 한다.

해설

① 비권력적 사실행위에 해당한다. ② 행정지도가 있었다 하여 위법성이 조각

되는 것은 아니다. ③ 유력한 견해이다. ④ 합의추정이 복멸된 사건으로서 부당한 공동행위의 성립을 부인한 판결이다. '…그러한 추정을 받는 사업자들로서는 공동행위의 합의가 없었다는 사실을 입증하거나 위 일치된 행위가 합의에 따른 공동행위가 아니라는 점을 수긍할 수 있는 정황을 입증하여 그 추정을 복멸시킬 수 있다'(대판 2003.2.28, 2001두1239). ⑤ 시정조치에 있어서 정상참작은 바람직하나 시정권고를 하여야 하는 것은 아니다. <답 ③>

12. **부당한 공동행위에 관한 다음 설명 중 옳지 않은 것은?**

① 독점규제법 제19조 제5항의 합의추정규정에 대하여 대법원은 동조 동항이 형벌규정이 아니고 동조 동항을 위반하였다 하여 형사처벌을 한다는 규정도 없으므로 동조 동항의 규정이 죄형법정주의나 무죄추정의 원칙에 반한다고 할 수 없다고 판시하였다.

② 부당공동행위의 자진신고는 2 이상의 사업자들이 공동으로 할 수도 있다.

③ 합의추정사건에서 대법원은 추정복멸사유를 검토함에 있어서 강학상의 추가적 요인까지 고려대상으로 삼았다.

④ 부당한 공동행위의 과징금 산정시 적용되는 '직전 3개 사업연도'는 사업자가 과징금 납부명령을 부과받는 시점을 기준으로 한 직전 3개 사업연도를 의미한다.

⑤ 공동행위의 인가제도가 있다고 하여 독점규제법이 합리적 공동행위를 허용하는 입법이라고 볼 수는 없다.

해설

① 대판 2004.10.28, 2002두7456. ② 부당공동행위의 자진신고는 원칙적으로 단독으로 하여야 한다. 이는 2 이상의 사업자의 공동자진신고를 인정하게 되면 부당공동행위에 참여한 사업자들이 담합하여 자진신고하는 방법으로 감면을 받을 수 있게 되어 자진신고자에게 일정한 혜택을 부여함으로써 참여 사업자들간의 신뢰를 약화시켜 부당한 공동행위를 중지 내지 예방하고자 하는 자진신고 감면제도의 취지에 반할 우려가 있기 때문이다. 다만 2 이상의 사업자가 실질적 지배관계에 있는 계열회사이거나 회사의 분할 또는 영업양도의 당사 회사로서 그들이 함께 당해 공동행위에 참여한 사실이 없는 경우 등과 같이 공동자진신고를 허용하더라도 감면제도의 취지에 어긋나지 않는다고 볼 만한 사정이 있는 경우에는 예외라고 할 것이다(대판 2010.9.9. 2010두2548). ③ 대판 2003.5.27, 2002두4648. ④ '직전 3개 사업연도'라 함은 사업자의 위반행위 종료일을 기준으로 한 직전 3개 사업연도를 의미하고, 상고이유의 주장과 같이 사업자가 과징금 납부명령을 부과받는 시점을 기준으로 한 직전 3개 사업연도를 의미하는 것으로 볼 것은 아니다. 그리고 이와 같이 사업자의 평균 매출액을 기준으로

과징금의 상한을 정한 것은 실제로 과징금을 부과함에 있어서 사업자의 경제적 부담능력을 고려하기 위한 것이므로, 이것이 관련 법령 등에 따라 임의적 조정 과징금을 산출하는 기준이 되는 것은 아니다. 따라서 이와 같이 하여 산정된 과징금 액수가 위반행위의 내용 및 정도, 위반행위의 기간 및 횟수, 위반행위로 인해 취득한 이익의 규모 등 구 공정거래법 제55조의3 제1항에서 정하고 있는 참작요소들에 비추어 부당공동행위의 참여자들 사이에 균형을 상실하여 현저히 부당하다고 인정되지 않은 이상, 결과적으로 부당공동행위를 주도하고 시장점유율도 높은 사업자가 비율적으로 더 많이 감경되었다 하더라도, 그러한 사정만으로 곧바로 그 처분이 재량권의 범위를 일탈하거나 재량권을 남용한 것으로 판단할 수 없다(대판 2010.9.9, 2010두2548). <답 ④>

13. 부당한 공동행위에 관한 다음 설명 중 옳은 것을 모두 모은 답은 어느 것인가?

> ㈎ 독점규제법에서는 규제대상인 공동행위의 유형을 법조문에 열거하고 있는데 이는 예시적 열거라고 보는 것이 통설이다.
> ㈏ 독점규제법상 특허의 공동이용이나 가격정보 교환 행위를 부당한 공동행위로 규제하기는 어렵다.
> ㈐ 각자의 재고가 충분함에도 불구하고 수인의 사업자가 판매를 거절하는 경우 의사의 합치를 추정하는 것은 가혹하다는 비판을 면하기 어렵다.
> ㈑ 부당한 공동행위의 구성요건인 합의는 참가사업자 상호간에 구속력을 가져야 한다는 것이 통설이다.
> ㈒ 영업의 주요부분을 공동으로 수행하기 위하여 조합을 설립하는 행위도 부당한 공동행위에 해당할 수 있다.

① ㈎, ㈏　　② ㈏, ㈒　　③ ㈏, ㈐
④ ㈐, ㈑　　⑤ ㈐, ㈒

해설

㈎ 한정적 열거라고 보는 것이 통설이다. ㈐ 합의추정조항이 없다 하더라도 참가사업자 각자에게 불리한 행동통일은 묵시적 합의의 혐의를 짙게 한다. ㈑ 합의의 구속력은 문제되지 아니한다. 어차피 당사자간에서는 무효이다. <답 ②>

14. 부당한 공동행위의 구성요건 중 '부당하게 경쟁을 제한하는'의 의미에 대한 다음 여러 견해 중 타당성이 전혀 없는 것은?

① 부당하게 경쟁을 제한한다는 것은 문제된 행위의 경쟁제한적 효과

가 혹시 있을 수 있는 경쟁촉진적 효과를 능가한다는 의미이다.

② 독점규제법은 카르텔의 규제에 있어서 합리성의 원칙(조리의 원칙)을 채택하고 있으므로 문제된 공동행위를 심사함에 있어서 경쟁제한적 효과와 경쟁촉진적 효과를 항상 비교형량하여야 한다.

③ 공동행위의 인가제도는 일단 부당한 공동행위를 대상으로 여러 가지 합리적 이유가 갖추어진 경우에 예외를 허용하는 방식을 취하고 있으므로 '부당한'을 '불합리한'으로 이해하는 것은 모순이다.

④ 부당하게 경쟁을 제한하는 공동행위를 금지한다는 것은 경쟁을 제한하는 모든 공동행위를 금지하는 것은 아니라는 뜻에서 '부당하게'라는 문구를 사용한 것이다.

⑤ 경쟁을 제한하더라도 그 정도가 극히 사소하게 경쟁을 제한하는 경우라면 금지대상에서 제외된다는 소극적 의미로 '부당하게'를 이해할 수 있다.

해설

② 부당한 공동행위의 '부당하게'를 ①과 같이 이해할 수도 있고 ⑤와 같이 이해할 수도 있다. 그러나 ①과 같이 이해한다 하더라도 경쟁촉진적 효과가 큰 공동행위는 금지하지 않겠다는 소극적 의미를 가질 뿐 우리의 독점규제법이 카르텔규제에 있어서 합리성의 원칙을 채택한 것으로 이해하는 것은 전혀 타당할 수 없다. <답 ②>

15. 다음은 행정지도에 따른 사업자들의 가격결정을 독점규제법에서 어떻게 다룰 것인가에 대한 판례와 심결례의 입장이다. 지금까지의 판례나 심결례의 입장과 맞지 않는 서술은 어떤 것인가?

① 행정지도에 따라 가격결정이 이루어졌다면 부당한 공동행위의 합의 추정이 복멸될 수 있다.

② 행정지도에 따른 공동의 가격결정이라 하더라도 합의가 법령에 근거한 것이 아닌 이상 면책되지 아니한다.

③ 생산제한 등의 공동행위가 있었다 하더라도 행정지도의 준수로 인한 경우는 시정권고라는 가벼운 제재가 가해졌다.

④ 주무관청의 행정지도에 따른 공동행위에 대하여 공정거래위원회의 시정조치가 있었다 하더라도 금반언의 원칙에 반한다고 할 수 없다.

⑤ 금융기관 수수료율 결정에 대한 주무관청의 행정지도는 부당한 공동행위의 위법성을 조각한다.

✍ **해설**

⑤ 주무관청의 행정지도가 있었다는 사실만으로 부당한 공동행위의 위법성이 조각되지는 않는다. <답 ⑤>

16. 인식있는 평행행위에 대한 다음 서술 중 옳은 것을 모아 본다면?

> ㈎ 건설공사의 입찰에 참가한 사업자 중 다수가 발주처의 예정가격보다 훨씬 높은 입찰가격을 적어 낸 경우는 참가사업자 각자의 이익에 반하는 행위가 있었던 것으로서 합의추정을 위한 추가적 요인을 갖춘 경우에 해당한다.
> ㈏ 집단배척의 혐의를 받고 있는 사업자들의 경우에 각 사업자가 거래기회를 포기할 만한 합리적 이유를 제시하지 못한다면 합의추정을 위한 추가적 요인을 인정할 수 있다.
> ㈐ 인식있는 평행행위 그 자체만으로는 합의의 성립을 인정할 수 없다.
> ㈑ 독점규제법 상의 부당한 공동행위 추정조항은 문제된 행위의 합의와 위법성을 추정하는 규정이다.
> ㈒ 대법원판례는 독점규제법상의 부당한 공동행위의 추정을 사실상의 추정으로 보고 그 복멸을 허용하고 있다.

① ㈎, ㈏, ㈐ ② ㈎, ㈏, ㈐, ㈑ ③ ㈎, ㈏, ㈐, ㈒
④ ㈎, ㈑, ㈒ ⑤ ㈎, ㈐, ㈑

✍ **해설**

㈎와 ㈏는 참가사업자 각자의 이익에 반하는 행위로서 대표적 추가요인에 해당한다. ㈐ 미국의 판례, 우리나라 공정거래위원회의 심결, 학설들의 공통된 입장이다. ㈑ 합의의 추정에 그친다. ㈒ 판례는 법률상 추정임을 밝힌 바 있다.
<답 ①>

17. 독점규제법상 부당한 공동행위의 개념에 관한 다음 설명 중 통설 또는 대법원 판결의 입장과 부합하지 않는 것은?

① 부당한 공동행위는 동종의 사업을 영위하는 사업자간에 수평적으로 성립할 수 있는 외에 생산자와 유통업자간에서 수직적으로는 성립할 수 없다.

② 부당한 공동행위는 경쟁을 제한하는 행위를 하기로 하는 합의만으로 성립하고 실행행위까지 있어야 하는 것은 아니라고 한 대법원

판결이 있다.

③ 참가사업자 중 일부가 처음부터 합의를 준수할 의사가 없이 공동행위에 참가하였다면 그 사업자에 대한 관계에서는 부당한 공동행위가 성립하지 아니한다.

④ 부당한 공동행위의 합의는 묵시적 또는 암묵적으로 행해질 수 있다.

⑤ 같은 종류의 상품을 생산하는 사업자들이 공동으로 판매회사를 설립하여 그 판매회사를 통해서 상품을 판매하기로 합의했다면 부당한 공동행위의 성립을 인정할 수 있다.

해설

① 수직적 거래관계에서는 부당한 공동행위가 성립할 수 없다고 하는 것이 동업자간의 카르텔을 규율하고자 하는 법 제4장의 취지에 부합할 것이다. 다만 법문에서 반드시 경쟁자 사이의 공동행위일 것을 요구하고 있지 아니하므로 수요자와 공급자 사이에서도 공동행위가 성립할 수 있다는 반대설도 유력하다. ②와 ③은 국제종 합토건(주) 사건의 대법원 판결(대판 1999.2.23, 98두15849). ④ 명시적·묵시적 합의의 구분은 결국 합의의 입증이 쉬우냐 어려우냐의 문제이고 합의추정조항이 있는 이상 그 구별의 실익은 없다고 볼 수 있다. ⑤ 공동판매회사의 설립은 부당한 공동행위를 구성하는 외에 경쟁제한적 기업결합(법 제7조)에 해당할 수도 있다. <답 ③>

18. 다음은 부당한 공동행위의 추정에 관한 대법원 판결의 설시를 나열한 것이다. 대법원의 판시내용이 아닌 것은?

① 부당한 공동행위의 합의추정규정의 입법취지는 은밀하게 행해지는 부당한 공동행위의 합의를 입증하는 것이 어려우므로 공정거래위원회로 하여금 합의입증에 갈음하여 '행위의 외형상 일치'와 '공동으로 한 것으로 볼 수 있는 상당한 개연성'의 두 가지 간접사실만 입증하도록 함으로써 부당한 공동행위에 대한 규제의 실효성을 확보하고자 함에 있다.

② 부당한 공동행위의 합의를 추정하기 위해서는 합의를 추정하게 하는 정황사실의 입증은 필요하지 않다.

③ 독점규제법의 합의추정조항은 사실상의 추정이 아니라 법률상의 추정을 규정하고 있는 것이다.

④ 합의추정을 위하여 입증되어야 하는 문제의 행위의 '경쟁제한성'은 합의가 추정되기 이전의 상태에서의 경쟁제한성을 가리키는 것이므로 그 경쟁제한성의 유무는 사업자들의 합의가 없는 상태를 상정하

여 판정하여야 할 것이다.

⑤ 행위자들이 제품 차별화가 이루어진 국내 커피시장의 특수성 및 상품의 특성을 시장전략에 반영하여 각자 자사제품이 고급품이라는 인식을 소비자에게 심어주기 위하여 경쟁적으로 가격을 인상하였다면 그러한 가격인상은 시장의 특이한 상황하에서 이루어진 행위자들간의 경쟁이 시장에 표출된 것으로 보여지고 그로 인하여 국내 커피시장이라는 일정한 거래분야에서의 경쟁이 감소되었다고 보기 어렵다.

해설

①은 현행법 제19조 제5항의 내용이다. 구법하의 판례는 '행위의 외형상 일치'와 '실질적 경쟁제한성'의 두 가지 간접사실의 입증을 요구하였다. ② 대법원은 동서식품주식회사 사건 판결(대판 2002.3.15, 99두6514, 99두6521)에서 법 제19조 제5항은 법률상의 추정을 규정한 것이므로 정황사실의 입증은 필요없다고 판시하였다. ②③④⑤는 모두 동서식품주식회사 사건판결의 설시 내용 중 일부이다. <답 ①>

19. 다음은 부당한 공동행위에 관한 공정거래위원회의 심결례를 소개한 것이다. 공정거래위원회의 판단이나 시정조치내용과 부합하지 아니하는 것은?

① 건설공사 입찰에 있어서 연고권주장을 통한 업계의 자율조정관행에 대하여 공정거래위원회는 '상시정보수집체계'를 통해 직권조사를 실시하고 그러한 자율조정관행을 부당한 공동행위로 엄격하게 시정조치하고 있다.

② 입찰담합에 대한 시정조치는 입찰참가 사업자들을 대상으로 내려지고 있으며 사업자단체를 대상으로 내려지는 사례는 없었다.

③ 맥주출고가격의 인상률이 제조사별로 8.5% 내지 9.2%의 차이가 있었음에도 불구하고 공정거래위원회는 동일한 인상률로 판단하였다.

④ 국세청이 물가안정 등을 목적으로 전체 평균 가격 인상률을 한자리수 이내로 하도록 행정지도를 한 경우 그 범위 내에서 사업자들이 제품의 종류별·규격별로 인상률을 협의·결정한 경우라도 부당한 공동행위의 위법성이 조각되지 아니한다고 보았다.

⑤ 행정지도가 개입된 부당한 공동행위에 대해서도 행정지도의 근거 및 사유, 구체적인 내용 및 형태, 경쟁저해성 등이 고려되어 과징금이 부과된 사례가 있다.

해설

② 8개 에어컨 업체와 한국냉동공조공업협회사건(1999.11.22, 의결 제99-235호)에서는 참가사업자 단체뿐 아니라 사업자단체도 피심인으로 시정명령을 받았다. ③④⑤ 맥주제조 3사 사건(1999.5.26, 의결 제99-76호) 참조. <답 ②>

20. 다음은 입찰담합사건에 대한 대법원의 판결내용을 기술한 것이다. 판시내용과 부합하는 것은?

① 기업이윤을 고려한 적정선에서 무모한 출혈경쟁을 방지하기 위하여 일반거래통념상 인정되는 범위 내에서 입찰자 상호간에 의사의 타진과 절충을 한 정도라면 부당한 공동행위가 성립하지 아니한다.
② 합의에 따른 행위를 현실적으로 이행하지 않은 이상 부당한 공동행위가 성립하지 아니한다.
③ 담합에 참가한 사업자 중 일부가 당초부터 합의에 따를 의사도 없이 합의한 경우에는 부당한 공동행위가 성립하지 아니한다.
④ 입찰담합이 부당한 공동행위를 구성하기 위하여는 특정한 입찰에 참여하는 모든 사업자들간에 합의가 이루어져야 한다.
⑤ 입찰에 참여하는 모든 사업자들간에 합의가 이루어진 이상 경쟁제한 여부를 불문하고 부당한 공동행위가 성립한다.

해설

국제종합토건(주) 사건의 대법원 판결(대판 1999.2.23, 98두15849)을 소재로 한 문제이다. ①은 방론에서의 판시내용이다. ②, ③의 경우는 부당한 공동행위의 성립을 방해하지 아니한다. ④ 일부 사업자들간의 합의만으로도 부당한 공동행위가 성립할 수 있다. ⑤ 독점규제법의 카르텔금지가 당연위법의 원칙을 확고하게 선언하고 있다고 볼 경우 ⑤의 서술이 옳을 수 있다. 그러나 대법원의 판시내용과 부합하지는 않는다. <답 ①>

21. 다음은 부당한 공동행위에 대한 공정거래위원회의 심결례를 요약한 것이다. 옳지 않은 서술은?

① 한국발 동남아 및 유럽노선에 취항하고 있는 국내 및 외국항공사들이 외환위기에 따른 여행객 수의 급감으로 인한 영업여건의 악화를 타개하기 위하여 운임수준과 단체운임의 적용범위를 논의하였고 실제로 항공여객운임이 인상되었다면 부당한 공동행위를 구성한다.
② 위 ①의 사례에서 공정거래위원회는 국내사업자들에게만 시정명령을 발하고 외국항공사업자들에게는 시정명령을 부과하지 않았다.

③ 부당한 공동행위에 관한 독점규제법의 규정은 행위의 일치를 부당한 공동행위의 성립요건에 포함시키고 있지 않으나 공정거래위원회의 심결례에서는 합의만을 대상으로 시정조치를 취한 예는 드물다.

④ 1개월 이내의 시차를 두고 7개 시멘트제조회사가 13.4% 내지 14.8%의 인상률로 시멘트가격을 인상한 데 대하여 공정거래위원회는 합의를 입증할 수 없었음에도 부당한 공동행위의 성립을 인정하였다.

⑤ 합의추정의 정황증거로 공정거래위원회는 수요가 급감하는 상황하에서 오히려 높은 비율로 가격이 인상된 것은 경제논리의 관점에서 합리성을 인정할 수 없다는 점을 지적한 바 있다.

해설

①②③은 13개 항공사의 부당한 공동행위에 대한 건(1998.5.19, 의결 제98-75호). ④, ⑤는 시멘트제조 7개사의 부당한 공동행위에 대한 건(1998.12.31, 의결 제98-284호) 참고. <답 ②>

22. 다음 중 공정거래위원회가 부당한 공동행위의 추정을 함에 있어서 제시한 정황증거에 해당하지 않는 것은?

① 가격인상의 행위일치가 있기 전에 관련업계에 가격인상의 필요성에 대한 공감대가 형성되어 있었다는 점

② 각 참가회사별로 원가상승요인이 다름에도 불구하고 거의 유사한 비율로 가격이 인상되었다는 점

③ 수요감소로 인한 초과공급상태에서 가격인상을 하게 되면 시장점유율이 하락할 것이 명백함에도 불구하고 선도사업자가 가격을 인상하고 그에 이어 추종사업자들이 가격을 인상한 점

④ 동일한 시기에 행위의 외형적 일치가 있었다는 점

⑤ 건설공사 입찰에 응찰한 사업자들 중 대부분이 발주자의 예정가격을 초과하는 가격을 기입하여 응찰한 점

해설

①②③은 시멘트제조 7개사의 부당한 공동행위에 대한 건(1998.12.31, 의결 제98-284호) 참조. ⑤는 건설공사입찰담합사건 심결례 참조. ④는 '정황'증거로 거론되고 있지 않으며 오히려 '직접'증거에 포함시키는 것이 적당하다. <답 ④>

23. 우리나라의 부당한 공동행위의 인가제도에 대한 평가 중 옳은 것은?

① 독점규제법과 그 시행령에서 정한 인가요건을 충족하는 부당한 공

동행위는 공정거래위원회의 인가를 받지 않았다 하더라도 금지대상에서 제외된다고 보는 것이 통설이다.

② 공정거래위원회는 부당한 공동행위의 인가에 적극적인 태도를 보여왔고, 카르텔의 결성을 준비하는 사업자들도 인가신청을 활발하게 하고 있다.

③ 독점규제법에서 인가사유를 다양하게 설정하고 있는 것을 보면 우리나라의 법은 카르텔 규제에 있어서 합리성의 원칙을 채택한 것으로 보아야 한다.

④ 독점규제법의 법문상 공정거래위원회는 부당한 공동행위라 하더라도 인가요건을 갖춘 경우에는 인가할 수 있도록 되어 있는데 '부당'한 행위를 '인가'하여 허용한다는 점에서 '부당한 공동행위'라는 용어선정에 대한 비판이 가해지고 있다.

⑤ 공식적인 인가신청 외에 공정거래위원회에 카르텔의 위법성 검토를 요청할 수 있는 별도의 절차가 마련되어 있다.

해설

① 공식적인 인가를 받아야 면책된다고 보는 것이 통설이다. ② 인가요건이 엄격할 뿐 아니라 그 해당 여부가 불분명한 경우 공정거래위원회의 담당공무원이 소신을 가지고 인가의견을 위원회에 상정하기가 쉽지 않고, 따라서 업계의 인가신청이 위축될 수밖에 없다. ③ 인가사유 하나하나가 공동행위의 합리성을 인정할 수 있는 근거이기는 하지만 일단 인가를 받지 않고 부당한 공동행위가 행해진 이상 공정거래위원회나 법원이 인가사유의 존재 여부를 검토하여 허용여부를 결정할 재량을 가지지 못한다. 즉 합리성 심사는 있을 수 없다. ⑤ 독점규제법에는 이러한 절차가 규정되어 있지 아니하다. 미국의 법무부는 업계의 독점금지법 위반 여부에 대한 의견조회에 당국의 판단을 회신하여 주는 '비즈니스 리뷰' 절차를 운영하고 있으며, 유럽연합은 거래제한행위의 위법성 부인 절차를 운영하고 있다. 이러한 제도는 카르텔의 수사에 드는 비용과 노력을 상당히 절약시켜 주고 위법행위의 효율적 적발에도 크게 기여한다는 평가를 받고 있다. <답 ④>

24. 독점규제법의 부당한 공동행위의 금지에 관한 다음 설명 중 옳지 않은 것은?

① 부당한 공동행위의 금지는 주로 수평적 거래제한행위를 대상으로 하지만 수직적 거래제한행위도 규제대상에 포함된다는 견해가 있다.

② 경쟁제한의 부당성으로부터 부당한 공동행위의 위법성을 인정할 수

있다.

③ 법규정에 의하여 부당한 공동행위의 합의가 추정되더라도 경쟁제한성까지 추정되는 것은 아니다.

④ 부당한 경쟁의 제한은 부당한 공동행위의 성립을 인정하기 위한 적극적 요건이라기보다는 공동행위의 합의가 있더라도 경쟁을 제한하지 못하면 부당한 공동행위의 성립을 인정할 수 없다는 소극적 의미를 가질 뿐이다.

⑤ 독점규제법에서 '경쟁을 실질적으로 제한하는 행위'를 '특정사업자의 의사에 따라 어느 정도 자유로이 가격 · 수량 · 품질 기타 거래조건 등의 결정에 영향을 미치거나 미칠 우려가 있는 상태를 초래하는 행위'라고 정의한 것은 공동행위의 위법성 판단기준으로서 중요한 의미를 가진다.

해설

⑤ 카르텔의 경우는 참가사업자들이 처음부터 어느 정도 자유로이 가격 등의 결정에 영향을 미칠 수 있는 경우에 결성되는 것이 보통이다. 1999년 개정 독점규제법에서 '일정한 거래분야에서의 경쟁의 실질적 제한'을 '부당한 경쟁제한'으로 개정하였다. <답 ⑤>

25. 다음은 부당한 공동행위에 대한 설명이다. 옳지 않은 것은?

① 사업자간의 공동행위는 일반적으로 카르텔이라고 하기도 하지만 카르텔이라는 용어와 현행 독점규제법상의 부당한 공동행위와는 반드시 일치하는 개념은 아니다.

② 가격담합은 부당한 공동행위의 대표적인 예에 해당하며, 특히 소비자들에게서 경쟁의 이익을 빼앗는다는 점에서 엄중한 제재를 받는 경우가 많다.

③ 부당한 공동행위의 경쟁제한성에 대한 입증은 기업결합의 경우보다 어렵지 않다.

④ 경쟁가격보다 높은 가격을 설정하는 가격담합만이 문제될 뿐이고, 경쟁가격보다 낮은 가격을 설정하는 가격담합은 문제될 것이 없다.

⑤ 경업금지협약도 경우에 따라서는 부당한 공동행위로 볼 수 있다.

해설

③ 부당한 공동행위는 통상 관련시장에서 높은 시장점유율을 점하고 있는 사업자들 사이에 이루어지기 때문에 일단 공동행위가 형성되기만 하면 경쟁제한의

효과가 나타난다. 기업결합보다 경쟁제한성의 입증이 어렵지 않다. ④ 경쟁가격보다 현저히 낮은 가격의 가격담합도 당해 카르텔에 참가하지 아니한 경쟁자의 시장점유율을 감소시키는 피해를 주게 되므로 부당한 공동행위에 해당할 수 있다.

<답 ④>

26. 독점규제법상 공동행위 제한에 대한 설명으로 옳은 것은?

① 독점규제법은 모든 공동행위를 원칙적으로 금지한다.

② 인식 있는 평행행위는 의사연락이 전혀 없더라도 독점규제법상 금지된다.

③ 사업자간의 합의가 당사자 일방만을 구속하는 경우에도 부당한 공동행위가 성립한다.

④ 부당한 공동행위에 대한 합의는 참가사업자간에 있어서는 사법상 무효이지만 참가사업자와 제3자간의 법률관계에는 무효규정이 적용되지 아니한다.

⑤ 일정규모 이상의 사업자의 공동행위만이 규제대상이다.

해설

① 부당하게 경쟁을 제한하는 공동행위만이 금지된다. ② 인식 있는 평행행위 그 자체는 독점규제법의 금지대상이 아니다. 그러나 독점규제법은 합의의 추정조항을 두고 있다. 이에 의하면 둘 이상의 사업자가 부당한 공동행위의 유형 중 어느 하나에 해당하는 행위를 하는 경우로서 해당 거래분야 또는 상품·용역의 특성, 해당 행위의 경제적 이유 및 파급효과, 사업자간 접촉의 횟수·양태 등 제반사정에 비추어 그 행위를 사업자들이 공동으로 한 것으로 볼 수 있는 상당한 개연성이 있는 경우에는 부당한 공동행위의 유형 중 어느 하나에 해당하는 행위를 할 것으로 합의한 것으로 추정된다(법 제19조 제5항). ③ 구속은 상호성이 있어야 하는가에 대해서는 견해의 대립이 있으나 일방만을 구속하더라도 공동행위가 성립한다고 단정하는 것은 옳지 않다. ⑤ 모든 사업자가 규제대상이다.

<답 ④>

27. 다음은 부당한 공동행위에 대한 공정거래위원회의 인가에 대한 설명이다. 옳지 않은 것은?

① 부당한 공동행위에 대한 인가는 산업합리화 등을 위하여 행하여지는 경우로서 대통령령이 정하는 요건에 해당한다고 공정거래위원회가 확인하는 것을 말한다.

② 공정거래위원회의 인가를 받아야 하는 공동행위는 부당하게 경쟁을 제한하는 행위로 규정되어 있으므로 오히려 경쟁을 촉진하는 행위

는 인가를 받지 않더라도 금지되지 아니한다.

③ 공정거래위원회의 인가를 받은 공동행위의 효력에 대해서는 다툼의 여지가 있다.

④ 국내외 경제여건의 변화로 특정 산업의 공급능력이 현저하게 과잉 상태에 있거나, 생산시설 · 생산방법의 낙후로 인하여 생산능률이나 국제경쟁력이 현저하게 저하되어 있는 경우라 하더라도 산업합리화를 위한 공동행위의 인가를 받을 여지는 없다.

⑤ 다른 인가요건을 갖추었더라도 당해 공동행위의 참가사업자간에 공동행위의 내용에 부당한 차별이 있다면 인가해 줄 수 없다.

해설

① 법문언의 표현상 공정거래위원회의 인가는 문제된 행위가 대통령령이 정하는 요건에 해당한다는 사실을 단순히 확인하는 것에 불과한 것이 아니라, 이와는 별도의 독자적 평가와 행정행위가 요구되는 것이다. 이 점은 효율성을 증대하는 기업결합에 대한 공정거래위원회의 인정과 다른 점이다. ② 공동행위의 부당성을 경쟁제한의 효과와 경쟁촉진의 효과를 비교하여 전자가 후자보다 큰 경우로 이해하는 입장이 있다. 이러한 견해에 따르면 ②는 옳다. 그러나 이 견해의 단점은 공동행위 하나하나마다 경쟁제한성을 분석 · 평가하여야 한다는 점에서 법집행에 커다란 부담을 지우게 된다. 이에 반하여 시장지배력을 갖춘 사업자들에 의한 공동행위는 '부당'하다고 보는 입장에서는 그러한 공동행위를 바로 당연위법으로 보고 있다. ③ 부당한 공동행위가 민법 제103조에 의해 당연히 사법상 효력이 없다고 해석한다면 공정거래위원회의 인가를 받은 공동행위의 사법적 효력을 부인할 수 있는 가능성이 있지만, 부당한 공동행위가 독점규제법 제19조 제4항에 의해 비로소 사법상 무효가 된 것이라고 해석한다면 공정거래위원회의 인가를 받은 공동행위의 사법상 효력을 인정할 가능성이 매우 높다. ④는 산업구조의 조정을 위한 인가이며 산업합리화를 위한 인가는 '공동행위에 의한 기술향상 · 품질개선 · 원가절감 및 능률증진 등의 효과가 명백한 경우'에 허용된다(법 제19조 제2항; 시행령 제24조의2). ⑤ 시행령 제24조의2 제3호.

<답 ①>

28. **다음은 부당한 공동행위에 대한 설명이다. 옳지 않은 것은?**

① 공동성이란 의사의 연락과 행위의 일치를 의미하며, 행위의 일치가 있더라도 의사의 연락에 관한 최종적 입증책임은 공정거래위원회가 부담한다.

② 부당한 공동행위와 기업결합에 대한 독점규제법상의 규제가 경합하는 경우가 있을 수 있다.

③ 부당한 공동행위 중 가격협정은 최저가격 설정행위뿐만 아니라 최

고가격 설정행위도 문제된다.

④ 부당한 공동행위의 합의는 당사자간에서만 무효이므로 합의의 내용에 따라 체결된 참가사업자와 제3자간의 계약은 쌍방당사자 누구든지 이행책임을 면할 수 없다.

⑤ 독점규제법상 부당한 공동행위의 성립요건에서 '일정한 거래분야'는 삭제되었으나, 경쟁제한성 여부의 판단을 위하여 '일정한 거래분야'의 획정은 여전히 필요하다.

해설

① 법 제19조 제5항에서 합의를 추정하고 있다. ② 부당한 공동행위는 경쟁을 제한할 가능성이 매우 높은 데 반해, 기업결합은 경쟁을 제한하는 효과와 효율성을 창출하는 효과를 동시에 갖는 경우가 많다. ③ 가격협정은 보통 최저가격을 설정하는 것이 보통이지만, 최고가격을 설정하는 경우에도 가격을 고정시키고 자원배분을 왜곡시키기 때문에 규제를 받고 있다. <답 ①>

29. 국내 가전제품시장에서 시장지배적사업자의 지위에 있는 甲, 乙, 丙은 판매경쟁을 제한할 목적으로 2010년도 판매실적을 토대로 회사별 시장점유율을 확정하고, 향후 이를 유지하기로 합의하였다. 이는 「독점규제 및 공정거래에 관한 법률」 소정의 부당한 공동행위 중 어느 유형에 해당하는가?

① 거래조건협정
② 공급제한협정
③ 설비제한협정
④ 상품의 종류 · 규격 제한협정
⑤ 가격제한협정

해설

시장점유율에 대한 합의는 시장에 공급되는 물량을 제한하는 협정으로 상품의 생산 · 출고 · 수송 또는 거래의 제한이나 용역의 거래를 제한하는 행위인 공급제한협정에 해당한다(법 제19조 제1항 제3호). <답 ②>

30. 「독점규제 및 공정거래에 관한 법률」상 부당한 공동행위의 유형과 사례의 연결이 옳지 않은 것은? (공정거래위원회 심결례에 의함)

① 패스트푸드음식점들이 공동으로 탄산음료 리필서비스를 중단하기로 합의하고 실행한 행위 —— 상품 또는 용역의 거래조건이나 그 대금 또는 대가의 지급조건을 정하는 행위

② 건설회사들이 신축공사 입찰을 앞두고 특정 공법 및 설비를 기본설계도에서 제외하기로 합의하고 설계조정한 행위 —— 생산 또는 용

역의 거래를 위한 설비의 신설 또는 증설이나 장비의 도입을 방해하거나 제한하는 행위

③ 주류업자들이 공동으로 종이박스형 소주의 생산을 중단하기로 합의하고 실행한 행위 —— 상품 또는 용역의 생산·거래시에 그 상품의 종류·규격을 제한하는 행위

④ 신용카드회사들이 할부수수료율을 동일하게 인상하기로 합의하고 실행한 행위 —— 가격을 결정·유지 또는 변경하는 행위

⑤ 제약회사들이 비타민을 판매함에 있어 공동으로 판매량 할당에 합의하고 실행한 행위 —— 상품의 생산·출고·수송 또는 거래의 제한이나 용역의 거래를 제한하는 행위

해설

② 공정거래위원회는 이의신청인들의 위 행위에 대해 독점규제 및 공정거래에 관한 법률 제19조 제1항 제6호의 '상품의 종류 또는 규격을 제한'하는 공동행위에 해당된다고 인정하여 시정명령 및 과징금 납부명령을 의결하였다. '이의신청인들의 담당자들이 사전에 특정 공법 및 설비들을 기본설계에서 제외하거나 포함하기로 합의한 행위는 이의신청인들 각자가 자유로이 선택·작성하여야 할 설계의 종류 또는 규격을 제한하는 것으로서, 동 입찰에 참가한 사업자가 이의신청인들뿐이어서 자기들만의 의사에 따라 기본설계의 품질이 사실상 입찰안내서의 설계지침에서 제시된 최소한의 기준으로 제한되어 입찰참가자의 통상적인 설계경쟁으로 인해 확보할 수 있는 기본설계의 품질을 떨어뜨림으로써 발주자의 이익을 침해한다는 점 등을 고려할 때, 동 입찰에서의 설계품질 경쟁을 실질적으로 제한하는 행위로 인정된다'(사천시청 신축공사 입찰참가 2개사의 이의신청에 대한 건. 2004.9.30, 의결 제2004-019호). ④는 이자율에 대한 합의라고 보아 거래조건의 협정이 아니고 가격담합으로 본 것이다. <답 ②>

31. 학교급식용 유제품의 입찰에 참가한 X회사와 Y회사는 같이, 입찰에 참가한 A회사가 냉장시설이 부실한 회사라는 취지의 문서를 ○○시 교육위원회에 보내어 A회사가 입찰 부적격 판정을 받게 하였다. 이들의 행위는 독점규제법상 위법행위에 해당하는가에 대한 다음 설명 중 옳은 것은?

〈2008 사시〉

① A회사의 냉장시설이 당국의 기준에 미달한 것이 사실이라도 X회사와 Y회사의 행위는 사업활동방해의 불공정거래행위에 해당한다.

② X회사와 Y회사의 행위는 배타조건부거래행위에 해당한다.

③ X회사와 Y회사의 행위는 부당한 공동행위를 구성할 수 있다.

④ X회사와 Y회사의 행위는 부당한 표시·광고행위에 해당할 수 있다.

⑤ X회사와 Y회사의 시장점유율의 합계가 80퍼센트 정도라면 이들의 행위는 거래상 지위남용행위에 해당할 수 있다.

해설

③ 법 제19조 제1항 제9호의 공동의 사업활동방해에 해당할 수 있다. ① 냉장시설의 기준미달사실의 신고는 공익상 허용되므로 '부당한' 사업활동방해가 될 수 없다. ②④⑤는 모두 설문의 행위와 관계없는 위법행위 유형이고, ④는 별도의 표시 · 광고의 공정화에 관한 법률에 따라 규율된다. <답 ③>

32. **「독점규제 및 공정거래에 관한 법률」에 열거된 부당한 공동행위의 유형이 아닌 것은?** 〈2008 사시〉

① 가격의 결정 · 유지 또는 변경
② 거래상대방의 제한
③ 임원지위의 겸임
④ 상품의 출고 제한
⑤ 입찰에 있어 낙찰자의 결정

해설

①②④⑤ 법 제19조. ③ 임원지위의 겸임은 기업결합의 유형이다. <답 ③>

33. **「독점규제 및 공정거래에 관한 법률」상 신고자 등의 감면제도에 관한 설명 중 옳지 않은 것은?** 〈2009 사시〉

① 부당한 공동행위의 사실을 신고하거나 조사에 협조한 자에 대하여 적용되는 제도이다.
② 신고자인지 조사협조자인지의 여부는 공정거래위원회가 조사를 시작하기 전인지 후인지에 따라 구분된다.
③ 신고자 등 감면제도의 적용요건으로서 부당한 공동행위임을 입증하는 데 필요한 증거의 제공은 단독으로 이루어져야 한다.
④ 최초로 신고한 자 또는 조사에 협조한 자에 대하여는 시정조치, 과징금뿐만 아니라 검찰에 대한 고발도 면제할 수 있는 법적 근거가 있다.
⑤ 신고자 등 감면제도의 적용대상은 첫 번째와 두 번째의 신고자 또는 조사협조자에 한한다.

해설

① 법 제22조의2. ②③⑤ 시행령 제35조. 다만 2009년 개정된 시행령에서는 일정한 경우 공동신고를 허용하고 있다. ④ 법령에는 고발 면제에 관한 규정이 없다. 그러나 공정위 지침에는 고발까지 면제한다는 규정이 있다. <답 ④>

34. **「독점규제 및 공정거래에 관한 법률」상 부당한 공동행위의 금지에 관한 설명 중 옳지 않은 것은?** 〈2010 사시〉

① 사업자가 다른 사업자로 하여금 가격의 결정 등 부당한 공동행위를 하도록 하는 것도 금지된다.

② 생산을 위한 설비의 신설 등을 방해하거나 제한하는 행위는 위 법에 규정된 부당한 공동행위의 한 유형에 해당된다.

③ 위 법에 규정된 구체적인 행위유형이 아니더라도, 다른 사업자의 사업활동을 방해하거나 제한함으로써 경쟁을 실질적으로 제한하는 행위도 금지된다.

④ 외형상 부당한 공동행위에 해당한다 하더라도 연구 · 기술개발, 불황의 극복 등 일정한 목적을 위하여 행하여지는 경우로서 공정거래위원회의 인가를 받은 경우 그 행위는 허용된다.

⑤ 가격의 결정 등 부당한 공동행위를 할 것을 약정하는 계약의 사법적 효력은 그 당사자 사이에 있어서는 유효하다.

해설

① 법 제19조. ② 법 제19조 제1항 제5호. ③ 법 제19조 제1항 제9호. ④ 법 제19조 제2항. ⑤ 부당한 공동행위를 할 것을 약정하는 계약 등은 사업자간에 있어서는 이를 무효로 한다(법 제19조 제4항). <답 ⑤>

35. **「독점규제 및 공정거래에 관한 법률」상 부당한 공동행위와 관련한 합의추정 조항에 관한 설명 중 옳지 않은 것은?** 〈2010 사시〉

① 부당한 공동행위에 대한 규제의 실효성을 확보하기 위한 규정이다.

② 위 법에 의한 합의추정 요건으로는 행위의 외형상 일치 이외에도 사업자들이 그 행위를 공동으로 한 것으로 볼 수 있는 상당한 개연성이 요구된다.

③ 위 법에 의한 추정의 대상은 공동행위의 합의일 뿐 그 부당성까지 포함되는 것은 아니다.

④ 공동행위를 할 것을 합의한 것으로 추정되는 사업자는 합의가 없었다는 사실 등에 관한 정황을 입증하여 그 추정을 번복할 수 있다는 것이 대법원 판례이다.

⑤ 사업자의 독자적인 경영판단에 따라 이루어졌음에도 행위가 우연히 일치되었다는 사실을 입증하여도 합의추정은 번복되지 않는다는 것이 대법원 판례이다.

해설

① 법 제19조 제5항의 취지는, 공정거래위원회가 법 제19조 제1항에서 정하고 있는 부당한 공동행위의 성립을 입증하기 위해서는 무엇보다도 당해 행위가 사업자들의 명시적·묵시적 합의하에 이루어진 것이라는 점을 입증하여야 하는데, 은밀하게 행하여지는 부당한 공동행위의 속성상 그러한 합의를 입증한다는 것이 그리 쉬운 일이 아니므로, 공정거래위원회로 하여금 '사업자들의 합의'를 입증하는 것에 갈음하여 '2 이상의 사업자가 법 제19조 제1항 각 호의 1에 해당하는 행위를 하고 있다'는 사실과 그것이 '일정한 거래분야에서 경쟁을 실질적으로 제한하는 행위'라는 사실의 두 가지 간접사실만을 입증하도록 함으로써, 부당한 공동행위에 대한 규제의 실효성을 확보하고자 함에 있다고 할 것이다(대판 2002. 3. 15, 99두6514,6521). ⑤ 법 제19조 제5항에 따라 부당한 공동행위의 합의추정을 받는 사업자들로서는 외부적으로 드러난 동일 또는 유사한 행위가 실제로는 아무런 합의 없이 각자의 경영판단에 따라 독자적으로 이루어졌음에도 마침 우연한 일치를 보게 되는 등 부당한 공동행위의 합의가 없었다는 사실을 입증하거나, 또는 외부적으로 드러난 동일 또는 유사한 행위가 합의에 따른 공동행위가 아니라는 점을 수긍할 수 있는 정황을 입증하여 그 추정을 복멸시킬 수 있다(대판 2003.12.12, 2001두5552). <답 ⑤>

36. **「독점규제 및 공정거래에 관한 법률」상 부당한 공동행위의 자진신고제도에 관한 설명으로 옳지 않은 것은?** 〈2011 사시〉

① 부당한 공동행위의 사실을 자진신고하거나 증거제공 등의 방법으로 조사에 협조한 자에 대해서는 시정조치 또는 과징금을 감경 또는 면제할 수 있다.

② 자진신고자가 부당한 공동행위를 자진신고한 이후 그 부당한 공동행위를 중단하지 않은 경우에도 시정조치 또는 과징금을 감경 또는 면제받을 수 있다.

③ 부당한 공동행위의 자진신고자에 대한 감면규정은 다른 사업자에게 그 의사에 반하여 해당 부당한 공동행위에 참여하도록 강요한 사실이 있는 사업자에게 적용되지 아니한다.

④ 공정거래위원회 및 그 소속공무원은 해당 사건과 관련된 소송의 제기·수행에 필요한 경우 자진신고자의 신원, 제보내용 등 제보와 관련된 사항을 타인에게 제공할 수 있다.

⑤ 공동행위에 참여한 2 이상의 사업자가 공동으로 증거를 제공하는 경우에도 이들이 실질적 지배관계에 있는 계열회사이면 단독으로 제공한 것으로 본다.

✍ **해설**

② 부당한 공동행위를 자진신고한 이후 그 부당한 공동행위를 중단하여야만 시정조치 또는 과징금을 감면받을 수 있다(법 제22조의2 제3항; 시행령 제35조 제1항 제1호 라 등). ① 2013년 7월 개정시 고발도 면제할 수 있도록 추가되었다(법 제22조의2 제1항). ③ 시행령 제35조 제1항 제5호. ④ 법 제22조의2 제2항. ⑤ 시행령 제35조 제1항 제1호 가목 · 제35조 제1항 제2호 나목. <답 ②>

37. **「독점규제 및 공정거래에 관한 법률」상 공정거래위원회의 인가를 받은 경우 예외적으로 허용되는 행위는?** 〈2012 사시〉

① 상호출자행위
② 재판매가격유지행위
③ 불공정거래행위
④ 부당한 공동행위
⑤ 시장지배적지위의 남용행위

✍ **해설**

④ 부당한 공동행위가 산업합리화, 연구 · 기술개발, 불황의 극복 등의 목적을 위하여 행하여지는 경우로서, 일정 요건에 해당하고 공정거래위원회의 인가를 받은 경우에는 예외적으로 허용된다(법 제19조 제2항). <답 ④>

38. **「독점규제 및 공정거래에 관한 법률」상 부당한 공동행위의 성립요건 중 사업자들간의 합의에 관한 설명으로 옳지 않은 것은?** 〈2013 사시〉

① 공동행위의 참가자들 중 일부가 당초에 합의에 따를 의사 없이 진의 아닌 의사표시에 의하여 합의하고 그 실행에는 불참한 경우에는 공동행위가 성립하지 않는다.
② 수요자들의 합의에 의해서도 공동행위가 성립할 수 있다.
③ 사업자들간에 경쟁제한의 합의가 존재하는 한 그 실행행위가 이루어지지 않은 경우에도 공동행위가 성립한다.
④ 합의에는 명시적 합의뿐만 아니라 묵시적 합의도 포함된다.
⑤ 합의는 관련시장이나 특정 입찰에 참여하는 사업자들 중 일부 사이에서만 이루어진 경우에도 성립할 수 있다.

✍ **해설**

① 비진의표시에 의한 합의도 합의로 보는 것이 판례의 태도이다. "어느 한쪽의 사업자가 당초부터 합의에 따를 의사도 없이 진의 아닌 의사표시에 의하여 합의한 경우라고 하더라도 다른 쪽 사업자는 당해 사업자가 합의에 따를 것으로 신뢰하고 당해 사업자는 다른 사업자가 합의를 위와 같이 신뢰하고 행동할 것이라는 점을 이용함으로써 경쟁을 제한하는 행위가 되는 것은 마찬가지이므로 독점규제및공정거래에관한법률 제19조 제1항 소정의 부당한 공동행위의 성립에

방해가 되지 않는다"(대판 1999.2.23, 98두15849). ②③④⑤는 반대이론이 없는 설명이다. <답 ①>

39. **「독점규제 및 공정거래에 관한 법률」상 부당한 공동행위의 제한에 관한 설명으로 옳지 않은 것은?** (다툼이 있는 경우에는 대법원 판례에 의함) 〈2013 사시〉

① 입찰에 있어 낙찰가격을 결정하는 행위는 이 법에 규정된 부당한 공동행위의 유형 중 하나이다.

② '다른 사업자로 하여금 부당한 공동행위를 행하도록 하는 행위'에는 단순히 방조하는 행위도 포함된다.

③ 부당한 공동행위일지라도 중소기업의 경쟁력 향상을 목적으로 행하여지는 경우로서 일정한 요건을 충족하고 공정거래위원회의 인가를 받은 때에는 예외적으로 허용된다.

④ 부당한 공동행위의 사실을 자진신고한 자에 대하여는 과징금을 감면할 수 있다.

⑤ 부당한 공동행위를 할 것을 약정하는 계약은 사업자간에 있어서는 무효이다.

해설

② "제19조 제1항 후단의 '다른 사업자로 하여금 부당한 공동행위를 행하도록 하는 행위'는 다른 사업자로 하여금 부당한 공동행위를 하도록 교사하는 행위 또는 이에 준하는 행위를 의미하고, 다른 사업자의 부당한 공동행위를 단순히 방조하는 행위는 여기에 포함되지 않는다고 할 것이다"(대판 2009.5.14, 2009두1556). ① 독점규제법 제19조 제1항 제8호. ③ 독점규제법 제19조 제2항 제6호. ④ 독점규제법 제22조의2 제1항 제1호. ⑤ 독점규제법 제19조 제4항. <답 ②>

제 7 절 불공정거래행위의 금지

01. **독점규제법상 부당지원행위에 대한 다음 설명 중 옳지 않은 것은?**

① 부당지원행위가 성립하려면 사업자가 부당하게 특수 관계인 또는 다른 회사에 대하여 가지급금 · 대여금 · 인력 · 부동산 · 유가증권 · 상품 · 용역 · 무체재산권 등을 제공하거나 현저히 유리한 조건으로 거래하여 특수 관계인 또는 다른 회사를 지원하여야 한다.

② 다른 사업자와 상품 · 용역을 직접 거래하면 상당히 유리함에도 불

구하고 거래상 실질적인 역할이 없는 특수 관계인이나 다른 회사를 매개로 거래하는 경우 부당지원행위가 성립한다.

③ 특수관계인 또는 회사는 다른 사업자로부터 부당지원행위에 해당할 우려가 있음에도 불구하고 해당 지원을 받을 경우 과징금을 부과받을 수 있다.

④ 부당지원행위에 관한 규정을 위반하는 행위가 있을 경우 공정거래위원회는 해당 사업자에 대하여 해당 불공정거래행위 또는 특수 관계인에 대한 부당한 이익제공행위의 중지 및 재발방지를 위한 조치를 명할 수 있다.

⑤ 부당지원행위에 관한 규정을 위반하는 사업자에 대해서는 3년 이하의 징역 또는 2억원 이하의 벌금에 처한다.

해설

① 법개정으로 현저히 유리한 정도에 미치지 아니하더라도 '상당히' 유리한 경우에 해당한다면 부당지원행위가 성립한다(법 제23조 제1항 제7호 가목). ② 법 제23조 제1항 제7호 나목. ③ 부당지원을 통해 실제 이득을 본 객체에게도 과징금을 부과할 수 있게 되었다(법 제23조 제2항, 제24조의2 제2항). ④ 법 제24조. ⑤ 과거 2년 이하의 징역 또는 1억 5천만원 이하의 벌금이었으나 법 개정으로 가중되었다(법 제66조 제1항 제9의2호).

다만, 본 문제는 2013.8.13. 독점규제법 개정내용이 반영된 것으로 동법의 시행일은 2014.2.14.이다. <답 ①>

02. 독점규제법상 특수 관계인에 부당한 이익제공에 대한 다음 설명 중 옳지 않은 것은?

① 일정규모 이상의 기업집단에 속하는 회사는 특수 관계인과와의 거래시 정상적인 거래에서 적용되는 조건보다 상당히 유리한 조건으로 거래하여서는 아니 된다.

② 일정규모 이상의 기업집단에 속하는 회사가 특수 관계인에게 그 회사에 상당한 이익이 될 사업기회를 제공하더라도 그 회사가 지배하는 회사를 통하여 제공하면 부당한 이익제공에 해당하지 아니한다.

③ 기업의 효율성 증대, 보안성, 긴급성 등 거래의 목적을 달성하기 위하여 불가피한 경우에는 일정규모 이상의 기업집단에 속하는 회사라 하더라도 사업능력, 재무상태, 신용도 등에 대한 합리적인 고려 없이도 특수 관계인과 상당한 규모로 거래할 수 있다.

④ 일정규모 이상의 기업집단에 속하는 회사가 특수 관계인에게 부당

한 이익제공을 한 경우, 해당 회사뿐만 아니라 회사로부터 부당한 이익을 제공받은 특수 관계인에게도 과징금을 부과할 수 있다.

⑤ 특수 관계인은 누구에게든지 부당한 이익제공행위를 하도록 지시하거나 해당 행위에 관여하여서는 아니 된다.

해설

② 법 제23조의2 제1항 제2호. ① 법 제23조의2 제1항 제1호. ③ 법 제23조의2 제1항 제4호 · 제2항. ④ 법 제23조의2 제3항, 제24조의2 제2항. ⑤ 법 제23조의2 제4항.

다만, 본 문제는 2013.8.13. 독점규제법 개정내용이 반영된 것으로 동법의 시행일은 2014.2.14.이다. <답 ②>

03. **다음 중 불공정거래행위에 대한 대법원 판결의 설시로서 옳은 것을 모두 고른 것은?**

ㄱ. 불법행위로 인한 손해배상채무가 이행되는 과정에서도 채무자에 의한 불공정거래행위가 발생할 수 있다.
ㄴ. 불공정거래행위에서의 '거래'란 통상의 매매와 같은 개별적인 계약 자체를 가리키는 것이 아니라 그보다 넓은 의미로서 사업활동을 위한 수단 일반 또는 거래질서를 뜻하는 것으로 보아야 한다.
ㄷ. 피해차주의 보험회사에 대한 직접청구권은 피보험자의 불법행위에 의하여 발생하므로 불공정거래행위에서의 '거래관계'에 해당되지 않는다.
ㄹ. 금융기관과 개인 사이에 이루어지는 대출거래의 경우, 금융기관이 반드시 고객들에 비하여 우월한 지위에 있다고 단정하기는 어렵다.
ㅁ. 금융기관이 고객에게 변동금리부 주택담보 대출상품을 판매한 후 대부분의 시장금리가 약 30% 하락하였음에도 대출금리를 인하하지 않은 것은, 공정한 거래를 저해할 우려가 있는 부당한 불이익 제공행위에 해당된다.

① ㄱ, ㄴ, ㄷ, ㄹ, ㅁ　　② ㄱ, ㄴ, ㄷ
③ ㄱ, ㄴ, ㅁ　　④ ㄴ, ㄷ, ㄹ
⑤ ㄱ, ㄴ, ㄹ

해설

ㄱ, ㄴ, ㄷ. 대판 2010.1.14, 2008두14739 참조. ㄹ, ㅁ. 대판 2009.10.29,

2007두20812. <답 ③>

04. 다음 중 불공정거래행위에 대한 대법원 판결의 설시로서 옳지 않은 것은?

① 계약의 해석에 관하여 다툼이 있는 민사 사안이라는 이유만으로 독점규제 및 공정거래에 관한 법률의 적용이 배제되어야 한다고 볼 수 없다.

② 사업자가 거래상 지위의 남용행위를 함으로써 거래상대방에게 손해를 입힌 때에는 독점규제법상의 시정조치 또는 과징금의 부과 대상이 되는 것과는 별개로 민사상 불법행위를 구성한다.

③ 시장지배적지위 남용행위로서의 배타조건부 거래행위는 통상 그러한 행위 자체에 경쟁을 제한하려는 목적이 포함되어 있다고 볼 수 있는 경우가 많다.

④ 배타조건부 거래행위가 시장지배적사업자의 지위 남용행위에 해당하려면 그 배타조건부 거래행위의 '부당성'을 판단함에 있어 시장에서의 독점을 유지·강화할 목적을 가지면 족하고, 객관적으로도 그러한 경쟁제한의 효과가 생길 만한 우려가 있는 행위로 평가될 수 있는 행위를 하여야 하는 것은 아니다.

⑤ 불공정거래행위 중 '불이익제공'에 해당하기 위하여는 그 행위의 내용이 상대방에게 다소 불이익하다는 점만으로는 부족하고, 구입강제, 이익제공강요, 판매목표강제 등과 동일시할 수 있을 정도로 일방 당사자가 자기의 거래상의 지위를 부당하게 이용하여 불이익을 주어 공정거래를 저해할 우려가 있어야 한다.

해설

① 대판 2009.10.29, 2007두20812. ② 대판 2009.7.23, 2008다40526. ③④ 대판 2009.7.9, 2007두22078. ⑤ 대판 2009.6.25, 2007다12944. <답 ④>

05. 독점규제법의 불공정거래행위에 관한 다음 설명 중 옳지 않은 것은?

① 부당염매는 경쟁사업자 배제행위에 속한다.

② 독점규제법 제23조 제1항 제8호에서는 '제1호 내지 제7호 이외의 행위로서 공정한 거래를 저해할 우려가 있는 행위'라는 포괄적 행위유형을 금지하고 있으므로 같은 법 시행령에 제8호와 관련된 불공정거래행위의 유형 또는 기준이 정해져 있지 않더라도 문제된 행위를

위 제8호로 의율하여 제재를 가할 수 있다.

③ 판매목표강제에서 '목표를 제시하고 이를 달성하도록 강제하는 행위'에는 상대방이 목표를 달성하지 않을 수 없는 객관적인 상황을 만들어 내는 것을 포함하고, 사업자가 일방적으로 상대방에게 목표를 제시하고 이를 달성하도록 강제하는 경우뿐만 아니라 사업자와 상대방의 의사가 합치된 계약 형식으로 목표가 설정되는 경우도 포함한다.

④ 기타의 거래거절은 그 거래거절이 특정사업자의 거래기회를 배제하여 그 사업활동을 곤란하게 할 우려가 있거나 오로지 특정사업자의 사업활동을 곤란하게 할 의도를 가진 유력 사업자에 의하여 그 지위 남용행위 등으로써 행하여져야 한다.

⑤ 독점규제법의 불공정거래행위 유형 중에는 '자유롭고 공정한 경쟁'과 직접 관련이 없는 행위유형도 포함되어 있다.

해설

② 판례는 수범자에게 예측가능성을 제공할 수 있도록 시행령에 유형과 기준이 정해져 있는 범위 내에서 포괄적 규정인 제8호를 원용할 수 있다고 하였다(대판 2008.2.14, 2005두1879). ③ 대판 2011.5.13, 2009두24108. ④ 기타의 거래거절'이란 개별 사업자가 그 거래 상대방에 대하여 하는 이른바 개별적 거래거절을 가리키는 것이나, 이러한 개별적 거래거절행위는 그 거래 상대방이 종래 계속적 거래관계에 있는 경우에도 자유시장경제체제하에서 일반적으로 인정되는 거래처 선택의 자유라는 원칙에서 볼 때, 또 다른 거래거절의 유형인 '공동의 거래거절'과는 달리 거래거절이라는 행위 자체로 바로 불공정거래행위에 해당하는 것은 아니고, 그 거래거절이 특정사업자의 거래기회를 배제하여 그 사업활동을 곤란하게 할 우려가 있거나 오로지 특정사업자의 사업활동을 곤란하게 할 의도를 가진 유력사업자에 의하여 그 지위 남용행위로써 행하여지거나 또는 독점규제 및 공정거래에 관한 법률이 금지하고 있는 거래강제 등의 목적 달성을 위하여 그 실효성을 확보하기 위한 수단으로 부당하게 행하여진 경우라야 공정한 거래를 저해할 우려가 있는 거래거절행위로서 같은 법이 금지하는 불공정거래행위에 해당한다고 할 수 있으며, 이러한 거래거절행위의 부당성 유무를 판단할 때에는 당사자의 거래상 지위 내지 법률관계, 상대방의 선택 가능성 · 사업규모 등의 시장상황, 그 행위의 목적 · 효과, 관련법규의 특성 및 내용 등 여러 사정을 고려하여 그 행위가 공정하고 자유로운 경쟁을 저해할 우려가 있는지 여부에 따라야 한다(대판 2010.8.26, 2010다28185). <답 ②>

06. 부당지원행위에 관한 다음 설명 중 옳지 않은 것은?

① 부당지원행위는 특수관계인 또는 계열회사가 아닌 자에 대한 지원의

경우에도 성립할 수 있다.

② 공정거래위원회의 금융거래정보제출요구권은 부당지원행위와 관련지워서만 행사할 수 있다.

③ 부당지원행위의 금지는 주로 계열회사에 대한 직접지원을 규제하기 위한 규정인 반면 계열회사를 위한 차별취급금지는 계열회사에 대한 간접지원을 규제하기 위한 규정이다.

④ 지원행위가 부당성을 갖는지를 판단함에 있어서는 지원주체와 지원객체의 관계, 지원행위의 목적과 의도, 지원성 거래규모, 지원기간 등을 종합적으로 고려하여 당해 지원행위로 인하여 지원객체가 속한 관련시장에서 경쟁이 저해되거나 경제력 집중이 야기되는 등으로 공정한 거래가 저해될 우려가 있는지의 여부에 따라 판단하여야 한다.

⑤ 부당지원행위의 다른 성립요건이 갖추어진 이상 지원객체가 지원 당시 일정한 거래분야의 시장에 직접 참여하고 있을 필요는 없다.

해설

② 상호출자금지규정 위반의 혐의가 있는 자를 조사하기 위하여도 행사할 수 있다(법 제50조 제5항). ① 지원객체는 '다른 회사'로 되어 있어서 계열회사에 한정되지 아니한다. ④ 현대중공업사건(대판 2006.4.14, 2004두3298). ⑤ (주)대우건설사건(대판 2005.5.27, 2004두6099). <답 ②>

07. 다음 불공정거래행위에 관한 설명 중 옳지 않은 것은?

① 끼워팔기의 상대방은 직접거래의 상대방이 되는 자로서 다른 경쟁자의 고객일 수도 있었던 사업자를 가리키며 소비자는 상대방에 포함될 수 없다.

② 판매목표강제행위에 해당하는지를 판단할 때 '거래상 지위'는 일방이 상대적으로 우월한 지위 또는 적어도 상대방과의 거래활동에 상당한 영향을 미칠 수 있는 지위를 갖고 있으면 인정할 수 있다.

③ 위계에 의한 고객유인이 불공정거래행위를 구성하기 위하여는 행위자의 위계로 인하여 평균인인 고객이 오인을 하고 합리적 구매 결정에 방해를 받을 우려가 있으면 충분하고 현실적으로 오인을 일으켜 거래했는가는 묻지 아니한다.

④ 거래상대방에 따른 가격차별의 경우에 거래상대방은 사업자에 한정되지 않고 일정한 소비자 그룹도 이에 포함되지만 거래조건차별의 경우에 상대방은 사업자에 한정된다.

⑤ 부당염매의 불공정거래행위 해당여부를 판단함에 있어서 현저히 낮은 대가의 경우는 피심인이 정당한 이유 있음을 입증하여야 하고 그냥 낮은 대가의 경우는 공정거래위원회가 부당성 즉 공정한 거래를 저해할 우려가 있음을 입증하여야 한다.

해설

① 「불공정거래행위 심사지침(2012.4.25. 공정거래위원회 예규 제134호)」에서 정하는 끼워팔기의 상대방은 사업자에 한정되지 아니한다. ② 대판 2011.5.13, 2009두24108. <답 ①>

08. **불공정거래행위의 행위유형 중 차별적 취급에 대한 다음 설명 중 옳지 않은 것은?**

① 금융회사가 자기의 계열회사에 원재료를 납품하는 회사에게 정상금리 보다 낮은 금리로 자금을 공급하는 행위는 계열회사를 위한 차별취급에 해당한다.

② 현저한 가격차별이 있으면 위법성이 사실상 추정된다.

③ 거래관계의 존속기간, 거래량의 다과, 거래상대방의 업계에서의 신용도에 따라 거래조건에 차별을 두는 것은 부당하지 않다.

④ 사소한 차별만으로는 상대방 사업자들간에 공정한 경쟁질서를 깨뜨릴 우려가 없으므로 불공정거래행위를 구성하지 못한다.

⑤ 상대방에 따른 현금판매와 외상판매는 가격차별에 해당하지 아니하고 거래조건 차별에 해당한다.

해설

① 결과적으로 계열회사를 유리하게 하기 위한 것이라면 계열회사를 위한 차별취급에 해당할 수 있다. ①의 사안은 동시에 부당지원행위에 해당할 수도 있다. ② 차별적 취급의 행위유형 중 계열회사를 위한 차별만이 위법성이 추정될 뿐, 가격차별과 거래조건차별은 원칙적 위법이 아니다(「불공정거래행위 심사지침」). <답 ①>

09. **끼워팔기에 관한 다음 설명 중 옳지 않은 것은?**

① 끼워팔기의 부당성은 피연결상품시장에서의 경쟁을 저해하는 점에서 찾을 수 있다.

② 끼워팔기는 거래상대방의 선택의 자유를 제한하는 점에서도 공정한 거래를 저해할 우려를 인정할 수 있다.

③ 연결상품시장에서 상당한 정도의 지배력을 갖고 있지 않은 경우에도 끼워팔기는 위법행위에 해당할 수 있다.
④ 외견상 두 가지 상품을 연계하여 판매하는 것처럼 보이는 경우에도 이들 상품이 기능적으로 분리될 수 없는 경우에는 끼워팔기에 해당하지 않는다.
⑤ 연결상품이나 피연결상품을 별개로 판매하면서 동시에 이들을 세트로도 판매하는 경우에는 끼워팔기라고 보기 어렵다.

해설

③ 연결상품과 관련한 영향력(시장지배력)이 없다면 끼워팔기가 위법한 것으로 인정되지 않는다. ⑤ 패스트푸드점에서 판매하는 세트밀이 좋은 예이다.

<답 ③>

10. 대규모소매업자의 특수불공정행위의 금지행위 유형에 관한 설명으로 옳지 않은 것은?

① 납품업자 또는 점포임차인에게 현저히 낮은 가격으로 납품을 강요하거나 경품부판매 · 할인특매 등에 참여를 강요하는 행위, 상품이나 상품권 등의 구입을 강요하는 행위를 하여서는 아니 된다.
② 계약체결 뒤 납품업자에게 귀책사유 없이 상품의 전부 또는 일부의 수령을 지연하거나 거부하는 행위를 하여서는 아니 된다.
③ 특수한 판매기법을 지닌 종업원의 판매로 납품업자에게 직접 이익이 되는 어떤 경우라도 대규모소매업자는 종업원 파견을 요청하거나 종업원의 인건비를 납품업자에게 부담시켜서는 아니 된다.
④ 거래조건에 관한 서면계약서를 정당한 이유없이 거래조건이 확정되는 시점에 교부하지 아니하는 행위는 금지된다.
⑤ 납품업자로부터 상품을 수탁하여 환매하거나 점포임차인의 상품판매대금을 수령하여 관리하는 경우 정당한 이유없이 상품판매대금을 지연하여 지급하여서는 아니 된다.

해설

③ 대규모소매업자는 납품업자 등으로부터 종업원 등을 파견받아 자기 등의 업무에 종사시키거나 또는 자기가 직접 고용하는 종업원 등의 인건비를 납품업자에게 부담시키는 행위를 하여서는 아니 된다. 다만, 다음 각 호의 어느 하나에 해당하는 경우로서 파견종업원 등의 업무내용, 노동시간, 파견기간 등의 파견조건에 관하여 사전에 서면으로 명확히 약정하고 당해 상품의 판매업무(파견종업원 등이 대규모소매업자의 점포에 상주하고 있는 경우에는 당해 상품의 재고정

리 업무를 포함한다)에만 종사시키는 경우에는 그러하지 아니하며, 이 경우 대규모소매업자는 납품업자 등에게 서면약정 체결을 강요하여서는 아니 된다.
1. 특수한 판매기법 또는 능력을 지닌 종업원을 파견하는 경우
2. 대규모소매업자가 납품업자 등에게 종업원 등의 파견을 요청하면서 인건비 등 통상적으로 필요한 비용을 부담하는 경우
3. 납품업자 등이 자기의 신상품 홍보, 매출증대 등을 위해 자기에게 직접적으로 이익이 된다고 판단하여 종업원 등을 자발적으로 파견하는 경우. 이 경우 납품업자 등은 서면약정 체결시에 종업원 파견에 따른 자기의 예상이익과 비용의 구체적인 내역 및 산출근거를 서면으로 제출하여야 한다.
4. 납품업자 등이 상시적으로 운영하는 매장에서 상품을 판매하는 경우로서 당해 상품의 특성상 전문지식이 중요하다고 인정되는 경우. 다만, 특정매입거래에 한한다. (「대규모 소매업에 있어서의 특정불공정거래행위의 유형 및 기준(2009.08.21. 공정거래위원회고시 제2009-43호)」 제8조 제4항). <답 ③>

11. **불공정거래행위에 관한 다음 설명 중 옳지 않은 것은?**

① 불공정거래행위금지 위반에 대해서 계약조항의 삭제조치를 명할 수 있다.

② 독점규제법 제23조 제1항 본문의 '공정한 거래를 저해할 우려'와 동조 동항 각호의 '부당하게'는 그 의미가 같은 것으로 보는 것이 공정거래위원회의 입장이다.

③ 공정거래저해성을 인정하기 위하여는 경쟁제한성과 불공정성 두 가지 요건을 모두 갖추어야 한다.

④ 불공정거래행위의 행위유형별로 그 구성요건을 정함에 있어, '부당하게'를 요건으로 하는 행위유형에 대하여는 공정거래위원회가 위법성을 입증책임을 부담한다.

⑤ 안전지대는 주로 경쟁제한성 위주로 심사받게 될 불공정거래행위 유형에 대하여 적용된다.

해설

③ 위의 두 가지 요건 중 하나만 갖추면 공정거래저해성이 인정된다. ①②④⑤는 모두 공정거래위원회의 「불공정거래행위 심사지침(2012.4.25. 공정거래위원회 예규 제134호)」의 내용이다. ⑤ 안전지대(Safety Zone)란 사업자의 시장점유율 등에 비추어 통상적으로 공정거래저해성이 미미할 것으로 인정되는 경우 불공정거래행위의 외형에 해당되는 행위가 있다고 하더라도 공정거래저해성이 없는 것으로 보아 공정거래위원회가 원칙적으로 심사절차를 개시하지 않는 '심사면제 대상'을 의미한다. 안전지대에 해당되는 사업자의 행위라도 공정거래위원회가 심사를 개시할 수 있으며 안전지대에 해당되지 않는 사업자의 행위라고

하여 자동적으로 위법성이 추정되는 것은 아니다. <답 ③>

12. **부당지원행위에 관한 다음 설명 중 대법원 판결의 판시내용과 일치하지 않는 것은?**

① 모회사와 완전자회사(모회사가 발행주식의 100퍼센트를 소유하고 있는 자회사)는 경제적으로 동일체에 해당하므로 이들 회사간에는 부당지원행위가 성립할 수 없다.

② 지원주체와 지원객체 사이에 제3자를 매개로 하여 상품거래행위가 이루어지고 그로 인하여 지원객체에 실질적으로 경제상 이익이 귀속되는 경우에는 자금지원행위에 해당한다.

③ 상품용역거래도 부당지원행위의 규제대상이 된다.

④ 단순한 사업경영상의 필요 또는 거래상의 합리성 내지 필요성만으로는 부당지원행위의 성립요건인 부당성 및 공정거래저해성이 부정되지 않는다.

⑤ 문제의 지원행위가 공정한 거래를 저해할 우려가 있는 행위라는 점은 공정거래위원회가 입증하여야 한다.

해설

① 대법원은 모회사와 완전자회사 사이의 지원행위도 법 제23조 제1항 제7호의 규제대상으로 보았다(대판 2006.12.22, 2004두1483). ②③ 대판 2004.10.14, 2001두2935. 2013.8.13. 법 개정시 거래상 실질적인 역할이 없는 특수관계인이나 다른 회사를 매개로 거래하는 행위도 부당지원행위의 한 유형으로 신설하였다(법 제23조 제1항 제7호 나목, 다만 동법의 시행일은 2014.2.14.임). ④ 대판 2004.10.14, 2001두2881. ⑤ 대판 2004.9.24, 2001두6364. <답 ①>

13. **거래강제행위에 관한 다음 설명 중 옳은 것은?**

① 직원들을 상대로 자기회사 상품의 구매자 확대를 위하여 노력할 것을 촉구하고 독려하는 것만으로는 거래강제행위로 금지하기 어렵다.

② 사원판매의 경우 강제력의 원천은 거래상의 교섭력에서 찾아볼 수 있다.

③ 판매영업을 담당하는 임직원에게 판매를 강요하는 행위는 사원판매에 해당된다.

④ 끼워팔기 행위는 경쟁제한성과는 관계가 없는 불공정거래행위 유형이다.

⑤ 거래강제행위는 행위자와의 거래만을 대상으로 하는 불공정거래행위 유형이고 행위자가 지정하는 사업자와 거래하도록 강제하는 행위는 거래강제행위에 포함되지 아니한다.

해설

② 강제력의 원천은 고용기회의 제공에서 찾을 수 있다. ④ 사원판매나 기타의 거래강제는 불공정한 경쟁수단만이 문제되나, 끼워팔기는 불공정한 경쟁수단 외에 경쟁제한성도 요구한다. ⑤ 자기가 지정하는 제3의 사업자와 거래하도록 강제하는 행위도 기타의 거래강제행위에 해당한다(시행령 [별표 1의2], 제5호 다목). <답 ①>

14. 부당한 고객유인행위에 관한 다음 설명 중 옳은 것을 모두 모은 것은?

(가) 경쟁사업자와 그 고객의 거래를 부당하게 방해함으로써 자기와 거래하도록 유인하는 행위도 부당한 고객유인이 된다.
(나) 위계에 의한 고객유인이 성립하기 위하여는 행위자의 위계에 의하여 평균인인 고객이 오인을 하고 합리적 구매결단에 방해를 받아 오인에 기초한 거래가 이루어졌어야 한다.
(다) 사실에 기초한 비교광고는 부당한 고객유인에 해당하지 아니한다.
(라) 정상적인 거래관행에 비추어 부당하지 않는 규모의 이익을 제공하여 경쟁사업자의 고객을 자기와 거래하도록 유인하는 행위는 불공정거래행위를 구성하지 아니한다.
(마) 제약회사가 종합병원들을 상대로 자사 의약품의 신규채택 및 처방량 증대를 조건으로 약품채택비(랜딩비), 처방사례비(리베이트), 접대비 등의 경비를 지출한 사례는 비록 업계의 광범위한 관행이라 하더라도 부당한 이익에 의한 고객유인에 해당한다.

① (가), (나), (다) ② (가), (나), (다), (라) ③ (가), (다), (라), (마)
④ (다), (라), (마) ⑤ (나), (라), (마)

해설

「불공정거래행위 심사지침(2012.4.25. 공정거래위원회 예규 제134호)」 (나) 평균인인 고객이 오인하여 합리적 구매결정에 방해를 받을 우려가 있으면 부당한 고객유인이 성립하고 현실적으로 구매가 이루어졌을 것까지 요구되지는 않는다. <답 ③>

15. 독점규제법상의 불공정거래행위금지에 관한 다음 설명 중 옳은 것을 모

두 고른다면?

(가) 부당한 공동행위는 의사의 합치를 요건으로 하는 데 반하여 불공정 거래행위는 사업자의 일방적 행위를 규제대상으로 한다. (나) 공정거래를 저해한다는 것은 공정경쟁을 저해한다는 것보다 그 범위가 넓어질 수 있다. (다) 부당한 공동행위의 규제가 수평적 거래제한을 대상으로 한다면 불공정거래행위의 규제는 수직적 거래제한을 규제할 수 있다. (라) 불공정거래행위의 금지는 독점의 형성과정이나 부당한 공동행위의 준비단계에서 그러한 위법행위를 초기에 차단하는 기능을 수행할 수 있다. (마) 불공정거래행위의 성립 여부를 판단하는 데는 경쟁제한성에 대한 분석이 필요하므로 경쟁정책의 수립과 집행을 담당하는 공정거래위원회에 불공정거래행위의 규제를 맡기는 것이 적당하다.

① (가), (나), (마)
② (가), (나), (다), (마)
③ (나), (다), (라), (마)
④ (가), (나), (다), (라), (마)
⑤ (가), (나), (다), (라)

해설

(나) 독점규제법에서 정한 불공정거래행위의 개별유형 중에는 부당한 내부거래뿐 아니라 이익제공강요나 경영간섭 등과 같이 '경쟁저해효과'와 직접 연결지어 생각하기 어려운 유형이 상당수 있고, 제23조 본문에서는 '공정경쟁저해성'이 아니라 '공정거래저해성'을 규정하고 있으므로 공정거래저해는 공정경쟁저해보다 넓은 개념이다. (마) 거래의 공정성 여부는 시장의 획정, 시장지배력의 분석, 경쟁제한성 판단과 거리가 있고 규범적 판단이 요구되는 분야이고, 「불공정거래 행위 심사지침」에서도 불공정거래행위를 행위별로 경쟁제한성을 요구하는 행위와 불공정성을 요구하는 행위로 나누어 심사하고 있다. <답 ⑤>

16. 독점규제법에서는 기업집단 내부의 계열회사간에 행해지는 부당한 지원을 규제하기 위하여 여러 가지 제도를 두고 있다. 이에 관한 다음 설명 중 옳지 않은 것은?

① 동일기업집단 소속의 계열회사간의 부당한 지원행위는 내부거래 또는 내부자거래로 불린다.
② 정당한 이유없이 자기의 계열회사를 유리하게 하기 위하여 가격·수량·품질 등의 거래조건이나 거래내용에 관하여 현저하게 유리

또는 불리한 취급을 하는 행위는 차별적 취급의 세부유형으로서 금지된다.

③ 계열회사를 우대하는 경우 계열회사의 경쟁자는 상당한 피해를 입게 되겠지만 그러한 피해발생이 계열회사를 위한 차별취급의 구성요건으로 규정되어 있지는 아니하다.

④ 부당하게 계열회사에 대하여 가지급금 · 대여금 · 인력 · 부동산 · 유가증권 · 상품 · 용역 · 무체재산권을 제공하는 행위는 불공정거래행위를 구성한다.

⑤ 내부거래 공시대상회사가 계열회사와 거래금액이 당해 회사의 자본금의 100분의 10이상이거나 100억원 이상인 거래를 하고자 하는 때에는 미리 이사회의 의결을 거친 후 이를 공시하여야 한다.

해설

① 내부거래(intra-group transactions)는 증권거래법상의 내부자거래(insider trading)와 전혀 다른 행위이다. ④의 부당지원은 계열회사가 아닌 회사를 지원하는 경우에도 대상이 된다(법 제23조 제1항 제7호)는 점을 주의하여야 한다.

<답 ①>

17. A회사는 맥주를 생산하는 사업자로서 국내시장점유율이 60%에 이르고 있다. A회사의 계열회사인 B금융회사는 A회사의 지원요청에 따라 맥주제조용 보리를 재배하는 사업자에 대하여 그 전량을 A회사에 공급할 것을 조건으로 대출을 하고 이러한 조건을 수용하지 않는 사업자에게는 대출을 거절하고 있다. A회사와 B회사의 행위에 대한 독점규제법의 평가로서 다음 중 옳은 것은?

① A회사와 B회사간에 기업결합이 추진될 경우 그것을 혼합결합으로서 경쟁을 실질적으로 제한하는 기업결합에 해당할 수 있다.

② B회사는 맥주보리재배사업자의 사업활동을 방해하였으므로 불공정거래행위의 성립이 문제될 수 있다.

③ A회사와 B회사의 행위는 부당한 공동행위를 구성한다.

④ B회사의 행위는 불공정거래행위유형 중 구속조건부거래행위에 해당하지만 A회사의 행위는 구속조건부거래행위에 해당하지 아니한다.

⑤ 맥주보리재배사업자가 B회사 이외의 금융기관으로부터 자금을 조달할 수 있는가의 여부를 조사하여야 사업활동 방해행위의 성립 여부를 판단할 수 있다.

해설

① B회사의 맥주용보리재배사업자에 대한 영향력(leverage)이 인정된다면 혼합기업의 결과 맥주보리시장에서의 경쟁이 제한된다고 볼 수 있다. ② 맥주보리재배사업자의 사업활동방해를 구성하는 것이 아니라 A회사 경쟁자의 사업활동을 방해한 것이다. ③ 사업의 종류를 달리하는 사업자간의 공동행위는 인정하지 않는 것이 다수설이다. ④ A회사의 교사에 따른 B회사의 구속조건부거래행위가 된다. ⑤ 사업활동방해가 아니라 구속조건부거래행위의 성립이 문제된다.

<답 ①>

18. 다음은 불공정거래행위의 위법성판단에 관한 대법원 판결을 기재한 것이다. 판시내용과 부합하지 않는 것은?

① 사원판매행위가 불공정거래행위에 해당하기 위하여는 사업자가 그 임직원에 대하여 직접 자기 회사 상품을 구입하도록 강제하거나 적어도 이와 동일시할 수 있을 정도의 강제성을 가지고 상품의 판매량을 할당하고 이를 판매하지 못한 경우에는 임직원에게 그 상품의 구입 부담을 지우는 등의 행위가 있어야만 하는 것이고 단지 임직원들을 상대로 자기 회사 상품의 구매자확대를 위하여 노력할 것을 촉구하고 노력하는 것만으로는 부족하다.

② 신문사와 지국 사이의 약정내용 중 '본 계약으로 발생하는 일체의 소송은 신문사의 관할 법원에서 행함을 원칙으로 함'이라고 정한 내용이 지국장에게 다소 불이익한 것이나 위 계약조항에 의하여 지국장이 받을 수 있는 불이익이 반드시 부당한 것이라거나 자유경쟁의 기반을 약화시키는 등 공정거래를 저해할 우려가 있다고 단정할 수 없다.

③ 우월적 지위의 이용이 불공정거래행위에 해당하기 위하여는 그 행위의 내용이 상대방에게 다소 불이익하다는 점만으로는 부족하고 구입강제, 이익제공 강요, 판매목표 강제 등과 동일시할 수 있을 정도로 일반적 당사자가 우월적 지위를 남용하여 그 거래조건을 설정한 것으로 인정이 되고 그로써 정상적인 거래관행에 비추어 상대방에게 부당하게 불이익을 주어 공정거래를 저해할 우려가 있어야 한다.

④ 불공정거래행위로서 독점규제법의 규제대상이 되기 위하여는 당해 행위가 외형적으로 법규정이 정하는 요건을 갖추는 외에 그것이 법의 목적에 비추어 부당한 것이어야 하고 그 부당성의 유무를 판단

함에 있어서는 여러 사정을 고려하여 그 행위가 공정하고 자유로운 경쟁을 저해할 우려가 있는지의 여부에 따라야 할 것이다.

⑤ 우월적 지위를 부당하게 이용하여 상대방에게 불이익을 준 행위인지의 여부는 당해 행위의 의도와 목적, 효과와 영향 등과 같은 구체적 태양과 상품의 특성, 거래의 상황, 우월적 지위의 정도 및 상대방이 받게 되는 불이익의 내용과 정도 등에 비추어 볼 때 공정한 경쟁을 저해할 우려가 있는지의 여부를 판단하여 결정한다.

해설

①②③은 조선일보사사건에 대한 대법원의 판결(대판 1998.3.27, 96누18489)의 내용으로 불공정거래행위의 성립을 엄격하게 판단함으로써 위반혐의자에게 너그러운 입장을 보이고 있다. ④는 쌍용정유(주) 사건판결(대판 1998.9.8, 96누9003)으로서 역시 피심인에게 너그러운 입장을 보이고 있다. 이 판결은 불공정거래행위의 부당성유무판단을 '공정하고 자유로운 경쟁을 저해할 우려' 여부에 종속시키고 있다. ⑤는 파스퇴르유업(주) 사건판결(대판 2000.6.9, 97누19427)로서 이 판결의 원문에서는 '공정한 "거래"를 저해할 우려가 있는지 여부' 를 판단기준으로 제시하고 더 이상 공정한 '경쟁'이라는 표현을 사용하고 있지 아니하다. '공정한 경쟁'보다 '공정한 거래'라는 기준을 사용하는 것이 부당성의 인정을 쉽게 할 수 있어 피심인(불복소송에서의 원고)에게 불리한 판결이 내려지게 된다. 참고로 공정한 거래를 저해할 우려가 있는지의 여부를 판단함에 있어서는 정상적인 거래관행이 기준이 되는데 이는 자칫 독점규제법을 적용함에 있어서 민법적 기준을 따라야 하는 문제를 야기할 수 있다. <답 ⑤>

19. 다음 행위유형 중 독점규제법상의 부당한 공동행위와 불공정거래행위 두 가지에 모두 해당할 수 있는 것을 고른다면?

㈎ 거래거절	㈏ 합작기업의 설립	㈐ 가격지정
㈑ 차별적 취급	㈒ 시장분할	

① ㈎, ㈒ ② ㈎, ㈏ ③ ㈎, ㈐
④ ㈏, ㈐ ⑤ ㈐, ㈑

해설

㈎ 공동의 거래거절은 부당한 공동행위를 구성할 수 있다. 다만 일정한 시장지배력이 요구된다. ㈏ 합작기업의 설립은 부당한 공동행위를 구성할 수 있고 경쟁제한적 기업결합에 해당할 수도 있다. ㈐ 수평적 가격지정은 부당한 공동행위에 해당하고 수직적 가격지정은 재판매가격유지행위를 구성한다. ㈑ 차별적 취급이 부당한 공동행위를 구성하는 예는 드물 것이지만 집단적 차별취급이 부당한 공동행위의 요건을 갖출 수도 있다. 다만 이 문제의 답을 선택함에 있어

서는 일반적으로 통용되는 용어인 '공동의 거래거절', '수직적 시장분할' 또는 '수평적 시장분할' 위주로 쉽게 생각하여야 할 것이다. (마) 수평적 협정에 의한 시장분할 외에 불공정거래행위유형으로서 판매지역제한에 따라 시장분할이 초래되기도 한다. <답 ①>

20. **거래상지위 남용행위에 대한 공정거래위원회의 심결에 관한 다음 설명 중 옳지 않은 것은?**

① 거래상지위의 남용은 거래상대방을 대상으로 하는데 거래상대방에는 사업자 이외에 일반소비자도 포함된다.

② 거래상지위의 남용규제는 소비자의 이익을 보호하기 위하여도 원용될 수 있다.

③ 시장지배적지위와 불공정거래행위의 행위주체에 해당할 수 있는 우월적 지위는 상이한 개념이다.

④ 소매금융의 경우 금융회사는 금융수요자에 대하여 우월한 지위에 있는 것으로 간주된다.

⑤ 전자제품의 양판점사업자는 제조회사에 대한 관계에서 우월적 지위를 가지기 어렵다.

해설

③ 시장지배적지위는 시장점유율을 기준으로 하는 절대적 지위를 가리키는 데 반하여 불공정거래행위의 행위 주체로서의 우월적 지위는 상대적으로 교섭력이 우세한 경우를 가리킨다. ⑤ 여러 브랜드 제품을 하나의 매장에서 판매하는 양판점의 경우, 전매점에 비하여 공급자와의 관계에서 우월적 지위에 있다고 보기 쉽다. <답 ⑤>

21. **끼워팔기(연결거래)에 있어서 다음 중 연결상품과 피연결상품간의 연결판매에 공정경쟁제한성을 인정할 수 없는 경우를 모두 고른다면?**

(가) 프리미엄 위스키와 일반소주
(나) 자동차와 카라디오
(다) 자동차와 특정상표의 타이어
(라) 피자와 함께 무상공급되는 특정 상표의 콜라
(마) 인기 있는 화장품과 비인기 화장품
(바) 패스트푸드점에서 판매하는 세트밀

① (다), (라)　　② (나), (다)　　③ (가), (다), (라)

④ (가), (다), (라), (바)　　⑤ (나), (다), (라), (바)

해설

(나)(다) 업계 및 소비자의 관점에서 자동차와 타이어 또는 카라디오는 일체로서 판매되는 것으로 인식되고 있다. 그러나 고급의 카오디오시스템은 끼워팔기에 해당할 수 있다. (라) 피자배달시 무료로 제공되는 콜라는 끼워팔기로 보기 어렵다. (바) 세트밀(set meal)은 상당한 할인이 제공되며 소비자가 개별품목만을 따로 구입할 수도 있으므로 강제성이 인정되지 않는다. <답 ⑤>

22. 불공정거래행위의 한 가지 행위유형인 거래거절에 관한 다음 설명 중 옳지 않은 것은?

① 공동의 거래거절과 부당한 공동행위의 요건을 동시에 충족하는 경우에는 부당한 공동행위의 규정을 우선 적용한다.

② 공동의 거래거절과 기타의 거래거절 모두 사업자만을 대상으로 하는 경우에 한한다.

③ 우리나라의 독점규제법상 공동의 거래거절은 정당한 이유를 피심인이나 피고 측에서 증명하지 않는 한 원칙적으로 금지된다.

④ 사업자 수인이 공동으로 거래를 거절하는 것은 불공정거래행위에 해당하지만 하나의 사업자가 수인의 거래상대방에 대하여 특정 사업자로부터 구입하지 않도록 하는 행위는 공동의 거래거절에 해당하지 아니한다.

⑤ 사업자의 시장점유율이 10% 미만인 경우에는 공정거래위원회가 사업자에 대한 거래거절 심사를 면제한다.

해설

①②⑤ 「불공정거래행위 심사지침(2012.4.25. 공정거래위원회 예규 제134호)」. ④ 송천문화사 사건 심결(1985.7.31, 의결 제85-24(2)호)에서 공정거래위원회는 다수의 거래상대방에게 특정사업자와 거래하지 못하도록 한 피심인의 행위가 집단배척행위에 해당한다고 선언하였다. <답 ④>

23. 불공정거래행위의 유형 중 차별적 취급에 관한 다음 설명 중 옳은 것은?

① 하나의 지역에서의 판매가격이 다른 지역에서의 판매가격보다 상당히 낮은 경우는 그 지역에서 경쟁사업자를 도태시킴으로써 시장점유율을 증가시키기 위한 것이므로 그 지역의 소비자에게 유리하다 하더라도 금지된다.

② 차별취급은 시장지배적지위의 남용에 해당하거나 불공정거래행위에

해당할 수 있다.

③ 가격차별은 차별취급의 대표적인 경우인데, 특히 가격차별은 수요가 탄력적인 시장에서는 높은 가격을 설정하고 비탄력적인 시장에서는 낮은 가격을 설정하는 경우가 많다.

④ 고객관계의 존속기간, 거래량의 다과, 거래상대방의 업계에서의 신용도 등을 고려하여 특정사업자에게 거래조건을 현저히 유리하게 정하더라도 불공정거래행위에 해당하지 아니한다.

⑤ 계열회사에 대한 특별지원은 그로 인하여 그 계열회사와 경쟁관계에 있는 다른 사업자의 이익이 침해된 경우에 불공정거래행위를 구성한다.

해설

① 가격이 현저하게 낮은 경우에만 금지된다. ③ 수요가 탄력적인 시장에서는 낮은 가격을 설정하고 비탄력적인 시장에서는 높은 가격을 설정하는 경우가 많다. ⑤ 계열회사를 위한 차별적 취급을 금지하는 것은 내부거래를 규제하기 위한 것으로서 경쟁자침해는 구성요건이 아니다. <답 ④>

24. 불공정거래행위의 유형으로서의 부당염매(덤핑)에 관한 다음 설명 중 옳은 것은?

① 상품을 공급함에 있어서 정당한 이유 없이 그 공급에 소요되는 비용보다 상당히 낮은 대가로 계속하여 공급하는 경우 부당염매에 해당한다.

② 「불공정거래행위의 유형 및 기준」에서는 부당염매의 구성요건으로서 경쟁사업자를 배제시킬 의도를 요구하고 있다.

③ 부당염매의 구성요건 중 그 '공급에 소요되는 비용'은 이론상 한계비용으로 기준삼아야 하겠지만 실제로는 피심인이나 피고의 다른 시점이나 다른 지역에서의 거래가격 또는 동업자의 가격을 기준삼아 비교할 수밖에 없다.

④ 상품거래에 한하고, 용역거래에서는 부당염매가 인정될 수 없다.

⑤ 경쟁사업자를 배제시킬 의도에 대한 입증책임은 공정거래위원회와 사적소송의 원고가 부담한다.

해설

① 현저히 낮은 경우에 부당염매에 해당한다. ②⑤ 「불공정거래행위의 유형 및 기준」에서는 경쟁사업자를 배제시킬 의도로, 즉 약탈적 고의를 요구하지 않고

있다. ④ 상품거래뿐만 아니라 용역거래에서도 부당염매가 인정될 수 있다. <답 ③>

25. 불공정거래행위의 유형으로서의 배타조건부 거래에 관한 다음 설명 중 옳지 않은 것은?

① 배타조건부 거래는 거래상대방이 자기 또는 계열회사의 경쟁사업자와 거래하지 아니할 것을 조건으로 거래를 개시 또는 계속하는 것이다.

② 유통체계의 상부에서 활동하는 사업자가 하부사업자를 상대로 배타조건부 거래를 하는 경우를 가리켜 수직적 결합이라 한다.

③ 유통체계의 하부에서 활동하는 사업자가 상부사업자를 상대로 자기의 경쟁사업자에게 공급하지 않을 것을 조건으로 거래하는 것은 배타조건부 거래에 해당하지 아니한다.

④ 제조업자가 제품의 판매에 있어서 판매업자의 전폭적인 협조를 받아 판로를 확보할 수 있으면 생산계획의 수립과 실현의 안정을 도모할 수 있으므로 제조업자는 판매업자와 전속적 계약, 즉 전매점(專賣店)계약을 체결하고자 한다. 이러한 전매점계약은 부당한 경우에만 위법행위로서 금지된다.

⑤ 시장에 신규진입하는 제조업자나 시장점유율이 낮은 사업자에 의한 배타조건부 거래는 경쟁촉진적 효과를 가질 수 있다.

해설

③ 배타조건부 거래는 유통체계에 있어서 위에서 아래로뿐 아니라 아래에서 위로 행하여질 수 있다. <답 ③>

26. 거래지역제한 또는 거래상대방제한에 관한 다음 설명 중 옳지 않은 것은?

① 법적으로 허용되는 가격차별의 시행을 위한 거래상대방제한은 위법이 아니다.

② 「불공정거래행위의 유형 및 기준」에서는 공급과 관련한 거래지역제한 또는 거래상대방제한만을 규제대상으로 하고 구매와 관련한 거래지역제한 또는 거래상대방제한은 규제대상에 포함시키지 않고 있다.

③ 시장점유율이 낮거나 신규사업자에 의한 거래지역제한이나 거래상대방제한은 거래상대방의 사업활동을 제한하는 것이라 하더라도 부당하지 않아서 불공정거래행위로서 금지되지 아니 할 수 있다.

④ 거래지역제한이나 거래상대방제한은 상표간 경쟁(interbrand competition)을 강화하는 경쟁촉진적 효과도 가지는 것을 부인할 수 없다.
⑤ 거래상대방이 자회사이거나 진정한 위탁판매회사인 경우에는 경영상 독립한 사업자로 볼 수 없으므로 거래상대방제한이나 지역제한이 부과되더라도 불공정거래행위를 구성하지 아니한다.

해설

②「불공정거래행위의 유형 및 기준」에서는 '거래'라는 표현을 사용함으로써 공급과 구입 양자에 있어서의 불공정거래행위를 규율대상으로 규정하고 있다.

<답 ②>

27. 다음은 독점규제법상의 불공정거래행위 및 특수불공정거래행위의 행위이다. 옳지 않은 것은?

① 독점규제법 시행령상 약탈가격설정행위는 불공정거래행위 중 부당하게 경쟁자를 배제하기 위하여 거래하는 행위에 해당한다.
② 군납치약을 독점공급하던 사업자가 경쟁입찰로 구매방식이 변경됨에 따라 치약 1개당 1원에 입찰하는 행위는 불공정거래행위 중 경쟁사업자 배제에 해당한다.
③ 한국통신이 전화응모자로 하여금 문제를 풀게 하고 정답자 중에서 추첨하여 당첨자에게는 경품을 제공하는 전화퀴즈는 소비자현상경품류에 해당한다.
④ 정부의 의약분업실시에 항의하고자 대한의사협회의 결의에 따라 동네 개원의사들이 환자들에게 무료진료를 하는 것은 거래상 지위의 남용에 해당한다.
⑤ 유아용 의류 등을 판매하는 주식회사 A가 사업자로서 별개의 사업자인 대리점들에게 상품을 판매하면서 부동산 · 동산 등의 담보물을 받았음에도 거래기간중 이와는 별도로 백지당좌수표를 보관하면서 대금 결제기일 이전에 백지당좌수표를 사용하여 대금을 회수하거나, 예고 없이 백지당좌수표에 미수금 전액을 기재하여 대금을 회수함으로써 부도를 내게 하는 등의 행위는 거래상 지위의 남용행위로 볼 수 있다.

해설

① 약탈가격설정행위는 부당하게 경쟁자를 배제하기 위하여 거래하는 행위에 속하는 것으로 분류되어 있다. 그러나 차별취급의 경우에 특히 낮은 가격을 제

시받은 소비자의 다른 공급자 입장에서 보면 문제된 가격이 약탈가격적 성격을 가질 수 있고, 약탈가격설정행위는 단기간의 손실을 감당할 수 있는 사업자가 취하는 경우가 많기 때문에 자기의 거래상의 지위를 부당하게 이용하여 상대방과 거래하는 행위에 해당한다고 볼 여지도 없지 않다. ② 경쟁사업자 배제에 해당하며 그 중에서 부당염매에 해당한다. ③ 사업자가 상품이나 용역의 거래에 수반하여 현상의 방법으로 일반소비자에게 제공하는 경품류이다. 한국통신의 가입고객이 전화를 걸어 전화응모를 하는 것이 용역거래에 해당한다. ④ 사업자단체가 구성사업자의 사업내용 또는 활동을 부당하게 제한하는 행위, 가격을 결정·유지 또는 변경하는 부당한 공동행위, 부당한 고객유인, 부당염매와 관련이 있다. 고객인 환자에게 불이익이 될 수 없으므로 거래상 지위의 남용과는 관련이 없다. <답 ④>

28. 다음은 거래거절에 대한 설명이다. 옳지 않은 것은?

① 독점규제법은 모든 거래거절을 금지하는 것이 아니라 부당한 거래거절만을 금지하고 있다.

② 사업자들이 직접 거래거절을 한 것이 아니라, 자기의 거래상대방으로 하여금 경쟁사업자와의 거래를 거절하게 한 행위도 거래거절행위에 포함될 수 있다.

③ 문제의 거래거절이 특정사업자의 거래기회를 배제하여 그 사업활동을 곤란하게 할 우려가 있거나 독점규제법이 금지하고 있는 다른 행위를 강제하기 위한 수단으로 이용될 경우 불공정거래행위를 구성할 수 있다.

④ 비록 부당한 거래거절이라 하더라도 거래거절의 사법상 효력은 인정되는 것이므로 부당하게 거래관계를 거절당한 사업자가 문제된 거래관계가 계속 유지되고 있다고 주장할 수는 없다.

⑤ 기존의 거래관계를 중단하는 것은 물론이고 새로운 거래의 체결을 거부하는 행위나 상품의 수량을 현저히 제한하는 행위도 부당한 거래거절에 해당할 수 있다.

해설

② 공정거래위원회는 송천문화사 등이 거래상대방인 지방총판들로 하여금 '도서출판 현일', '도서출판 창작' 등이 발행하는 만화를 구입하지 않도록 한 행위를 부당한 거래거절로 본 바 있다. ④ 거래상대방에게 독점규제법에 위반하는 조건을 부과하여 그 위반을 이유로 기존의 거래관계를 중단하는 경우에는 거래상대방이 거래중단 자체의 사법상 효력이 없다고 주장하여 채무의 이행을 청구할 수 있는 여지도 있다. <답 ④>

29. 가전제품 제조업자인 A는 가전제품 중개상인 B와 대리점계약을 체결하면서 판매지역을 제한하였다. 그런데 이후에 B가 할당된 판매지역을 준수하지 않자 A는 여러 차례 경고를 한 이후에 거래관계를 중단하게 되었다. 이에 대한 설명으로 옳지 않은 것은?

① A의 거래중단행위는 판매지역분할과는 별도로 불공정거래행위에 해당한다.

② 공정거래위원회는 거래중단 자체에 대해 이를 불공정거래행위로 보고 A에게 시정조치를 명할 수 있다.

③ A의 거래중단행위는 사법상 효력이 없는 것이므로 A가 거래를 중단하는 행위는 채무불이행에 해당할 수도 있다.

④ 만약 공정거래위원회가 판매지역할당행위에 대해서만 시정명령을 내렸다면 거래중단 자체는 독점규제법상 문제될 여지가 없다.

⑤ A는 B의 할당지역 위반과 거래중단 사이에 인과관계가 없다는 사실을 입증한다면 책임을 면할 수도 있다.

해설

④ 만약 판매지역할당행위에 대한 공정거래위원회의 시정조치가 확정된 이후에 거래중단이 주로 시정조치의 실효성을 침해할 의도에서 야기된 경우에는 거래거절 자체에 대해서는 아직 공정거래위원회의 시정조치가 확정되지 않았다 하더라도 독점규제법에 위반한 행위임에는 틀림없다. <답 ④>

30. 다음은 불공정거래행위에 대한 설명이다. 옳지 않은 것은?

① 공정한 거래를 저해할 우려가 있는 행위를 공정경쟁저해성으로 부르는 다수설의 입장에 대하여 공정거래저해성과 공정경쟁저해성의 구별을 주장하는 견해가 유력하다.

② 일반불공정거래행위의 유형 또는 기준은 시행령에 정하여져 있고 특수불공정거래행위의 유형 및 기준은 공정거래위원회가 이를 지정·고시할 수 있지만, 이는 사업자의 편의를 위한 것에 불과하기 때문에 이러한 유형 또는 기준에 해당하지 않는 경우에도 불공정거래행위로 볼 수 있는 여지가 있다.

③ 불공정거래행위는 대부분 수직적 거래제한행위에 해당한다.

④ 공정경쟁저해성은 공정경쟁을 저해할 구체적 위험이 있을 것을 요구하지 않는다.

⑤ 공정거래위원회는 사업자간의 계약내용 중에 불공정거래행위에 해

당하는 부분이 있으면 계약조항의 삭제조치를 명할 수 있다.

해설

② 불공정거래행위의 유형 또는 기준은 대통령령으로 정하도록 되어 있으므로 만약 대통령령에 포함되어 있지 않은 유형의 행위는 불공정거래행위에 해당하지 않는다. ③ 우리 독점규제법상의 불공정거래행위 유형 중에는 수직적 거래제한행위로 분류할 수 없는 행위 유형도 포함되어 있다. ④ 공정경쟁저해성은 공정한 경쟁을 저해할 우려가 있으면 된다. 즉 추상적 위험이 있는 것으로 족하고 구체적 위험까지 있을 필요는 없다. <답 ②>

31. 독점규제법에서 규제하는 다음의 행위 중 위법성심사의 전제로서 관련시장의 획정이 필요하지 아니한 것은?

① 시장지배적사업자가 상품의 가격을 부당하게 변경하는 행위
② 회사가 다른 회사의 주식을 취득하는 행위
③ 회사의 종업원의 다른 회사의 임원지위를 겸임하는 행위
④ 부당하거나 과대한 이익을 제공하여 경쟁사업자의 고객을 자기와 거래하도록 유인하는 행위
⑤ 입찰담합 행위

해설

시장지배적지위 남용행위, 기업결합의 제한, 부당한 공동행위 규정 등을 적용하기 위한 위법성심사의 전제로서 '일정한 거래분야'의 획정을 요한다. ① 법 제3조의2 제1항 제1호 및 법 제4조. ②③ 법 제7조 제1항 본문 및 제1호 · 제2호. 그러나 ④ 불공정거래행위 중 부당한 고객유인행위는 위법성심사의 전제로 '일정한 거래분야'의 획정을 요하지 않는다(법 제23조 제1항 제1호). ⑤ 부당한 공동행위의 경쟁제한성 심사를 위하여는 관련시장의 획정이 필요하다. <답 ④>

32. 가수 지망생 乙은 甲엔터테인먼트회사와 전속계약을 체결하면서 甲회사의 일방적인 요구에 못이겨 '전속계약을 파기할 경우, 계약금의 10배와 총투자액의 10배를 위약금으로 지불하겠다'고 약정하였다. 甲회사의 행위는 「독점규제 및 공정거래에 관한 법률」소정의 거래상 지위의 남용행위 중 어느 유형에 해당하는가?

① 불이익제공 ② 구입강제 ③ 이익제공강요
④ 판매목표강제 ⑤ 경영간섭

해설

위 행위는 구입강제나 이익제공강요, 판매목표강제에 해당하는 행위 외의 방법으로 상대방에게 불이익이 되도록 거래조건을 설정 또는 변경하거나 그 이행과

정에서 불이익을 주는 행위가 된다. 즉 이 행위는 거래상지위 남용 중 불이익 제공행위가 된다(시행령 별표 1의2 제6호 라목). <답 ①>

33. **「독점규제 및 공정거래에 관한 법률」상 불공정거래행위의 유형별 설명 중 옳지 않은 것은?** 〈2007 사시〉

① 공동의 거래거절 유형은 해석상 같은 법 제19조 부당한 공동행위의 금지규정과 중복 적용 문제가 발생할 수 있다.

② 같은 법 시행령에서 계열회사를 위한 차별 유형을 기타의 차별적 취급과 달리 규정하고 있는 취지는 전자가 후자에 비하여 공정한 거래를 저해할 우려가 많기 때문이다.

③ 끼워팔기의 행위주체는 거래상대방이 그의 의사에 불구하고 상대방이 구입하고자 하지 않거나 상대적으로 덜 필요로 하는 상품 또는 용역을 구입하도록 하는 상황을 만들어낼 정도의 지위를 가져야 하고 따라서 이는 시장지배적사업자를 의미한다.

④ 거래상 지위의 남용을 규제하는 입법취지는 현실의 거래관계에서 경제력에 차이가 있는 거래주체간에도 상호 대등한 지위에서 같은 법이 보장하고자 하는 공정한 거래를 할 수 있게 하기 위한 것이다.

⑤ 부당염매는 경쟁사업자 배제의 한 유형으로 주로 지나치게 낮은 가격을 책정하는 행위가 문제된다.

해설

③ 끼워팔기의 행위주체로서 매도인은 매수인측이 끼워팔기를 거절할 수 없을 정도로 경제력의 뒷받침이 있어야 하나, 반드시 시장지배적사업자를 의미하는 것은 아니다. ⑤ 법 제23조 제1항 제3호; 시행령 제36조 제1항 별표 1의2 참조. <답 ③>

34. **부당한 자금 · 자산 · 인력의 지원행위에 관한 판례의 입장에 부합하는 것은?** 〈2007 사시〉

① 무보증회사채를 발행하면서 계열증권회사가 당해 회사채 전량을 인수하도록 하면서 고가의 인수수수료를 지급한 행위는 상품 · 용역의 거래에 해당하므로 부당지원행위의 규제대상이 될 수 없다.

② 모회사가 대부분의 주식을 보유하고 있는 자회사와의 관계에서 발생한 지원행위는 부당지원행위의 규제대상에 포함되지 않는다.

③ 부당지원행위에 대한 규제의 본질은 오로지 경제력 집중을 억제하기 위한 것으로서 공정한 거래질서와 거리가 멀다.
④ 자동차제조업체가 계열회사인 자동차판매회사와 아무런 직접적 거래 없이 단지 자사의 임직원들에 대하여 자동차구입대금을 파격적인 조건으로 무이자로 대출해 준 행위 역시 부당한 지원행위가 된다.
⑤ 부당지원행위가 성립하기 위해서는 지원객체가 지원행위 당시 일정한 거래분야의 시장에 직접 참여하고 있어야 한다.

해설

① 그와 같은 경우 부당지원행위에 해당한다고 판시하였다(대판 2006.2.10, 2003두15171). ② 모회사와 완전자회사 사이의 지원행위도 부당지원행위의 규제대상에 포함되고(대판 2004.11.12, 2001두2034), 모회사와 모회사가 주식 대부분을 소유하는 자회사 사이의 지원행위 역시 부당지원행위의 규제대상에 포함된다(대판 2011.9.8, 2009두11911). ③⑤ 경제력 집중을 억제하고 공정한 거래질서를 확립하고자 하는 부당지원행위 금지규정의 입법취지와 문언을 종합하면, 부당지원행위는 지원행위로 인하여 지원객체가 속한 시장에서의 공정한 거래를 저해할 우려가 있으면 성립하는 것이므로 지원객체가 지원행위 당시 일정한 거래분야의 시장에 직접 참여하고 있을 필요까지는 없다(대판 2005.5.27, 2004두6099). ④ 대판 2004.10.14, 2001두2935. <답 ④>

35. 컴퓨터 및 주변기기 등의 제조판매업체인 A회사는 특수관계인인 C대학교가 시행한 '2007년도 교내 복사실 임대업체 선정' 입찰에 B회사와 함께 참가하였으나, 입찰결과 B회사가 낙찰된 데 대하여 불만을 품고 C대학교에 공문을 보내 B회사를 복사실 운영경험이 일천한 부적격업체라고 비방하면서 낙찰자를 재고해 줄 것을 요청하여 B회사로 하여금 약 1개월간 납품을 지연케 하였다. 이는 「독점규제 및 공정거래에 관한 법률」상 어느 행위에 해당하는가? 〈2007 사시〉

① 거래강제 ② 경영간섭 ③ 이익제공
④ 사업활동 방해 ⑤ 배타조건부 거래

해설

법 제23조 제1항 제8호; 시행령 제36조 제1항 별표 1에서 규정하고 있는 부당하게 다른 사업자의 사업활동을 방해하는 행위(사업활동 방해)에 해당한다.
<답 ④>

36. 끼워팔기에 대한 다음의 설명 중 옳은 것은? 〈2007 사시〉

① 끼워팔기는 불공정거래행위의 한 유형인 거래강제로서 규제되고 있

는데 당연위법형 행위이다.

② 끼워팔기의 부당성 여부를 판단하기 위해서는 정상적인 거래관행에 비추어 그 부당성을 평가하는바, 정상적인 거래관행이란 당해 업계에서 현존하는 관행을 말한다.

③ 끼워팔기는 주된 상품시장에서의 자기의 지위를 이용하여 부당하게 종된 상품에 대한 경쟁을 제한하는 행위가 아니다.

④ 시장지배적사업자가 아닌 경우에는 부당한 끼워팔기의 문제가 발생하지 않는다.

⑤ 주된 상품을 공급하는 사업자 전부가 의사의 연락 없이 병렬적으로 끼워팔기를 행한 결과, 종된 상품만을 공급하는 사업자가 종된 상품시장으로부터 배제되거나 진입할 수 없는 경우에도 부당한 끼워팔기가 성립할 수 있다.

해설

① 끼워팔기는 '부당성'이 입증되어야 하므로 당연위법형 행위라고 할 수 없다. ② 정상적인 거래관행이란 가격과 품질 등에 있어서 공정한 거래질서를 전제로 하는 개념이므로 반드시 당해 업계에서 현존하는 관행을 말한다고 볼 수 없다. ③ 끼워팔기는 주된 상품시장에서의 자기의 지위를 이용하여 부당하게 종된 상품에 대한 경쟁을 제한하는 행위이다. ④ 끼워팔기의 주체가 반드시 시장지배적사업자여야 하는 것은 아니다. <답 ⑤>

37. 불공정거래행위의 한 유형인 부당지원행위에 관한 설명 중 옳지 않은 것은? (다툼이 있는 경우에는 판례에 의함) 〈2008 사시〉

① 부당지원행위가 성립하기 위해서는 지원객체가 지원행위 당시 일정한 거래분야에서 시장에 직접 참여하고 있어야 한다.

② 부당지원행위의 객체인 '다른 회사'는 반드시 대규모기업집단의 계열회사에 한정되는 것은 아니다.

③ 모회사가 주식의 100%를 소유하고 있는 완전자회사에 대한 지원행위도 부당지원행위의 규제대상이 된다.

④ 자금을 지원할 의도로 용역의 대가인 자금을 변제기 이후에도 회수하지 아니하여 지원객체로 하여금 금융상 이익을 얻게 하는 부작위 행위도 부당지원행위에 해당할 수 있다.

⑤ 지원행위에 단순한 사업경영상의 필요 또는 거래상의 합리성 내지 필요성이 있다는 사유만으로는 부당지원행위의 성립요건으로서의

부당성 및 공정거래저해성이 부정된다고 할 수 없다.

✍ **해설**

① 지원객체가 일정한 거래분야에 참여하고 있을 필요가 없다(대판 2006.5.12, 2004두12315). ② 대판 2007.10.26, 2005두3172. ③ 대판 2006.12.22, 2004두1483. ④ 대판 2006.4.14, 2004두3298. ⑤ 대판 2006.4.14, 2004두3298.

<답 ①>

38. **「독점규제 및 공정거래에 관한 법률」상 불공정거래행위의 유형이 잘못 연결된 것은?** 〈2008 사시〉

① 차별적 취급 — 계열회사를 위한 차별
② 경쟁사업자 배제 — 기술의 부당이용
③ 거래강제 — 끼워팔기
④ 구속조건부거래 — 배타조건부거래
⑤ 사업활동 방해 — 거래처 이전 방해

✍ **해설**

①③④⑤은 법 제23조에서 규제하고 있다. ② 경쟁사업자 배제에는 부당염매와 부당고가 매입이 있으며 기술의 부당이용은 사업활동 방해의 유형이다.

<답 ②>

39. **「독점규제 및 공정거래에 관한 법률」상 불공정거래행위의 한 유형인 거래상 지위의 남용에 관한 설명 중 옳지 않은 것은?** 〈2008 사시〉

① 구입강제로 인한 효율성 증대효과나 소비자후생 증대효과가 거래내용의 불공정성으로 인한 공정거래 저해효과를 현저히 상회하는 경우에는 법위반으로 보지 않을 수 있다.
② 불이익제공에서의 불이익이 금전상의 손해인 경우에는 법률상 책임있는 손해의 존재는 물론 그 범위(손해액)까지 명확하게 확정되어야 한다.
③ 이익제공 강요의 상대방에는 사업자뿐만 아니라 소비자도 포함된다.
④ 거래상대방에게 장려금을 지급하는 등 자발적인 협력을 위한 수단으로 판매목표가 사용되는 경우에도 원칙적으로 판매목표의 강제성이 인정된다.
⑤ 거래상대방의 생산품목 · 시설규모 · 생산량 · 거래내용을 제한함으로써 경영활동을 간섭하는 행위는 거래상 지위의 남용에 해당한다.

✍ **해설**

① 대판 2006.3.10, 2002두332. ② 대판 2002.5.31, 2000두6213. ③ 이익제공강요의 상대방에는 소비자가 해당되는 경우가 있다. 예를 들어 합리적 이유없이 회원권 시설운영자가 회원권의 양도양수에 관련하여 실비보다 과다한 명의개서료를 징수하는 행위(「불공정거래행위 심사지침(2012.4.25. 공정거래위원회 예규 제134호)」)가 있다. ④ 자발적 협력을 위한 수단으로 판매목표를 사용하는 것은 강제성이 없다. ⑤ 서울고법 2003.12.9, 2001누16080. <답 ④>

40. **「독점규제 및 공정거래에 관한 법률」상 불공정거래행위의 위법성 판단 시 거래상 지위의 부당한 이용을 전제로 하지 않는 것은?** 〈2009 사시〉

① 구입강제 ② 이익제공강요
③ 경영간섭 ④ 위계에 의한 고객유인
⑤ 판매목표강제

✍ **해설**

①②③⑤와 불이익 제공행위가 거래상 지위 남용행위의 구체적 유형으로 시행령 별표에 열거되어 있다. ④ 위계에 의한 고객유인행위는 부당한 고객유인행위에 해당한다. <답 ④>

41. **「독점규제 및 공정거래에 관한 법률」상 끼워팔기에 관한 설명 중 옳지 않은 것은?** (다툼이 있는 경우에는 판례에 의함) 〈2009 사시〉

① 선호되는 상품을 판매하는 조건으로 다른 상품을 구입하도록 강요하는 것이 주로 문제된다.
② 끼워팔기의 거래상대방에 사업자는 포함되지 않는다.
③ 불공정한 경쟁수단에 해당하는 경우라도 효율성 증대효과가 불공정으로 인한 공정거래 저해효과를 현저히 상회하는 때에는 허용될 수 있다.
④ 끼워팔기는 사원판매와 마찬가지로 거래상대방의 자유로운 의사결정을 침해한다는 점에서 규제된다.
⑤ 선호되는 주된 상품의 공급자가 반드시 시장지배적사업자일 필요는 없다.

✍ **해설**

② 끼워팔기의 상대방은 소비자도 될 수 있고 사업자도 될 수 있다. <답 ②>

42. **다음 각 행위와 「독점규제 및 공정거래에 관한 법률」상 불공정거래행위**

의 유형을 바르게 연결한 것은? (다툼이 있는 경우에는 판례에 의함)

〈2009 사시〉

ㄱ. 카드회사가 제휴은행들에 자기의 가맹점에 적용되는 수수료율을 일괄적으로 적용하도록 통보함으로써 제휴은행들로 하여금 가맹점 수수료율을 변경하도록 한 행위 ㄴ. 기존에 원료공급 거래관계에 있는 회사에 대하여 그 경쟁사업자인 다른 회사의 요청에 따라 원료공급을 중단한 행위 ㄷ. 경쟁사업자에 대한 산업재산권침해금지 가처분신청을 하여 가처분결정이 내려지자 경쟁사업자의 대리점들에 가처분결정 사실과 함께 허위로 부도위험을 통보한 행위 ㄹ. 한국토지공사가 비인기지역의 토지를 매입한 자에게 매입우선권을 주는 방식으로 인기지역의 토지를 판매한 행위
A. 거래강제 B. 거래상 지위의 남용 C. 거래거절 D. 사업활동방해

① ㄱ-D, ㄴ-C, ㄷ-A ② ㄱ-D, ㄴ-C, ㄹ-A
③ ㄱ-B, ㄷ-D, ㄹ-A ④ ㄴ-C, ㄷ-A, ㄹ-B
⑤ ㄱ-A, ㄴ-C, ㄷ-D

해설

바르게 짝을 지우면 ㄱ-B, ㄴ-C, ㄷ-D, ㄹ-A와 같다. <답 ③>

43. **「독점규제 및 공정거래에 관한 법률」상 차별적 취급에 관한 설명으로 옳지 않은 것은?** (다툼이 있는 경우에는 판례에 의함) 〈2010 사시〉

① 차별적 취급이란 사업자가 부당하게 거래의 상대방을 차별하여 취급하는 행위를 말한다.
② 차별적 취급의 유형으로는 가격차별, 거래조건차별, 계열회사를 위한 차별, 집단적 차별 등이 있다.
③ 계열회사를 위한 차별에 있어서 계열회사란 일정 규모 이상의 기업집단에 소속된 회사만을 의미한다.
④ 계열회사를 위한 차별에는 계열회사에 대한 차별취급뿐만 아니라 계열회사를 유리하게 하기 위하여 비계열회사를 차별하여 취급하는 것도 포함된다.

⑤ 계열회사를 위한 차별은 외형상 그러한 행위유형에 해당하면 일단 공정한 거래를 저해할 우려가 있는 것으로 보되, 그 반대 사정에 대한 입증책임은 행위자에게 있다.

해설

① 법 제23조 제1항 제1호. ② 시행령 별표 1의2 제2호. ③ 계열회사의 규모에 대한 제한은 없다. ④「불공정거래행위 심사지침(2012.4.25. 공정거래위원회 예규 제134호)」, Ⅴ. 2. 다. ⑤ '가격차별', '거래조건차별', '집단적 차별'에 대하여는 그러한 행위가 '부당하게' 행하여진 경우에 한하여 불공정거래행위가 되는 것으로 규정하면서도 '계열회사를 위한 차별'의 경우에는 정당한 이유가 없는 한 불공정거래행위가 되는 것으로 문언을 달리하여 규정하고 있는 취지는, 이러한 형태의 차별은 경쟁력이 없는 기업집단 소속 계열회사들을 유지시켜 경제의 효율을 떨어뜨리고 경제력 집중을 심화시킬 소지가 커서 다른 차별적 취급보다는 공정한 거래를 저해할 우려가 많으므로 외형상 그러한 행위유형에 해당하면 일단 공정한 거래를 저해할 우려가 있는 것으로 보되 공정한 거래를 저해할 우려가 없다는 점에 대한 입증책임을 행위자에게 부담하도록 하겠다는 데에 있다(대판 2001.12.11, 2000두833). <답 ③>

44. **「독점규제 및 공정거래에 관한 법률」상 불공정거래행위에 관한 설명으로 옳지 않은 것은?** (다툼이 있는 경우에는 대법원 판례에 의함) 〈2011 사시〉

① 사업자 또는 사업자단체는 부당한 고객유인을 방지하기 위하여 자율적으로 규약을 정할 수 있다.

② 부당염매의 경우 경쟁사업자를 배제시킬 우려는 실제로 경쟁사업자를 배제할 필요는 없고 여러 사정으로부터 그러한 결과가 초래될 추상적 위험성이 인정되는 정도로 충분하다.

③ 불공정거래행위를 한 자 또는 그 위반행위에 대한 시정조치에 따르지 아니한 자는 형사처벌의 대상이 된다.

④ 위 법 제23조 제1항 제8호, 즉 '제1호 내지 제7호 이외의 행위로서 공정한 거래를 저해할 우려가 있는 행위'와 관련된 불공정거래행위의 유형 또는 기준이 위 법 시행령에 정하여져 있지 아니한 이상, 문제된 행위를 위 제8호의 불공정거래행위로 보아 제재할 수 없다.

⑤ 甲토지공사가 인기토지를 판매하면서 비인기토지를 매입하지 않고서는 사실상 인기토지를 매입할 수 없게 만든 행위는 불공정거래행위의 유형 중 거래조건차별에 해당한다.

해설

① '공정경쟁규약'이라 한다(법 제23조 제4항). ②「불공정거래행위 심사지침」

(2012.4.25. 공정거래위원회 예규 제134호) Ⅴ. 3. 가. ㈏ ㈎ 참고. ③ 법 제67조 제2호 및 제6호. ④ 독점규제법은 같은 법 제23조 제1항에 위반하여 불공정거래행위를 한 사업자에 대하여 행정적 제재뿐만 아니라 형사처벌까지 가능하도록 하고 있는 점을 감안하면, 위 제8호는 행위의 작용 내지 효과 등이 제1호 내지 제7호와 유사한 유형의 불공정거래행위를 규제할 필요가 있는 경우에 이를 대통령령으로 정하여 규제하도록 한 수권규정이라고 해석함이 상당하다. 따라서 같은 법 시행령에 위 제8호와 관련된 불공정거래행위의 유형 또는 기준이 정하여져 있지 아니한 이상, 문제된 행위가 공정한 거래를 저해할 우려가 있는 행위라고 하여 이를 위 제8호의 불공정거래행위로 의율하여 제재를 가할 수는 없다(대판 2008.2.14, 2005두1879). ⑤ 거래조건차별이 아닌 끼워팔기에 해당한다. 한국토지공사 사건(대판 2006.5.26, 2004두3014) 참고. <답 ⑤>

45. **「독점규제 및 공정거래에 관한 법률」상 부당지원행위에 관한 설명으로 옳지 않은 것은?** (다툼이 있는 경우에는 대법원 판례에 의함) 〈2011 사시〉

① 용역거래의 경우에도 부당지원행위가 성립될 수 있다.
② 제3자를 매개로 하여 자금지원이 이루어진 경우에도 부당지원행위가 성립될 수 있다.
③ 부당지원행위를 금지하는 입법취지는 공정한 거래질서를 확립하고 경제력집중을 방지하는 데 있다.
④ 부당지원행위의 지원객체인 '다른 회사'는 계열회사에 한정되지 아니한다.
⑤ 특수관계인에게 자금·자산·인력 등을 지원하는 행위는 그 대가와 규모의 현저성 유무를 불문하고 부당지원행위가 된다.

해설

①② 법 제23조 제1항 제7호. ③ 부당한 지원행위는 대규모 기업집단에 의한 경제력 집중의 중요한 수단이 되고 있다. ④ 「부당한 지원행위의 심사지침」 Ⅱ. 2. 참고. ⑤ 대가와 규모의 현저성 유무를 고려하여 부당지원행위 여부를 판단한다(「부당한 지원행위의 심사지침」 Ⅱ. 4. 참고). 그러나 2013.8.13. 법 개정으로 앞으로는 현저히 유리한 정도에 미치지 아니하더라도 '상당히' 유리한 경우에 해당한다면 부당지원행위가 성립한다(법 제23조 제1항 제7호 가목). 다만 동법의 시행일은 2014.2.14.이다. <답 ⑤>

46. **「독점규제 및 공정거래에 관한 법률」상 불공정거래행위에 관한 설명으로 옳지 않은 것은?** 〈2012 사시〉

① 한국공정거래조정원은 불공정거래행위의 금지규정을 위반한 혐의가 있는 행위와 관련된 분쟁을 조정할 수 있다.

② 공정거래위원회는 불공정거래행위의 금지규정을 위반한 사업자에 대하여 당해 행위의 중지 등을 명할 수 있다.
③ 사업자인 특허권자가 특허발명의 실시허락을 부당하게 거절하는 것은 불공정거래행위가 될 수 있다.
④ 대법원은 제약회사가 의약품의 판매를 촉진하기 위하여 병 · 의원 등에 상품권 등을 지원하는 행위를 부당한 고객유인행위라고 판시한 바 있다.
⑤ 사업자 또는 사업자단체가 부당한 고객유인을 방지하기 위하여 자율적으로 정한 규약은 공정거래위원회의 심사대상에서 제외된다.

해설

⑤ 사업자 또는 사업자단체는 공정거래위원회에 공정경쟁규약에 대한 심사를 요청할 수 있다(법 제23조 제5항). <답 ⑤>

47. **「독점규제 및 공정거래에 관한 법률」상 불공정거래행위 유형 중 '자기의 거래상 지위를 부당하게 이용하여 상대방과 거래하는 행위'에 해당하지 않는 것은?** 〈2013 사시〉

① 구입강제 ② 경영간섭 ③ 이익제공강요
④ 끼워팔기 ⑤ 판매목표강제

해설

자기의 거래상의 지위를 부당하게 이용하여 상대방과 거래하는 행위는 불공정거래행위 중 거래상 지위의 남용행위(독점규제법 제23조 제1항 제4호)에 해당하는데, 구입강제, 이익제공강요, 판매목표강제, 불이익제공, 경영간섭의 5가지 행위유형이 이에 해당한다. 끼워팔기는 거래강제(독점규제법 제23조 제1항 제3호 후단)에 포함된다. <답 ④>

48. **「독점규제 및 공정거래에 관한 법률」이 금지하는 부당한 고객유인행위에 관한 설명으로 옳지 않은 것은?** (다툼이 있는 경우에는 대법원 판례에 의함) 〈2013 사시〉

① 새로운 거래관계를 형성하는 과정에서 경쟁사업자의 고객이 될 가능성이 있는 상대방은 유인의 대상이 되는 경쟁사업자의 고객에 해당하지 않는다.
② 제약회사가 자사의 약품 채택을 위하여 의사에게 리베이트를 제공하는 행위는 부당한 고객유인행위에 해당할 수 있다.
③ 경쟁사업자와 그 고객의 거래에 대하여 계약불이행을 유인하는 방

법으로 거래를 부당하게 방해함으로써 그 고객을 자기와 거래하도록 유인하는 행위는 부당한 고객유인행위에 해당한다.

④ 공정거래위원회가 정한 기준을 벗어나는 소비자현상경품류의 제공은 부당한 고객유인행위에 해당할 수 있다.

⑤ 사업자단체는 부당한 고객유인을 방지하기 위하여 자율적으로 규약을 정할 수 있다.

해설

① 부당한 고객유인행위는 자기와 거래하도록 하기 위해 경쟁사업자의 고객에게 이익을 제공하거나 제공할 제의를 하는 행위가 대상이 되고, 이 때 경쟁사업자의 고객에는 경쟁사업자와 거래를 한 사실이 있거나 현재 거래관계를 유지하고 있는 고객뿐만 아니라 잠재적으로 경쟁사업자와 거래관계를 형성할 가능성이 있는 고객도 포함된다(공정거래위원회, 불공정거래행위 심사지침 Ⅴ. 4. 가.). ②③④⑤는 모두 옳은 설명이다. <답 ①>

제 8 절 사업자단체의 경쟁제한행위의 금지

01. 독점규제법에서 금지하고 있는 사업자단체의 경쟁제한행위에 대한 다음 설명 중 옳은 것은?

① 독점규제법에서의 사업자단체는 법인이나 조합과 같이 법에서 규정하는 2인 이상의 사업자의 조직을 가리킨다.

② 사업자단체는 영리를 목적으로 하여야 하는데 그 목적은 각 단체의 정관을 기준으로 판단한다.

③ 서로 다른 업을 영위하는 2인 이상 사업자로 구성된 조직도 사업자단체로 인정된다.

④ 의사 · 변호사 · 건축사와 같은 전문직 자유업자의 단체는 독점규제법상의 사업자단체가 될 수 없다.

⑤ 개별사업자가 그 단체에 흡수되어 독자적인 활동을 하지 않는 경우에는 사업자단체라고 할 수 없고 사업자단체로 되기 위하여는 개별구성사업자와 구별되는 단체성 · 조직성을 갖추어야 한다.

해설

① 단체를 조직한 자들이 사업자이기만 하면 그 조직구성원이 법인이든 조합이든 법적 형태를 불문한다. ② 영리를 목적으로 할 필요가 없다. ③ 동업자 또는 관련사업을 영위하고 있는 자만이 그 구성원이 될 수 있다. ④ '사단법인 대한의

사협회는 서비스업 기타 사업을 행하는 사업자인 의사들이 구성원이 되어 고도의 이익을 증진할 목적 등을 가지고 의료법에 의하여 조직된 사단법인이므로 「독점규제 및 공정거래에 관한 법률」의 적용대상인 사업자단체에 해당한다 할 것이다'(대판 2003.2.20, 2001두5437). ⑤ 대판 2008.2.14, 2005두1879. <답 ⑤>

02. **다음 중 공정거래위원회가 장려하는 사업자단체의 허용(조장)행위에 해당하지 않는 것은?**

① 구성사업자의 가격동향의 조사와 조사결과의 공표
② 당해 산업에 관련한 해외시장 및 국내시장 등에 대한 일반적인 정보를 수집 또는 배포하는 행위
③ 산업능률의 향상을 위한 규격·품질에 대한 자율적 기준의 설정
④ 경영에 관한 일반적인 지식의 보급 및 기능의 훈련을 하는 행위
⑤ 정부에의 시책건의 및 평가

해설

①은 가격공동행위의 보조수단으로 악용될 수 있으므로 허용되기 어렵다. 나머지는 「사업자단체 활동지침(2009.8.20. 공정거래위원회 고시 제2009-24호)」에 의한 내용이다. <답 ①>

03. **다음은 사업자단체의 법위반행위에 관한 대법원 판결의 내용이다. 판결 내용과 일치하지 않는 것은?**

① 출판사의 사업자단체가 출판물의 재판매가격유지계약 체결권한을 위임하지 아니한 출판사들에 대하여 도서정가제가 더욱 공고히 확립될 수 있도록 최대한 협조하여 줄 것을 요청하는 공문을 발송한 행위는 독점규제법 제26조 제1항 제4호의 재판매가격유지행위를 하게 하는 행위에 해당되어 독점규제법 위반이다.
② 구성사업자인 의사들 모두의 이익을 증진하기 위한 목적에서라고 하더라도 구성사업자들에게 본인의 의사 여하를 불문하고 일제히 휴업하도록 요구하였고 그 요구에 어느 정도 강제성이 있었다고 한다면 이는 구성사업자인 의사들의 자유의 영역에 속하는 휴업 여부 판단에 사업자단체가 간섭한 것이다.
③ 자동차부분정비사업자들이 공동의 이익증진 및 친목도모 등을 목적으로 설립한 사업자단체가 구성사업자들에게 자신과 계약을 체결한 특정 지정폐기물처리업체를 통하여만 지정폐기물을 처리하도록 강제하

고 이에 따르지 않는 구성사업자를 제명한 행위는 사업자단체의 구성사업자의 사업내용 또는 활동을 부당하게 제한하는 행위에 해당한다.

④ 사업자단체인 '동양시멘트레미콘개인사업자협의회'가 정기총회에서 위 협회를 구성한 사업자들에게 위 협회와 동양메이저 주식회사 부산공장(이하 '동양시멘트'라 한다) 사이의 단체협상을 통하여 결정된 레미콘 운송단가 등을 기준으로 하여 동양시멘트와 운송계약을 체결하고, 레미콘 운송단가 등에 관한 단체협상이 이루어지지 않은 경우에도 단체행동을 하는 외에 개별적으로 레미콘 운송계약을 체결하여서는 아니 된다는 결의를 한 것은 협회의 시장점유율을 따질 필요 없이 레미콘 운송가격 기타 운송조건에 영향을 미칠 수 있는 행위로서 '일정한 거래분야에서 경쟁을 실질적으로 제한하는 행위'에 해당한다.

⑤ 대한법무사협회가 소속 법무사로 하여금 순차적으로 집단등기 사건을 수임하도록 하고, 원고 협회와 협의를 거치지 아니한 입주자 대표회 등의 단체에서 자체 법무사 선임을 원하는 경우에도 소속 법무사가 이를 임의로 수임할 수 없도록 하고, 지방법무사회가 운영경비 조달의 범위를 넘어서 집단등기사건의 보수액 중 일부를 징수하여 공동분배하도록 하는 내용의 규정을 단체의 의사결정으로 정하고 소속 지방법무사회로 하여금 운영세칙을 정하여 시행하도록 한 것은 '구성사업자의 사업내용 또는 활동을 부당하게 제한'하는 행위에 해당한다.

해설

④ '…레미콘 운송시장의 특수성과 협회와 동양시멘트 사이의 단체협사의 내용 및 구성사업자들과 동양시멘트와의 운송계약내용에 비추어 협회의 레미콘운송시장에서의 시장점유율을 극히 미미한 것으로 보이는 점, 협회 소속 개인사업자들도 자유롭게 협회를 탈퇴하여 협회와 관계없이 개인적으로 동양시멘트와 운송계약을 체결할 수 있는 점 등… 여러 사정을 종합하면 위 결의가 레미콘 운송가격 기타 운송조건 등의 결정에 영향을 미치거나 미칠 우려가 있다고 볼 수 없어 부당하게 경쟁을 제한하는 행위에 해당하거나 일정한 거래분야에서 경쟁을 실질적으로 제한하는 행위에도 해당하지 아니한다고 할 것이므로…'(대판 2005.1.27, 2002다42605). ① 대판 1997.6.13, 76누5834. ② 대판 2003.2.20, 2001두5347. ③ 구성사업자들로서는 당해 사업장에서 발생하는 지정폐기물인 폐유의 처분 단가나 폐기물처리업체의 처리능력 등을 고려하여 자신들의 이윤형성에 유리할 수 있는 거래상대방을 선택할 가능성이 있었고 이를 통하여 구성사업자들의 사업활동 여건이 개선됨으로써 정비 서비스 이용요금 하락 등 가

격경쟁이 촉진될 수 있는데, 위 사업자단체가 구성사업자들로 하여금 지정폐기물을 공동으로 처리하도록 강제함으로써 그러한 기회를 차단하는 것은 결과적으로 구성사업자의 공정하고 자유로운 경쟁을 저해하는 결과가 되고, 회원들의 공동 이익증진이라는 목적 달성을 위하여 구성사업자의 사업활동에 대하여 제한할 수 있는 범위를 초과하여 이를 과도하게 제한하는 것이라고 보아야 하므로…(대판 2010.10.28, 2010두14084). ⑤ 대판 1997.5.16, 96누150. <답 ④>

04. 사업자단체의 부당한 공동행위에 관한 다음 설명 중 옳지 않은 것은?

① 정부정책에 대한 반대를 관철하기 위한 사업자단체의 집단휴업행위는 부당한 공동행위에 해당한다기보다 구성사업자의 사업활동 제한행위에 해당한다고 보는 것이 경쟁법의 법리에 부합한다.
② 관련시장에서 시장점유율이 극히 미미한 사업자단체의 가격결정행위는 부당한 공동행위를 구성하기 어렵다.
③ 구성사업자들이 사업자단체를 자유롭게 탈퇴할 수 있다 하더라도 당해 사업자단체의 거래조건 결정행위는 부당한 공동행위에 해당한다.
④ 관련시장에서 문제의 사업자단체의 구성사업자가 아닌 사업자들의 공급여력이 충분하다면 부당한 공동행위의 성립을 인정하기 어렵다.
⑤ 사업자단체의 구성사업자의 사업활동에 대한 제한은 상당한 정도 허용되지만 과도한 제한으로 구성사업자간의 공정하고 자유로운 경쟁을 저해할 정도에 이르면 금지된다.

해설

③ '구성사업자들이 자유롭게 탈퇴할 수 있다면' 사업자단체의 부당한 공동행위 성립을 인정하기 어렵다. ⑤ '사업자단체의 금지행위로서 "구성사업자의 사업내용 또는 활동을 부당하게 제한하는 행위"를 규정하고 있는 취지는, 원래 사업자단체는 구성사업자의 공동의 이익을 증진하는 것을 목적으로 하는 단체이므로 그 목적 달성을 위하여 단체의 의사결정에 의하여 구성사업자의 사업활동에 대하여 일정한 범위의 제한을 하는 것이 어느 정도 예정되어 있다고 하더라도 그 결의의 내용이 구성사업자의 사업내용이나 활동을 과도하게 제한하여 구성사업자 사이의 공정하고 자유로운 경쟁을 저해할 정도에 이른 경우에는 이를 허용하지 않겠다는 데에 있다'(부산지역 레미콘 개인사업자협의회 사건판결, 대판 2005.1.27, 2002다42605). <답 ③>

05. 사업자단체에 대한 독점규제법의 규제에 관한 다음 설명 중 옳지 않은 것은?

① 사업자단체는 사업자들의 공동의 이익을 증진하는 것이 목적의 하

나이면 족하고, 그것이 반드시 그 단체의 주목적일 필요는 없다.

② 대한약사회의 지시에 따른 집단휴업행위를 부당한 공동행위로 시정조치하고 고발한 공정거래위원회의 처분에 대하여는 경쟁제한의 법리를 오해한 것이라는 비판이 높았다.

③ 사업자단체가 구성사업자의 활동을 부당하게 제한하는 행위가 위법하기 위하여는 강제성이 인정되어야 한다.

④ 사업자를 위하여 활동하는 임원 · 종업원 · 대리인 등으로 구성된 단체도 사업자단체로 본다.

⑤ 구성사업자의 수가 아주 많고 구성사업자 중에서 선임된 임원으로 집행부가 구성되어 단체의 의사결정을 담당하는 사업자단체의 경우 부당한 공동행위를 인정하기가 쉽다.

해설

②⑤ 사업자단체의 부당한 공동행위와 개별사업자간의 부당한 공동행위는 조직화된 공동행위냐 그렇지 아니한 공동행위냐의 차이가 있을 뿐이다. 그러나 집행부에서 결정한 행동지침을 시달하는 경우 공동행위를 구성한다기보다는 구성사업자의 사업내용이나 사업활동을 제한하는 행위에 해당하는 것으로 보아야 할 것이다. <답 ⑤>

06. **사업자단체의 금지행위위반에 대한 제재로 옳지 않은 설명은?**

① 사업자단체가 경쟁을 실질적으로 제한하는 행위를 한 경우, 매출액의 10%를 초과하지 않는 범위 안에서 과징금을 부과할 수 있다.

② 시정조치는 구성사업자에 대하여 명하는 것이 원칙이다.

③ 사업자단체가 일정한 거래분야에서 사업자수를 제한하는 행위를 하였으나, 매출액이 없는 경우에는 5억원을 초과하지 않는 범위 안에서 과징금을 부과할 수 있다.

④ 경쟁제한행위 금지 위반에 대하여는 3년 이하의 징역 또는 2억원 이하의 벌금이 부과된다.

⑤ 시정조치로는 당해 행위의 중지명령, 시정명령을 받은 사실의 공표, 기타 시정을 위하여 필요한 조치가 있다.

해설

① 매출액이 없는 경우에는 20억원을 초과하지 않는 범위 안에서 과징금을 부과할 수 있다. ② 시정조치는 사업자단체에 대하여 명하는 것이 원칙이고, 필요한 경우에 한하여 관련 구성사업자에 대해서도 명할 수 있다(법 제27조). 과징금도 사업자단체 및 구성사업자에 대하여 부과할 수 있다. ⑤ 참고로 정정광고

가 사업자단체의 금지행위와 불공정거래행위의 금지에만 규정되어 있는 시정조치였으나 1999년 개정법에서 삭제되었다. <답 ②>

07. **「독점규제 및 공정거래에 관한 법률」상 사업자단체에 관한 설명으로 옳지 않은 것은?**

① 구성사업자가 사업자단체의 의사에 따라 이를 실행에 옮겼는지의 여부는 사업자단체의 금지행위 규정의 적용 여부에 영향이 없다.
② 사업자단체가 추구하는 공동의 이익 증진이라는 목적을 판단함에 있어서는 정관 또는 규약뿐만 아니라 실제로 추구하는 목적도 기준이 된다.
③ 사업자단체의 지부, 분회 등 하부조직이 단순히 사업자단체의 사무를 처리하는 데 그치지 않고 독자적으로 활동을 하고 있으면 독립된 사업자단체로 본다.
④ 친목, 사회봉사 등 사업자의 사업활동과는 전혀 관계없는 이익을 증진할 목적의 단체는 사업자단체에 해당하지 않는다.
⑤ 사업자의 이익을 위한 행위를 하는 종업원은 사업자단체에 관한 규정의 적용에 있어서는 사업자로 추정한다.

해설

④ '공동의 이익'이란 구성사업자의 경제활동상의 이익을 말하고 단지 친목, 종교, 학술, 조사, 연구, 사회활동만을 목적으로 하는 단체는 이에 해당하지 않는다(대판 2008.2.14, 2005두1879). ⑤ 사업자의 이익을 위한 행위를 하는 임원·종업원·대리인 기타의 자는 사업자단체에 관한 규정의 적용에 있어서는 이를 사업자로 본다(법 제2조 제1호). <답 ⑤>

08. **「독점규제 및 공정거래에 관한 법률」상 사업자단체에 대하여 적용되지 않는 것은?** 〈2007 사시〉

① 시장지배적지위를 남용하여 경쟁자의 사업활동을 부당하게 방해하는 행위
② 부당하게 가격을 결정하여 경쟁을 제한하는 행위
③ 사업자에게 불공정거래행위를 하게 하는 행위
④ 일정한 거래분야에서 사업자 수를 제한하는 행위
⑤ 재판매가격유지행위를 내용으로 하는 프랜차이즈도입계약을 체결하게 하는 행위

✍ **해설** ……………………………………

법 제26조 제1항 각호 참조. <답 ①>

09. **「독점규제 및 공정거래에 관한 법률」상 사업자단체의 금지행위로 열거되지 아니한 것은?** 〈2010 사시〉

① 일정한 거래분야에 있어서 현재 또는 장래의 사업자 수를 제한하는 행위

② 구성사업자의 사업내용 또는 활동을 부당하게 제한하는 행위

③ 새로운 경쟁 사업자단체의 참여를 부당하게 방해하는 행위

④ 구성사업자에게 불공정거래행위를 하게 하거나 이를 방조하는 행위

⑤ 가격의 결정행위 등에 의하여 부당하게 경쟁을 제한하는 행위

✍ **해설** ……………………………………

①②④⑤ 법 제26조 제1항. <답 ③>

10. **약사회가 약사법 개정안에 반대하여 전국의 약국을 무기한 휴업하기로 결의하고 그 구성사업자인 약국들로 하여금 휴업하도록 한 경우 「독점규제 및 공정거래에 관한 법률」상 제재조치 또는 구제수단으로 옳지 않은 것은?** 〈2012 사시〉

① 공정거래위원회는 약사회에 대하여 당해 행위의 중지, 시정명령을 받은 사실의 공표 등을 명할 수 있다.

② 공정거래위원회는 약국에 대하여 당해 행위의 중지, 시정명령을 받은 사실의 공표 등을 명할 수 있다.

③ 공정거래위원회는 약사회에 대하여 과징금을 부과할 수 있다.

④ 약사회의 위 행위로 인하여 약을 구입하지 못하여 피해를 입은 환자는 약사회를 상대로 손해배상을 청구할 수 있다.

⑤ 서울행정법원은 이 법상 사업자단체의 금지행위 규정을 위반한 자를 벌금에 처할 수 있다.

✍ **해설** ……………………………………

사업자단체가 금지행위를 위반한 경우, ①② 공정거래위원회는 당해 사업자단체 또는 구성사업자에 대하여 당해행위의 중지, 시정명령을 받은 사실의 공표 기타 시정을 위한 필요한 조치(시정조치)를 명할 수 있고(법 제27조), ③ 당해 사업자단체에게 과징금을 부과할 수도 있으며(법 제28조), ④ 사업자 또는 사업자단체는 이로 인하여 피해를 입은 자에 대하여 손해배상의 책임을 진다(법 제56조 제1항). ⑤ 그러나 벌금은 행정법원이 아닌 공정거래위원회가 부과할 수

있다(법 제66조 내지 제67조). <답 ⑤>

제 9 절 재판매가격유지행위의 제한

01. 다음은 재판매가격유지행위의 허용에 관한 서술이다. 옳은 것은?

① 저작물에 대한 재판매가격유지행위가 허용되고 있다.
② 재판매가격유지행위가 허용되는 간행물에는 음반, 비디오물이 포함된다.
③ 독점규제법에서는 최고가격지정행위를 원칙적으로 허용하는 규정을 두고 있다.
④ 최저재판매가격유지행위는 상표내의 경쟁을 제한하므로 소비자후생을 증대하는 경우에도 위법하게 된다.
⑤ 최저재판매가격유지행위에 대한 입증책임은 공정거래위원회에게 있다.

✍ 해설

① 「재판매가격유지행위가 허용되는 저작물의 범위(2009.8.20. 공정거래위원회 고시 제2009-52호)」 참조. ② 음반, 비디오물에는 「출판문화산업 진흥법」이 적용되지 아니한다. ③ 법 제29조 제1항 단서에서 원칙적으로 허용하는 것이 아니라 정당한 이유가 있으면 허용하는 입장을 취하고 있다. ④⑤ 최저재판매가격유지행위가 해당 상표 내의 경쟁을 제한하는 것으로 보이는 경우라 할지라도 시장의 구체적 상황에 따라 그 행위가 관련 상품시장에서의 상표간 경쟁을 촉진하여 결과적으로 소비자후생을 증대하는 등 정당한 이유가 있는 경우에는 이를 예외적으로 허용하여야 할 필요가 있다. 그리고 그와 같은 정당한 이유가 있는지 여부는 관련 시장에서 상표 간 경쟁이 활성화되어 있는지 여부, 그 행위로 인하여 유통업자들의 소비자에 대한 가격 이외의 서비스 경쟁이 촉진되는지 여부, 소비자의 상품 선택이 다양화되는지 여부, 신규사업자로 하여금 유통망을 원활히 확보함으로써 관련 상품시장에 쉽게 진입할 수 있도록 하는지 여부 등을 종합적으로 고려하여야 하며, 이에 관한 증명책임은 관련 규정의 취지상 사업자에게 있다고 보아야 한다(대판 2011.3.10, 2010두9976). <답 ①>

02. 독점규제법상 재판매가격유지행위 개념에 대한 설명으로 옳지 않은 것은?

① 재판매가격유지행위를 금지하는 취지는 유통단계에서의 가격경쟁을 제한하여 소비자후생을 저해하는 것을 방지하기 위한 데에 있다.
② 직접 거래상대방에 대하여 거래가격을 지정하는 것이 아니라 그 다

음 거래단계별 사업자에게 거래가격을 지정하여 강제하는 경우, 강학상의 재판매가격유지행위에는 해당하지만 독점규제법의 규제대상에는 포함되지 아니한다.

③ 용역거래에 있어서의 재판매가격유지행위도 독점규제법상 규제대상에 포함된다.

④ 최저재판매가격의 유지행위뿐 아니라 최고재판매가격의 유지행위도 규제대상이 된다.

⑤ 사업자가 거래상대방인 재판매업자에게 재판매가격을 정하여 그 가격대로 판매할 것을 지시하는 경우에는 그것이 참고가격 내지 희망가격으로 제시된 것이라면 위법하지 않다.

해설

① 독점규제 및 공정거래에 관한 법률의 입법 목적은 경쟁을 촉진하여 소비자를 보호하려는 데에도 있고, 제29조 제1항이 재판매가격유지행위를 금지하는 취지도 사업자가 상품 또는 용역에 관한 거래가격을 미리 정하여 거래함으로써 유통단계에서의 가격경쟁을 제한하여 소비자후생을 저해하는 것을 방지하기 위한 데에 있다(대판 2010.12.23. 2008두22815). ② 용역거래에 있어서의 재판매가격유지행위와 거래단계를 건너뛴 재판매가격유지행위 모두 금지대상에 포함하고 있다(법 제2조 제7호). ⑤ 사업자가 거래상대방인 재판매업자와 상품을 거래함에 있어 재판매가격을 정하여 그 가격대로 판매할 것을 지시하는 등의 행위는, 그것이 단지 참고가격 내지 희망가격으로 제시되어 있는 것에 그치는 정도인 경우에는 이를 위법하다 할 수 없으나, 거기에서 그치지 아니하고 재판매업자로 하여금 그 지시 등에 따르도록 하는 것에 대하여 현실로 그 실효성을 확보할 수 있는 수단이 부수되어 있다면, 이는 공정거래법 제2조 제6호에서 규정하는 '그 가격대로 판매할 것을 강제하거나 이를 위하여 규약 기타 구속조건을 붙여 거래하는 행위'로서 공정거래법 제29조 제1항에 의하여 금지되는 재판매가격유지행위에 해당하므로 위법하다(대판 2010.12.9, 2009두3507).

<답 ②>

03. 재판매가격유지행위에 대한 다음 설명 중 옳지 않은 것은?

① 공정거래위원회는 당해 상품의 품질이 동일하다는 것을 용이하게 식별할 수 있거나 당해 상품이 일반 소비자에 의하여 일상 사용되는 것이거나 또는 당해 상품에 대하여 자유로운 경쟁이 행하여지고 있다면 사업자의 신청에 의하여 재판매가격유지행위를 할 수 있도록 지정할 수 있다.

② 공정거래위원회는 재판매가격유지행위를 위한 신고가격이 원가에

비하여 높은 경우 소비자이익을 현저히 저해할 우려가 있을 경우에는 가격인하를 명할 수 있다.

③ 추천가격, 권장가격을 표시하더라도 실질적으로 가격구속성이 인정되는 경우에는 재판매가격유지행위가 된다.

④ 제조회사가 유통점에 대하여 소비자판매가격을 지정하고 지정가격을 준수하지 않을 경우 제품공급을 중단하겠다는 공문을 발송하였을 뿐 현실적 공급중단은 없었더라도 재판매가격유지행위에 해당한다는 것이 공정거래위원회의 입장이다.

⑤ 공정거래위원회는 제조회사가 유통점으로부터 소비자판매가격을 준수하겠다는 서약서를 제출받은 것에 대하여 재판매가격준수를 강요한 행위로 보았다.

해설

① 세 가지 요건 모두를 갖추어야 지정을 할 수 있다. ② 소비자이익의 보호를 위해서만 계약내용의 수정을 명할 수 있다(법 제30조). ③ 「재판매가격유지행위 심사지침(2009.8.12. 공정거래위원회 예규 제68호)」 ④⑤ 만도기계 주식회사의 김치저장고 재판매가격유지행위사건 심결(1998.12.22. 의결 제98-116호) 참고. 한편 대법원 판결은 재판매가격의 지시통지의 실효성을 확보할 수 있는 수단이 부수되어 있는 경우에만 금지되는 재판매가격유지행위에 해당한다고 하였다(대판 2001.12.24, 99두11141). <답 ①>

04. 다음은 재판매가격유지행위에 대한 설명이다. 옳지 않은 것은?

① 재판매가격유지행위라 함은 상품의 거래뿐만 아니라 용역의 거래에 있어서도 원칙적으로 금지된다.

② 최저재판매가격유지행위에 대하여 독점규제법은 당연위법적인 규제방식을 채택하여 왔으나, 최근 우리 대법원은 정당한 이유가 있는 때에는 예외적으로 허용될 수 있다고 판시하였다.

③ 특히 최저재판매가격유지행위는 재판매자들 사이의 가격담합의 방편으로 도용될 가능성도 있다.

④ 재판매가격유지행위는 재판매자들 사이의 가격경쟁을 배제시키는 것이므로 재판매자들로부터 구매하는 소비자에게 이익이 될 수는 없다.

⑤ 독점규제법상 최고재판매가격유지행위는 정당한 이유가 있는 경우에는 허용되고 있다.

해설

② 대판 2011.3.10, 2010두9976. ⑤ 법 제29조 제1항. ④ 최고재판매가격유지행위는 소비자들에게 이익이 되고 재판매자에게 불이익이 될 수 있다. <답 ④>

05. **다음 중에서 재판매가격유지행위의 정당화 근거로 제시되는 것이 아닌 것은?**

① 상표간 경쟁의 촉진
② 재판매업자들 사이의 비가격경쟁의 촉진
③ 재판매업자들 사이의 가격담합방지
④ 무임승차효과의 제거
⑤ 판매독점으로부터 소비자보호

해설

③ 특히 최저재판매가격유지행위는 재판매업자들 사이의 가격담합의 한 방편으로 도용될 가능성이 높다. <답 ③>

06. **재판매가격유지행위금지에 대한 설명으로 옳지 않은 것은?**

① 재판매가격유지행위가 성립하기 위해서는 거래단계별 가격의 사전지정과 강제성의 확보라는 두 가지 요건이 필요하다.
② 재판매가격유지행위는 브랜드간(inter-brand) 경쟁을 촉진하는 측면도 있다.
③ 사업자가 유통업자와 전속적 판매계약을 체결하는 경우 설령 유통업자가 지나치게 높은 이윤을 추구한다 하더라도 가격을 일정한 수준 이상으로 올리지 못하도록 하는 것은 최고가격유지행위에 해당하여 위법하다.
④ 재판매가격유지행위의 제한규정을 위반한 사업자에게는 과징금을 부과할 수 있다.
⑤ 위탁매매의 경우 위탁매매인은 위탁자의 지정가격을 준수할 의무가 있다.

해설

③ 이 경우 정당한 이유가 존재한다고 본다. ④ 법 제31조의2. ⑤ 위탁매매는 원칙적으로 위탁매매인인 자신의 명의, 위탁자의 계산으로 하는 경우로서 위탁매매인은 지정가격준수의무가 있으므로(상법 제106조) 재판매가격유지행위가 허용되지만, 위탁매매인이 자기의 계산으로 위탁매매를 실행하는 경우는 진정한 위탁매매가 아니므로 독점규제법상 금지되는 재판매가격유지행위에 해당된다

(「재판매가격유지행위 심사지침(2009.8.12. 공정거래위원회 예규 제68호)」).

<답 ③>

07. **다음 ( ) 안에 들어갈 어구를 순서대로 배열한 조합으로서 타당한 것은?** 〈2007 사시〉

> 재판매가격유지행위는 생산자, 도매업자, 소매업자와 같이 거래단계를 달리하는 사업자들간의 협정이라는 점에서 (A)(이)라고 부르기도 한다. 또한 재판매가격유지행위는 거래제한을 하는 상품의 판매업자간의 (B)을(를) 배제하는 것이므로 (C)와(과) 비교하여 (D)(이)라고 부르기도 한다.
>
> 〈보기〉
>
> ㄱ. 수평적 가격제한행위 ㄴ. 수직적 가격제한행위
> ㄷ. 품질경쟁 ㄹ. 가격경쟁
> ㅁ. 서비스경쟁 ㅂ. 다른 상표품간의 거래제한
> ㅅ. 동일 상표품 내에서의 거래제한

① ㄱ—ㄷ—ㅂ—ㅅ ② ㄴ—ㄹ—ㅂ—ㅅ
③ ㄱ—ㄹ—ㅂ—ㅅ ④ ㄴ—ㄹ—ㅅ—ㅂ
⑤ ㄱ—ㅁ—ㅅ—ㅂ

해설

재판매가격유지행위의 개념에 대한 다양한 설명이다. <답 ②>

08. **「독점규제 및 공정거래에 관한 법률」상 재판매가격유지행위에 관한 설명 중 옳은 것은?** 〈2009 사시〉

① 추천가격이나 권장가격의 제시가 구속성·강제성을 가지는 경우에는 재판매가격유지행위로서 위법성이 인정될 수 있다.
② 최저가격유지행위는 정당한 이유가 있는 경우에는 허용된다.
③ 재판매가격유지행위가 허용되는 지정상품은 당해 상품에 대하여 자유로운 경쟁이 행하여지고 있는 것이 아니라도 무방하다.
④ 공정거래위원회는 재판매가격유지행위를 허용하는 경우에도 당해 재판매가격유지계약이 소비자의 이익을 제한할 우려가 있을 때에는 계약내용의 수정을 명하여야 한다.
⑤ 공정거래위원회는 재판매가격유지행위의 제한규정을 위반한 사업자

가 시정조치를 받은 후 그 정한 기간 내에 이행을 하지 아니하는 경우에는 이행강제금을 부과할 수 있다.

해설

② 제29조 제1항 단서. ③ 법 제29조 제2항 제3호. ④ 법 제30조. ⑤ 법 제31조, 법 제31조의2. <답 ①>

09. **「독점규제 및 공정거래에 관한 법률」상 재판매가격유지행위의 제한에 관한 설명 중 옳지 않은 것은?** (다툼이 있는 경우 대법원 판례에 의함) 〈2010 사시〉

① 다음 거래단계의 사업자들에게 판매가격을 구속하는 조건으로 거래하는 행위이다.

② 거래단계를 달리하는 사업자 간의 수직적 가격제한의 성격을 띠고 있다.

③ 제조업자 상호간 협정을 통해 공동으로 도매업자 또는 소매업자에 대해 판매가격을 구속하는 경우 제조업자 상호간에 부당한 공동행위가 성립할 수 있다.

④ 재판매가격유지행위가 예외적으로 허용되더라도 사업자단체가 스스로 가격경쟁을 하려는 소속사업자에게 재판매가격을 유지하도록 하는 행위는 위법하다.

⑤ 최저가격유지행위와 최고가격유지행위의 위법성 평가기준은 동일하다.

해설

① 법 제2조 제6호. ④ 법 제26조 제1항 제4호. ⑤ 최고가격유지행위는 정당한 이유가 있는 경우 허용될 수 있다(법 제29조 제1항 단서). <답 ⑤>

10. **「독점규제 및 공정거래에 관한 법률」상 재판매가격유지행위를 할 수 있는 요건으로 규정되어 있지 않은 것은?** 〈2011 사시〉

① 당해 상품에 대하여 공정거래위원회로부터 미리 지정을 받을 것

② 당해 상품이 일반소비자에 의하여 일상 사용되는 것일 것

③ 당해 상품에 대하여 자유로운 경쟁이 행하여지고 있을 것

④ 당해 상품의 가격에 대하여 일반소비자가 잘 알고 있을 것

⑤ 당해 상품의 품질이 동일하다는 것을 용이하게 식별할 수 있을 것

해설

법 제29조 제2항. <답 ④>

11. **「독점규제 및 공정거래에 관한 법률」상 재판매가격유지행위에 관한 설명으로 옳지 않은 것은?** (다툼이 있는 경우에는 대법원 판례에 의함) 〈2012 사시〉

① 이 행위는 정당한 이유의 유무에 관계없이 위법하다.

② 사업자는 이 법 시행령이 정하는 저작물에 대해서는 재판매가격유지행위를 할 수 있다.

③ 사업자가 재판매사업자에게 일방적으로 재판매가격을 지정하여 그 가격대로 판매할 것을 지시하였더라도 그것이 단지 희망가격을 제시하는 데 그치는 경우에는 위법하다고 할 수 없다.

④ 재판매사업자로 하여금 그 지시·통지에 따르도록 하는 것에 대하여 현실로 그 실효성을 확보할 수 있는 수단이 부수되어 있는 경우에는 재판매가격유지행위에 해당한다.

⑤ 공정거래위원회가 재판매가격유지행위를 할 수 있는 상품을 지정한 때에는 이를 고시하여야 한다.

해설

① 재판매가격유지행위는 원칙적으로 금지되지만, 최고가격유지행위로서 정당한 이유가 있는 경우에는 허용된다(법 제29조 제1항 단서). <답 ①>

12. **「독점규제 및 공정거래에 관한 법률」상 재판매가격유지행위에 관한 설명으로 옳지 않은 것은?** (다툼이 있는 경우에는 대법원 판례에 의함) 〈2013 사시〉

① 이 법은 최고가격유지행위에 관하여 정당한 이유가 있는 경우 예외적으로 이를 허용하고 있다.

② 대법원은 최저가격유지행위에 관하여 정당한 이유가 있는 경우 예외적으로 허용할 필요가 있다고 해석한다.

③ 재판매가격유지행위가 허용되기 위한 정당한 이유에 관한 증명책임은 공정거래위원회가 아니라 사업자에게 있다.

④ 사업자가 재판매업자에게 강제성 없이 희망가격을 제시한 경우도 위법한 재판매가격유지행위에 해당한다.

⑤ 위탁자가 자기 소유 상품의 거래가격을 수탁자에게 당연히 지정할 수 있는 위탁판매의 경우 위탁자가 수탁자에게 판매가격을 지정하더라도 재판매가격유지행위에 해당하지 않는다.

해설

④ 재판매가격유지행위가 성립하기 위해서는 사업자가 미리 정해준 가격대로 판매 또는 제공할 것을 강제하거나 이를 위해 규약 기타 구속조건을 붙이는 강

제성 내지 구속성이 있어야 한다. 강제수단으로는 거래거절, 경제적 불이익 등이 가장 빈번하게 사용된다. ① 독점규제법 제29조 제1항 단서. ② 대판 2010.11.25, 2009두9543; 대판 2010.12 23, 2008두22815; 대판 2011.3.10, 2010두9976 등. ③ 정당한 이유가 있는지에 관한 입증책임은 규정의 취지상 사업자에게 있다(대판 2010.12.23, 2008두22815). ⑤ 위탁판매는 위탁자가 상품의 소유권과 거래상의 위험을 일체 부담하고, 수탁자는 위탁자의 계산으로 상품을 판매하며 그 대가로 단순한 수수료를 받는 제도를 말한다. 이 경우 위탁자가 판매가격을 지시할 경우에는 수탁자는 자기의사와 관계없이 그 가격대로 판매할 수밖에 없게 되며, 법적으로도 위탁매매인은 위탁자의 지정가격을 준수할 의무가 있으므로(상법 제106조) 수탁자에게 판매가격을 지정하더라도 재판매가격유지행위에 해당되지 아니한다. 위탁판매를 가장한 가격지정이 위법한 재판매가격유지행위에 해당할 수도 있는데, 이 경우 위탁판매제를 하게 된 배경, 소유권의 귀속, 거래상 위험을 위탁자가 책임지고 있는가 등을 검토하여 판단하여야 한다. <답 ④>

제10절 부당한 국제계약의 규제와 독점규제법의 역외적용

01. 다음은 독점규제법상 국제계약의 심사요청에 관한 설명이다. 옳지 않은 것은?

① 심사를 요청할 수 있는 자는 사업자 또는 사업자단체이다.
② 심사요청기간은 계약체결일로부터 60일 이내로 규정되어 있다.
③ 공정거래위원회는 심사요청을 받은 날로부터 20일 이내에 서면으로 통지하여야 한다.
④ 심사요청은 계약체결 전에 할 수 없고 체결 후에만 할 수 있다.
⑤ 심사요청인은 위법하다고 통보된 관련계약조항을 수정하여 60일 내에 다시 심사를 요청할 수 있다.

해설

① 법 제33조. ② 시행령 제48조 제2항. ③ 시행령 제48조 제3항. ④ 심사요청은 계약체결 전후에 관계없이 할 수 있다. 시행령 제48조의 법문은 계약체결 후 심사요청을 예정하고 있으나, 제도의 취지에 비추어 계약체결 전 심사요청이 바람직하고 사전심사요청이 금지되고 있지 않다. ⑤ 시행령 제48조 제4항. <답 ④>

02. 다음과 같은 국제계약의 조항 중 금지대상이라고 보기 어려운 것은?

① 독점계약으로서 제공자가 계약제품의 최소 제조 · 판매 목표량을 설정하고 도입자가 이를 달성하지 못할 경우 제공자가 비독점계약으로 전환할 수 있도록 정한 경우
② 수입대리점업자 이외의 다른 사업자가 당해 외국사업자 이외의 자로부터 계약제품을 수입하는 것을 제한하는 경우
③ 비독점계약임에도 불구하고 외국사업자가 국내사업자로 하여금 계약기간중 경쟁제품을 취급하지 못하도록 하는 경우
④ 기술제공자가 기술도입자의 계약제품 수출을 전면 금지하는 경우
⑤ 도입기술에 대한 특허권 등의 권리가 소멸된 후에도 기술도입자가 계속하여 그 특허권 사용에 대하여 기술료를 내도록 하는 경우

해설

② 병행수입을 보장하기 위하여 금지되는 계약조항이다. ③ 독점대리점계약의 경우에는 경쟁제품 취급금지규정이 허용될 여지가 크다. ④ 기술제공자의 기득권 지역, 예를 들어 제공자가 같은 산업재산권을 등록하여 제3자에게 실시허락(라이센스)을 한 지역 또는 제공자 스스로 판매활동을 하는 지역 등으로 수출을 금지하는 계약조항은 허용된다. ⑤ 노우하우 또는 영업비밀이 공지의 사실이 된 후까지 그 노우하우의 사용에 대하여 기술료를 내도록 하는 계약조항도 금지된다. <답 ①>

03. 다음은 독점규제법상 국제계약의 체결제한에 대한 설명이다. 옳지 않은 것은?

① 사업자 또는 사업자단체는 부당한 공동행위, 불공정거래행위 및 재판매가격유지행위에 해당하는 사항을 내용으로 하는 국제계약을 체결하여서는 아니된다.
② 독점규제법상 규제대상인 국제계약에는 계약기간이 1년 이상인 수입대리점계약이 포함되어 있다.
③ 당해 국제계약의 내용이 일정한 거래분야에서 경쟁에 미치는 영향이 경미하거나 기타 부득이한 사유가 있다고 공정거래위원회가 인정하는 경우에는 금지되지 아니한다.
④ 국제계약에 있어서 금지되는 행위유형은 부당한 공동행위, 불공정거래행위 및 재판매가격유지행위로서 시행령에 세부기준이 정하여져 있다.

⑤ 사업자 또는 사업자단체는 국제계약을 체결함에 있어 당해 국제계약이 부당한 국제계약의 체결제한규정에 위반하는지 여부에 관하여 공정거래위원회에 심사를 요청할 수 있다.

해설

② 시행령 제47조. ④ 국제계약에 있어서 부당한 공동행위, 불공정거래행위 및 재판매가격유지행위의 유형 및 기준은 공정거래위원회가 이를 정하여 고시할 수 있다(법 제32조 제2항). <답 ④>

04. 독점규제법에서 규정하고 있는 부당한 국제계약의 체결제한과 관련한 설명으로 옳은 것은?

① 불공정거래행위 또는 재판매가격유지행위에 해당하는 사항을 내용으로 하는 것으로서 시행령에서 정하는 국제계약의 체결은 금지된다.
② 당해 국제계약의 내용이 일정한 거래분야에 있어서 경쟁에 미치는 영향이 경미하더라도 예외가 허용되지 않는다.
③ 국제계약을 체결하고자 하는 사업자 또는 사업자단체는 공정거래위원회에 계약내용에 관한 심사를 요청하여야 한다.
④ 부당한 국제계약의 체결제한규정을 위반하여 국제계약을 체결한 경우에는 공정거래위원회가 과징금을 부과할 수 없다.
⑤ 계약기간에 따라 규제대상이 달라지지는 않는다.

해설

③ 심사요청이 강제되는 것이 아니라 사업자들의 선택에 맡겨져 있다(법 제33조). <답 ①>

05. 「독점규제 및 공정거래에 관한 법률」상 부당한 국제계약의 체결제한에 관한 설명으로 옳은 것은?

① 차관계약은 같은 법상 부당한 국제계약의 유형에 해당한다.
② 당해 국제계약의 내용이 일정한 거래분야에 있어서 경쟁에 미치는 영향이 경미하다고 공정거래위원회가 인정한 산업재산권 도입계약은 금지되지 않는다.
③ 사업자 또는 사업자단체는 당해 국제계약이 부당한 국제계약에 해당하는지의 여부에 대하여 공정거래위원회에 심사를 요청하여야 한다.
④ 국제계약을 체결한 경우에는 공정거래위원회에 신고하여야 한다.
⑤ 공정거래위원회는 부당한 국제계약을 체결한 사업자 또는 사업자단

체에 대한 시정조치로서 계약내용의 수정·변경 외에 계약의 취소는 명할 수 없다.

해설

① 산업재산권 도입계약, 저작권 도입계약, 노우하우 도입계약, 프랜차이즈 도입계약, 공동연구개발협정, 수입대리점 계약, 합작투자계약이 이에 해당한다(시행령 제47조 참조). 차관계약은 이에 해당되지 않는다. ③ 심사요청 여부는 사업자가 자율적으로 결정할 사항이지 의무사항은 아니다(법 제33조 참조). ④ 공정거래위원회에 신고할 의무는 없다. ⑤ 부당한 국제계약 체결한 사업자에 대한 시정조치 내용으로 계약 내용의 수정·변경뿐만 아니라 계약의 취소도 가능하며 이 계약의 취소는 부당한 국제계약체결 제한에만 유일하게 있는 시정조치이다(법 제34조 참조). <답 ②>

06. **「독점규제 및 공정거래에 관한 법률」상 규제대상이 되는 국제계약에 해당하지 않는 것으로 묶인 것은?** 〈2007 사시〉

ㄱ. 공동연구개발협정	ㄴ. 디자인사용권도입계약
ㄷ. 1년 미만의 수입대리점계약	ㄹ. 차관계약
ㅁ. 음반저작권도입계약	

① ㄱ, ㄷ ② ㄴ, ㄹ ③ ㄴ, ㅁ
④ ㄷ, ㄹ ⑤ ㄷ, ㅁ

해설

법 제32조 제1항; 시행령 제47조 참조. ㄷ의 수입대리점계약은 계약기간이 1년 이상인 경우가 규제대상이다. ㄹ의 차관계약은 규제대상으로서 규정되어 있지 않다. <답 ④>

07. **독점규제법상 역외적용에 관한 설명으로 옳지 않은 것은?** 〈2007 사시〉

① 역외적용이란 외국에서 이루어진 외국사업자의 행위에 대해 우리나라 공정거래위원회의 관할권을 인정하고 같은 법률을 적용하기 위한 것이 아니라 외국사업자와 일정한 국제계약을 체결한 국내사업자를 규제하는 데 주된 목적이 있다.
② 국외에서 이루어진 행위라도 국내시장의 경쟁질서를 저해하는 경우에는 같은 법률을 적용할 수 있다.
③ 역외적용에 관한 같은 법률의 개정이 있기 이전에도 공정거래위원회는 이 법의 역외적용을 인정하였다.

④ 정부는 대한민국의 법률 및 국익에 반하지 않는 범위 안에서 외국 정부와 같은 법률의 집행을 위한 협정을 체결할 수 있다.

⑤ 공정거래위원회는 같은 법률의 집행에 관한 협정이 체결되지 않은 경우에도 외국정부의 법집행 요청시 동일·유사한 사항에 관하여 대한민국의 지원요청에 응한다는 요청국의 보증이 있으면 지원할 수 있다.

해설

① 역외적용이란 외국에서 이루어진 외국사업자의 행위에 대해 우리나라 법을 적용하고자 하는 것이다. ② 법 제2조의2. ④⑤ 법 제36조의2. <답 ①>

08. **「독점규제 및 공정거래에 관한 법률」상 국외행위에 대한 적용(역외적용)에 관한 설명으로 옳지 않은 것은?** 〈2012 사시〉

① 이 법은 국외에서 이루어진 행위라도 국내시장에 영향을 미치는 경우에는 적용한다.

② 이 규정은 공동행위뿐만 아니라 기업결합분야에도 적용될 수 있다.

③ 공정거래위원회는 항공화물운송사업자의 항공화물운임에 관한 담합행위에 대하여 역외적용을 인정한 바 있다.

④ 대법원은 이 규정이 신설되기 전에 국외에서 이루어진 부당한 공동행위의 주체는 내국사업자로 한정된다고 판시하였다.

⑤ 역외적용과 관련하여 정부는 대한민국의 법률 및 이익에 반하지 않는 범위 안에서 외국정부와 이 법의 집행을 위한 협정을 체결할 수 있다.

해설

④ 역외적용 규정은 2004년 개정법에서 도입되었는데, 그 이전의 행위에 대해서는 대법원이 흑연전극봉 가격 담합사건에서 공정거래위원회의 입장을 지지한 바 있다. "독점규제 및 공정거래에 관한 법률'은 사업자의 부당한 공동행위 등을 규제하여 공정하고 자유로운 경쟁을 촉진함으로써 창의적인 기업활동을 조장하고 소비자를 보호함과 아울러 국민경제의 균형 있는 발전을 도모함을 그 목적으로 하고 있고(제1조 참조), 부당한 공동행위의 주체인 사업자를 '제조업, 서비스업, 기타 사업을 행하는 자'로 규정하고 있을 뿐 내국사업자로 한정하고 있지 않은 점(제2조 참조), 외국사업자가 외국에서 부당한 공동행위를 함으로 인한 영향이 국내시장에 미치는 경우에도 '독점규제 및 공정거래에 관한 법률'의 목적을 달성하기 위하여 이를 같은 법의 적용대상으로 삼을 필요성이 있는 점 등을 고려해 보면, 외국사업자가 외국에서 다른 사업자와 공동으로 경쟁을 제한하는 합의를 하였더라도, 그 합의의 대상에 국내시장이 포함되어 있어서

그로 인한 영향이 국내시장에 미쳤다면 그 합의가 국내시장에 영향을 미친 한도 내에서 '독점규제 및 공정거래에 관한 법률'이 적용된다(대판 2006.3.24, 2004두11275). <답 ④>

제11절 한국공정거래조정원의 설립 및 분쟁조정

01. 공정거래분쟁조정협의회의 회의에 대한 다음 설명 중 옳지 않은 것은?

① 공정거래분쟁조정협의회 위원장은 협의회의 회의를 소집하고 그 의장이 된다.

② 공정거래분쟁조정협의회는 재적위원 과반수의 출석으로 개의하고, 출석위원 과반수의 찬성으로 의결한다.

③ 공정거래분쟁조정협의회의 위원장이 사고로 직무를 수행할 수 없는 때에는 일정 요건을 갖춘 공무원의 직에 있던 자인 위원이 그 직무를 대행한다.

④ 공정거래분쟁조정협의회 위원은 일정한 사유가 있는 경우에는 스스로 해당 분쟁조정사항의 조정에서 회피할 수 있다.

⑤ 분쟁당사자는 협의회에 출석하여 의견을 진술할 수 있다.

해설

① 법 제48조의4 제1항. ② 법 제48조의4 제2항. ③ 협의회 위원장이 사고로 직무를 수행할 수 없는 때에는 공정거래위원회 위원장이 지명하는 협의회 위원이 그 직무를 대행한다(법 제48조의4 제3항). ④ 법 제48조의5 제3항. ⑤ 법 제48조의4 제4항. <답 ③>

02. 독점규제법상 공정거래분쟁조정협의회 위원의 제척사유가 아닌 것은?

① 협의회 위원이 해당 분쟁조정사항의 분쟁당사자가 되는 경우

② 협의회 위원이 해당 분쟁조정사항의 조사 또는 심사에 관여하였던 경우

③ 협의회 위원이 해당 분쟁조정사항의 분쟁당사자와 친족관계에 있었던 경우

④ 협의회 위원이 속한 법인이 분쟁당사자의 법률·경영 등에 대하여 자문이나 고문의 역할을 하고 있는 경우

⑤ 협의회 위원이 속한 법인이 해당 분쟁조정사항에 대하여 분쟁당사

자의 대리인으로 관여하였던 경우

해설

①③④⑤는 법 제48조의5 제1항 각호에 규정되어 있으나, ②는 규정되어 있지 않다. <답 ②>

03. **공정거래분쟁조정협의회의 조정에 대한 다음 설명 중 옳은 것을 모두 고른다면?**

㈎ 공정거래분쟁조정협의회는 분쟁당사자가 요청하는 불공정거래행위의 금지규정을 위반한 혐의가 있는 행위로 인한 분쟁에 대해서만 조정한다. ㈏ 시정조치 또는 위반행위의 시정권고에 따라 처리하는 것이 적합한 경우로서 일정 기준에 해당하는 행위 또는 분쟁조정의 신청이 있기 전에 공정거래위원회가 인지·신고 등에 따라 조사중인 사건은 공정거래분쟁조정협의회의 분쟁조정사항에서 제외된다. ㈐ 분쟁조정의 신청은 분쟁조정신청서를 한국공정거래조정원에 제출함으로써 할 수 있다. ㈑ 공정거래분쟁조정협의회는 분쟁당사자에게 분쟁조정사항에 대하여 스스로 합의하도록 권고하거나 조정안을 작성하여 제시할 수 있다. ㈒ 공정거래분쟁조정협의회는 해당 분쟁조정사항에 관한 사실을 확인하기 위하여 필요한 경우 조사를 할 수 있으나, 분쟁당사자에 대하여 관련 자료의 제출이나 출석을 요구할 수는 없다.

① ㈎, ㈏, ㈐ ② ㈎, ㈏, ㈑ ③ ㈎, ㈏, ㈒
④ ㈏, ㈐, ㈑ ⑤ ㈏, ㈐, ㈒

해설

㈎ 법 제48조의6 본문. ㈏ 법 제48조의6 단서. ㈐ 한국공정거래조정원이 아니라 공정거래위원회에 제출함으로써 할 수 있다(법 제48조의7 제1항 참조). ㈑ 법 제48조의8 제1항. ㈒ 분쟁당사자에 대하여 관련 자료의 제출이나 출석을 요구할 수 있다(법 제48조의8 제5항 참조). 결국 ㈎, ㈏, ㈑가 옳은 설명이므로 정답은 ②번이 된다. <답 ②>

04. **다음 중 공정거래분쟁조정협의회의 조정절차가 종료되는 경우가 아닌 것은?**

① 분쟁당사자가 협의회의 권고 또는 조정안을 수락하거나 스스로 조

정하는 등 조정이 성립된 경우
② 분쟁당사자의 일방이 조정을 거부하여 조정절차를 진행할 실익이 없는 경우
③ 분쟁당사자의 일방이 해당 분쟁조정사항에 대해 법원에 소를 제기하여 조정절차를 진행할 실익이 없는 경우
④ 공정거래위원회로부터 분쟁조정신청서를 통보받은 날부터 60일이 경과하여도 조정이 성립하지 않은 경우
⑤ 공정거래위원회로부터 당해 분쟁이 분쟁조정사항에서 제외되는 것으로 통보받은 경우

해설

①②③④는 법 제48조의8 제3항 각호에 조정절차의 종료사유로 규정되어 있다. ⑤는 법 제48조의8 제2항의 조정신청 각하사유이다. <답 ⑤>

05. **공정거래분쟁조정협의회의 조정에 대한 다음 설명 중 옳지 않은 것은?**

① 공정거래분쟁조정협의회는 분쟁조정사항에 대하여 조정이 성립된 경우 조정에 참가한 위원과 분쟁당사자가 기명날인한 조정조서를 작성한다.
② 조정조서가 작성된 경우에는 분쟁당사자간에 조정조서와 동일한 내용의 합의가 성립된 것으로 본다.
③ 공정거래위원회는 분쟁조정사항에 관하여 조정절차가 종료될 때까지 해당 분쟁당사자에게 시정조치 및 위반행위의 시정권고를 하는 것을 자제하여야 한다.
④ 분쟁당사자는 조정에서 합의된 사항을 이행하여야 하고, 이행결과를 공정거래위원회에 제출하여야 한다.
⑤ 공정거래위원회는 분쟁당사자간에 조정조서에 따른 합의가 이루어지고, 그 합의된 사항을 이행한 경우에는 시정조치 및 위반행위의 시정권고를 하지 않는다.

해설

① 법 제48조의9 제1항 전단. ② 법 제48조의9 제1항 후단. ③ 시정조치 및 위반행위의 시정권고를 '자제하여야 하는 것'이 아니라 '하여서는 안된다'. 즉, 공정거래위원회는 분쟁조정사항에 관하여 조정절차가 종료될 때까지 해당 분쟁당사자에게 시정조치 및 위반행위의 시정권고를 하여서는 아니된다(법 제48조의8 제6항). ④ 법 제48조의9 제3항. ⑤ 법 제48조의9 제4항. <답 ③>

제12절 형사적 제재와 보칙

01. 독점규제법상 공정거래위원회의 고발에 대한 다음 설명 중 옳지 않은 것은?

① 법 제66조 및 제67조의 죄중 그 위반의 정도가 객관적으로 명백하고 중대하여 경쟁질서를 현저히 저해한다고 인정하는 경우에는 공정거래위원회가 검찰총장에게 고발하여야 한다.

② 법 제66조 및 제67조의 죄중 그 위반의 정도가 객관적으로 명백하고 중대하여 경쟁질서를 현저히 저해한다고 인정하는 경우에는 검찰총장이 공정거래위원회에 고발요건에 해당하는 사실이 있음을 통보하여 고발을 요청할 수 있다.

③ 공정거래위원회가 고발요건에 해당하지 아니한다고 결정하더라도 감사원장, 조달청장, 중소기업청장은 다른 사정을 이유로 공정거래위원회에 고발을 요청할 수 있다.

④ 검찰총장 또는 감사원장, 조달청장, 중소기업청장의 고발요청이 있는 경우, 공정거래위원회 위원장은 사회적 파급효과, 국가재정에 끼친 영향, 중소기업에 미친 피해정도 등을 고려하여 고발 여부를 결정한다.

⑤ 공정거래위원회는 공소가 제기된 후에는 고발을 취소하지 못한다.

해설

④ ③ 또는 ④에 따른 고발요청이 있는 때에는 공정거래위원회 위원장은 검찰총장에게 고발하여야 한다(법 제71조 제5항). ① 법 제71조 제2항. ② 법 제71조 제3항. ③ 법 제71조 제4항. ⑤ 법 제71조 제6항.

다만, 법 제71조 제4항 및 제5항은 2013.7.16. 독점규제법 개정시 신설된 조문으로 동법 개정으로 사실상 공정거래위원회의 전속고발제는 폐지되었다. 동법의 시행일은 2014.1.17.이다. <답 ④>

02. 경쟁정책 관련 부처간의 협조에 관한 다음 서술 중 옳지 않은 것은?

① 관계 행정기관의 장이 경쟁제한 사항을 내용으로 하는 입법을 하는 경우에는 미리 공정거래위원회와 협의하여야 한다.

② 관계 행정기관의 장이 경쟁제한 사항을 내용으로 하는 승인 기타의 처분을 하고자 하는 때에는 미리 공정거래위원회와 협의하여야 한다.

③ 관계 행정기관의 장이 경쟁제한 사항을 내용으로 하는 예규 · 고시

등을 제정하고자 하는 때에는 미리 공정거래위원회와 협의하여야 한다.

④ 관계 행정기관의 장이 경쟁제한 사항을 내용으로 하는 승인 기타의 처분을 행한 경우에는 그 내용을 공정거래위원회에 통보하여야 한다.

⑤ 독점규제법에서 관계 행정기관의 장에게 공정거래위원회에 대하여 사전 협의나 통보를 하도록 의무지우고 있는 경우에 그러한 협의나 통보를 누락하였다 하더라도 관계 행정기관의 법률 · 명령 · 처분의 효력에는 아무런 영향을 미치지 아니하여 공정거래위원회가 구속력 있는 시정요구를 할 수도 없다.

해설

③ 예규 · 고시 등의 제정은 경쟁제한 사항을 내용으로 하는 것이라도 공정거래위원회와의 사전협의의 대상은 아니고 공정거래위원회에 통보하여야 할 뿐이다 (법 제63조 제1항 · 제2항). <답 ③>

03. **독점규제법상의 벌칙규정에 관한 다음 설명 중 옳지 않은 것은?**

① 독점규제법 위반행위로 유형별로 최고 형량이 다르게 규정되어 있는데 가장 무거운 형량은 3년 이하의 징역 또는 2억원 이하의 벌금으로 되어 있다.

② 공정거래위원회의 조사시 고의적인 현장진입 저지를 통해 조사를 거부방해한 자에 대해서는 과태료만 부과될 수 있다.

③ 법인의 대표자나 개인의 대리인이 그 법인 또는 개인의 업무에 관하여 독점규제법 위반행위를 한 경우에는 행위자는 벌하는 외에 그 법인 또는 개인에 대하여도 벌금형을 부과한다.

④ 법정형량이 2년 이하의 징역 또는 1억 5천만원 이하의 벌금에 해당하는 독점규제법 위반행위에 대하여는 공정거래위원회의 고발이 있어야 공소를 제기할 수 있다.

⑤ 법정형량이 3년 이하의 징역 또는 2억원 이하의 벌금에 해당하는 독점규제법 위반행위가 있는 경우에는 공정거래행위가 고발 여부를 결정함에 있어서 완전한 재량권을 가지지 못한다.

해설

② 2012년 법 개정으로 인하여 폭언 · 폭행, 고의적인 현장진입 저지 · 지연 등을 통하여 공정위의 조사를 거부 · 방해 또는 기피한 자에 대해서는 3년 이하의 징

역 또는 2억원 이하의 벌금에 처할 수 있게 되었다(법 제66조 제1항). ③ 양벌규정(법 제70조). ⑤ 그 위반의 정도가 객관적으로 명백하고 중대하여 경쟁질서를 현저히 저해한다고 인정하는 경우에는 검찰총장에게 고발 '하여야' 한다(법 제71조 제2항). <답 ②>

04. 독점규제법 위반행위 유형 중 형벌을 부과할 수 없는 것은?

① 기업결합 신고의무 불이행
② 지주회사 전환 신고의무 불이행
③ 지주회사의 사업내용 보고의무 불이행
④ 시장지배적사업자의 지위 남용행위에 대한 공정거래위원회의 시정조치의 불이행
⑤ 재판매가격 유지계약에 대한 공정거래위원회의 수정명령 불이행

해설

① 1999년 개정법에서 과태료 부과 대상으로 바뀌었다. ②와 ③은 1억원 이하의 벌금에 처한다(법 제68조). ④와 ⑤는 2년 이하의 징역 또는 1억 5천만원 이하의 벌금에 처한다(법 제67조 제6호). <답 ①>

05. 독점규제법에서 규정하고 있는 벌칙 및 과태료에 관한 설명 중 옳지 않은 것은?

① 같은 법에서 정한 신고의무나 자료제출의무를 이행하지 아니한 사업자는 과태료에 처해질 수 있다.
② 공정거래위원회의 위법행위 조사시 폭언 · 폭행, 고의적인 현장진입저지 · 지연 등을 통하여 공정위의 조사를 거부 · 방해 또는 기피한 자에 대해서는 3년 이하의 징역 또는 2억원 이하의 벌금에 처할 수 있다.
③ 공정거래위원회의 위법행위 조사시 자료의 은닉 · 폐기, 접근거부 또는 위조 · 변조 등을 통하여 조사를 거부 · 방해 또는 기피한 자에 대해서는 5천만원 이하의 과태료에 처한다.
④ 공정거래위원회는 위반의 정도, 사유 또는 결과 등을 고려하여 과태료를 가중할 수 있으나, 감면은 허용되지 않는다.
⑤ 공정거래위원회가 과태료를 가중할 경우에는 2분의 1의 범위에서 가중할 수 있으나, 이 경우에도 과태료 금액의 상한을 초과할 수 없다.

✍ **해설**

②③ 공정위의 조사방해에 대하여 과거 과태료의 제재만 있었으나, 2012년 법 개정으로 인하여 벌칙규정도 신설되었다(법 제66조 제1항 제11호, 법 제69조의 2 제1항 제7호 참조). ④ 감면하거나 가중할 수 있다(시행령 제65조 제2항). ⑤ 시행령 제65조 제2항. <답 ④>

제 4 장 소비자기본법

01. 「소비자기본법」상 한국소비자원이 처리할 수 있는 피해구제의 대상이 될 수 없는 것은?

> ㈎ 수입된 물품으로 인하여 피해가 발생한 경우
> ㈏ 다른 법률의 규정에 의하여 설치된 소비자분쟁조정위원회에 준하는 분쟁조정기구에 동일한 내용의 피해구제가 신청되어 있는 경우
> ㈐ 다른 법률의 규정에 의하여 설치된 소비자분쟁조정위원회에 준하는 분쟁조정기구에서 동일한 내용에 대하여 이미 피해구제절차를 거친 경우
> ㈑ 소비자가 한국소비자원에서 피해구제를 청구한 후 이와 동일한 내용으로 다른 법률규정에 의하여 설치된 소비자분쟁조정위원회에 준하는 분쟁조정기구에 피해구제를 청구한 경우
> ㈒ 공기업이 제공한 물품 또는 용역으로 인하여 피해가 발생한 경우

① ㈎, ㈏, ㈐ ② ㈎, ㈐, ㈑ ③ ㈎, ㈐, ㈒
④ ㈏, ㈐, ㈒ ⑤ ㈏, ㈐, ㈑

해설

㈎와 ㈒는 법 제35조 제2항과 시행령 제28조에 규정된 소비자원의 처리대상 제외업무로 열거되어 있지 아니하다. <답 ⑤>

02. 「소비자기본법」상 피해구제절차에 대한 다음 설명 중 옳지 않은 것은?

① 소비자는 한국소비자원에 피해구제를 청구할 수 있다.
② 소비자단체, 한국소비자원장은 합의권고를 할 수 있고, 조정위원회의 위원장도 소비자단체 및 관계당사자의 조정신청이 있는 경우에 한하여 합의권고를 할 수 있다.
③ 소비자분쟁조정위원회는 분쟁조정신청을 받은 날로부터 30일 이내에 조정을 하여야 한다.

④ 조정이 있은 후 결과를 통보받은 당사자가 15일 이내에 수락하거나 수락거부의 의사표시가 없는 경우 분쟁조정의 내용은 재판상 화해와 동일한 효력이 있다.

⑤ 피해구제의 처리절차 중에 일방당사자가 소를 제기한 경우 그 당사자는 그 사실을 한국소비자원에 통보하여야 하는데, 소비자원은 이 경우 피해구제처리가 필요 없다고 인정하는 경우에만 중지를 할 수 있다.

해설

① 법 제55조 제1항. ② 법 제28조 제1항 제5호, 제57조; 시행령 제54조. ③ 법 제66조 제1항. ④ 법 제67조. ⑤ 피해구제절차 중에 일방당사자가 소를 제기한 경우 그 당사자는 그 사실을 한국소비자원에 통보하여야 하는데, 소비자원은 당사자의 소제기 사실을 알게 된 때에는 지체없이 피해구제절차를 중지하고 이를 당사자에게 통지하여야 한다(법 제59조). <답 ⑤>

03. **「소비자기본법」상 소비자단체 협의체에 대한 설명으로 옳지 않은 것은?**

① 소비자단체협의체란 공정거래위원회 또는 시·도에 등록된 소비자단체를 구성원으로 하여 공정거래위원회에 등록된 소비자단체를 말한다.

② 소비자단체협의체는 소비자 피해 및 불만의 처리를 위하여 자율적으로 분쟁을 조정할 수 있다.

③ 소비자단체협의체는 다른 법률의 규정에 의하여 설치된 전문성이 요구되는 분쟁조정기구로서 대통령령이 정하는 기구에서 관장하는 사항에 대하여는 자율적으로 분쟁을 조정할 수 없다.

④ 당사자가 소비자단체협의체의 자율적 분쟁조정을 수락한 경우 이는 재판상 화해와 동일한 효력을 가진다.

⑤ 분쟁조정의 절차 등에 관하여 필요한 사항은 대통령령으로 정한다.

해설

④ 자율적 분쟁조정은 당사자가 이를 수락한 경우 '민법상' 화해의 효력을 가진다(법 제31조 제2항). ①②③ 법 제31조 제1항; 시행령 제24조. ⑤ 법 제31조 제3항. <답 ④>

04. **「소비자기본법」상 사업자가 소비자에게 제공하는 물품 및 용역에 소비자의 생명, 신체 및 재산상의 안전에 위해를 끼치거나 끼칠 우려가 있는**

제조, 설계, 표시 등의 중대한 결함이 있는 경우의 규제에 관한 설명으로 옳지 않은 것은?

① 사업자는 중대한 결함이 있는 사실을 알게 된 때에는 그 결함의 내용을 소관중앙행정기관의 장에게 보고하여야 하는데, 보고의무를 지는 사업자의 범위에는 물품을 제조, 수입하거나 용역을 제공한 자뿐 아니라 물품에 성명, 상호 그 밖에 식별 가능한 기호 등을 부착함으로써 자신을 제조자로 표시한 자와 유통사업자도 포함된다.

② 사업자는 중대한 결함을 알게 된 날로부터 5일 이내에 서면 또는 전자문서로 보고하는 것이 원칙이나, 긴급한 위해를 끼치거나 끼칠 우려가 있다고 판단되는 경우는 지체없이 구두로 보고하여야 하며 그로부터 24시간 이내에 다시 서면보고를 하여야 한다.

③ 보고를 받은 중앙행정기관의 장은 당해 물품 및 용역의 결함 여부가 확인될 때까지는 당해 결함보고사실을 공개할 수 없다.

④ 중앙행정기관의 장은 사업자에게 당해 물품의 수거·파기 또는 수리·교환·환급, 당해 용역의 제공금지 그 밖에 필요한 조치를 권고할 수 있는데, 통지를 받은 사업자는 7일 이내에 서면 또는 전자문서로 수락 여부를 통지하여야 한다.

⑤ 사업자가 자신이 제공한 물품 또는 용역의 안전성에 대한 객관적 자료를 제시하고 시정권고를 따르지 아니하는 때에 중앙행정기관의 장은 사업자의 명칭, 시정권고의 내용과 사업자의 시정권고 수락거부사유 등을 공표할 수 있다.

해설

중앙행정기관의 장은 사업자가 정당한 사유 없이 시정권고를 따르지 아니하는 때에는 다음 각호의 사항을 신문·방송 등을 통하여 공표할 수 있다. 다만, 사업자가 자신이 제공한 물품 또는 용역의 안전성에 대한 객관적 자료를 제시한 경우에는 그러하지 아니하다(시행령 제37조 제4항). ① 법 제47조; 시행령 제34조 제3항. ② 시행령 제35조 제1항. ③ 시행령 제35조 제4항. ④ 법 제49조 제1항·제2항; 시행령 제37조 제3항. <답 ⑤>

05. **「소비자기본법」상 청문에 관한 다음 설명 중 옳지 않은 것은?**

① 청문의 주체는 중앙행정기관의 장이다.

② 수거파기명령을 하고자 하는 경우 청문을 실시하여야 한다.

③ 사업자가 위해방지기준 혹은 광고기준을 위배하여 시정명령을 받은

사실을 공표하도록 명하는 때에는 청문의 실시 여부에 관하여 중앙행정기관이 결정할 수 있다.

④ 소비자의 생명, 신체 또는 재산에 긴급하고 현저한 위해를 끼치거나 끼칠 우려가 있다고 생각되는 경우로서 그 위해의 발생 또는 확산을 방지하기 위하여 불가피하다고 인정하여 법 제50조 제1항 본문 규정에 의한 절차를 생략하는 경우에는 청문을 실시하지 아니할 수 있다.

⑤ 청문은 수거파기명령이나 시정명령 등의 조치를 취하기 전에 선행적으로 실시하여야 한다.

✍ **해설** ……………………………………………

③ 중앙행정기관의 장은 제80조의 규정에 의하여 시정명령을 받은 사실의 공표명령을 하고자 하는 경우에도 청문을 실시하여야 한다(법 제82조). ①②④⑤ 법 제82조.
<답 ③>

06. 소비자정보요청제도에 관한 다음 서술 중 옳지 않은 것을 모두 고른다면?

> ㈎ 소비자기본법에서는 소비자단체 및 한국소비자원의 소비자정보제공요청이 있을 경우 사업자 또는 사업자단체는 정당한 사유가 없는한 이에 응하도록 규정하고 있으나 같은 법에는 정당한 사유가 없는 정보제출거부에 대한 벌칙이 마련되어 있지 않으므로 실효성 없는 제도라는 비판을 받고 있다.
>
> ㈏ 정보요청협의회 협의회장은 소비자원의 상임이사 중에서 소비자원장의 제청으로 재정경제부 장관이 위촉한다.
>
> ㈐ 정보요청협의회의 위원 중 2인은 소비자단체가 추천하는 자 중에서, 2인은 사업자단체가 추천하는 자 중에서 제청한다.
>
> ㈑ 정보요청협의회는 정보제공요청을 협의·조정함에 있어서 해당 사업자나 사업자단체에 의견진술기회를 부여하여야 한다.
>
> ㈒ 정보요청협의회 협의회장의 임기는 3년으로 하되 연임할 수 있다.

① ㈏, ㈒ ② ㈎, ㈒ ③ ㈐, ㈑
④ ㈑, ㈒ ⑤ ㈎, ㈐, ㈒

✍ **해설** ……………………………………………

㈎ 법 제78조. ㈏ 공정거래위원회 위원장이 위촉한다(법 제79조; 시행령 제67

조 제2항). ㈐ 시행령 제67조 제3항. ㈑ 시행령 제65조 제4항. ㈒ 시행령 제67조 제5항은 협의회장 외의 위원의 임기만 규정하고 있다. <답 ①>

07. **소비자단체와 한국소비자원의 자료 및 정보제공요청권에 관한 다음 설명 중 옳지 않은 것은?**

① 소비자단체와 한국소비자원은 그 업무를 추진함에 있어서 필요한 자료 및 정보의 제공을 사업자 또는 사업자단체에 요구할 수 있다. 이 경우 그 자료 및 정보의 사용목적·사용절차 등을 사업자 또는 사업자단체에 미리 알려야 한다.

② 자료 및 정보제공을 요청할 수 있는 소비자단체는 공정거래위원회나 지방자치단체에 등록된 소비자단체에 한한다.

③ 소비자단체는 사업자의 영업비밀에 해당하는 자료 및 정보의 제공은 요청할 수 없다.

④ 일정한 경우에는 소비자단체가 소비자정보요청협의회의 협의·조정을 거치지 않고 직접 사업자나 사업자단체에 대하여 시험·검사 및 조사에 필요한 자료 및 정보의 제공을 요청할 수 있다.

⑤ 사업자가 요청받은 자료 및 정보를 제공하여야 할 시한은 소비자정보요청협의회가 결정한다.

해설

④ 법 제78조 제3항에서 소비자정보협의회의 협의·조정을 생략할 수 있는 예외를 허용하지 않고 있다. ① 법 제78조 제1항·제2항. ② 시행령 제65조 제1항. ③ 시행령 제65조 제3항. ⑤ 시행령 제66조 제2호. <답 ④>

08. **소비자분쟁해결기준에 관한 설명 중 옳지 않은 것은?**

① 사업자는 물품판매시 반드시 보상방법 등을 정한 품질보증서를 교부하여야 하는 것은 아니다.

② 사업자가 정한 품질보증기간이 품목별 소비자분쟁해결기준에서 정한 기간보다 짧을 경우에는 품목별 소비자분쟁해결기준에서 정한 기준에 따른다.

③ 물품에 대한 피해보상은 원칙적으로 물품의 소재지 또는 용역의 제공지에서 한다.

④ 일반적 소비자분쟁해결기준은 분쟁당사자간에 분쟁해결방법에 대한 별도의 의사표시가 없는 한 소비자분쟁해결의 기준이 된다.

⑤ 품목별 소비자분쟁해결기준에서 동일한 피해에 대한 분쟁해결기준을 두 가지 이상 정하고 있는 경우에는 소비자가 선택하는 분쟁해결기준에 따른다.

해설

① 품질보증서를 교부하기가 적합하지 아니하거나 보상기준의 표시가 어려운 경우에는 「소비자기본법」에 따른 소비자분쟁해결기준에 따라 피해를 보상한다는 내용만을 표시할 수 있다(시행령 별표 1 제3조). ② 시행령 별표 1 제4조 가목. ③ 물품 및 용역에 대한 피해보상의 장소는 원칙적으로 물품의 소재지 또는 용역의 제공지에서 하며, 다만 사회통념상 휴대가 간편하고 운반이 용이한 물품에 대하여는 사업자의 소재지에서 보상할 수 있다(시행령 별표 1 제5조). ④ 일반적 소비자분쟁해결기준은 품목별 소비자분쟁해결기준을 제정함에 있어서 기준이 되는 데 불과하다. ⑤ 시행령 제9조 제3항. <답 ④>

09. 다음은 「소비자기본법」에 대한 설명이다. 옳지 않은 것은?

① 소비자의 이익을 저해하는 불공정거래행위를 규제한다.
② 소비자기본법에 근거하여 구체적인 권리가 발생한다.
③ 약관의 규제에 관한 법률, 할부거래에 관한 법률 및 방문판매 등에 관한 법률의 제정근거를 마련하고 있다.
④ 소비자기본법상 사업자는 물품 또는 용역을 공급함에 있어서 소비자의 합리적인 선택이나 이익을 침해할 우려가 있는 거래조건이나 방법을 사용하여서는 아니 되므로 민법이나 독점규제법의 규제보다 폭넓은 규제를 받을 수 있다.
⑤ 소비자기본법은 소비자단체의 업무에 대해서도 규정하고 있다.

해설

① 국가는 사업자의 불공정한 거래조건이나 방법으로 인하여 소비자가 부당한 피해를 입지 아니하도록 필요한 정책을 수립 · 실시하여야 할 의무가 있지만(법 제6조), 불공정거래행위를 규제하는 것이 소비자기본법의 직접적인 목적은 아니다. ② 원칙적으로 「소비자기본법」은 소비자의 기본적인 권리에 대해서만 선언하고 있으나, 구체적인 권리에 대해서 규정하고 있는 조항도 있다(예: 법 제55조 제1항). ④ 소비자기본법상 사업자는 물품 또는 용역을 공급함에 있어서 소비자의 합리적인 선택이나 이익을 침해할 우려가 있는 거래조건이나 방법을 사용하여서는 아니 되므로 민법이나 독점규제법의 규제보다 폭넓은 규제를 받을 수 있다. <답 ①>

10. 다음 중에서 「소비자기본법」상 소비자에 대한 설명으로 올바르지 않은

것은?

① 굴삭기를 구입한 채석업자는 소비자에 해당하지 않는다.
② 실내장식을 위해 그림을 구입한 식당주인은 소비자에 해당하지 않는다.
③ 브라운관을 구입한 LCD 제조업자는 소비자에 해당하지 않는다.
④ 제공된 물품을 농업 및 어업활동을 위하여 사용하는 자는 소비자에 포함된다.
⑤ 제공된 물품을 원재료 및 자본재로 사용하는 자는 소비자에 해당하지 않는다.

해설

「소비자기본법」상의 소비자는 원칙적으로 최종소비자만을 의미하는 것으로 보아야 한다. 따라서 원재료 및 자본재로 사용하는 자는 제외된다(법 제2조 제1호; 시행령 제2조). <답 ②>

11. 다음은 「소비자기본법」상의 소비자의 기본적 권리가 구체적으로 실현되는 모습에 대한 설명이다. 옳지 않은 것은?

① 물품 및 용역을 선택함에 있어서 필요한 지식 및 정보를 제공받을 권리가 있으므로 소비자는 구체적인 거래관계를 맺기 위해 필요한 경우에는 계약체결 이전이라도 사업자에게 거래를 위한 정보제공청구권을 행사할 수 있다.
② 소비자는 모든 물품 및 용역으로 인한 생명·신체 및 재산상의 위해로부터 보호받을 권리를 보장하기 위해 제조물책임법이 시행되고 있다.
③ 소비생활에 영향을 주는 국가 및 지방자치단체의 정책에 대하여 의견을 반영시킬 권리는 주로 청원권의 행사를 통해 행사할 수 있다.
④ 소비생활에 영향을 주는 사업자의 사업활동에 대하여 의견을 반영시킬 권리가 있지만 이로부터 직접적인 청구권이 발생한다고 보기는 어렵다.
⑤ 소비자 스스로의 권익을 옹호하기 위하여 단체를 조직하고 이를 통하여 활동할 수 있는 권리는 헌법상의 결사의 자유권을 행사하여 실현할 수 있다.

해설

① 지식 및 정보를 제공받을 권리가 있지만 아직 거래관계를 맺지 않은 상태에

서 정보제공청구권과 같은 사법상의 청구권이 발생한다고 보기는 어렵다.
<답 ①>

12. **다음은 「소비자기본법」상의 의무를 열거한 것이다. 각각의 의무와 의무의 주체가 바르게 연결된 것은?**

> (가) 위해방지를 위한 기준마련 의무 — 지방자치단체
> (나) 계량 및 규격의 적정화에 관한 시책을 실시할 의무 — 국가 및 지방자치단체
> (다) 환경친화적인 기술개발 및 자원 재활용을 위하여 노력할 의무 — 국가
> (라) 소비자에게 제공한 위해물품을 자진수거할 의무 — 사업자
> (마) 거래의 적정화를 위한 시책실시의무 — 사업자
> (바) 소비자에게 정보제공의무 — 국가 및 지방자치단체
> (사) 소비자피해의 신속·공정한 처리를 위한 조치마련의무 — 사업자
> (아) 시험·검사시설의 설치의무 — 사업자

① (가), (나), (라) ② (나), (라), (바) ③ (가), (다), (라)
④ (나), (다), (바) ⑤ (나), (마), (바)

해설

(가) (마) 국가의 의무, (나) (바) (사) (아) 국가 및 지방자치단체의 의무, (다) (라) 사업자의 의무.
<답 ②>

13. **다음 중 「소비자기본법」상 위해정보제출기관으로 지정되지 않은 것은?**

① 경찰서 ② 보건소 ③ 등록된 소비자단체
④ 군사법기관 ⑤ 의료법상 종합병원

해설

(i) 경찰서·소방서·보건소 등 위해정보수집이 가능한 행정관서, (ii) 등록된 소비자단체, (iii) 의료법상 종합병원 및 병원, (iv) 보건실을 운영하고 있는 초·중·고등학교, (v) 기타 위해정보수집이 가능한 기관이다(시행령 제39조 제1항).
<답 ④>

14. **다음 표시·광고에 대한 「소비자기본법」상의 규제에 대한 설명이다. 옳지 않은 것은?**

① 소비자기본법은 사업자, 상품 또는 용역에 관하여 허위 또는 소비자

를 기만하거나 오인시킬 우려가 있는 표시 · 광고를 하는 행위를 불공정거래행위로 보고 규제하고 있다.

② 소비자기본법은 국가에게 소비자의 올바른 선택을 위하여 일정한 사항에 관하여 표시기준을 정하도록 하고 있다.

③ 소비자기본법은 국가에게 소비자의 생명 · 신체 및 재산상의 위해를 방지하기 위하여 광고의 내용 및 방법에 관한 기준을 정하도록 하고 있다.

④ 소비자기본법상 국가가 정한 기준을 사업자가 지키지 않은 경우에는 제재수단이 마련되어 있다.

⑤ 광고의 매체 또는 시간대에 대하여 제한이 필요한 경우에도 국가는 광고기준을 정하여야 한다.

해설

① 소비자기본법에서는 불공정거래행위를 규제대상으로 하고 있지 않다. ② 법 제10조 참조. ③ 법 제11조 참조. ④ 소비자기본법에 위반하는 경우에도 제재수단이 마련되어 있다(법 제86조 제1항 제1호). ⑤ 법 제11조 제3호. <답 ①>

15. 다음의 행위 중에서 그에 대하여 「소비자기본법」상 제재수단이 규정되어 있는 행위는?

① 사업자가 소비자단체의 소비자보호 업무추진에 필요한 자료제공 요구를 정당한 이유 없이 거절한 경우

② 사업자가 물품 또는 용역을 공급함에 있어서 소비자의 합리적인 선택이나 이익을 침해할 우려가 있는 거래조건이나 방법을 사용하였으나 그 행위가 국가가 지정 · 고시한 부당한 행위에는 해당하지 않는 경우

③ 사업자가 국가 및 지방자치단체의 소비자보호시책에 적극적으로 협력하지 아니한 경우

④ 사업자 및 사업자단체가 새로 개발된 제품의 품질과 안정성에 관한 시험 · 검사를 한국소비자원에 의뢰하지 아니한 경우

⑤ 중앙행정기관의 장이 시정명령을 받은 사실의 공표를 명령하였음에도 불구하고 이를 이행하지 않은 경우

해설

⑤ 중앙행정기관의 장이 법 위반사실의 공표를 명령하였는데도 불구하고 이를 이행하지 않은 경우에는 3년 이하의 징역 또는 5천만원 이하의 벌금에 처한다

(법 제84조 제1항 제1호). <답 ⑤>

16. 다음은 「소비자기본법」상 수거 · 파기명령에 대한 설명이다. 옳지 않은 것은?

① 중앙행정기관의 장은 사업자가 물품 및 용역의 제공과 관련하여 소비자의 생명 · 신체 또는 재산에 위해를 끼치거나 끼칠 우려가 있는 경우에는 당해 물품의 수거 · 파기를 명하거나 제조 · 수입 · 판매금지 또는 당해 용역의 제공금지를 명할 수 있고, 당해 물품 및 용역과 관련된 시설의 개수 기타 필요한 조치를 명할 수 있다.

② 중앙행정기관의 장은 사업자가 이러한 수거 · 파기명령에 따르지 아니하는 경우에는 이를 직접 수거하여 파기할 수 있다.

③ 중앙행정기관의 장은 사업자가 시정기간 내에 당해 물품을 수거하여 파기하지 아니한 때에는 소속공무원으로 하여금 이를 수거하여 파기하게 할 수 있다.

④ 이때에는 사업자를 참여시켜야 하며, 사업자가 이에 응하지 아니하거나 상당한 기간 사업자의 소재를 알 수 없는 경우에는 소속공무원 외의 관계공무원 1인 이상을 참여시켜야 한다.

⑤ 사업자 외의 자가 소유하거나 점유하는 물품에 대하여는 수거 · 파기할 수 없다.

해설

①② 법 제50조. ③ 시행령 제38조 제7항 전문. ④ 시행령 제38조 제8항. ⑤의 경우 시행령 제38조 제7항 후문에 의하면 사업자 외의 자가 소유하거나 점유하는 물품에 대하여는 수거 · 파기 대상에서 제외 '할 수 있다'고 규정되어 있으므로, 예외적인 경우 사업자 외의 자가 소유 · 점유하는 물품이라도 수거 · 파기할 수 있다. <답 ⑤>

17. 다음은 「소비자기본법」상 소비자단체에 대한 설명이다. 옳지 않은 것은?

① 물품 또는 용역에 대한 시험 · 검사 및 거래조건이나 거래방법에 대한 조사를 업무로 하는 소비자단체는 등록할 수 있다.

② 소비자피해 및 불만처리를 위한 상담 · 정보제공 및 당사자간 합의의 권고를 업무로 하는 소비자단체 역시 등록할 수 있다.

③ 소비자피해보상을 위한 분쟁의 조정을 할 수 있다.

④ 물품 또는 용역에 대한 시험 · 검사 및 거래조건이나 거래방법에 대

한 조사를 한 경우에 그 결과를 공표할 경우, 공표되는 사항 중 물품의 품질·성능 및 성분 등에 관한 시험·검사로서 전문적인 설비를 필요로 하는 시험·검사인 경우에는 국·공립검사기관의 시험·검사를 거친 후 공표하여야 한다.

⑤ 소비자피해 및 불만처리를 위한 당사자간의 합의의 권고를 할 수 있다.

해설

③은 법 제28조 제1항에서 열거하고 있는 소비자단체의 업무에 포함되어 있지 아니하다. ①②④ 법 제28조, 제29조. <답 ③>

18. 다음은 소비자정책위원회에 대한 설명이다. 옳지 않은 것은?

① 소비자의 권익증진 및 소비생활의 향상에 관한 기본적인 정책을 심의·의결하기 위하여 공정거래위원회에 소비자정책위원회를 둔다.

② 정책위원회는 위원장 1인을 포함한 30인 이내의 위원으로 구성한다.

③ 위원장은 공정거래위원장과 소비자문제에 관하여 학식과 경험이 풍부한 자 중에서 대통령이 위촉하는 자가 되고, 위원은 관계 중앙행정기관의 장 및 한국소비자원의 원장과 소비자문제에 대하여 전문지식이 있는 자, 소비자대표 및 경제계대표 중에서 공정거래위원장이 위촉하는 자로 한다.

④ 위원 중에는 관계 중앙행정기관의 장 및 한국소비자원장 외의 위촉위원의 임기는 3년으로 한다.

⑤ 소비자정책의 종합적 추진에 관한 사항은 정책위원회에서 심의·의결한다.

해설

② 위원장 2인을 포함한 25인 이내의 위원으로 구성한다(법 제24조 제1항). ⑤는 법 제25조 제1항 제2호에 정책위원회의 기능으로 열거되어 있다. <답 ②>

19. 한국소비자원에 대한 다음 설명 중 옳지 않은 것은?

① 한국소비자원은 법인으로 하며, 원장, 부원장 및 소비자안전센터의 소장을 포함한 10인 이내의 이사와 감사 1인을 둔다.

② 한국소비자원은 소비자정책에 관한 기본계획의 수립을 업무로 한다.

③ 업무결과를 공표하는 것이 원칙이나 사업자의 사업상 비밀이나 공

익상 필요가 있으면 비공개로 한다.

④ 임원의 임기는 3년으로 한다.

⑤ 국가 또는 지방자치단체의 물품 또는 용역의 제공으로 인하여 발생한 피해구제는 한국소비자원의 업무에 속하지 아니한다.

해설

① 법 제33조 제2항, 법 제38조 제1항. ② 소비자정책에 관한 기본계획은 공정거래위원회가 수립한다(시행령 제12조). ③ 법 제35조 제3항. ④ 법 제38조 제6항. ⑤ 국가 또는 지방자치단체의 물품 또는 용역의 제공으로 인하여 발생한 피해구제처리에 대해서는 소비자원이 피해구제업무를 하지 않는다(법 제35조 제2항 제1호). <답 ②>

20. 다음 중 「소비자기본법」상의 집단분쟁조정제도에 대한 내용으로 옳지 않은 것은?

① 집단분쟁조정제도는 소비자분쟁조정위원회가 다수의 소비자에게 발생하는 같거나 비슷한 유형의 피해에 대하여 일괄적인 분쟁조정을 실시하는 제도로서, 비용부담 · 절차지연 · 감정대립 등 소송으로 인한 부작용을 방지하고 소액다수 피해발생이라는 특성을 지닌 소비자문제를 일괄적 · 효율적으로 해결하기 위한 것이다.

② 국가 · 지방자치단체 · 한국소비자원 · 소비자단체 · 사업자는 소비자의 피해가 다수의 소비자에게 같거나 비슷한 유형으로 발생하는 경우로서 일정요건을 갖춘 경우 소비자분쟁조정위원회에 집단분쟁조정을 의뢰 또는 신청할 수 있다.

③ 집단분쟁조정의 신청대상이 되기 위해서는 물품 등으로 인한 피해가 같거나 비슷한 유형으로 발생한 소비자 중 자율적 분쟁조정 · 한국소비자원장의 권고 · 그 밖의 방법으로 사업자와 분쟁해결이나 피해보상에 관한 합의가 이루어진 자, 분쟁조정기구에서 분쟁조정이 진행중인 자, 법원에 소를 제기한 자를 제외한 소비자의 수가 30명 이상이어야 하고, 사건의 중요한 쟁점이 사실상 또는 법률상 공통되어야 한다.

④ 집단분쟁조정의 의뢰나 신청은 서면으로 하여야 한다.

⑤ 집단분쟁조정의 의뢰 또는 신청을 받은 조정위원회는 의결로써 집단분쟁조정절차를 개시할 수 있고, 이 경우 조정위원회는 14일 동안 그 절차의 개시를 공고하여야 한다.

✍ **해설**

② 법 제68조 제1항. ③ 시행령 제56조 제1호 각목의 소비자를 제외한 소비자의 수가 50명 이상이어야 한다(시행령 제56조). ④ 시행령 제57조 제1항. ⑤ 법 제68조 제2항; 시행령 제58조 제1항. <답 ③>

21. 다음은 「소비자기본법」상 소비자의 피해구제에 대한 설명이다. 옳은 것은?

① 피해의 구제를 한국소비자원에 청구한 소비자가 소비자원의 구제절차가 진행되는 기간 중에 피해에 대한 재판상의 구제를 청구하면 소비자원의 피해구제절차는 자동적으로 중지된다.

② 당사자는 한국소비자원에 피해구제를 청구할 수 있으나 곧바로 법원에 피해구제를 위한 소송을 제기할 수는 없다.

③ 소비자분쟁조정위원회의 분쟁조정에 대한 수락거부의 의사표시를 같은 법이 정한 기간 내에 하지 아니한 때에는 분쟁조정을 수락한 것으로 본다.

④ 한국소비자원의 원장이 분쟁조정위원회에 요청한 경우에만 조정할 수 있다.

⑤ 소비자분쟁조정위원회의 조정내용은 당사자가 수락하는 경우 민법상 화해와 동일한 효력을 갖는다.

✍ **해설**

① 소비자분쟁조정위원회의 피해구제절차가 진행중인 경우에도 당사자는 관할법원에 소를 제기할 수 있으며, 이 경우 당사자는 소비자원에 피해구제처리의 중지를 요청할 수 있다. 중지요청이 있는 경우 소비자원은 지체없이 피해구제절차를 중지하여야 하며, 이 사실을 당사자에게 통보하여야 한다(법 제65조 제5항, 제59조).② 당사자는 곧바로 법원에 피해구제를 위한 소송을 제기할 수 있다. 또한 한국소비자원의 피해구제 처리절차 중에 일방당사자가 관할법원에 소를 제기할 수도 있다(법 제59조 제1항 참조). ③ 법 제67조 제2항. ④ 일정한 경우에는 관계당사자가 조정위원회에 분쟁조정을 신청할 수 있다(법 제65조 제1항). ⑤ 당사자가 수락하는 경우나 기간 내에 분쟁조정에 대한 수락거부의 의사표시를 하지 아니하여 분쟁조정을 수락한 것으로 보는 경우 분쟁조정의 내용은 재판상의 화해와 동일한 효력을 갖는다(법 제67조). <답 ③>

22. 「소비자기본법」상의 소비자단체소송에 대한 설명이다. 다음 중 옳지 않은 것은?

① 소액다수의 피해라는 특징을 가진 소비자피해를 효과적으로 구제하

기 위하여 도입된 제도이다.

② 공정거래위원회에 등록한 후 3년이 경과한 소비자단체로서, 정관에 따라 상시적으로 소비자의 권익증진을 주된 목적으로 하고, 정회원 수가 1천명 이상인 단체는 단체소송을 제기할 수 있다.

③ 단체소송의 소는 피고의 의무이행지의 지방법원 본원 합의부의 관할에 전속한다.

④ 단체소송을 제기하는 단체는 원고 및 그 소송대리인, 피고, 금지·중지를 구하는 사업자의 소비자권익 침해행위의 범위를 기재한 소송허가신청서를 법원에 제출하여야 한다.

⑤ 전국단위의 경제단체로서 사업자 등을 회원으로 하여 민법에 따라 설립된 사단법인도 정관에 따라 기업경영의 합리화 또는 건전한 기업문화 조성에 관한 사업을 수행하는 법인 중 공정거래위회가 정하여 고시하는 법인에 해당한다면 단체소송을 제기할 수 있다.

해설

② 법 제70조 제1호. ③ 단체소송의 소는 피고의 주된 사무소 또는 영업소가 있는 곳, 주된 사무소나 영업소가 없는 경우에는 주된 업무담당자의 주소가 있는 곳의 지방법원 본원 합의부의 관할에 전속한다(법 제71조 제1항). ④ 법 제73조 제1항. ⑤ 법 제70조 제2호; 시행령 제63조 제1호. <답 ③>

23. **「소비자기본법」상의 소비자단체소송에 대한 설명이다. 다음 중 옳은 것은?**

① 단체소송의 원고는 변호사 아닌 자를 소송대리인으로 선임할 수 있다.

② 원고의 청구를 기각하는 판결이 확정된 경우 이와 동일한 사안에 관하여는 단체소송을 제기할 수 있는 범위에 속하였던 다른 단체가 단체소송을 제기할 수 없는 것이 원칙이다.

③ 단체소송을 허가하거나 불허하는 결정에 대하여는 불복할 수 없다.

④ 원고의 청구를 기각하는 판결이 확정되면 거래의 안전을 위하여 기각판결이 원고의 고의로 인한 것임이 밝혀진 경우라도 다른 단체가 단체소송을 제기할 수 없다.

⑤ 소송허가신청서에는 별도의 자료를 첨부할 필요가 없으므로 소송허가신청서만 법원에 제출하여 단체소송 허가 또는 불허가 결정을 받는다.

✍ **해설**

① 단체소송의 원고는 변호사를 소송대리인으로 선임하여야 한다(법 제72조). ② 법 제75조 본문. ③ 단체소송을 허가하거나 불허하는 결정에 대하여는 즉시 항고할 수 있다(법 제74조 제2항). ④ 기각판결이 원고의 고의로 인한 것임이 밝혀진 경우에는 다른 단체가 단체소송을 제기할 수 있다(법 제75조 단서, 동조 제2호). ⑤ 소송허가신청서에는 소명자료, 소비자단체가 사업자에게 소비자권익 침해행위를 금지·중지할 것을 요청한 서면 및 이에 대한 사업자의 의견서를 첨부하여야 한다(법 제73조 제2항). <답 ②>

24. **「소비자기본법」상 소비자단체에 대한 설명 중 옳은 것은?**

① 소비자단체가 물품 또는 용역에 대한 가격실태를 조사한 경우 그 조사결과를 사업자와 사전협의 후 공표하여야 한다.

② 모든 소비자단체는 공정거래위원회 또는 주된 사무소가 위치한 지방자치단체에 등록하여야 한다.

③ 사업자가 소비자단체의 자료 및 정보제공요청을 정당한 이유없이 거절하더라도 벌칙이나 과태료는 부과되지 않는다.

④ 물품에 대한 시험·검사 및 소비자상담은 등록된 소비자단체만이 할 수 있다.

⑤ 소비자단체는 소비자의 피해를 처리함에 있어서 사업자를 대리하여 소비자분쟁조정위원회에 분쟁조정을 신청할 수 있다.

✍ **해설**

① 일반적인 경우에는 조사 등의 결과를 자유롭게 공표할 수 있으며, 다만 물품의 품질·성능 및 성분 등에 관한 시험·검사로서 전문적인 인력과 설비를 필요로 하는 시험·검사인 경우에는 대통령령이 정하는 시험·검사기관의 시험·검사를 거친 후에 공표하여야 한다(법 제28조 제2항). 이 경우엔 공표예정일 7일 전까지 당해 사업자의 의견을 들어야 한다(시행령 제22조 제3항). ② 등록을 하는 소비자단체는 시험·검사 및 조사·분석, 상담·정보제공 및 합의권고의 업무를 하고자 하는 소비자단체이어야 한다(법 제29조). ③ 당해 사업자의 이름(상호 기타의 명칭을 포함한다), 거부 등의 사실과 사유를 「신문 등의 자유와 기능보장에 관한 법률」에 의한 일반일간신문에 게재할 수 있다(법 제28조 제3항). 그러나 벌칙이나 과태료 규정은 없다. ④ 등록은 의무사항이 아니고 재량사항이므로, 등록을 하지 않더라도 시험·검사 및 조사·분석, 상담·정보제공 및 합의권고 등의 업무를 자유롭게 할 수 있다. ⑤ 소비자 불만 및 피해를 처리함에 있어 소비자와 사업자간에 합의가 이루어지지 아니할 때에는 '상대방 소비자'를 대리하여 소비자단체협의체에 자율적 분쟁조정을 신청할 수 있다(시행령 제24조 제2항). <답 ③>

25. **다음 중 「소비자기본법」상 사업자의 의무 위반시 제재조치로 옳지 않은 것은?**

① 중앙행정기관의 장은 사업자가 위해방지기준 위반, 표시기준 위반, 광고기준 위반, 거래의 적정화와 관련된 고시 위반, 개인정보 보호기준 위반이 있는 경우에는 그 사업자에게 그 행위의 중지 등 시정에 필요한 조치를 명할 수 있다.

② 중앙행정기관의 장은 사업자가 제공한 물품 등의 결함으로 인하여 소비자의 생명·신체 또는 재산에 위해를 끼칠 우려가 있다고 인정되는 경우에는 당해 물품의 수거·파기 등의 권고를 하고, 이러한 권고에 사업자 따르지 않을 경우 당해 물품을 직접 수거하여 파기할 수 있다.

③ 사업자는 소비자에게 제공한 물품 및 용역에 소비자의 생명·신체 또는 재산에 위해를 끼치거나 끼칠 우려가 있는 제조·설계 또는 표시 등의 중대한 결함이 있는 사실을 알게 된 때에는 그 결함의 내용을 소관 중앙행정기관의 장에게 보고하여야 한다.

④ 공정거래위원회는 사업자가 위해방지기준 위반, 표시기준 위반, 광고기준 위반, 거래의 적정화와 관련된 고시 위반, 개인정보 보호기준 위반행위를 한 사실을 알게 된 때에는 그 물품 등을 주관하는 중앙행정기관의 장에게 위반행위의 시정에 필요한 적절한 조치를 요청할 수 있다.

⑤ 중앙행정기관의 장은 사업자가 제공한 물품 등의 결함으로 인하여 소비자가 생명·신체 또는 재산에 위해를 끼치거나 끼칠 우려가 있다고 인정되는 경우에는 그 물품 등의 수거·파기·수리 등을 명할 수 있고, 사업자가 이에 따르지 아니하는 경우에는 직접 그 물품 등의 수거·파기 또는 제공금지 등 필요한 조치를 취할 수 있다.

해설

① 법 제80조 제1항, 제20조. ② 시정권고의 경우에는 그 권고를 따르지 아니한 사실의 공표를 할 수 있을 뿐 당해 물품은 직접 수거하여 파기할 수 없다(법 제49조 제1항·제4항). ③ 법 제47조 제1항. ④ 법 제81조 제2항. ⑤ 법 제50조.

<답 ②>

26. A사가 제조판매한 압력밥솥에 결함이 있다는 언론보도가 있었다. 이에 대하여 「소비자기본법」상 취할 수 있는 조치에 관한 설명 중 옳지 않은 것은?

① 국가 · 지방자치단체가 국 · 공립검사기관 등에 의뢰하여 위 제품의 안전성 시험 등을 실시한 경우, 국 · 지방자치단체는 그 결과를 공표하여야 한다.

② A사가 위의 결함이 있음을 알게 된 때에는 그 결함의 내용을 소관 중앙행정기관의 장에게 보고하여야 한다.

③ ②의 보고가 접수된 경우 소관 행정기관의 장은 제조사의 보고만으로 즉시 수거 · 파기 등을 명할 수 있다.

④ 소관 중앙행정기관의 장은 A사에 결함이 있는 제품의 수리를 권고할 수 있다.

⑤ A사가 위 제품을 자진 수거하여 수리하기로 한 경우 시정계획서를 소관 중앙행정기관의 장에게 제출하여야 한다.

해설

① 법 제17조 제3항. ② 법 제47조 제1항. ③ 보고를 받은 중앙행정기관의 장은 시험 · 검사를 의뢰하고 그 결과에 따라 수거 · 파기 등을 권고 하거나 명할 수 있다(법 제47조 제2항). ④ 법 제49조 제1항. ⑤ 법 제48조 시행령 제36조.

<답 ③>

27. 「소비자기본법」 제9장 · 제10장에서 규정하고 있는 조사 등의 절차에 관한 설명 중 옳지 않은 것은?

① 중앙행정기관의 장은 소비자에 대한 정보제공을 위하여 필요한 경우 소속공무원으로 하여금 사업자의 시설을 검사하게 할 수 있다.

② 사업자의 물품이나 시설 등을 검사함에 있어서 반드시 법관의 영장이 필요한 것은 아니다.

③ 중앙행정기관의 장은 일정한 경우 청문을 거치지 않고 당해 물품의 수거 · 파기를 명할 수 있다.

④ 한국소비자원의 자료 및 정보의 제공요청과 관련한 사항을 협의 · 조정하기 위하여 재정경제부에 소비자정보요청협의회를 둔다.

⑤ 지방자치단체에 등록된 소비자단체도 그 업무를 추진함에 있어서 필요한 정보의 제공을 사업자단체에 요청할 수 있다.

해설

① 법 제77조 제1항. ② 검사를 하는 공무원은 그 권한을 나타내는 증표를 지니고 이를 관계인에게 내보이면 족하고 반드시 법관의 영장이 필요한 것은 아니다(법 제77조 제3항). ③ 법 제82조. ④ 소비자정보요청협의회는 한국소비자원에 둔다(법 제79조 제1항 참조). ⑤ 법 제78조 제1항 · 4항; 시행령 제65조 제1항, 제44조 제2항. <답 ④>

28. **「소비자기본법」상 사업자가 부담하는 결함정보보고의무에 관한 설명 중 옳지 않은 것은?**

① 대규모점포를 설치 · 운영하는 유통사업자는 결함정보를 보고할 의무가 없다.

② 물품을 제조 · 수입하거나 용역을 제공하는 자는 결함정보를 보고할 의무가 있다.

③ 물품에 자신을 제조자로 표시한 자는 결함정보를 보고할 의무가 있다.

④ 관계법령이 정하는 안전기준을 위반한 결함도 보고의무의 대상이 되는 중대한 결함에 해당한다.

⑤ 결함정보를 보고받은 중앙행정기관의 장은 물품의 결함 여부가 확인될 때까지 당해 결함보고사실을 공개할 수 없다.

해설

① 대형마트 · 전문점 · 백화점 · 쇼핑센터 및 그 밖의 대규모점포를 설치하여 운영하는 자(유통사업자)는 결함정보를 보고할 의무가 있다(법 제47조 제3항 제3호; 시행령 제34조 제3항). ② 법 제47조 제3항 제1호. ③ 법 제47조 제3항 제2호. ④ 시행령 제34조 제1항 제2호. ⑤ 시행령 제35조 제4항. <답 ①>

29. **다음 중 「소비자기본법」상 소비자의 권리가 아닌 것은?** 〈2007 사시〉

① 생명 · 신체 및 재산상의 위해로부터 보호받을 권리

② 소비자의 권익을 옹호하기 위하여 단체를 조직할 권리

③ 신속 · 공정한 절차에 의하여 적절한 보상을 받을 권리

④ 합리적인 소비생활을 영위하기 위하여 필요한 교육을 받을 권리

⑤ 소비생활에 영향을 주는 지방자치단체의 정책결정에 참여할 권리

해설

소비자기본법 제4조 참조. 출제 당시에는 소비자보호법으로 문제가 출제되었으나, 2007년의 법개정으로 소비자보호법의 법명이 소비자기본법으로 변경되었

다. ⑤ 소비생활에 영향을 주는 국가 및 지방자치단체의 정책과 사업자의 사업활동 등에 대하여 의견을 반영시킬 권리는 있으나, 직접 정책결정에 참여할 권리는 명문으로 규정되어 있지 않다(법 제4조 제4호). <답 ⑤>

30. 「소비자기본법」상 소비자단체소송에 관한 설명 중 옳지 않은 것은?

① 모든 소비자단체는 소비자단체소송을 제기할 수 있다. 〈2008 사시〉

② 원고는 변호사를 소송대리인으로 선임하여야 한다.

③ 원고는 법원의 소송허가를 받아야 한다.

④ 소비자권익침해행위의 금지 또는 중지를 구하는 소송이다.

⑤ 소비자단체소송을 허가하거나 불허가하는 법원의 결정에 대하여는 즉시 항고할 수 있다.

해설

정부는 소비자기본법, 독점규제법, 부정경쟁방지법, 약관규제법, 할부거래법, 방문판매법 등을 제정하여 소비자 권익을 지원하고 있다. 소비자기본법에서 다수의 소비자의 소액피해를 구제하기 위한 단체소송을 도입한 것은 큰 의미를 가진다. 법 제70조 이하에서 단체소송에 관하여 규정하고 있다. ① 일정한 단체만이 단체소송의 제소권자가 된다(법 제70조). ② 법 제72조. ③ 법 제73조. ⑤ 법 제74조. <답 ①>

31. 「소비자기본법」상 소비자단체에 관한 설명 중 옳은 것은? 〈2008 사시〉

① 물품 등의 품질·성능 및 성분 등에 관한 조사·분석을 행한 경우 14일 이내에 그 결과를 공표하여야 한다.

② 소비자의 권익과 관련된 시책을 수립하여야 한다.

③ 업무상 알게 된 정보를 소비자의 권익을 증진하기 위한 목적 이외의 용도에 사용할 수 있다.

④ 소비자단체의 합의권고에 따른 합의가 이루어지지 아니한 경우 그 단체의 장은 소비자분쟁조정위원회에 분쟁조정을 신청할 수 있다.

⑤ 국가 또는 지방자치단체는 등록되지 않은 소비자단체에 대하여도 필요하다고 인정될 때에는 보조금을 지급할 수 있다.

해설

소비자단체의 조직근거와 이에 대한 지원책이 소비자기본법에 규정되어 있으며, 소비자생활에 영향을 미치는 정책결정에 소비자의 의견을 반영하기 위한 제도로 소비자정책위원회, 소비자분쟁조정위원회에 소비자대표의 참여가 보장되고 있다. ① 물품의 품질·성능 및 성분 등에 관한 시험·검사로서 '전문직인 설비를 필요로 하는 시험 · 검사'인 경우 '대통령령이 정하는 시험 · 검사기관'의 시험을 거친 후에 공표하여야 한다(법 제28조 제2항). ② 소비자시책수립은 국가 및 지방자치단체의 의무이다(시행령 제3조). ③ 업무상 알게 된 정보는 목적 외의 사용이 금지된다(법 제50조 제9항). ④ 법 제58조. ⑤ 국가 및 지방자치단체는 소비자단체 · 소비자생활협동조합 등에 대하여 예산의 범위 안에서 필요한 자금을 지원할 수 있는데 이 단체들은 등록되어야 한다고 보고 있다(시행령 제4조).

<답 ④>

32. **「소비자기본법」상 소비자 피해구제에 관한 설명 중 옳은 것은?** 〈2008 사시〉

① 일정 규모 이상의 사업자는 소비자 피해구제를 위하여 소비자 상담기구를 설치하여 운영하여야 한다.

② 소비자상담기구는 법 및 그 시행령에 의한 소비자분쟁해결 기준을 적용하여 분쟁을 해결하여야 한다.

③ 지방자치단체는 소비자분쟁조정위원회에 집단분쟁조정을 의뢰할 수 있다.

④ 소비자분쟁조정위원회는 집단분쟁조정의 당사자 중에서 1인만을 대표당사자로 선임하여야 한다.

⑤ 소비자분쟁조정위원회의 분쟁조정 후 분쟁조정 내용에 대하여 통지를 받은 당사자가 그 수락 여부를 30일 이내에 표시하지 아니한 때에는 수락한 것으로 본다.

해설

① 국가 및 지방자치단체는 소비자의 불만이나 피해를 신속·공정하게 처리할 수 있도록 관련기구의 설치 등 필요한 조치를 강구하여야 한다(법 제16조 제1항). ② 공정거래위원회는 소비자와 사업자 사이에 발생하는 분쟁을 원활하게 해결하기 위하여 대통령령이 정하는 일반적 소비자피해보상기준에 따라 소비자분쟁해결기준을 제정할 수 있으며, 소비자분쟁해결기준은 분쟁당사자 사이에 분쟁해결에 관한 별도의 의사표시가 없는 한 분쟁해결을 위한 합의 또는 권고의 기준이 된다(시행령 제8조). 다른 법령에 근거한 별도의 분쟁해결기준이 소비자분쟁해결기준보다 소비자에게 유리한 경우에는 그 분쟁해결기준을 소비자분쟁해결기준에 우선하여 적용한다(시행령 제9조 제1항). ③ 법 제68조 제1항. ④ 집단분쟁조정의 당사자 중에서 공동의 이익을 대표하기에 가장 적합한 1인 또는 수인을 대표당사자로 선임할 수 있다(법 제68조 제4항). ⑤ 15일 이내에 수락여부를 표시하지 아니한 경우에는 수락한 것으로 본다(법 제67조).

<답 ③>

33. **「소비자기본법」상 소비자단체에 관한 설명 중 옳은 것을 모두 고른 것은?**

〈2009 사시〉

> ㄱ. 소비자단체는 설립 후 공정거래위원회 또는 지방자치단체에 등록하여야 한다.
> ㄴ. 소비자단체는 상담 및 정보제공을 하지 않아도 된다.
> ㄷ. 소비자단체는 비영리의 사단법인으로 설립하여야 한다.
> ㄹ. 소비자단체는 「소비자기본법」상의 자율적 분쟁조정을 할 수 없다.

① ㄱ, ㄴ ② ㄱ, ㄷ ③ ㄴ, ㄷ
④ ㄴ, ㄹ ⑤ ㄷ, ㄹ

해설

ㄱ. 소비자단체라고 해서 전부 등록을 해야 하는 것은 아니다(법 제29조; 시행령 제23조 제2항). ㄴ. 소비자단체의 업무는 의무사항이 아니므로 상담 및 정보제공업무를 반드시 하여야 하는 것은 아니다. ㄷ. 소비자단체는 반드시 비영리 사단법인으로 설립해야 하는 것은 아니다. 소비자기본법에 소비자단체의 법인격여부에 관한 규정은 없다. ㄹ. 공정거래위원회에 등록한 소비자단체의 협의체는 소비자의 불만 및 피해를 처리하기 위하여 자율적 분쟁조정(紛爭調停)을 할 수 있다(법 제31조 제1항). <답 ④>

34. **「소비자기본법」상 자율적 분쟁조정과 한국소비자원 산하 소비자분쟁조정위원회의 분쟁조정을 비교한 설명 중 옳은 것은?** 〈2009 사시〉

① 소비자분쟁조정위원회의 경우에만 다른 법률의 규정에 따라 설치된 전문성이 요구되는 분야의 분쟁조정기구에서 관장하는 사항에 대하여는 분쟁조정을 할 수 없다는 제한규정이 있다.
② 소비자분쟁조정위원회의 경우에만 당사자의 수락의사를 의제하는 절차가 있다.
③ 양자 모두 법령의 위임에 의해서 행정기관 또는 공공기관에 설치되어 있는 조정기구에 의한 조정이다.
④ 당사자는 자율적 분쟁조정이 이루어지지 않는 경우에 한하여 소비자분쟁조정위원회에 분쟁조정을 신청할 수 있다.
⑤ 양자 모두 당사자가 분쟁조정의 내용을 수락한 경우 그 분쟁조정의 내용은 재판상의 화해와 동일한 효력을 갖는다.

해설

① 자율적 분쟁조정에 대해서만 제한규정이 있다(법 제31조 제1항). ② 법 제67조 제2항. ③ 자율적 분쟁조정은 행정기관 또는 공공기관에 설치되어 있는 조정기구에 의한 조정이 아니다. ④ 소비자와 사업자 사이에 발생한 분쟁에 관하여 제16조 제1항의 규정에 따라 설치된 기구에서 소비자분쟁이 해결되지 아니하거나 제28조 제1항 제5호의 규정에 따른 합의권고에 따른 합의가 이루어지지 아니한 경우 당사자나 그 기구 또는 단체의 장은 조정위원회에 분쟁조정을 신청할 수 있다(법 제65조 제1항). ⑤ 법 제67조 제4항. <답 ②>

35. **「소비자기본법」상 집단분쟁조정에 관한 설명 중 옳은 것은?** 〈2010 사시〉

① 사업자는 소비자분쟁조정위원회에 집단분쟁조정을 의뢰할 수 있다.
② 소비자분쟁조정위원회는 집단분쟁조정의 당사자가 아닌 자 중에서 대표당사자를 선임하여야 한다.
③ 집단분쟁조정은 대세적 효력을 가진다.
④ 병합되지 않은 동일의 피해자집단이 여러 개 있더라도 그 조정결정은 같은 내용으로 하여야 한다.
⑤ 집단분쟁조정에서 손해배상액은 평균피해액으로 산정한다.

해설

① 법 제68조 제1항. ② 집단분쟁조정의 당사자 중에서 공동의 이익을 대표하기에 적합한 자를 선임한다(법 제68조 제4항). ③ 당사자 효력을 가진다. ④ 법 제68조 제6항; 시행령 제61조. ⑤ 전 손해액을 기준으로 한다. <답 ①>

36. **「소비자기본법」상 소비자의 기본적 권리와 책무에 관한 설명 중 옳지 않은 것은?** 〈2010 사시〉

① 소비자는 물품 또는 용역으로 인한 생명과 신체뿐만 아니라 재산에 대한 위해로부터 보호받을 권리를 가진다.
② 소비자는 소비생활에 영향을 주는 사업자의 사업활동 등에 대하여 의견을 반영시킬 권리를 가진다.
③ 소비자는 환경권은 갖지만 환경친화적 소비생활을 할 책무를 부담하지 않는다.
④ 소비자는 소비자 권익을 위한 단체를 자유로이 조직할 수 있다.
⑤ 소비자는 책무를 준수하지 않더라도 이를 이유로 법률상 불이익을 받지는 않는다.

해설

① 법 제4조 제1호. ② 법 제4조 제4호. ③ 법 제5조 제3항. ④ 법 제4조 제7호. <답 ③>

37. **「소비자기본법」상 소비자단체에 관한 설명 중 옳지 않은 것은?**

〈2010 사시〉

① 소비자단체는 등록하지 않아도 피해구제업무를 할 수 있다.

② 소비자단체는 요건을 갖추어 공정거래위원회에 등록할 수 있다.

③ 공정거래위원회에 등록된 소비자단체의 협의체는 자율적 분쟁조정을 할 수 있다.

④ 국가는 소비자단체의 활동을 지원하고 육성할 의무가 있을 뿐만 아니라 등록된 소비자단체에 대해서는 보조금을 지급하여야 한다.

⑤ 지방자치단체의 장도 일정한 경우 소비자단체의 등록을 취소할 수 있다.

해설

① 법 제28조 제1항 제5호. ② 법 제29조 제1항. ③ 법 제31조 제1항. ④ 필요하다고 인정될 경우에 보조금을 지급할 수 있다(법 제32조). ⑤ 법 제30조. <답 ④>

38. **「소비자기본법」상 한국소비자원의 피해구제에 관한 설명으로 옳지 않은 것은?**

〈2011 사시〉

① 한국소비자원의 원장은 피해구제신청의 당사자에 대하여 피해보상에 관한 합의를 권고할 수 있다.

② 한국소비자원에 대한 소비자의 피해구제의 신청은 서면에 의해서만 가능하다.

③ 사업자는 소비자로부터 피해구제의 신청을 받은 날부터 30일이 경과하여도 합의에 이르지 못하는 경우 한국소비자원에 그 처리를 의뢰할 수 있다.

④ 피해구제의 신청이나 의뢰를 받은 한국소비자원은 지체없이 피해구제신청사건의 당사자와 의뢰인에게 서면으로 그 사실을 통보하여야 한다.

⑤ 한국소비자원의 원장은 피해구제신청의 내용이 한국소비자원에서 처리하는 것이 부적합하다고 판단되는 때에는 신청인에게 그 사유

를 통보하고 그 사건의 처리를 중지할 수 있다.

해설

① 법 제57조. ② 긴급을 요하거나 부득이한 사유가 있는 경우에는 구술로나 전화 등으로 할 수 있다(법 제55조 제1항 내지 제3항; 시행령 제43조 제1항). ③ 법 제55조 제3항 제1호. ④ 시행령 제43조 제2항. ⑤ 법 제55조 제4항.

<답 ②>

39. 「소비자기본법」상 단체소송에 관한 제도로 규정되어 있지 않은 것은?

〈2011 사시〉

① 전속관할
② 법원의 소송허가
③ 분쟁조정전치주의
④ 원고에 대한 변호사소송대리 강제
⑤ 원고가 될 수 있는 소비자단체의 요건 제한

해설

③ 분쟁조정전치주의는 채택하고 있지 아니하다. ① 법 제71조. ② 법 제74조 제1항. ④ 법 제72조. ⑤ 법 제70조.

<답 ③>

40. 「소비자기본법」상 소비자의 범위에 포함되는 자를 모두 고른 것은?

〈2012 사시〉

ㄱ. 농사용 트랙터의 고장을 수리하고자 하는 농민
ㄴ. 원재료로 구입한 식빵의 문제점을 제기하는 샌드위치 판매상
ㄷ. 영업용으로 구입한 연료의 문제점을 제기하는 운수회사
ㄹ. 철도여행 후 서비스에 불만을 제기하는 여행자
ㅁ. 지방자치단체가 공급한 수돗물의 문제점을 제기하는 주부

① ㄱ, ㄴ, ㄷ ② ㄱ, ㄴ, ㄹ ③ ㄱ, ㄹ, ㅁ
④ ㄴ, ㄷ, ㄹ ⑤ ㄷ, ㄹ, ㅁ

해설

ㄱ. 생산활동 중 농업활동을 위하여 사용하는 자는 소비자에 해당한다(시행령 제2조 제2호). ㄴ. ㄷ. 식빵과 연료를 원재료, 자본재의 용도로 생산활동에 사용하는 자이므로 소비자의 범위에서 제외된다(시행령 제2조 제1호 단서). ㄹ. ㅁ. 소비생활을 위하여 철도서비스 및 수돗물을 사용하는 자이므로 소비자이다(법 제2조).

<답 ③>

41. **「소비자기본법」상 결함 있는 물품 등의 수거 · 파기 등에 관한 설명으로 옳지 않은 것은?** 〈2012 사시〉

① 중앙행정기관의 장은 사업자에 대하여 결함 있는 물품 등의 수거 · 파기 등을 권고하거나 명할 수 있다.

② 중앙행정기관의 장은 사업자가 정당한 이유 없이 수거 · 파기 등의 권고를 따르지 아니할 때에는 당해 사업자가 권고를 받은 사실을 공표할 수 있다.

③ 중앙행정기관의 장이 결함 있는 물품 등의 수거 · 파기 등을 명할 경우에는 원칙적으로 청문을 실시하여야 한다.

④ 중앙행정기관의 장이 결함 있는 물품 등의 수거 · 파기 등을 명할 경우에는 일정한 기간 이내에 사업자에 대하여 시정계획서를 송부하여야 한다.

⑤ 중앙행정기관의 장은 사업자가 시정계획서상의 시정조치기간 이내에 그 물품 등을 수거하여 파기하지 아니하면 소속 공무원에게 이를 수거하여 파기하게 할 수 있다.

해설

④ 중앙행정기관의 장은 물품등의 수거 · 파기 등을 명할 경우, 그 사유와 의무사항 및 이행에 필요한 상당한 기간을 정하여 서면으로 알려야 하고, 이에 따라 시정명령을 받은 사업자는 7일 이내에 시정계획서를 소관 중앙행정기관의 장에게 제출하고 시정조치를 하여야 한다(법 제50조 제1항; 시행령 제38조 제2항 · 제3항). <답 ④>

42. **「소비자기본법」상 소비자분쟁조정위원회(이하 '조정위원회'라 함)의 집단분쟁조정에 관한 설명으로 옳지 않은 것은?** 〈2013 사시〉

① 사업자도 조정위원회에 집단분쟁조정을 신청할 수 있다.

② 집단분쟁조정을 신청받은 조정위원회는 의결로써 집단분쟁조정의 절차를 개시할 수 있다.

③ 조정위원회는 사업자가 조정위원회의 집단분쟁조정의 내용을 수락한 경우 그 조정의 당사자가 아닌 자로서 피해를 입은 소비자에 대한 보상계획서를 제출하도록 권고할 수 있다.

④ 조정위원회는 집단분쟁조정의 당사자가 아닌 소비자로부터 그 분쟁조정의 당사자에 추가로 포함될 수 있도록 하는 신청을 받을 수 있다.

⑤ 조정위원회는 집단분쟁조정의 당사자인 다수의 소비자 중 일부가

법원에 소를 제기한 경우에는 그 절차를 중지한다.

해설

⑤ 조정위원회는 집단분쟁조정의 당사자인 다수의 소비자 중 일부의 소비자가 법원에 소를 제기한 경우에는 그 절차를 중지하지 아니하고, 소를 제기한 일부의 소비자를 그 절차에서 제외한다(소비자기본법 제68조 제6항). ① 소비자기본법 제68조 제1항. ② 소비자기본법 제68조 제2항. ③ 소비자기본법 제68조 제5항. ④ 소비자기본법 제68조 제3항. <답 ⑤>

43. **「소비자기본법」상 소비자의 피해구제에 관한 설명으로 옳지 않은 것은?**

① 이 법에 따라 공정거래위원회에 등록한 〈2013 사시〉 소비자단체의 협의체는 자율적 분쟁조정을 할 수 있다.

② 소비자로부터 피해구제의 신청을 받은 사업자는 일정한 경우에 한하여 한국소비자원에 그 처리를 의뢰할 수 있다.

③ 소비자분쟁조정위원회의 조정내용을 당사자가 수락한 경우 그 조정내용은 재판상 화해와 같은 효력을 갖는다.

④ 소비자단체는 이 법에 따라 소비자의 권익을 침해하는 사업자의 행위에 대하여 소비자를 대신하여 손해배상을 청구하는 단체소송을 제기할 수 있다.

⑤ 대한상공회의소는 이 법상의 단체소송을 제기할 수 있다.

해설

④ 단체소송은 소비자를 대신하여 손해배상을 청구하는 것이 아니라, 법원에 소비자권익침해행위의 금지·중지를 구하는 것이다(소비자기본법 제70조). ① 소비자기본법 제31조 제1항. ② 소비자기본법 제55조 제3항. ③ 소비자기본법 제67조 제4항. ⑤ 소비자기본법 제70조 제2호. <답 ④>

44. **「소비자기본법」상 소비자안전에 관한 설명으로 옳은 것은?** 〈2013 사시〉

① 사업자가 소비자에게 제공한 물품의 결함을 알게 된 때에는 공정거래위원회에 그 결함의 내용을 보고하여야 한다.

② 한국소비자원장은 결함 상품에 대한 파기를 명할 수 있다.

③ 공정거래위원회는 관계 중앙행정기관의 장에게 소비자안전을 위한 조치를 요청할 수 있다.

④ 한국소비자원장은 행정기관 등을 위해정보 제출기관으로 지정하여 운영할 수 있다.

⑤ 공정거래위원회는 위해방지 및 사고예방을 위하여 소비자안전경보를 발령할 수 있다.

해설

③ 소비자기본법 제46조. ① 그 결함의 내용을 소관 중앙행정기관의 장에게 보고하여야 한다(소비자기본법 제47조 제1항). ② 한국소비자원장이 아닌 중앙행정기관의 장이 할 수 있다(소비자기본법 제50조 제1항). ④ 공정거래위원회가 위해정보 제출기관으로 지정·운영할 수 있다(소비자기본법 제52조 제4항). ⑤ 한국소비자원 원장이 소비자안전경보를 발령할 수 있다(소비자기본법 제52조 제2항 제1호). <답 ③>

제 5 장 약관규제법

01. 다음은 약관 분쟁조정협의회에 관한 설명이다. 옳지 않은 것은?

① 한국공정거래조정원에 약관 분쟁조정협의회를 둔다.

② 전체회의는 재적위원 과반수의 출석으로 개의하고, 출석위원 과반수의 찬성으로 의결하지만, 분과회의는 구성위원 전원의 출석과 출석위원 전원의 찬성으로 의결한다.

③ 약관 분쟁조정협의회는 약관의 해석이나 이행을 요구하는 사건에 대하여 분쟁조정이 신청된 경우 이를 각하하여야 한다.

④ 약관 분쟁조정협의회는 분쟁조정이 신청된 사건 중 조정신청을 받은 날로부터 60일이 경과할 때까지 조정이 성립되지 않은 사건에 대하여 이를 기각하여야 한다.

⑤ 공정거래위원회는 조정이 성립된 사항과 비슷한 유형의 피해가 다수 고객에게 발생할 가능성이 크다고 판단되는 사건에 대해서는 집단분쟁조정을 신청할 수 있다.

해설

① 법 제24조 제1항. ② 법 제25조 제3항 · 제4항. ③ 법 제27조 제1항. 법 제27조의2 제3항. ④ 종료하여야 한다(법 제27조의2 제4항). ⑤ 법 제28조의2 제1항.

<답 ④>

02. 다음 중 「약관의 규제에 관한 법률」에 관한 설명으로 옳은 것은?

① 사업자는 약관의 모든 내용을 고객이 이해할 수 있도록 설명하여야 한다.

② 일정한 사항에 관하여 사업자와 고객이 약관의 내용과 다른 합의를 할 때에는 당해 합의사항은 약관에 우선한다.

③ 무효인 약관은 약관을 축소시켜서 계속 효력을 유지하는 방향으로 해석되어야 한다.

④ 보험약관은 반드시 교부하여야 한다.

⑤ 약관의 명시 · 설명 의무를 위반할 경우 고객도 당해 약관을 계약의 내용으로 주장할 수 없다.

해설

① 약관에 정해져 있는 '중요한' 내용을 고객이 이해할 수 있도록 설명하여야 한다(법 제3조 제3항). ③ 무효약관의 효력유지해석원칙은 인정되고 있지 아니하다. 이와 관련하여 대법원 판례는 '직접적 내용통제로서의 수정해석'이라는 표현을 쓰는바(대판 1997.2.25, 96다37589 등 참조), 이에 대해 대법원 판례가 동 원칙을 인정한다고 보는 견해도 있다. ④ 보험약관은 고객의 요청이 있을 때에만 교부하면 된다(법 제3조 제2항). ⑤ 고객측에서 약관을 계약내용으로 주장하는 것은 무방하다. <답 ②>

03. **다음은 「약관의 규제에 관한 법률」상의 시정조치에 대한 설명이다. 옳지 않은 것은?**

① 사업자는 문제의 약관조항이 시정명령의 대상이 되는지의 여부에 관계없이 법에서 무효로 선언하고 있는 불공정약관조항을 계약의 내용으로 하여서는 아니 된다.

② 불공정약관조항을 계약의 내용으로 하는 것은 모든 사업자에 대하여 금지된다.

③ 불공정약관을 사용한 사업자에 대한 시정권고에 위반한 경우에는 1년 이하의 징역 또는 5천만원 이하의 벌금에 처한다.

④ 시정명령위반에 대해서는 2년 이하의 징역이나 1억원 이하의 벌금에 처한다.

⑤ 공정거래위원회는 시정조치를 권고하거나 명하기 위하여 필요하다고 인정되는 경우 및 약관의 심사청구를 받은 경우에는 조사를 할 수 있다. 이 경우 조사를 하는 공무원은 그 권한을 표시하는 증표를 휴대 · 제시하여야 한다.

해설

①② 법 제17조 참조. ③ 시정권고를 위반한 경우에 대해서는 제재수단이 마련되어 있지 않다. ④ 법 제32조. ⑤ 법 제20조. <답 ③>

04. **다음은 「약관의 규제에 관한 법률」에서 규정한 표준약관에 관한 설명이다. 옳지 않은 것은?**

① 사업자단체는 공정거래위원회에 표준약관의 제정을 요청할 수 있다.

② 표준약관의 승인이 있은 후에도 해당사업분야의 사업자는 표준약관

을 사용하지 않을 수 있다.

③ 소비자단체는 공정거래위원회에 표준약관의 제정을 요청할 수 있다.

④ 사업자 및 사업자단체가 공정거래위원회의 표준약관 심사청구의 권고를 받고 4개월이 지나도록 심사청구를 해오지 않을 경우 공정거래위원회는 관련 분야의 거래당사자 및 소비자단체 등의 의견을 듣고 관계부처의 협의를 거쳐 표준약관을 마련할 수 있다.

⑤ 약관규제법상 소비자단체는 표준약관의 심사절차에 참여할 권한이 없다.

해설

① 사업자단체는 표준약관안을 만들어 심사청구할 수 있을 뿐이고 바로 표준약관제정을 요청할 수는 없다. ③ 소비자단체 외에 한국소비자원도 표준약관의 제정을 요청할 수 있다(법 제19조의3 제2항). ④ 법 제19조의3 제4항. ⑤ 실무상 심사과정에서 이해관계단체나 전문가의 의견을 참고하여 공정거래위원회가 승인 여부를 결정하지만, 법에서 소비자단체의 심사절차참여권을 규정하고 있지는 않다. <답 ①>

05. **다음은 「약관의 규제에 관한 법률」에 관한 대법원의 판시내용이다. 옳은 내용을 골라 묶은 것은?**

(가) 사업자가 시장상황을 고려하여 필요한 경우 판매대리점의 판매지역 내에 사업자의 판매대리인을 추가로 선정할 수 있다고 한 약관조항은 고객인 판매대리점의 판매지역을 사업자가 일방적으로 축소·조정할 수 있도록 허용함으로써 판매대리점의 판매지역권을 부당하게 침해하는 것으로, 약관의규제에관한법률 제6조 제2항 제1호 소정의 '고객에 대하여 부당하게 불리한 조항'으로서 불공정한 약관으로 추정된다.

(나) 사업자와 판매대리점 중 어느 일방의 당사자가 대리점계약을 해지하고자 할 경우에는 상대방에게 그 뜻을 계약해지 예정일로부터 2개월 전에 서면으로 예고하여야 한다고 한 약관은 당사자 쌍방에게 동등하게 해지권을 유보하고 있으므로, 약관의규제에관한법률 제6조 제2항 제1호 소정의 '고객에 대하여 부당하게 불리한 조항'에 해당한다고 볼 수 없다.

(다) 불공정한 약관 조항이 시정명령으로 삭제 또는 수정의 대상이 되면 그 조항과 독립하여 존속할 아무런 의미가 없는 약관 조항에

> 대하여도 삭제 또는 수정을 명한 시정명령은 유효하다.
> ㈑ 공정거래위원회는 불공정한 약관 조항에 대하여 그 불공정성을 제거하는 방향으로 삭제 또는 수정할 것을 명할 수 있을 뿐만 아니라 그 약관 조항을 지시한 내용대로 수정할 것을 명할 수도 있다.

① ㈎, ㈏ ② ㈎, ㈐ ③ ㈏, ㈑
④ ㈎, ㈏, ㈐ ⑤ ㈏, ㈐, ㈑

해설

대판 2003.1.10, 2001두1604. ㈏ 사업자와 판매대리점 중 어느 일방의 당사자가 대리점계약을 해지하고자 할 경우에는 상대방에게 그 뜻을 계약해지 예정일로부터 2개월 전에 서면으로 예고하여야 한다고 한 약관에 대하여, 형식적으로는 당사자 쌍방에게 동등하게 해지권을 유보한 것처럼 보이나, 판매대리점은 투하자본 때문에 계약을 임의로 해지하기가 어려운 반면, 사업자는 필요에 따라 2개월의 유예기간만 두면 언제든지 계약의 해지가 가능하므로, 실질적으로는 사업자의 이익을 위하여 기능하는 조항이라고 할 수 있는바, 당사자간의 신뢰관계의 파괴, 부득이한 사유의 발생, 채무불이행 등 특별한 사정의 발생 유무를 불문하고 사업자가 2개월 전에 서면예고만 하면 언제든지 계약을 해지할 수 있도록 규정하고 있으므로, 약관의규제에관한법률 제6조 제2항 제1호 소정의 '고객에 대하여 부당하게 불리한 조항'으로서 불공정한 약관으로 추정된다. ㈑ 일반적으로 약관은 계약의 일부로 편입되는 것이고, 계약의 내용은 계약 당사자가 정하는 것이므로, 공정거래위원회로서는 약관의규제에관한법률 제17조의2 제1항에 따라 불공정한 약관 조항에 대하여 소극적으로 그 불공정성을 제거하는 방향으로 삭제 또는 수정할 것을 명할 수 있을 뿐, 그 약관 조항을 어떠한 내용으로 수정할 것을 명하는 등으로 적극적으로 계약당사자의 계약내용에 개입할 수 없다. 한편 2013.5.28. 법 개정을 통해 시정조치로서 불공정약관조항 사용금지의무를 위반한 사업자에 대하여 불공정약관조항의 시정명령을 받은 사실의 공표를 명할 수 있도록 하였다. <답 ②>

06. **「약관의 규제에 관한 법률」에 관한 대법원 판례 및 심결례의 태도로 다음 중 옳지 않은 것은?**

① 대법원은 '자동차의 운전자가 무면허운전을 하였을 때에 생긴 사고로 인한 손해를 보상하지 아니한다'는 무면허운전면책조항에 대하여 무면허운전이 보험계약자나 피보험자 등의 명시적 또는 묵시적 승인하에 이루어진 경우로서 보험계약자나 피보험자의 지배 또는 관리 가능한 상황에서 이루어진 경우에 한하여 적용되는 조항으로 수정해석해야 한다고 판시하였는바, 이는 대법원이 '직접적 내용통제

로서의 수정해석' 또는 '효력유지적 축소해석의 법리'를 채택했음을 보여주는 것이다.

② 약관상 매매계약 해제시 매도인을 위한 손해배상액의 예정조항이 있는 반면 매수인을 위한 손해배상액의 예정조항은 없는 경우, 이 조항은 매수인에 대하여 부당하게 불리하며 신의성실의 원칙에 반하는 것으로 약관의규제에관한법률 제8조에 반하여 무효이다.

③ 분양대금의 20%에 해당하는 금액을 전부 위약금으로 귀속하도록 하는 아파트공급계약상의 약관조항은 고객에 대하여 부당하게 과중한 손해배상의무를 부담시키는 조항으로 약관의규제에관한법률 제8조에 반하여 무효이다.

④ 매매대금 잔금의 분할지급을 3개월 이상 지연하였을 때에는 계약을 해제할 수 있고, 계약을 해제하는 경우에는 매매대금의 10%에 해당하는 계약보증금을 한국토지공사에 귀속시키기로 되어 있는 한국토지공사의 용지매매계약서상의 조항은 거래관습에 비추어 고객에 대하여 부당하게 불리한 약관조항이라고 볼 수 없어 무효라고 볼 수 없다.

⑤ '모델하우스는 실건물의 기준층을 기준으로 시공하였으므로 시공상의 약간의 증감 및 내부변경이 있을 수 있으며, 모델하우스 내 시공한 제품은 자재수급상 동일의 타사 제품으로 변경될 수 있다'는 아파트공급계약서상의 조항은 상당한 이유없이 급부의 내용을 사업자가 일방적으로 결정하거나 변경할 수 있도록 권한을 부여하는 조항으로 약관의규제에관한법률 제10조 제1호에 해당하여 무효이다.

해설

② 대판 2000.9.22, 99다53759 · 53766. '약관상 매매계약 해제시 매도인을 위한 손해배상액의 예정조항은 있는 반면 매수인을 위한 손해배상액의 예정조항은 없는 경우, 그러한 사정만으로는 그 약관조항이 매수인에 대하여 부당하게 불리하다거나 신의성실의 원칙에 반하여 불공정하다고 볼 수 없다.' ① 대판 1991.12.24, 90다카23899. ③ 1996.12.20. 한국자원건설(주)의 아파트공급계약서상 위약금조항에 관한 심결례. ④ 대판 1999.9.17, 99다19926. ⑤ 심결례 93-101호.

<답 ②>

07. **다음은 「약관의 규제에 관한 법률」의 집행에 관한 서술이다. 옳지 않은 것은?**

① 공정거래위원회의 약관심사는 직권조사 또는 심사청구에 따라 개시

된다.

② 약관에 대한 사전적 통제로는 약관의 명시·설명의무, 표준약관의 심사, 행정기관에 대한 약관의 인가기준 부과 등이 있다.

③ 약관에 대한 사후적 통제로는 불공정약관의 사용금지와 시정조치가 있다.

④ 불공정한 약관에 대한 시정조치로는 시정명령, 시정권고, 과징금부과 등 세 가지가 있다.

⑤ 사업자가 불공정약관 사용금지의무를 부담하지 않는 경우라도 공정거래위원회는 건전한 거래질서의 확립을 위해 사업자에게 불공정약관의 시정에 필요한 조치를 시정권고 할 수 있다.

해설

④ 불공정약관에 대한 시정조치로 과징금부과는 규정되어 있지 않으며 그 밖에 시정요청(법 제18조)이 들어 있다. ⑤는 법 제17조의2 제3항에 규정되어 있다.

<답 ④>

08. 다음은 합리적 기대의 법리에 관한 서술이다. 옳지 않은 것은?

① 합리적 기대의 법리는 보험약관의 효력을 제한함으로써 피보험자의 이익을 보호하기 위하여 미국의 여러 법원에서 판례로 발전시켜 온 이론이다.

② 보험규제당국의 인가를 받은 약관에 대하여는 합리적 기대의 법리가 적용될 여지가 없다.

③ 보험약관에서 명시적으로 보험자의 보상책임을 제한하고 있더라도 그것이 보험계약자나 수익자의 객관적이고 합리적인 기대에 어긋난다면 그러한 보상책임제한조항의 효력은 부인되어야 한다.

④ 약관의 해석에 관한 작성자 불이익의 원칙은 문제의 약관조항이 명확하지 않은 경우에 원용될 수 있는 데 반하여 합리적 기대의 원칙은 약관조항이 명확한 경우에도 원용될 수 있다.

⑤ 보험자의 대리인이 계약체결시에 피보험자에게 보상책임의 제한조항을 자세하게 설명하여 납득시켰다면 그러한 책임제한이 객관적으로 불합리한 것이라 하더라도 피보험자는 합리적 기대의 법리에 따른 보호를 받을 수 없다.

해설

합리적 기대의 법리(doctrine of reasonable expectations)는 보험약관의 내용

통제를 위해 미국의 판례법상 발전되어온 이론으로서 Keeton 교수에 의하여 체계화되었다. <답 ②>

09. 다음은 불공정약관조항에 대한 공정거래위원회의 심결내용을 요약한 것이다. 공정거래위원회의 판단과 일치하지 않는 것은?

① 고객이 제공한 계약보증금을 고객에 대한 현재 및 장래의 채권과 사업자가 임의로 상계할 수 있도록 규정한 약관조항은 민법에서 정하고 있는 고객의 변제지정충당권(민법 제476조)을 배제하고 자의적으로 변제충당의 방법을 정할 수 있도록 허용한 것으로서 고객에 대하여 부당하게 불리한 조항에 해당한다.

② 고객에 렌탈료의 납입을 3개월 이상 연체한 경우 계약을 해지할 수 있다고 정한 약관조항은 법률에 정한 해지권의 행사요건을 완화하여 고객에게 부당하게 불이익을 줄 우려가 있는 조항에 해당한다.

③ 기타의 계약사항을 위반한 때, 기타 신용을 상실한 때 등 포괄적이고 불분명한 사유를 해지사유로 규정한 것은 사업자의 부당한 해지권을 규정한 조항에 해당한다.

④ 해지사유가 계약관계에서 갖는 중요성을 고려함이 없이 언제나 최고절차를 생략하고 해지할 수 있도록 규정한 것은 사업자의 부당한 해지권을 규정한 조항에 해당한다.

⑤ 민사소송법상의 경매절차를 배제하고, 저당물에 대한 매각처분 및 환가의 공정성에 대한 보장도 없이 사업자가 정한 방법과 순서에 따라 담보권을 행사하여 변제에 충당할 수 있도록 정한 약관조항은 고객에 대하여 부당하게 불리한 약관조항에 해당한다.

✍ **해설**

①⑤ 법 제6조 제2항 제1호. ③④ 법 제9조 제2호. ② 국민렌탈(주) 사건(1997. 12.19. 의결 제97-188호)에서 공정거래위원회는 1개월 연체에 해지권을 부여한 조항을 법 제9조 제2호에 해당한다고 보았다. ③④⑤ 역시 국민렌탈(주) 사건의 심결을 요약한 것이다. <답 ②>

10. 다음은 불공정약관조항에 대한 공정거래위원회의 심결내용을 요약한 것이다. 공정거래위원회의 판단과 일치하지 않은 것은?

① 매매목적물에 대하여 계약체결 이전에 발생한 제세공과금까지 매수인이 부담하도록 한 약관조항은 사업자가 부담하여야 할 위험을 매

수인인 고객에게 이전시키는 조항에 해당한다.

② 인도 또는 명도지연에 대한 매도인의 면책사유로 열거된 '기타의 사유'는 그 문언이 지나치게 포괄적이어서 이러한 면책조항은 고객에 대하여 부당하게 불리한 조항에 해당한다.

③ 매매계약체결 후에 불가항력으로 인한 매매목적물의 소실에 대한 위험을 매수인이 부담하도록 한 약관조항은 민법의 위험부담에 관한 규정(민법 제537조)에 비추어 상당한 이유 없이 사업자가 부담하여야 할 위험을 고객에게 이전시키는 조항에 해당한다.

④ 매수인의 귀책사유로 손해배상을 하여야 할 경우 매도인이 그 손해배상액을 산정할 수 있도록 한 조항은 고객의 손해배상이 과중하게 될 우려가 있으므로 고객에 대하여 부당하게 불리한 조항에 해당한다.

⑤ 매도인의 승인을 받아 매수인이 점유한 매매목적물에 대하여 매수인이 지출한 필요비와 유익비의 상환청구권을 배제시키는 약관조항은 계약의 해제 · 해지로 인한 고객의 원상회복청구권을 포기하도록 하는 조항에 해당한다.

해설

① 공정거래위원회는 ①과 같은 조항이 고객에 대하여 부당하게 불리한 조항인 동시에 고객이 예상하기 어려운 조항(법 제6조 제2항 제1호 · 제2호)에 해당한다고 설시하였다. 이 문제는 농업협동조합중앙회의 부동산매매계약서사건(1997. 2.21. 의결 97-35호) 참고. <답 ①>

11. 다음 중 「약관의 규제에 관한 법률」에서 부당성 여부나 상당한 이유의 유무에 불구하고 무효로 선언하고 있는 약관조항이 아닌 것은?

① 사업자에게 법률에서 규정하고 있지 아니하는 해제권 또는 해지권을 부여하는 조항

② 법률의 규정에 의한 고객의 해제권 또는 해지권을 배제하거나 그 행사를 제한하는 조항

③ 사업자 또는 피용자의 중대한 과실로 인한 법률상의 책임을 배제하는 조항

④ 고객의 대리인에 의하여 계약이 체결된 경우 고객이 그 의무를 이행하지 아니하는 때에는 대리인에게 그 의무를 이행할 책임을 지우는 조항

⑤ 사업자 또는 이행보조자의 고의로 인한 법률상의 책임을 배제하는 조항

✍ **해설**

②는 법 제9조 제1호, ③과 ⑤는 법 제7조 제1호, ④는 법 제13조에 절대적 무효사유로 규정되어 있다. ①의 경우에는 고객에 대하여 부당하게 불이익을 줄 우려가 있는 조항만 무효이다. <답 ①>

12. 불공정약관조항의 효력에 관하여 다음 설명 중 옳은 것은?

① 불공정약관조항이라도 일단은 유효로 추정된다.
② 계약의 목적을 달성할 수 없을 정도로 계약에 따르는 본질적 권리를 제한하는 약관조항은 무효로 본다.
③ 약관의 조항 일부가 약관규제법에 따라 무효인 경우 계약 전부가 무효로 될 수 있다.
④ 공정거래위원회는 불공정약관조항의 무효를 선언하는 권한을 가진다.
⑤ 불공정약관의 무효를 확인하는 법원의 확정판결은 대세적 효력을 가진다.

✍ **해설**

① 불공정약관조항은 무효이다. ②의 경우는 불공정한 것으로 추정된다. ④ 공정거래위원회에서 약관규제법에 위반된다고 심의·의결한 약관조항이라도 소송에서 그 유·무효가 다투어질 수 있다. ⑤ 확인판결이 대세적 효력을 인정받기 위하여는 법에 특별한 규정이 있어야 한다. ③ 계약은 나머지 부분만으로 유효하게 존속하는 것이 원칙이나 예외적으로 당해 계약이 무효가 될 수도 있다(법 제16조). <답 ③>

13. 약관에 대한 심사청구와 관련한 내용으로 옳지 않은 것은?

① 법률상의 이익이 있는 자, 소비자기본법에 의하여 등록된 소비자단체, 한국소비자원, 사업자단체 등이 공정거래위원회에 청구할 수 있다.
② 약관심사청구인이 무혐의 결정에 관해 불복의 행정소송을 제기할 수 있는가에 관해 판례는 약관심사청구인은 무혐의종결처분 자체로 인하여 직접 청구인의 권리 또는 법률상의 이익이 침해되었다고 볼 수 있어 행정소송의 당사자적격이 인정된다고 판시하고 있다.
③ 약관심사의 범위는 약관규제법 위반 여부만을 대상으로 한다.

④ 표준약관표지를 사용하는 이상 표준약관의 내용보다 고객에게 더 불리한 약관의 내용은 무효가 된다.
⑤ 표준약관 심사 청구는 공정거래위원회에 서면 또는 전자문서로 제출하여야 한다.

해설

② 판례는 다음과 같은 이유로 무혐의결정에 대하여 불복할 수 없다고 판결하고 있다. '법률상 이익이 있는 자는 약관심사를 청구할 수 있도록 규정되어 있으나 이는 약관규제법 위반사실에 대한 조사 및 심의, 결정이라는 권한행사를 촉구하는 단서를 제공하는 것에 불과할 뿐 어떠한 조치를 취해 줄 것을 요구할 수 있는 구체적인 청구권을 부여한 것으로 볼 수 없으며, 청구인의 청구 내용에 따른 조치를 취하지 아니하고 약관규제법에 위반되지 아니한다는 무혐의결정을 함으로써 원고가 입게 되는 불이익은 상대방이 그 대상이 된 약관의 규정을 적용하여 조치를 취함으로써 발생하는 간접적인 이해관계일 뿐 무혐의 종결처분 자체로 인하여 직접 청구인의 권리 또는 법률상의 이익이 침해되었다고 볼 수 없으므로 무혐의결정에 관하여 무효확인을 구할 당사자 적격이나 법률상 이익이 있다고 할 수 없다'(대판 2000.4.11, 98두5682). <답 ②>

14. 다음은 민법 제104조(불공정한 법률행위)와 「약관의 규제에 관한 법률」상의 규제를 비교한 것이다. 옳지 않은 것은?

① 민법상 불공정한 법률행위에 해당하기 위해서는 현저히 공정을 잃은 법률행위이어야 하는 데 비해, 약관규제법상으로는 신의성실의 원칙에 반하여 공정을 잃은 약관조항은 무효이다.
② 민법상 불공정한 법률행위에 해당하기 위해서는 당사자의 궁박, 경솔 또는 무경험이 필요하지만, 약관규제법상으로는 이러한 주관적인 요소가 없는 경우에도 약관조항은 무효가 될 수 있다.
③ 민법상 불공정한 법률행위의 경우에는 법률행위의 일방 당사자가 타방 당사자에 대해 손해배상청구권을 행사할 수 있는 가능성이 있지만, 약관규제법상 약관조항이 무효가 되는 경우에는 그러한 가능성이 전혀 없다.
④ 법률행위의 일부가 민법상 불공정한 법률행위에 해당하는 경우에는 법률행위의 전부가 무효가 되는 것이 원칙이지만, 약관조항의 일부가 무효인 경우에는 원칙적으로 일부만이 무효이다.
⑤ 법률행위의 무효나 약관의 무효의 경우에 원상회복이나 부당이득반환에 대해서는 민법에 의한다는 점에서 차이가 없다.

✍ **해설**

③ 약관규제법에 위반하는 행위도 위법성이 있으면 불법행위가 될 수 있다.

<답 ③>

15. 다음은 독점규제법과 약관규제법상의 규제에 대한 설명이다. 옳지 않은 것은?

① 독점규제법상 시장지배적지위의 남용행위에 대한 규제는 일정한 거래분야에서 연간매출액 또는 구매액이 10억원 이상인 사업자에 대해서만 적용되는 데 반해 약관규제법은 모든 사업자의 약관에 대해 적용된다.

② 시장지배적사업자가 사용하는 약관에 대해서는 독점규제법과 약관규제법이 중첩적으로 적용될 가능성이 높다.

③ 불공정거래행위에서 말하는 '불공정성'과 불공정약관에서 말하는 '불공정성'은 같은 개념이다.

④ 독점규제법에 위반하는 행위에 대해서는 공정거래위원회의 시정조치가 가장 중요한 규제수단인 데 반해, 약관규제법을 위반하는 약관조항은 무효화되는 것이 규제의 중심을 이룬다.

⑤ 독점규제법은 손해배상청구권에 대해 명시적인 규정을 두고 있으나, 약관규제법은 이에 대해 명시적인 규정을 두지 않고 있다.

✍ **해설**

① 독점규제법 제2조 제7호. ③ 약관규제법상 불공정약관에서 말하는 불공정성은 주로 당사자간의 계약이 공정성을 잃어 일방 당사자에게 불리하다는 것이 중요한 데 반해, 독점규제법상 불공정거래행위에서 말하는 불공정이란 계약당사자 일방에게 불리하다는 의미 이외에도 자유롭고 공정한 경쟁질서의 유지를 위태롭게 할 가능성이 있다는 점이 중요하다. 따라서 독점규제법상 불공정거래행위에 해당하는 내용을 약관을 통해 계약내용으로 한다면 대부분 약관규제법상 무효가 될 가능성이 매우 높지만, 약관규제법상 불공정한 내용이라고 해도 그것이 곧 독점규제법상 불공정거래행위에 해당하는 것은 아니다. ⑤ 독점규제법 제56조.

<답 ③>

16. 다음은 「약관의 규제에 관한 법률」상 개별약정의 우선의 원칙에 대한 설명이다. 옳지 않은 것은?

① 약관에서 정하고 있는 사항에 관하여 사업자와 고객이 약관의 내용과 다르게 합의한 사항이 있을 때에는 당해 합의사항은 약관에 우

선한다는 원칙이다.

② 계약체결 후 계약의 변경 또는 보충으로 약관과 다른 약정이 이루어진 경우에는 그 약정이 우선한다.

③ 개별약정의 내용이 약관에 비하여 고객에게 불리한 경우에는 이 원칙이 적용되지 아니한다.

④ 개별약정이 강행규정을 위반하여 무효로 될 경우에는 개별약정으로 인하여 적용이 배제되었던 약관조항이 적용된다.

⑤ 개별약정이 있는지에 대해서는 이를 주장하는 자가 입증책임을 부담한다.

해설

③ 약관에서 정하고 있는 사항에 관하여 사업자와 고객이 약관의 내용과 다르게 합의한 사항이 있을 때에는 당해 합의사항은 약관에 우선한다(법 제4조). 즉 당사자가 계약내용을 정확히 알고 개별적인 사정에 맞는 합의를 한 경우 그 개별약정이 약관보다 우선하여 적용된다. 내용이 약관과 비교하여 고객에게 꼭 유리해야 되는 것은 아니다. ④ 개별약정이 있더라도 원래의 약관조항이 무효로 되는 것은 아니며, 개별약정이 효력을 잃거나 당사자간의 합의로 철회되는 경우에는 적용배제되었던 조항이 다시 적용된다. <답 ③>

17. 약관의 내용통제방식에 대한 설명으로 옳지 않은 것은?

① 통제기준에 따라 편입통제 · 해석통제 · 불공정성통제가 있다.

② 편입통제는 약관이 계약의 내용으로 편입되었는지 여부를 심사하는 것이다.

③ 불공정성통제는 약관조항의 유 · 무효를 결정하는 통제방식이다.

④ 구체적 계약관계가 있는지에 따라 구체적 내용통제와 추상적 내용통제가 있다.

⑤ 추상적 내용통제는 우리나라의 경우 법원이 담당한다.

해설

⑤ 추상적 내용통제는 구체적 계약관계에서 당사자 사이의 권리 · 의무의 확정과는 관계없이 오직 약관조항의 유 · 무효를 결정하는 것으로 우리의 경우 공정거래위원회가 담당한다. <답 ⑤>

18. 다음은 「약관의 규제에 관한 법률」상 일반규정에 대한 설명이다. 옳지 않은 것은?

① 신의성실의 원칙에 반하여 공정을 잃은 약관조항은 무효이다.

② 고객에 대하여 부당하게 불리한 조항은 공정을 잃은 것으로 추정한다.
③ 고객이 계약의 거래형태 등 제반사정에 비추어 예상하기 어려운 조항은 공정을 잃은 것으로 추정한다.
④ 계약의 목적을 달성할 수 없을 정도로 계약에 따른 본질적인 권리를 제한하는 조항은 공정을 잃은 것으로 추정한다.
⑤ 사업자의 손해배상범위를 제한하거나 사업자가 부담하여야 할 위험을 고객에게 이전시키는 조항은 공정을 잃은 것으로 추정한다.

해설

우리 약관규제법은 제6조에서 일반조항을 두고 제7조 이하에서 약관의 구체적인 내용에 따른 규정을 마련하고 있다. ⑤의 경우는 법 제7조 제2호에 따라 무효이다. ③ 기습조항, 즉 의외조항(surprise clause)은 고객이 계약의 제반사정으로 비추어 보아 예상하기 어려운 내용을 담은 조항을 말한다. <답 ⑤>

19. 다음은 면책조항에 관한 「약관의 규제에 관한 법률」의 내용에 대한 설명이다. 옳지 않은 것은?

① 사업자, 이행보조자 또는 피용자의 고의 또는 중대한 과실로 인한 법률상의 책임을 배제하는 조항은 상당한 이유가 있는 경우에도 무효이다.
② 사업자에게 법률에서 규정하고 있지 아니하는 해제권·해지권을 부여하거나 법률의 규정에 의한 해제권·해지권의 행사요건을 완화하는 조항은 상당한 이유가 있는 경우에도 무효이다.
③ 상당한 이유 없이 사업자가 이행하여야 할 급부를 일방적으로 중지할 수 있게 하는 조항은 무효이다.
④ 고객에게 부여된 기한의 이익을 상당한 이유 없이 박탈하는 조항은 무효이다.
⑤ 일정한 작위 또는 부작위가 있을 때 고객의 의사표시가 표명되거나 표명되지 아니한 것으로 보는 조항은 무효이다.

해설

② 사업자에게 법정해제·해지권 이외의 해제·해지권을 부여하거나 그 요건을 완화하는 조항은 그로 인하여 고객에게 부당하게 불이익을 줄 우려가 있는 경우에만 무효이다. <답 ②>

20. **다음은 면책조항에 관한 「약관의 규제에 관한 법률」의 내용에 대한 설명이다. 옳은 것은?**

① 사업자, 이행보조자 또는 피용자의 경과실로 인한 법률상의 책임을 배제하는 조항은 유효한 것으로 볼 수 있다.
② 상당한 이유 없이 사업자가 급부를 이행함에 있어서 이행보조자를 사용할 수 있도록 하는 조항은 무효이다.
③ 고객이 제3자와 계약을 체결하는 것을 제한하는 조항은 상당한 이유가 있는 경우에는 유효이다.
④ 계약의 해제 · 해지로 인한 사업자의 원상회복의무를 부당하게 경감하는 조항은 무효이지만, 계약의 해제 · 해지로 인한 사업자의 손해배상의무를 경감하는 조항에 대해서는 별도의 규정이 없다.
⑤ 어떠한 내용이든 상관없이 사업자의 의사표시가 상당한 이유 없이 고객에게 도달된 것으로 보는 조항은 무효이다.

해설

① 사업자 등의 고의 또는 중과실로 인한 책임을 면제하는 조항은 절대적으로 무효일 뿐만 아니라 사업자 등의 경과실로 인한 책임을 면제하는 조항도 고객에 대하여 부당하게 불리한 조항이므로 제6조에 따라 공정을 잃은 것으로 추정된다. ② 상당한 이유 없이 사업자가 이행하여야 할 급부를 제3자로 하여금 대행할 수 있도록 하는 조항은 무효이다. 따라서 이행보조자 중에서도 이행대행자를 사용하는 경우에만 개별적인 규정을 두고 있고, 협의의 이행보조자를 사용하는 경우에 대해서는 별도의 규정이 없다(법 제10조). ③ 고객이 제3자와 계약을 체결하는 것을 부당하게 제한하는 조항만이 무효가 된다. 그러나 고객이 제3자와 체결하는 계약을 사업자가 제한하여야 할 만한 정당한 사유가 있는 경우는 많지 않기 때문에 여기서 '부당하게'라는 문구는 넓게 해석하여야 할 것이다(법 제11조 제3호). ④ 사업자의 손해배상의무를 경감하는 조항도 부당한 경우에는 무효이다. ⑤ 사업자의 의사표시 중에서 특히 고객의 이익에 중대한 영향을 미치는 경우에 상당한 이유 없이 그 의사표시가 고객에게 도달된 것으로 보는 조항은 무효이다(법 제12조). <답 ③>

21. **다음은 「약관의 규제에 관한 법률」상 일부무효의 특칙에 대한 설명이다. 옳지 않은 것은?**

① 민법 제137조에 대한 특칙이다.
② 고객의 이익을 보호하기 위한 규정이다.
③ 약관의 전부 또는 일부의 조항이 계약의 내용이 되지 못하는 경우나 무효인 경우에는 계약은 나머지 부분만으로 유효하게 존속하는

것이 원칙이다.

④ 다만 무효부분이 없었더라면 약관을 사용하지 않았을 것이라고 인정될 때에는 약관의 전부가 무효가 된다.

⑤ 일부무효의 특칙은 약관에 대해서만 적용된다.

해설

④ 법 제16조 단서는 민법 제137조 단서와는 다소 표현방식이 다르다. 즉 '유효한 부분만으로는 계약의 목적달성이 불가능하거나 일방 당사자에게 부당하게 불리한 때에는 당해 계약을 무효로 한다'고 규정하고 있다. <답 ④>

22. **다음은 관청인가약관에 대한 설명이다. 옳지 않은 것은?**

① 공정거래위원회는 행정관청이 작성한 약관 또는 다른 법률에 의하여 행정관청의 인가를 받은 약관이 약관규제법에 위반한 사실이 있다고 인정될 때에는 당해 행정관청에 그 사실을 통보하고 그 시정에 필요한 조치를 요청할 수 있다.

② 공정거래위원회는 은행법의 규정에 의한 금융기관의 약관이 약관규제법에 위반한 사실이 있다고 인정될 때에는 금융감독원에 그 사실을 통보하고 그 시정에 필요한 조치를 취하도록 권고할 수 있다.

③ 위와 같은 시정요청을 한 경우에도 필요한 경우에는 시정명령이나 시정권고를 할 수 있다.

④ 관청의 인가를 받은 약관이라도 고객이 약관규제법 위반을 이유로 무효를 주장할 수 있다.

⑤ 약관규제법에 따라 관인 약관의 특정조항이 무효임을 인정하는 법원의 판결은 확인적인 성질을 가진다.

해설

③ ①과 같은 시정요청을 한 경우에는 시정명령이나 시정권고는 이를 하지 아니한다(법 제18조 제2항). ⑤ 법률관계에 변동을 초래하는 판결이 아니고 무효임을 확인하는 판결에 불과하다. <답 ③>

23. **「약관의 규제에 관한 법률」의 적용범위에 관한 설명으로 옳지 않은 것은?**

① 약관이 근로기준법에 속하는 계약에 관한 것일 때에는 약관의규제에관한법률의 적용이 제한된다.

② 상법 제3편(회사편)의 분야에 속하는 분야에 대해서는 약관의규제에관한법률이 적용된다.

③ 특정한 거래분야의 약관에 대하여 다른 법률에 특별한 규정이 있는 경우에는 그 규정이 약관의규제에관한법률의 규정보다 우선 적용된다.
④ 국제적으로 통용되는 운수업 등의 약관에 대해서는 약관규제에관한 법률의 적용이 전면 배제된다.
⑤ 기타 대통령령이 정하는 비영리사업의 분야에 속하는 계약에 관한 약관에 대해서는 적용되지 않는다.

해설
② 법 제30조 제1항에서 상법 제3편의 분야에 속하는 약관에는 약관규제법의 적용을 배제하고 있다. <답 ②>

24. 다음 사례에 관하여 「약관의 규제에 관한 법률」을 적용할 때 옳은 것으로만 묶인 것은? 〈2006 사시〉

> 동대문 소재 대형상가건물 소유자인 甲은 영세의류상인 乙에게 점포 1개를 임대하였다. 甲이 작성한 임대차계약서에는 다음과 같은 내용의 약관이 포함되어 있다.
> ㈎ 임대료는 매년 10% 인상하기로 한다.
> ㈏ 甲은 임의로 점포의 위치를 변경할 수 있으며, 乙은 이에 대해 이의를 제기할 수 없다.
> ㈐ 乙은 甲의 동의를 얻어 자신이 임차점포에 설치한 시설물에 대해 어떠한 권리도 주장할 수 없다.
> ㈑ 이 약관의 해석에 이의가 있는 경우 甲의 해석에 따르기로 한다.

> (ㄱ) ㈎항은 의사표시를 의제하는 조항에 해당하므로 무효이다.
> (ㄴ) ㈏항은 甲이 부담하여야 할 위험을 상당한 이유없이 乙에게 이전시키는 조항에 해당되므로 무효이다.
> (ㄷ) ㈐항은 법률의 규정에 의한 乙의 부속물매수청구권을 배제하는 것으로 상당한 이유가 없으면 무효이다.
> (ㄹ) 약관의 뜻이 명백하지 아니한 경우 ㈑항에 불구하고 乙에게 유리하게 해석하여야 한다.

① (ㄱ), (ㄴ) ② (ㄱ), (ㄷ) ③ (ㄴ), (ㄷ)
④ (ㄴ), (ㄹ) ⑤ (ㄷ), (ㄹ)

해설

(ㄱ) (가)항은 고객에 대하여 부당하게 불리한 조항에 해당하여 공정을 잃은 것으로 추정될 수 있다(법 제6조 제2항 제1호 참조). (ㄴ) 상당한 이유 없이 급부의 내용을 사업자가 일방적으로 결정하거나 변경할 수 있도록 권한을 부여하는 조항으로서 무효이다(법 제10조 제1호 참조). (ㄷ) (다)항은 법률의 규정에 의한 고객의 항변권, 상계권 등의 권리를 상당한 이유없이 배제 또는 제한하는 조항에 해당하여 무효이다(법 제11조 제1호 참조). (ㄹ) 약관의 뜻이 명백하지 아니한 경우에는 고객에게 유리하게 해석되어야 하므로 옳다(법 제5조 제2항 참조).

<답 ⑤>

25. **「약관의 규제에 관한 법률」상 불공정약관으로서 무효라고 볼 수 없는 것들로만 묶인 것은?**

(가) 인터넷사업자가 일정기간 무료로 서비스를 제공하고 그 기간 경과 후 이용료를 부과하기로 하는 조항 (나) 이동통신에 가입한 고객은 가입한 날로부터 1년 후에 해지권을 행사할 수 있다는 조항 (다) 여객운송인의 손해배상액에 최고한도를 정하는 조항 (라) 자동차판매업자가 고객의 편의에 따라 자동차의 정비 및 수선에 관한 애프터 서비스를 제3자로 하여금 대행시킬 수 있다는 조항 (마) 이동통신에 가입한 고객에게 제공되는 기본서비스 이외에 부가서비스를 이용하는 경우 이에 대하여 추가요금을 징수한다는 조항

① (가), (나), (다) ② (가), (다), (마) ③ (가), (라), (마)
④ (나), (다), (라) ⑤ (나), (라), (마)

해설

(나) 법률의 규정에 의한 고객의 해지권의 행사를 제한하는 조항이므로 무효이다(법 제9조 제1호). (다) 상당한 이유없이 사업자의 손해배상 범위를 제한하는 조항이므로 무효이다(법 제7조 제2호).

<답 ③>

26. **「약관의 규제에 관한 법률」상 약관의 개념에 관한 설명 중 옳은 것은?**

① 금융감독원에 은행거래약관의 시정조치를 권고한 경우에 공정거래위원회는 그와 별도로 개별금융기관에 대하여 시정조치를 취할 수 없다.

② 약관은 그 명칭·형태를 묻지 않을 뿐만 아니라 당해 거래의 중요한 계약내용 전부를 담고 있을 필요도 없다.
③ 공정거래위원회에서 특정한 약관조항의 심사청구를 받아 약관규제법에 위반하는 것으로 심의·의결하면 그 약관조항은 그로써 무효화된다.
④ 다수의 상대방과의 계약체결에 사용하기 위한 것이어야 하고 실제로 다수의 계약에 사용되었을 것을 요한다.
⑤ 계약의 내용이 되는 주된 급부에 관한 것이어야 하고 부수적 의무에 관한 것은 해당되지 않는다.

해설

① 행정관청의 인가약관에 대하여는 당해 행정관청에 시정요청을 한 경우 개별 사업자를 대상으로 시정명령이나 시정권고는 할 수 없다. 그러나 금융기관의 약관에 대하여는 금융감독원에 시정권고를 하는 것과 별도로 공정거래위원회가 직접 사업자에게 시정명령이나 시정권고를 할 수 있다(법 제18조 제2항). ② 계약의 전체 내용이 약관에 규정되어야 하는 것은 아니며, 계약내용의 대부분은 개별약정에 의하고, 일부만을 별도의 약관 형태로 정하더라도 무방하다. ③ 공정거래위원회에서 약관규제법에 위반된다고 심의·의결한 약관조항이라도 소송에서 그 유·무효가 다투어질 수 있다. ⑤ 계약의 주된 급부에 관한 것이거나 또는 부수적 의무에 관한 것이거나 모두 포함된다. <답 ②>

27. 약관의 면책조항에 대한 다음 논의 중 옳은 것으로만 묶인 것은?

〈2007 사시〉

> ㄱ. 이행보조자의 중대한 과실로 인한 법률상의 책임을 배제하는 조항은 약관의 규제에 관한 법률상 무효이다.
> ㄴ. 이때 법률상의 책임은 불법행위책임을 의미하고 채무불이행책임은 포함되지 않는다.
> ㄷ. 경과실에 대한 면책조항은 원칙적으로 유효하지만 신의성실의 원칙에 반하는 경우 무효가 되는 경우도 있다.
> ㄹ. 사업자에게 귀책사유가 있는지에 관계없이 면책하는 조항이 있으면 사고가 사업자의 고의 없이 발생한 경우에 효력이 있는 것으로 해석된다.

① ㄱ, ㄴ ② ㄱ, ㄷ ③ ㄴ, ㄷ
④ ㄴ, ㄹ ⑤ ㄷ, ㄹ

✍ **해설**

ㄱ, ㄴ은 법 제7조 참조. ㄷ은 법 제6조 제1항 참조. ㄹ은 면책약관축소해석의 원칙상 사업자의 고의뿐만 아니라 중대한 과실도 없이 사고가 발생한 경우에 한하여 면책조항으로서의 효력이 있는 것으로 해석된다. <답 ②>

28. 대리점계약서상의 "이 계약의 효력은 계약 성립일로부터 향후 1년간 지속된다. 계약기간 만료일에 계약 갱신의 통보가 없을 때에는 1년간씩 계속 연장된 것으로 하며, 연대보증인의 책임도 이에 준한다"라는 조항은 어떤 불공정약관조항에 속하는가? (판례에 의함) 〈2007 사시〉

① 법률의 규정에 의한 고객의 해제권 또는 해지권을 배제하거나 그 행사를 제한하는 조항

② 사업자에게 법률에서 규정하고 있지 아니하는 해제권·해지권의 행사요건을 완화하여 고객에 대하여 부당하게 불이익을 줄 우려가 있는 조항

③ 계약의 해제 또는 해지로 인한 고객의 원상회복의무를 상당한 이유 없이 과중하게 부담시키거나 원상회복청구권을 부당하게 포기하도록 하는 조항

④ 계약의 해제 또는 해지로 인한 사업자의 원상회복의무나 손해배상의무를 부당하게 경감하는 조항

⑤ 계속적인 채권관계의 발생을 목적으로 하는 계약에서 그 존속기간을 부당하게 단기 또는 장기로 하거나 묵시의 기간연장 또는 갱신이 가능하도록 정하여 고객에게 부당하게 불이익을 줄 우려가 있는 조항

✍ **해설**

대판 1998.1.23, 96다19413 참조. <답 ⑤>

29. 「약관의 규제에 관한 법률」상 불공정약관으로 무효라고 볼 수 없는 것들로만 묶인 것은? (판례에 의함) 〈2007 사시〉

ㄱ. "이용자가 게재 또는 등록하는 서비스 내지 내용물이 미풍양속에 위반되는 내용인 경우에 해당된다고 판단되면, 회사가 이용자에게 사전 통지없이 게시물을 삭제할 수 있다"라고 규정한 정보서비스이용약관조항

ㄴ. 보증의뢰인과 보증은행 사이에 체결된 보증의뢰계약에서 "보증의

뢰인은 보증은행의 보증금 지급을 저지시킬 수 있는 가처분신청권을 행사할 수 없다"라는 규정을 포함하고 있는 은행보증약관조항

ㄷ. "고객은 현금 및 귀중품을 금융기관에 예치하고 부득이한 경우에는 금고 안에 보관하여야 하며, 이를 준수하지 아니한 때 발생한 사고에 대하여는 용역경비업자는 고의·중과실이 없는 한 책임을 지지 않는다"라는 용역경비업약관조항

ㄹ. 은행대출약관에서 계약기간 종료시 이의통지 등에 의하여 보증인의 지위에서 벗어날 수 있다는 규정은 없고, 새로운 계약기간을 정하여 계약갱신의 통지를 하거나 자동적으로 1년 단위의 계약기간이 연장되도록 규정된 연대보증기간 자동연장조항

① ㄱ, ㄴ, ㄷ ② ㄱ, ㄴ, ㄹ ③ ㄱ, ㄷ
④ ㄴ, ㄹ ⑤ ㄷ, ㄹ

해설

ㄱ. 대판 1998.1.23, 97다37210 참조. ㄴ. 대판 1994.12.9, 93다43873 참조. ㄷ. 대판 1997.2.25, 96다37589 참조. ㄹ. 대판 1998.1.23, 96다19413 참조.

<답 ③>

30. **「약관의 규제에 관한 법률」상 개별약정우선의 원칙에 관한 내용으로 옳지 않은 것은?** 〈2008 사시〉

① 사업자와 고객이 약관의 내용과 다르게 합의한 사항이 있을 때에는 당해 합의사항은 약관에 우선한다.

② 개별약정이 강행규정을 위반하여 무효로 될 경우에는 개별약정으로 인하여 적용이 배제되었던 약관조항이 적용된다.

③ 개별약정이 유효하게 성립한 경우, 그 내용이 약관에 비하여 고객에게 불리하더라도 개별약정우선의 원칙이 적용된다.

④ 구두에 의한 개별약정에 대해서는 이 원칙이 적용되지 아니한다.

⑤ 이 원칙이 적용된다고 하여 개별약정과 다른 약관조항 자체가 무효로 되는 것은 아니다.

해설

① 법 제4조. ③ 법 제6조, 대판 2001.3.9, 2000다67235. ④ 개별약정은 구두로도 가능하다.

<답 ④>

31. **「약관의 규제에 관한 법률」상 표준약관 및 그 표지에 관한 설명 중 옳은 것은?** 〈2008 사시〉

① 소비자단체는 표준약관을 마련하여 그 내용이 이 법에 위반되는지 여부에 관하여 공정거래위원회에 심사를 청구하여야 한다.

② 사업자 및 사업자단체는 공정거래위원회가 공시한 표준약관을 사용할 의무가 있다.

③ 공정거래위원회는 표준약관표지를 정함에 있어 관련분야의 거래당사자 및 소비자단체들의 의견을 듣고 관계부처의 협의를 거쳐야 한다.

④ 사업자 및 사업자단체가 표준약관과 다른 내용을 약관으로 사용하는 경우 표준약관표지를 사용하여서는 아니된다.

⑤ 사업자 및 사업자단체가 표준약관과 일부 다른 내용을 약관으로 사용하면서 표준약관표지를 사용할 경우 표준약관과 다른 약관의 내용은 모두 무효로 한다.

해설

① 공정거래위원회 자체적으로 조사하여 일정한 거래분야에서 다수의 고객에게 피해가 발생하는 경우 약관이 없거나 기존의 약관이 불공정하다면 사업자 및 사업자 단체에 대하여 표준약관(안)을 마련하여 심사청구를 권고할 수 있다(법 제19조의3 제3항). ② 공정거래위원회는 심사했거나 자체 마련한 표준약관을 공시하고 사업자 및 사업자단체에 대하여 그 사용을 권장할 수 있다(법 제19조의3 제5항). ③ 관계부처의 협의를 거쳐 표준약관표지가 아니라 '표준이 될 약관'을 마련할 수 있다(법 제19조의3 제4항). ④ 사업자 및 사업자단체는 표준약관과 다른 약관을 사용할 수 있으나 표준약관표지는 사용할 수 없다(법 제19조의3 제8항). ⑤ 표준약관의 내용보다 고객에게 더 불리한 약관만이 무효가 된다(법 제19조의3 제9항). <답 ④>

32. **「약관의 규제에 관한 법률」의 적용범위에 관한 설명 중 옳지 않은 것은?** 〈2008 사시〉

① 이 법은 약관에 관한 일반법이므로, 거래주체나 계약유형에 관계없이 원칙적으로 모든 약관에 적용된다.

② 특정한 거래분야의 약관에 대하여 다른 법률에 특별한 규정이 있는 경우에는 이 법의 규정에 우선한다.

③ 국제적으로 통용되는 운송업의 약관에 대하여는 이 법 제7조(면책조항의 금지)의 규정을 적용하지 아니한다.

④ 약관이 상법 제3편, 근로기준법의 분야에 속하는 계약에 관한 것일

때에는 이 법을 적용하지 아니한다.

⑤ 이 법은 행정관청이 작성한 약관에는 적용될 여지가 없다.

해설

②④ 법 제30조에서는 약관이 상법 제3편, 근로기준법 기타 대통령령이 정하는 비영리사업의 분야에 속하는 계약에 관한 것일 때에는 이를 적용하지 아니하며 특정한 거래분야의 약관에 대하여 다른 법률에 특별한 규정이 있는 경우에는 이 법의 규정에 우선한다고 규정되어 있다. ⑤ 행정관청이 작성하거나 인가한 약관에 대해서도 약관규제법은 적용된다. <답 ⑤>

33. **시장지배적사업자가 불공정약관조항을 계약의 내용에 포함시킨 경우에 대한 설명 중 옳지 않은 것은?** 〈2009 사시〉

① 「약관의 규제에 관한 법률」에 근거하여 공정거래위원회는 당해 사업자에게 시정권고 또는 시정명령을 할 수 있다.

② 「약관의 규제에 관한 법률」에 근거한 공정거래위원회의 시정명령에 위반한 자에 대하여는 징역 또는 벌금의 형사처벌이 가능하다.

③ 「약관의 규제에 관한 법률」에 근거한 형사처벌은 공정거래위원회의 고발이 있어야 검사가 공소를 제기할 수 있다.

④ 계약의 내용에 포함된 불공정약관조항이 「독점규제 및 공정거래에 관한 법률」에 위반한 경우에 공정거래위원회는 시정권고 또는 시정명령을 할 수 있다.

⑤ 계약의 내용에 포함된 불공정약관조항이 「독점규제 및 공정거래에 관한 법률」에 위반한 경우에 형사처벌이 가능하다.

해설

③ 전속고발제도는 독점규제법 위반행위에 대해서만 인정된다. 약관규제법에는 전속고발제도가 없다. <답 ③>

34. **「약관의 규제에 관한 법률」상 과태료 처분의 대상이 아닌 것은?**

① 불공정약관조항을 사용하여 계약을 체결한 경우 〈2009 사시〉

② 공정거래위원회의 조사를 거부 · 방해하거나 기피한 경우

③ 약관의 명시 · 설명의무를 위반한 경우

④ 표준약관과 다른 내용을 약관으로 사용하면서 표준약관표지를 사용한 경우

⑤ 공정거래위원회로부터 표준약관의 사용을 권장받고도 표준약관과

다른 약관을 사용하면서 표준약관과 다르게 정한 주요내용을 고객이 알기 쉽게 표시하지 않은 경우

해설

②③④⑤ 모두 과태료처분의 대상으로 규정되어 있다. 법 제34조. ① 불공정약관을 사용한 경우에는 시정조치나 시정권고의 대상이 된다(법 제17조의2).

<답 ①>

35. **「약관의 규제에 관한 법률」상 약관의 명시 · 설명의무에 관한 설명으로 옳지 않은 것은?** (다툼이 있는 경우에는 판례에 의함) 〈2009 사시〉

① 약관의 명시 · 설명의무를 위반하여 계약을 체결한 경우 당해 약관은 당연히 계약에 편입되지 않는다.

② 고객이 약관의 내용을 충분히 잘 알고 있는 경우에는 설명의무가 없다.

③ 계약의 성질상 설명이 현저히 곤란한 경우에는 설명의무가 없다.

④ 약관내용이 추상적 · 개괄적으로 소개되어 있을 뿐인 안내문의 송부만으로는 설명의무를 다한 것으로 볼 수 없다.

⑤ 중요한 내용에 대해서만 설명의무가 있다.

해설

③⑤ 법 제3조 제3항. ② 보험약관의 중요한 내용에 해당하는 사항이라고 하더라도 보험계약자나 그 대리인이 그 내용을 충분히 잘 알고 있는 경우에는 당해 약관이 바로 계약 내용이 되어 당사자에 대하여 구속력을 갖는 것이므로, 보험자로서는 보험계약자 또는 그 대리인에게 약관의 내용을 따로 설명할 필요가 없다(대판 2005.8.25, 2004다18903). ① 사업자가 법 제3조 제2항 및 제3항을 위반하여 계약을 체결한 때에는 당해 약관을 계약의 내용으로 주장할 수 없다(법 제3조 제4항).

<답 ①>

36. **「약관의 규제의 관한 법률」의 적용범위에 관한 설명 중 옳지 않은 것은?** 〈2009 사시〉

① 특정한 거래분야의 약관에 대하여 다른 법률에 특별한 규정이 있는 경우에는 이 법의 규정에 우선한다.

② 「상법」 제3편, 즉 회사법 분야에 속하는 계약에 대하여는 이 법이 적용되지 아니한다.

③ 국제적으로 통용되는 운송업의 약관에 대하여는 이 법의 일부 규정의 적용을 제한할 수 있다.

④ 「근로기준법」의 분야에 속하는 계약에 대하여는 이 법이 적용되지 아니한다.

⑤ 「수출보험법」에 따른 수출보험의 약관에 대하여는 이 법의 적용을 제한할 수 없다.

해설

①②④ 법 제30조. ③⑤ 법 제15조와 시행령 제3조에 따라 국제적으로 통용되는 운송업, 국제적으로 통용되는 금융업 및 보험업, 「수출보험법」에 따른 수출보험의 약관에 대하여는 법 제7조부터 제14조까지의 규정을 적용하지 아니한다. <답 ⑤>

37. 「약관의 규제에 관한 법률」상 사업자에 관한 설명으로 옳지 않은 것은? 〈2010 사시〉

① 계약의 일방 당사자로서 타방 당사자에게 약관의 내용을 계약의 내용으로 할 것을 제안하는 자이다.

② 영위하는 사업의 내용은 불문한다.

③ 임대차계약의 체결에 있어서 임차인도 사업자가 될 수 있다.

④ 지방자치단체도 사업자가 될 수 있다.

⑤ 법인격 없는 사단이나 조합은 사업자가 될 수 없다.

해설

①②⑤ 영위하는 사업의 내용은 불문하며, 법인격 없는 사단이나 조합도 사업자가 될 수 있다(법 제2조 제2호). <답 ⑤>

38. 「약관의 규제에 관한 법률」상 불공정약관에 관한 설명 중 옳지 않은 것은? 〈2010 사시〉

① 공정거래위원회는 불공정약관에 대한 시정명령을 위반한 사업자에 대해서 과징금을 부과할 수 없다.

② 공정거래위원회는 불공정약관 조항의 사용금지 규정에 위반한 사업자가 일정한 요건에 해당하면 시정조치를 명할 수 있다.

③ 공정거래위원회는 불공정약관 조항에 대한 시정조치로서 계약내용의 삭제 · 수정을 명할 수 있다.

④ 공정거래위원회는 구체적인 피해구제와 상관없이 행정적 · 추상적 통제를 할 수 있다.

⑤ 공정거래위원회는 관청인가약관의 경우 당해 행정관청에 시정조치

를 요청하였더라도 직접 시정조치를 취할 수 있다.

해설

① 약관규제법상 과징금 규정은 없으며, 불공정약관에 대한 시정명령을 위반한 사업자에 대해서는 2년 이하의 징역 또는 1억원 이하의 벌금에 처한다(법 제32조). ②③ 한편 2013.5.28. 법 개정을 통해 시정조치로서 계약내용의 삭제·수정뿐만 아니라 불공정약관조항의 시정명령을 받은 사실의 공표도 명할 수 있도록 하였다(법 제17조의2). ④ 법 제17조의2 제1항·제3항. ⑤ 법 제18조 제3항.

<답 ⑤>

39. **「약관의 규제에 관한 법률」상 약관에 관한 설명으로 옳지 않은 것은?**

① 약관은 일방 당사자가 사전에 준비한 것이어야 한다. 〈2010 사시〉
② 구두에 의한 약정은 약관이 아니다.
③ 약관은 계약서, 규칙 등 그 명칭을 불문한다.
④ 약관 이용의 고객은 상인이라도 무방하다.
⑤ 영업소 출입구에 게시된 사항은 그 형식상 약관이 될 수 없다.

해설

①②③⑤ 약관은 일방 당사자가 명칭이나 형태 또는 범위에 상관없이 다수의 상대방과 계약을 체결하기 위하여 일정한 형식으로 미리 마련한 것이면 되므로, 영업소 출입구에 게시된 것에 불과하더라도 해당 영업소가 다수의 상대방과의 거래에서 사용하고자 미리 마련한 것이라면 약관이 될 수 있다(법 제2조 제1항). ④ 법 제2조 제3호.

<답 ⑤>

40. **「약관의 규제에 관한 법률」상 불공정약관에 해당하여 무효라고 대법원이 판시한 것들로 묶인 것은?** 〈2010 사시〉

(가) 자동차보험약관상 운전자 연령 26세 이상 한정운전 조항
(나) 매매계약 해제 시 매도인을 위한 손해배상액의 예정은 있는 반면 매수인을 위한 손해배상액의 예정이 없는 조항
(다) 단독주택 건설용지 분양공고상 “당첨 후 지정기한 내에 계약을 체결하지 않는 경우에는 당첨을 무효로 하며 분양 신청금은 본사에 귀속됩니다”라는 조항
(라) 연대보증기간 자동연장 조항에 계약기간 종료 시 이의통지 등에 의해 보증인의 지위에서 벗어날 수 있다는 규정이 없고, 새로운 계약기간을 정하여 계약 갱신의 통지를 하거나, 그것이 없으면 자동적으로 1년 단위로 계약기간이 연장되도록 한 조항

① ㈎, ㈐, ㈑ ② ㈐, ㈑ ③ ㈏, ㈐, ㈑
④ ㈏, ㈐ ⑤ ㈎, ㈏

해설

㈎ 운전자 연령 26세 이상 한정운전 특별약관은 이로 인하여 보험자의 담보범위가 축소되어 보험계약자에게 불리한 것은 분명하나 보험계약자에게도 위 특별약관을 보험계약에 편입시킴으로써 보험료가 할인되어 그 할인된 만큼의 보험료를 납부하지 아니함으로써 얻는 이익이 있고, 위 특별약관을 보험계약에 편입시킬 것인지 여부는 전적으로 보험계약자의 의사에 달려 있는 것이므로, 약관의규제에관한법률 제7조 제2호에 해당하여 무효라고 볼 수 없다(대판 1998.6.23, 98다14191). ㈏ 약관상 매매계약 해제시 매도인을 위한 손해배상액의 예정조항은 있는 반면 매수인을 위한 손해배상액의 예정조항은 없는 경우, 그러한 사정만으로는 그 약관조항이 매수인에 대하여 부당하게 불리하다거나 신의성실의 원칙에 반하여 불공정하다고 볼 수 없다(대판 2000.9.22, 99다53759 · 53766). ㈐ 한국토지개발공사가 공급하는 분양용지의 당첨자가 계약을 체결하지 않은 경우 분양용지의 공급가액의 10%에 상당하는 분양신청금을 한국토지개발공사에 귀속시키는 약관조항이 고객인 당첨자에 대하여 부당하게 과중한 손해배상의무를 부담시키는 것으로서 무효이다(대판 1994.5.10, 93다30082). ㈑ 약관의규제에관한법률 제9조 제5호의 규정 취지에 비추어, 연대보증기간 자동연장 조항에 계약기간 종료시 이의 통지 등에 의해 보증인의 지위에서 벗어날 수 있다는 규정이 없고, 새로운 계약기간을 정하여 계약 갱신의 통지를 하거나, 그것이 없으면 자동적으로 1년 단위로 계약기간이 연장되도록 규정하고 있다면, 이는 계속적인 채권관계의 발생을 목적으로 하는 계약에서 묵시의 기간 연장 또는 갱신이 가능하도록 규정하여 고객인 연대보증인에게 부당하게 불이익을 줄 우려가 있다고 보여지므로 연대보증기간 자동연장 조항은 약관의규제에관한법률 제9조 제5호에 위반되어 무효라고 봄이 상당하다(대판 1998.1.23, 96다19413). <답 ②>

41. **「약관의 규제에 관한 법률」상 표준약관에 관한 설명으로 옳지 않은 것은?** 〈2011 사시〉

① 공정거래위원회는 표준약관을 공시하고 사업자 및 사업자단체에 대하여 그 사용을 권장할 수 있다.
② 사업자가 표준약관을 사용하는 경우 공정거래위원회가 고시하는 바에 따라 표준약관표지를 사용할 수 있다.
③ 사업자가 표준약관과 다른 내용의 약관에 표준약관표지를 사용하는 경우 고객의 유 · 불리를 불문하고 그 약관은 전부 무효로 한다.
④ 사업자 및 사업자단체는 일정한 거래분야에서 표준이 될 약관을 마련하여 그 내용이 위 법에 위반되는지의 여부에 관하여 공정거래위

원회에 심사를 청구할 수 있다.

⑤ 공정거래위원회는 일정한 거래분야에서 다수의 고객에게 피해가 발생하는 경우에 이를 조사하여 불공정약관조항이 있는 경우 사업자 및 사업자단체에 대하여 표준이 될 약관을 마련하여 심사청구할 것을 권고할 수 있다.

해설

① 법 제19조의3 제5항. ②법 제19조의3 제7항. ③ 사업자 및 사업자단체가 제8항을 위반하여 표준약관 표지를 사용하는 경우 표준약관의 내용보다 고객에게 더 불리한 약관의 내용은 무효로 한다(법 제19조의3 제9항). ④ 법 제19조의3 제1항. ⑤ 법 제19조의3 제3항. <답 ③>

42. **｢약관의 규제에 관한 법률｣상 약관의 설명의무에 관한 설명으로 옳지 않은 것은?** (다툼이 있는 경우에는 대법원 판례에 의함) 〈2011 사시〉

① 설명의무의 이행 사실에 대한 증명책임은 사업자에게 있다.

② 사업자가 설명의무를 이행하지 아니한 경우 고객은 해당 약관조항을 계약의 내용으로 주장할 수 없다.

③ 자동차종합보험계약상 가족운전자한정운전특약은 일반적으로 보험자의 구체적이고 상세한 설명의무의 대상이 되는 약관이다.

④ 약관의 내용이 거래상 일반적이고 공통된 것이어서 고객에게 별도의 설명을 하지 않아도 충분히 예상할 수 있는 사항은 설명의무의 대상이 아니다.

⑤ 약관내용이 추상적 · 개괄적으로 소개되어 있을 뿐인 보험계약의 청약을 유인하는 안내문을 송부한 것만으로는 설명의무를 다한 것으로 볼 수 없다.

해설

① 보험자가 약관의 명시 · 설명의무에 위반하여 보험계약을 체결한 때에는 그 약관의 내용을 보험계약의 내용으로 주장할 수 없지만, 보험약관의 중요한 내용에 해당하는 사항이라 하더라도 보험계약자나 그 대리인이 그 내용을 충분히 잘 알고 있는 경우에는 당해 약관이 바로 계약 내용이 되어 당사자에 대하여 구속력을 가지므로 보험자로서는 보험계약자 또는 그 대리인에게 약관의 내용을 따로 설명할 필요가 없으며, 이 경우 보험계약자나 그 대리인이 그 약관의 내용을 충분히 잘 알고 있다는 점은 이를 주장하는 보험자측에서 입증하여야 한다(대판 2003.8.22, 2003다27054). ② 설명의무의 이행 없이 계약을 체결한 경우 사업자는 해당 약관을 계약의 내용으로 주장할 수 없다. 다만 고객측에서 약관을 계약내용으로 주장하는 것은 무방하다(법 제3조 제4항). ③ 자동차종합

보험계약상 가족운전자한정운전특약은 보험자의 면책과 관련되는 중요한 내용에 해당하는 사항으로서 일반적으로 보험자의 구체적이고 상세한 명시 · 설명의무의 대상이 되는 약관이다(대판 2003.8.22, 2003다27054). ④ 거래상 일반적이고 공통적인 것이어서 금융기관인 보험계약자가 별도의 설명 없이도 충분히 예상할 수 있었던 사항이므로, 보험자의 설명의무의 대상이 되지 않는다(대판 2008.8.21, 2007다57527). ⑤ 보험계약의 청약을 유인하는 안내문에 보험약관의 내용이 추상적 · 개괄적으로 소개되어 있을 뿐 그 약관 내용이 당해 보험계약에 있어서 일반적이고 공통된 것이어서 보험계약자가 충분히 예상할 수 있거나 법령의 규정에 의하여 정하여진 것을 부연하는 것과 같은 것이 아닌 이상, 그러한 안내문의 송부만으로 그 약관에 대한 보험자의 설명의무를 다하였다거나 보험계약자가 그 내용을 알게 되어 굳이 설명의무를 인정할 필요가 없다고는 할 수 없으며, 이와 같은 보험약관의 명시·설명의무에 관한 법리는 보험료율이 낮다거나 보험계약의 체결 방식이 통상의 경우와 다르다고 하여 달라지지 아니한다(대판 1999.3.9, 98다43342, 43359). <답 ②>

43. **「약관의 규제에 관한 법률」상 공정거래위원회에 약관의 심사를 청구할 수 있는 자로 규정되어 있지 않은 자는?** 〈2011 사시〉

① 사업자단체
② 「소비자기본법」에 따라 설립된 한국소비자원
③ 사업자의 소재지를 관할하는 지방자치단체
④ 당해 약관조항과 관련하여 법률상의 이익이 있는 자
⑤ 「소비자기본법」에 따라 공정거래위원회에 등록된 소비자단체

해설
법 제19조 제1항. <답 ③>

44. **「약관의 규제에 관한 법률」상 불공정약관조항의 규제에 관한 설명으로 옳은 것은?** 〈2011 사시〉

① 공정거래위원회는 약관심사청구권자의 청구가 있는 경우에 한하여 해당 약관조항을 심사하여 시정조치 등을 할 수 있다.
② 공정거래위원회가 약관조항을 불공정하다고 의결한 경우 해당 약관조항의 불공정성에 대하여 법원에 제소하여 다툴 수 없다.
③ 행정관청이 인가한 약관의 경우에는 공정거래위원회에 그 약관 내용의 불공정성에 대한 심사를 청구할 수 없다.
④ 공정거래위원회는 불공정하다고 심의 · 의결한 약관조항의 목록을 작성하여 갖추어 두고 이를 이해당사자에 한하여 열람하게 할 수

있다.

⑤ 사업자가 자기의 거래상의 지위를 부당하게 이용하여 불공정한 약관을 사용하여 계약을 체결하는 경우 공정거래위원회는 해당 약관조항의 시정에 필요한 조치를 명할 수 있다.

해설

① 공정거래위원회는 약관심사청구권자의 청구가 없더라도 사업자가 불공정 약관조항을 사용한다고 판단되면 시정조치 등을 할 수 있다(법 제17조의2). ②③ 약관조항의 불공정성에 대한 최종적 판단은 법원에 맡겨져 있다. ④ 공정거래위원회는 이 법에 위반된다고 심의·의결한 약관조항의 목록을 작성하여 갖추어 두고 필요하면 이를 일반인에게 공람하게 할 수 있다(법 제23조). ⑤ 법 제17조의2 제2항 제2호. <답 ⑤>

45. 「약관의 규제에 관한 법률」상 표준약관에 관한 설명으로 옳은 것은? 〈2012 사시〉

① 사업자 및 사업자단체는 표준약관을 마련하여 그 위법 여부에 관하여 한국소비자원에 심사를 청구하여야 한다.

② 「소비자기본법」에 의하여 등록된 소비자단체는 소비자피해가 자주 일어나는 거래분야의 표준약관을 마련할 것을 사업자 및 사업자단체에 요청하여야 한다.

③ 공정거래위원회는 일정한 거래분야에서 다수의 고객에게 피해가 발생하는 경우에 사업자 및 사업자단체에 대하여 표준이 될 약관을 마련할 것을 명할 수 있다.

④ 표준이 될 약관의 조항과 관련하여 법률상의 이익이 있는 자라도 소비자단체가 아니면 그 약관의 심사청구를 할 수 없다.

⑤ 사업자가 표준약관과 다른 내용의 약관을 사용하면서 표준약관표지를 사용하는 경우 표준약관의 내용보다 고객에게 더 불리한 약관의 내용은 무효로 한다.

해설

① 공정거래위원회에 심사를 청구할 수 있다(법 제19조의3 제1항). ② 공정거래위원회에 요청할 수 있다(법 제19조의3 제2항). ③ 사업자 및 사업자단체에 대하여 표준이 될 약관을 마련하여 심사 청구할 것을 권고할 수 있을 뿐이다(법 제19조의3 제3항). ④ 소비자단체가 아니라 하더라도 법률상의 이익이 있는 자는 약관의 심사청구를 할 수 있다. 한편 표준약관도 약관이므로 제19조의 적용을 받는다(법 제19조 제1항). ⑤ 법 제19조의3 제9항. <답 ⑤>

46. **「약관의 규제에 관한 법률」의 적용에 관한 설명으로 옳지 않은 것은?**
(다툼이 있는 경우에는 대법원 판례에 의함) 〈2012 사시〉

① 약관의 일부 조항에 대하여 사업자와 고객 사이에 교섭이 이루어진 경우 교섭되지 아니한 나머지 조항들에 대하여는 이 법이 적용된다.
② 약관의 대다수 조항들이 교섭되고 변경된 사정이 있는 경우 변경되지 아니한 나머지 소수의 조항들에 대해서도 교섭이 이루어진 것으로 추정할 수 있다.
③ '계약서', '규정' 등의 명칭을 사용하더라도 그 실질이 계약의 일방당사자가 다수의 상대방과 계약을 체결하기 위하여 일정한 형식에 의하여 미리 마련한 계약의 내용이 되는 것이면 이 법이 적용된다.
④ 약관의 용어풀이 규정이 본문의 의미를 임의로 제한하는 경우에는 비록 그 약관에 대하여 관청의 인가가 있었더라도 그 용어풀이 규정은 무효가 된다.
⑤ 이 법은 대기업과 중소기업 간의 거래에 이용되는 약관에 대하여는 적용되지 않는다.

✍ **해설** ……………………………………………

⑤ 약관이 「상법」 제3편, 「근로기준법」 또는 그 밖에 대통령령으로 정하는 비영리사업의 분야에 속하는 계약에 관한 것일 경우와, 특정한 거래분야의 약관에 대하여 다른 법률에 특별한 규정이 있는 경우에는 동법을 적용하지 아니한다고 규정되어 있으나, 대기업과 중소기업 간의 거래에 이용되는 약관은 이에 해당하지 아니한다(법 제30조). <답 ⑤>

47. **「약관의 규제에 관한 법률」상 시정명령에 관한 설명으로 옳지 않은 것은?** (다툼이 있는 경우에는 대법원 판례에 의함) 〈2012 사시〉

① 공정거래위원회는 「독점규제 및 공정거래에 관한 법률」에 의한 시장지배적사업자가 불공정한 약관조항을 계약의 내용으로 하는 경우 시정조치를 명할 수 있다.
② 공정거래위원회는 사업자가 자기의 거래상의 지위를 부당하게 이용하여 불공정한 약관에 의하여 계약을 체결한 경우 시정조치를 명할 수 있다.
③ 시정명령은 그 내용을 명시한 서면으로 하여야 한다.
④ 불공정한 약관조항에 대하여 공정거래위원회가 직접 내용을 정하여 수정할 것을 명할 수 있다.

⑤ 사업자가 「약관의 규제에 관한 법률」상의 시정명령을 이행하지 아니한 경우 검사는 공정거래위원회의 고발이 없더라도 공소를 제기할 수 있다.

해설

④ 공정거래위원회는 사업자가 불공정한 약관조항을 사용한 경우, 사업자에게 해당 불공정약관조항의 삭제 · 수정 등 시정에 필요한 조치를 권고하거나, 약관을 시정하기 위하여 필요한 조치를 명할 수는 있어도 직접 내용을 정하여 수정할 것을 명할 수는 없다. 한편 2013.5.28. 법 개정을 통해 시정조치로서 계약내용의 삭제 · 수정뿐만 아니라 불공정약관조항의 시정명령을 받은 사실의 공표도 명할 수 있도록 하였다(법 제17조의2). <답 ④>

48. **「약관의 규제에 관한 법률」상 일부 무효의 특칙에 관한 설명으로 옳은 것은?** 〈2012 사시〉

① 이 특칙은 약관조항이 불공정하여 무효인 경우에 한하여 적용된다.
② 이 특칙은 민법상 일부무효의 법리와 동일하다.
③ 이 법에 따라 무효인 부분을 제외한 나머지 부분은 원칙적으로 유효하다.
④ 이 법은 무효로 된 부분에 대한 추인규정을 두고 있다.
⑤ 이 특칙은 고객보호의 목적과는 무관하다.

해설

① 약관의 전부 또는 일부의 조항이 사업자의 명시 및 설명의무를 위반하여 계약의 내용이 되지 못하는 경우에도 적용된다. ② 민법에 의하면 일부가 무효인 경우 전부가 무효가 됨이 원칙이나, 약관규제법에 의하면 약관의 일부가 무효인 경우에도 나머지 부분만으로 유효하게 존속한다. ④ 추인규정은 두고 있지 않다. ⑤ 고객보호의 목적에 따라 일부무효의 특칙을 둔 것이다. 법 제16조 참조. <답 ③>

49. **「약관의 규제에 관한 법률」상 약관에 관한 설명으로 옳지 않은 것은?** 〈2013 사시〉

① 약관은 계약의 일방 당사자가 미리 마련한 것이어야 한다.
② 사업자단체가 작성한 표준약관을 사업자가 사용하는 경우에도 약관에 해당한다.
③ 불특정 다수와 거래하는 사업자가 그 중 특정인과의 계약만을 위하여 계약조건을 정해 놓은 것도 약관에 해당한다.

④ 약관이 중요한 계약내용을 모두 포함할 필요는 없다.

⑤ 계약의 내용을 이루는 것이면 계약서에 포함된 것은 물론 별지로 되어 있는 것도 약관에 해당한다.

해설

③ 사업자가 거래상대방 중 특정인과의 계약만을 위하여 계약조건을 작성한 것은 다수계약을 위해 미리 정형화된 계약조건이 아니라 할 것이므로 약관에 해당하지 않는다(대판 1999.7.9, 98다13754, 13761). ① 약관규제법 제2조 제1호. ②④⑤는 모두 옳은 설명이다. <답 ③>

50. **「약관의 규제에 관한 법률」상 개별약정우선의 원칙에 관한 설명으로 옳지 않은 것은?** (다툼이 있는 경우에는 대법원 판례에 의함) 〈2013 사시〉

① 묵시적인 합의도 개별약정이 될 수 있다.

② 무효인 약관조항에 따라 체결된 계약내용의 이행을 확인하는 취지의 각서는 유효한 개별약정이다.

③ 약관에서 정하고 있는 사항에 관하여 당사자들이 약관의 내용과 다르게 합의한 때에는 그 합의사항은 약관에 우선한다.

④ 사업자와 고객 사이에 약관조항 중 일부의 조항에 관하여 교섭이 이루어진 경우 교섭되지 아니한 나머지 조항들에 대하여는 여전히 이 법이 적용된다.

⑤ 개별약정의 존재는 이를 주장하는 자가 입증하여야 한다.

해설

② 무효인 약관조항에 의거하여 계약이 체결되었다면 그 후 상대방이 계약의 이행을 지체하는 과정에서 약관작성자로부터 채무의 이행을 독촉받고 종전 약관에 따른 계약내용의 이행 및 약정내용을 재차 확인하는 취지의 각서를 작성하여 교부하였다 하여 무효인 약관의 조항이 유효한 것으로 된다거나, 위 각서의 내용을 새로운 개별약정으로 보아 약관의 유·무효와는 상관없이 위 각서에 따라 채무의 이행 및 원상회복의 범위 등이 정하여진다고 할 수 없다(대판 2000.1.18, 98다18506). <답 ②>

51. **「약관의 규제에 관한 법률」상 약관의 심사에 관한 설명으로 옳지 않은 것은?** 〈2013 사시〉

① 약관의 조항과 관련하여 법률상의 이익이 있는 자는 공정거래위원회에 약관의 심사를 청구할 수 있다.

② 약관의 심사청구는 공정거래위원회에 서면이나 전자문서로 제출하

여야 한다.

③ 사업자단체만이 아니라 사업자도 일정한 거래분야에서 표준이 될 약관을 마련하여 그 내용이 이 법에 위반되는지 여부에 관하여 공정거래위원회에 심사를 청구할 수 있다.

④ 공정거래위원회가 사업자에 대하여 표준이 될 약관을 마련하여 심사청구할 것을 권고하였음에도 사업자가 즉시 필요한 조치를 취하지 않는 경우 공정거래위원회는 독자적으로 표준약관을 마련할 수 있다.

⑤ 공정거래위원회는 심사청구를 받은 약관이 이 법에 위반되는지 여부를 확인하기 위하여 필요한 조사를 할 수 있다.

해설

④ 공정거래위원회는 사업자 및 사업자단체가 권고를 받은 날부터 4개월 이내에 필요한 조치를 하지 아니하면 관련분야의 거래 당사자 및 소비자단체등의 의견을 듣고 관계 부처의 협의를 거쳐 표준이 될 약관을 마련할 수 있다(약관규제법 제19조의3 제4항). ① 약관규제법 제19조 제1항 제1호. ② 약관규제법 제19조 제2항. ③ 약관규제법 제19조의3 제1항. ⑤ 약관규제법 제20조 제1항 제2호.

<답 ④>

52. **「약관의 규제에 관한 법률」상 약관의 설명의무에 관하여 설명한 것으로 옳지 않은 것은?** (다툼이 있는 경우에는 대법원 판례에 의함) 〈2013 사시〉

① 사업자가 고객의 대리인과 계약을 체결한 경우에는 그 대리인에게 약관을 설명하였어도 설명의무를 이행한 것이 된다.

② 설명의무의 대상이 되는 '중요한 내용'이라 함은 사회통념에 비추어 고객이 계약체결의 여부나 대가를 결정하는 데 직접적인 영향을 미칠 수 있는 사항을 말한다.

③ 거래상 일반적이고 공통된 것이어서 고객이 별도의 설명 없이도 충분히 예상할 수 있는 사항은 설명하지 않아도 된다.

④ 사업자가 설명의무를 위반하여 계약을 체결한 경우 고객은 약관을 계약의 내용으로 주장할 수 없다.

⑤ 이미 법령에 의하여 정하여진 것을 되풀이하거나 부연하는 정도에 불과한 사항은 설명하지 않아도 된다.

해설

④ 사업자가 해당 약관을 계약의 내용으로 주장할 수 없을 뿐이고(약관규제법 제3조 제4항), 고객이 약관을 계약의 내용으로 주장하는 것은 가능하다. ① 보

험자가 보험약관의 명시 · 설명의무에 위반하여 보험계약을 체결한 때에는 그 약관의 내용을 보험계약의 내용으로 주장할 수 없다고 할 것임은 물론이라 할 것이나, 그 설명의무의 상대방은 반드시 보험계약자 본인에 국한되는 것이 아니라, 보험자가 보험계약자의 대리인과 보험계약을 체결할 경우에는 그 대리인에게 보험약관을 설명함으로써 족하다(대판 2001.7.27, 2001다23973). ② 설명의무의 대상이 되는 '중요한 내용'이라 함은 사회통념에 비추어 고객이 계약체결의 여부나 대가를 결정하는 데 직접적인 영향을 미칠 수 있는 사항을 말하고, 약관조항 중에서 무엇이 중요한 내용에 해당하는지에 관하여는 일률적으로 말할 수 없으며, 구체적인 사건에서 개별적 사정을 고려하여 판단하여야 한다(대법원 2008.12.16.자 2007마1328 결정). ③⑤ 보험약관의 중요한 내용에 해당하는 사항이라 하더라도 보험계약자나 그 대리인이 그 내용을 충분히 잘 알고 있거나, 거래상 일반적이고 공통된 것이어서 보험계약자가 별도의 설명 없이도 충분히 예상할 수 있었거나, 이미 법령에 의하여 정하여진 것을 되풀이하거나 부연하는 정도에 불과한 사항이라면 그러한 사항에 대하여서까지 보험자에게 명시 · 설명의무가 인정된다고 할 수는 없다(대판 2003.1.10, 2002다32776).

<답 ④>

제 6 장 할부거래법

01. **다음 중 할부거래에 관한 대법원 판결의 설시와 다른 것은?**

① 간접할부계약에서 매도인과 신용제공자 사이에서는 아무런 계약관계 가 없다 하더라도 매수인이 목적물의 대금을 신용제공자로부터 차용하여 목적물을 구입한 후 나중에 그 차용금을 분할하여 상환하기로 한 이상 할부거래법이 적용된다.

② 간접할부계약에서 신용제공자가 물품매매계약상의 해제의 원인이 된 약정 내용을 알지 못하였다고 하더라도, 매수인은 매도인과 체결한 물품매매계약을 해제하면서 신용제공자에게도 매수인의 항변권을 행사하여 할부금의 지급을 거절할 수 있다.

③ 할부계약의 주요 내용에 대한 서면 기재는 신용제공자에 대한 지급거절권의 행사요건으로 규정한 것은 아니다.

④ 할부거래법상 '매수인이 상행위를 목적으로 할부계약을 체결하는 경우'라 함은, 매수인이 신용제공자의 여신으로 매수한 물건을 다른 소비자에게 판매할 목적으로 물건을 할부로 구입한 경우만을 의미하는 것이 아니라, 자신의 소비만을 목적으로 한 경우가 아닌 영리를 목적으로 할부계약을 체결하는 경우를 의미한다.

⑤ 할부거래법상 편면적 강행규정은 간접할부계약에도 유추적용된다.

해설

① 할부거래에 관한 법률 제2조 제1항 제2호 소정의 할부계약은 매도인, 매수인, 신용제공자라는 3당사자의 존재를 전제로 하여 매도인과 매수인 사이의 매매계약 이외에 신용제공자와 매도인 사이의 보증이나 채권양도 등의 약정과 신용제공자와 매수인 사이의 할부금의 지급 등에 관한 약정이라는 3면 계약에 의하여 이루어진 것을 말하고, 매도인과 신용제공자 사이에서는 아무런 계약관계 없이 매수인이 목적물의 대금을 신용제공자로부터 차용하여 목적물을 구입한 후 나중에 그 차용금을 분할하여 상환하는 방식은 분할변제의 특약이 있는 신용제공자와 매수인 사이의 순수한 소비대차계약으로서 위 법률이 적용되지 않는다(대판 2008.7.10, 2006다57872). ②③④⑤ 대판 2006.7.28, 2004다54633.

<답 ①>

02. 할부계약과 선불식 할부계약의 철회권에 대한 설명으로 옳지 않은 것은?

① 할부계약의 숙고기간은 7일임에 비해, 선불식 할부계약의 숙고기간은 14일이다.
② 할부계약과 선불식 할부계약 모두 소비자가 철회의 의사표시가 적힌 서면을 발송하여야 하며, 서면을 발송한 날에 그 효력이 발생한다.
③ 철회권의 행사와 관련하여 계약서의 발급사실과 그 시기 등에 다툼이 있을 경우, 할부계약업자와 선불식 할부계약업자가 입증책임을 부담한다.
④ 소비자에게 책임있는 사유로 재화 등이 멸실·훼손되거나 재화가 사용으로 인하여 그 가치가 현저히 낮아질 우려가 있는 경우 할부계약과 선불식 할부계약의 소비자는 철회권을 행사할 수 없다.
⑤ 소비자가 청약을 철회한 경우 할부계약업자와 선불식 할부계약업자 모두 이미 지급받은 계약금 및 할부금을 환급하여야 하며, 환급이 지연되면 지연배상금도 환급하여야 한다.

해설

법 제8조 및 제24조 참조. <답 ④>

03. 다음은 할부거래법상 할부계약에 있어서 소비자의 철회권에 대한 설명이다. 옳지 않은 것은?

① 소비자에게 책임 있는 사유로 목적물이 멸실·훼손된 경우에는 소비자는 계약에 관한 청약을 철회하지 못한다.
② 소비자가 철회권을 행사한 경우 할부거래업자는 이미 제공한 용역과 동일한 용역의 반환을 청구할 수 없다.
③ 계약서의 발급사실 및 그 시기, 재화 등의 공급사실 및 그 시기에 관하여 다툼이 있는 경우에는 할부거래업자가 이를 입증하여야 한다.
④ 소비자의 청약철회에 따른 공급받은 재화 등의 반환에 필요한 비용은 할부거래업자가 부담하며, 할부거래업자는 소비자에게 위약금 또는 손해배상을 청구할 수 없다.
⑤ 소비자의 청약철회시 이미 재화 등이 사용되었거나 일부 소비되었다 하더라도 할부거래업자는 소비자에게 그로 인해 소비자가 얻은 이익을 청구할 수 없다.

✍ **해설**

① 이에 대해서는 할부거래업자가 입증책임을 진다(법 제8조 제2항 제1호). ② 법 제10조 제3항. ③ 법 제8조 제5항. ④ 법 제10조 제10항. ⑤ 법 제10조 제9항. <답 ⑤>

04. 다음은 할부거래법상 할부계약에 있어 소비자의 철회권행사의 효과에 대한 설명이다. 옳지 않은 것은?

① 청약의 철회가 있는 경우에는 소비자는 이미 공급받은 재화 또는 제공받은 용역을 반환하여야 한다.

② 할부거래업자는 이미 지급받은 계약금 및 할부금을 동시에 환급하여야 하고, 환급이 지연될 경우에는 지연배상금도 함께 환급하여야 한다.

③ 신용제공자가 할부거래업자로부터 할부금청구의 중지 또는 취소를 요청받은 경우에는 소비자가 그 서면을 발송하지 아니한 경우라도 신용제공자의 할부금지급청구에 대항할 수 있다.

④ 간접할부계약의 경우, 할부거래업자가 신용제공자로부터 재화 등의 대금을 이미 지급받은 때에는 지체없이 신용제공자에게 환급하여야 한다.

⑤ 간접할부계약에서 할부거래업자가 신용제공자에 대한 할부금청구중지요청을 지연하여 신용제공자로 하여금 소비자에 대한 할부금의 환급을 지연하게 한 경우, 할부거래업자가 지연배상금을 지급하여야 한다.

✍ **해설**

① 법 제10조 제1항. ② 법 제10조 제2항. ③ 법 제9조 제2항. ④ 그리고 이 때 소비자가 이미 지불한 할부금이 있으면 신용제공자는 지체없이 이를 환급하여야 한다(법 제10조 제4항 · 제5항). ⑤ 법 제10조 제7항. <답 ④>

05. 다음 설명 중 할부거래법의 내용으로 옳지 않은 것은?

① 간접할부계약에서 할부가격이 10만원(신용카드 사용시 20만원) 미만인 경우에 소비자는 할부거래업자에 대한 항변 사유로서 신용제공자에게 항변할 수 없다.

② 할부계약이 불성립 · 무효 · 취소 또는 해제된 경우라도 소비자가 할부거래업자에게 할부금지급을 거절할 수 없다는 명시적인 특약이

있으면 소비자는 이 특약에 따라 할부금지급을 거절할 수 없다.

③ 할부매매에는 소비자만이 기한의 이익을 갖는다.

④ 대법원은 할부거래에 있어서 소유권유보를 대금완납을 정지조건으로 하는 소유권이전의 물권적 합의로 본다.

⑤ 할부매매에서 소비자가 국내에서 할부금 채무이행 보증이 어려운 경우로서 생업에 종사하기 위해 외국에 이주하는 경우와 외국인과의 결혼 및 연고관계로 인하여 외국에 이주하는 경우 기한이익을 상실한다.

해설

① 법 제16조 제2항; 시행령 제11조. ② 소비자의 항변권(법 제16조)은 이른바 편면적 강행규정으로 할부계약 내용이 소비자에게 불리한 경우는 효력이 없다(법 제43조). 따라서 소비자는 특약에도 불구하고 할부금지급을 거절할 수 있다. ④ 대판 1996.6.28, 96다14807. ⑤ 법 제13조; 시행령 제10조. <답 ②>

06. 다음은 할부거래에 대한 설명이다. 옳은 것은?

① 할부거래업자는 할부계약을 체결하기 전에 소비자가 할부계약의 내용을 이해할 수 있도록 일정한 사항을 표시하여야 한다.

② 선불식 할부거래업자는 시·도지사로부터 영업허가를 받아야 한다.

③ 표시의무를 위반하여 맺은 계약은 소비자가 이를 철회할 수 있다.

④ 할부거래업자가 서면주의 규정을 위반한 경우, 소비자는 이를 이유로 신용제공자에게 지급거절로 대항할 수 있다.

⑤ 할부거래업자와 소비자 사이에 '일정한 사항이 기재되지 않은 경우나 불확실한 경우에는 할부거래업자측에 유리하게 해석할 수 있다'는 특약은 유효이다.

해설

① 법 제5조. ② 선불식 할부거래업자는 시·도지사에게 등록의무만 있다(법 제18조). ③ 표시의무에 위반한 경우에 계약의 철회나 해제에 대해서는 정한 바 없다. ④ 구 할부거래에 관한 법률 제4조 제1항에서 할부계약의 주요 내용을 서면으로 하도록 한 취지는 할부거래에 있어서는 대금의 지급이 장기간에 걸쳐 계속되기 때문에 계약 내용이 복잡하고 소비자의 충동구매가 이루어지는 경우가 많은 현실을 감안하여, 매수인으로 하여금 할부계약의 내용을 이해할 수 있도록 함과 동시에 계약체결을 신중하게 하도록 함으로써 부당하게 불리한 특약으로부터 매수인을 보호하고, 분쟁을 사전에 예방하고자 한 데 있을 뿐이고, 그와 같은 서면 기재를 신용제공자에 대한 지급거절권의 행사요건으로 규정한 것은 아니다(대판 2006.7.28, 2004다54633). ⑤ 할부계약의 서면에 일정한 사항

이 기재되지 않거나 불확실한 경우, 그 계약내용은 어떠한 경우에도 소비자에게 불리하게 해석되어서는 아니된다(법 제6조 제4항). <답 ①>

07. 甲은 乙로부터 자동차를 구입하면서 대금은 12개월에 걸쳐 월 100만원씩 분할하여 납부하도록 하고 계약체결과 동시에 자동차를 인도받아 사용하였는데, 甲은 4개월간은 할부금을 정해진 시기에 납부하였으나, 그 이후로 대금을 납부하지 않아 이미 3개월분의 할부금이 연체되었다. 乙이 취할 수 있는 대응수단으로 옳지 않은 것은?

① 乙이 선불식 할부거래업자라 하더라도 14일 이상의 기간을 정하여 甲에게 대금지급의 서면 최고를 하여야 한다.
② 최고에도 불구하고 甲이 할부금 지급의무를 이행하지 아니한 경우 乙은 서면으로 계약의 해제의 의사표시를 하여야 한다.
③ 할부계약을 해제하지 않은 경우에도 기한이 도래한 할부금에 대해서는 지연배상금을 청구할 수 있다.
④ 乙이 해제하는 경우, 甲이 자동차를 乙에게 반환한 경우에는 통상의 사용료액과 계약체결 및 그 이행을 위하여 필요한 비용액의 합계액을 청구할 수 있다.
⑤ 乙이 해제하는 경우, 甲이 자동차를 乙에게 반환하지 아니한 경우에는 할부금액에 상당한 금액을 청구할 수 있다.

해설

① 법 제26조. ② 최고는 서면으로 하여야 하지만 해제의 의사표시의 시기나 방법에 대해서는 정한 바 없다. 따라서 이행을 최고하면서 기간 내에 이행하지 않으면 계약은 해제된다는 뜻을 밝혀도 무방하며, 이후에 별도로 해제의 의사표시를 하여도 무방하고 이러한 경우에도 반드시 서면에 의할 필요는 없다. ④⑤ 법 제12조 제2항. <답 ②>

08. 다음은 할부거래법상 소비자의 계약의 청약 철회와 할부거래업자의 계약해제에 대한 설명이다. 옳지 않은 것은?

① 전자는 소비자에게 숙고기간을 주기 위한 제도이고, 후자는 소비자의 손해배상의무를 감축시키는 것을 주목적으로 하는 제도이다.
② 철회의 의사표시는 서면으로 하여야 하지만, 계약해제의 의사표시는 반드시 서면에 의할 필요가 없다.
③ 양자의 경우 모두 당사자들은 원칙적으로 원상회복의무를 진다.
④ 전자의 경우에 할부거래업자는 손해배상을 청구할 수 없지만, 후자

의 경우에는 손해배상을 청구할 수 있다.

⑤ 할부거래업자 또는 신용제공자는 손해배상을 청구함에 있어 입은 손해가 최소화되도록 신의에 좇아 성실히 하여야 한다.

✍ **해설**

③ 청약철회의 경우에는 부당이득반환의 의무만을 부담한다. ⑤ 법 제12조 제4항. <답 ③>

09. **「할부거래에 관한 법률」상 할부계약의 효력에 관한 설명 중 옳지 않은 것은?**

① 소비자의 철회권 행사기간을 5일로 정한 계약조항은 무효이다.

② 소비자가 국내에서 할부금 채무이행 보증이 어려운 경우로서 생업에 종사하기 위하여 외국으로 이주하는 경우 기한의 이익을 상실한다.

③ 할부계약으로 구입하여 사용한 냉장고 및 세탁기에 대해서는 소비자가 철회권을 행사할 수 없다.

④ 할부거래업자가 하자담보책임을 이행하지 않은 경우 소비자는 할부금의 지급을 거절할 수 있다.

⑤ 할부거래업자가 계약체결 후 계약서 1통을 소비자에게 발급하지 아니하는 경우 벌금형에 처한다.

✍ **해설**

① 법 제8조 제1항, 법 제43조. ② 법 제13조 제1항 제2호; 시행령 제10조 제1호. ③ 법 제8조 제1항. ④ 법 제16조 제1항 제4호. ⑤ 할부거래업자는 할부계약을 체결한 때에는 계약서 1통을 소비자에게 교부하여야 한다. 소비자에게 계약서를 교부하지 아니한 자는 500만원 이하의 과태료에 처한다(법 제6조 제2항, 제53조 제4항 제2호). <답 ⑤>

10. **다음 중 소비자의 선불식 할부계약 해제에 관한 설명으로 옳지 않은 것은?**

① 소비자가 선불식 할부계약을 체결하고 그 계약에 의한 재화 등의 공급을 받지 않은 경우 계약을 해제할 수 있다.

② 소비자는 계약을 해제하기 전에 14일 이상의 기간을 정하여 최고하여야 한다.

③ 선불식 할부거래업자는 소비자에게 계약의 해제로 인한 손실을 한도로 위약금을 청구할 수 있다.

④ 선불식 할부거래업자는 해제된 날로부터 3영업일 이내에 이미 지급받은 대금에서 위약금을 뺀 금액을 소비자에게 환급하여야 한다.
⑤ 선불식 할부거래업자가 환급을 지연한 때에는 지연기간에 따라 지연배상금을 함께 환급하여야 한다.

해설

①② 선불식 할부거래업자의 경우(법 제26조)와 달리 소비자의 해제시 최고는 필요없다(법 제25조 제1항). ③ 법 제25조 제2항. ④⑤ 법 제25조 제4항.

<답 ②>

11. 다음 중 선불식 할부거래업자의 등록에 관한 설명으로 옳지 않은 것은?

① 영업시 등록한 사항이 변경된 경우에는 신고하여야 한다.
② 공정거래위원회는 선불식 할부거래업자가 등록한 사항을 공개하여야 한다.
③ 공정거래위원회는 개인에 관한 사항으로서 사생활의 비밀에 대한 사항과 선불식 할부거래업자의 경영상 비밀에 관한 사항에 대해서는 공개하지 않는다.
④ 영업의 등록을 하지 않고 선불식 할부거래업을 하는 경우, 1년 이하의 징역 또는 3천만원 이하의 벌금에 처한다.
⑤ 선불식 할부거래업자는 자본금이 3억원 이상이어야 한다.

해설

① 법 제18조 제3항. ②③ 법 제18조 제5항. ④ 3년 이하의 징역 또는 1억원 이하의 벌금이다(법 제48조 제1항). ⑤ 법 제19조. <답 ④>

12. 다음 중 선불식 할부거래에 관한 사항으로 옳은 것은?

① 선불식 할부거래업자는 소비자로부터 선불식 할부계약과 관련되는 대금의 보전을 위해 소비자피해보장보험계약을 체결할 수 있다.
② 한국소비자원은 소비자피해보상업무의 감독을 위해 필요한 경우 지급의무자에게 선수금 보전과 관련된 자료의 제출을 요구할 수 있다.
③ 소비자피해보상금의 지급을 확보하기 위한 예치계약에 따른 예치금을 수동채권으로 하여 상계할 수 있다.
④ 선불식 할부거래업자는 소비자에게 계약의 해제로 인한 손실과 위약금을 청구할 수 있다.
⑤ 선불식 할부거래업자가 파산선고를 받거나 폐업신고를 한 경우,

시 · 도지사는 그 등록을 직권으로 말소할 수 있다.

해설

① 의무사항이다(법 제27조 제1항). ② 공정거래위원회가 담당한다(법 제27조 제7항). ③ 상계, 압류, 양도, 담보제공이 모두 금지된다(법 제27조 제3항). ④ 손실을 초과하는 위약금을 청구할 수 없다(법 제25조 제1항). ⑤ 법 제21조.

<답 ⑤>

13. 다음 중 소비자가 선불식 할부거래업자에 대하여 청약을 철회할 수 없는 경우는?

① 계약서를 받은 날로부터 14일 이내

② 선불식 할부거래업자의 주소 등이 적혀있지 않은 계약서를 받은 경우 주소를 안 날로부터 14일 이내

③ 계약서에 청약철회에 관한 사항이 적혀 있지 않은 경우에는 청약철회에 관한 사항을 서면으로 재교부받은 날로부터 14일 이내

④ 선불식 할부거래업자가 청약의 철회를 방해한 경우에는 방해행위가 종료한 날로부터 14일 이내

⑤ 계약서를 받지 않은 경우에는 계약일로부터 3개월 이내

해설

③ 철회할 수 있음을 안 날 또는 알 수 있었던 날로부터 14일이다(법 제24조 제1항).

<답 ③>

14. 다음 중 선불식 할부거래업자에게 금지되는 행위는 모두 몇 개인가?

가. 계약의 체결을 강요하거나 청약의 철회 또는 계약의 해제를 방해할 목적으로 상대방을 위협하는 행위

나. 거짓 · 과장된 사실을 알리거나 기만적 방법을 사용하여 상대방과의 거래를 유도하거나 청약의 철회 또는 계약의 해제를 방해하는 행위

다. 분쟁이나 불만처리에 필요한 인력 또는 설비가 부족한 상태를 상당 기간 방치하는 행위

라. 소비자피해보상보험계약 등을 체결하지 아니하고 영업하는 행위

마. 재화등의 거래에 따른 대금을 정산하기 위하여 본인의 허락범위를 넘어 소비자에 관한 정보를 이용하는 행위

바. 선불식 할부거래업 등록증을 대여하는 행위

① 2개 ② 3개 ③ 4개
④ 5개 ⑤ 6개

해설

마. 대금을 정산하기 위해 필요한 경우, 소비자와의 계약이행에 불가피한 경우, 도용방지를 위해 본인임을 확인할 때 필요한 경우에는 예외적으로 본인의 허락 범위를 넘어 소비자에 관한 정보를 이용할 수 있다(법 제34조 제9호). <답 ④>

15. 다음 중 가장 중한 벌칙 부과사유에 해당하는 것은?

① 등록하지 않고 선불식 할부거래업을 하는 자
② 선불식 할부거래업자가 소비자피해보상보험계약 등을 체결 또는 유지함에 있어 거짓으로 선수금 등의 자료를 제출한 경우
③ 선불식 할부거래업자가 상대방의 청약이 없음에도 재화 등의 대금을 청구하는 경우
④ 선불식 할부거래업자가 사업의 전부를 양도하는 경우 해당 사업의 전부를 양수한 회사가 시 · 도지사에 신고를 거짓으로 하는 경우
⑤ 선불식 할부거래업자가 재화등의 거래기록 · 소비자피해보상보험계약등의 체결내용을 거짓으로 작성하여 소비자에게 열람할 수 있도록 제공하는 경우

해설

① 2010년 개정법에서 상조업에 대한 규제를 위해 선불식 할부거래업자에 벌칙조항을 신설하였다. 등록하지 않고 영업하는 경우 3년 이하의 징역 또는 1억원 이하의 벌금에 처한다(법 제48조 제1항 제1호). ② 1년 이하의 징역 또는 3천만원 이하의 벌금(법 제50조 제1항 제1호). ③ 1천만원 이하의 벌금(법 제51조 제1호). ④ 5천만원 이하의 과태료(법 제53조 제1항 제2호). ⑤ 3천만원 이하의 과태료(법 제53조 제2항 제4호). <답 ①>

16. 「할부거래에 관한 법률」이 적용될 수 있는 경우로 옳은 것은?

① 재활의학과 병원에서 다량의 휠체어를 구입하는 경우
② 건물 임대업자가 자기가 살 집을 구입하는 경우
③ 고가의 비만치료제를 구입하는 경우
④ 자전거 판매상이 판매를 위하여 자전거를 구입하는 경우
⑤ 물건을 제조 · 판매하기 위하여 기계를 할부로 구입하는 경우

✍ **해설**

① 할부거래법은 재화 또는 용역(일정한 시설을 이용하거나 용역의 제공을 받을 권리를 포함한다)에 관한 할부계약이 적용되므로(법 제2조 제1호), 병원의 다량의 휠체어 할부구입에는 적용될 수 있다. ② 부동산거래이므로 같은 법의 적용이 배제되며, ③ 의약품이므로 시행령 제4조 제2호에 따라 같은 법의 적용이 배제된다. ④⑤ 소비자의 상행위를 목적으로 구입하므로 같은 법의 적용이 배제된다(법 제3조 제1호). <답 ①>

17. **「할부거래에 관한 법률」상 할부거래업자의 손해배상청구금액의 제한규정에 대한 설명 중 옳지 않은 것은?**

① 할부거래업자의 소비자에 대한 지나친 손해배상청구를 제한하기 위하여 도입된 편면적 강행규정이다.

② 약관규제법 제8조의 손해배상액 예정에 관한 규정에 대해 특별규정으로서의 성격을 갖는다.

③ 계약이 해제되지 않은 경우 할부금지급의무 불이행을 이유로 청구하는 손해배상액은 법정 지연손해금을 초과하지 못한다.

④ 계약이 해제된 경우 손해배상액의 최고한도를 산정함에 있어서는 재화 등의 반환 등 원상회복이 되었는지의 여부를 고려하지 않는다.

⑤ 할부거래업자 또는 신용제공자는 손해배상을 청구함에 있어 소비자의 손해가 최소화되도록 신의에 좇아 성실히 하여야 한다.

✍ **해설**

① 법 제43조. ③ 법 제12조 제1항. ④ 할부거래업자가 계약을 해제한 경우에 소비자에게 청구하는 손해배상액은 재화 등의 반환 등 원상회복이 된 경우에는 통상의 사용료와 계약체결 및 그 이행을 위하여 통상 필요한 비용의 합계액과 지연손해금의 합계액을 초과하지 못한다. 반면 재화 등의 반환 등 원상회복이 되지 아니한 경우에는 할부가격에 상당한 금액과 지연손해금의 합계액을 초과하지 못한다(법 제12조 제2항 제1호 · 제2호). ⑤ 법 제12조 제4항. <답 ④>

18. **할부거래와 약관에 대한 설명 중 옳지 않은 것은?** 〈2007 사시〉

① 할부거래에 관한 법률과 약관의 규제에 관한 법률은 공통적으로 소비자보호를 목적으로 한다.

② 약관에 의하여 할부거래계약이 체결되는 경우에는 명시 · 교부 · 설명의무가 면제된다.

③ 사업자가 상행위를 위하여 재화 등을 공급받는 거래에는 할부거래에 관한 법률이 적용되지 않는다.

④ 할부거래업자, 소비자가 모두 상인인 경우에도 약관의 규제에 관한 법률이 적용될 수 있다.

⑤ 할부거래에 관한 법률에서의 소비자개념과 약관의 규제에 관한 법률에서의 고객개념은 일치하지 아니한다.

해설

② 약관에 의하여 할부거래계약이 체결되는 경우는 명시·교부·설명의무의 예외로 규정되어 있지 않다(약관의 규제에 관한 법률 제3조 참조). ③ 할부거래에 관한 법률 제3조 제1호. ⑤ 할부거래법상 "소비자"는 할부계약 또는 선불식 할부계약에 의하여 제공되는 재화등을 소비생활을 위해 사용하는 자를 의미하는 반면, 약관규제법상 "고객"은 계약의 한쪽 당사자로서 사업자로부터 약관을 계약의 내용으로 할 것을 제안받은 자를 의미하므로 그가 상인인지 여부는 묻지 않는다. <답 ②>

19. **甲은 대금을 10개월 균등 분할납부하는 조건으로 乙과 에어컨 구입계약을 체결하고 에어컨을 인도받았다. 그런데 甲은 5개월간은 할부금을 납부하였으나, 그 후 3개월째 계속하여 할부금을 납부하지 않고 있다. 「할부거래에 관한 법률」상 할부거래업자 乙이 취할 수 있는 조치에 관한 설명 중 옳지 않은 것은?** 〈2008 사시〉

① 乙은 계약을 해제하기 전에 14일 이상의 기간을 정하여 甲에게 그 이행을 서면으로 최고하여야 한다.

② 할부계약이 해제된 경우 乙은 甲에게 에어컨의 반환을 청구할 수 있다.

③ 에어컨의 소유권이 乙에게 유보된 경우에도 乙은 할부계약을 해제하여야만 甲에게 에어컨의 반환을 청구할 수 있다.

④ 乙은 이미 연체된 할부금에 「이자제한법」에서 정한 이자의 최고한도의 범위에서 대통령령이 정한 율을 곱하여 산정한 금액에 상당하는 지연손해금을 甲에게 청구할 수 있다.

⑤ 할부계약을 해제하고 에어컨의 반환이 이루어진 경우 乙은 甲에게 통상의 사용료액을 한도로 손해배상을 청구할 수 있다.

해설

① 법 제11조 제1항. ② 법 제11조 제2항. ③ 법 제11조 제3항. ④ 법 제12조 제1항. ⑤ 재화 등의 반환 등 원상회복이 된 경우의 손해배상액은 법 제12조 제1항에 따라 계산된 지연손해금에 더하여 통상의 사용료와 계약 체결 및 그 이행을 위하여 통상 필요한 비용의 합계액으로 한다. 다만 할부가격에서 재화 등에 반환된 당시의 가액을 공제한 금액이 그 사용료액과 비용액의 합계액을 초

과하는 경우에는 그 금액으로 한다(법 제12조 제2항 제1호). <답 ⑤>

20. **「할부거래에 관한 법률」과 「방문판매 등에 관한 법률」의 차이점에 관한 설명 중 옳은 것은?** 〈2008 사시〉

① 「할부거래에 관한 법률」에는 청약철회에 대한 규정이 있지만, 「방문판매 등에 관한 법률」에는 청약철회에 대한 규정이 없다.

② 「할부거래에 관한 법률」과 「방문판매 등에 관한 법률」에는 모두 형사처벌조항이 있다.

③ 「할부거래에 관한 법률」과 「방문판매 등에 관한 법률」이 소비자보호와 관련하여 경합하는 경우에 「할부거래에 관한 법률」을 우선 적용한다.

④ 「할부거래에 관한 법률」은 할부계약의 서면주의를 규정하고 있으나, 「방문판매 등에 관한 법률」은 계약체결에 따른 계약서 교부의무를 규정하고 있지 않다.

⑤ 「할부거래에 관한 법률」에는 과징금 규정이 있지만, 「방문판매 등에 관한 법률」에는 과징금 규정이 없다.

해설

① 두 법률 모두 청약철회 규정이 존재한다(할부거래에 관한 법률 제8조; 방문판매 등에 관한 법률 제8조). ② 할부거래에 관한 법률에서는 2010년 법 개정시 형사처벌조항을 도입하였다(제48조 내지 제51조), 방문판매 등에 관한 법률 제51조. ③ 방문판매법에서는 방문판매, 전화권유판매, 다단계판매, 계속거래 및 사업권유거래에서의 소비자보호와 관련하여 다른 법률과 경합하는 경우, 방문판매법을 우선 적용하되, 다른 법률을 적용하는 것이 소비자에게 유리한 경우에는 그 법을 적용한다고 규정하고 있고(제4조), 할부거래법에서도 2010년 개정에 따라 할부거래 및 선불식 할부거래에서의 소비자보호와 관련하여 다른 법률과 경합하는 경우, 할부거래법을 우선하여 적용한다는 조항이 추가되었다(제4조). 따라서 두 법이 경합하는 경우에는 소비자에게 유리한 법률을 우선 적용하여야 할 것이다. ④ 할부거래에 관한 법률 제6조에서 서면주의를 규정하고 있으며 방문판매 등에 관한 법률 제7조에서도 계약체결에 따른 계약서 교부의무를 두고 있다. ⑤ 할부거래에 관한 법률(제42조)과 방문판매 등에 관한 법률(제44조)에 모두 과징금 규정이 있다. <답 ②>

21. **「할부거래에 관한 법률」이 적용되는 할부계약에서 소비자의 철회권에 관한 설명 중 옳지 않은 것은?** 〈2008 사시〉

① 소비자는 원칙적으로 계약서를 교부받은 날 또는 계약서를 교부받

지 아니한 경우에는 청약을 철회할 수 있는 날부터 7일 이내에 청약을 철회할 수 있다.

② 소비자에게 책임있는 사유로 재화등이 멸실된 경우 청약철회권이 인정되지 아니한다.

③ 이 법에서는 청약철회의 의사표시 형식에 제한을 두지 않는다.

④ 청약의 철회를 위해 서면을 발송한 경우 발송한 날에 효력이 발생한 것으로 본다.

⑤ 계약서 발급사실 및 그 시기, 재화 등의 공급사실 및 그 시기에 관하여 다툼이 있는 경우에는 할부거래업자가 이를 입증하여야 한다.

해설

① 법 제8조 제1항. ② 법 제8조 제2항 제1호. ③ 반드시 서면으로 청약을 철회하도록 규정하고 있다(법 제8조 제3항). ④ 법 제8조 제4항. ⑤ 법 제8조 제5항.
<답 ③>

22. **「할부거래에 관한 법률」의 내용 중 옳지 않은 것은?** 〈2009 사시〉

① 소비자가 할부금을 다음 지급기일까지 연속하여 2회 이상 지급하지 않고 그 지급하지 아니한 금액이 할부가격의 10분의 1을 초과하는 경우 기한의 이익을 상실하도록 하는 계약조항은 유효하다.

② 소비자의 청약철회권 행사기간을 계약서를 교부받은 날부터 5일 이내로 정한 계약조항은 무효이다.

③ 할부계약에서 정한 재화 등의 공급시기까지 재화 등이 소비자에게 공급되지 않은 경우에 소비자가 할부거래업자에게 할부금 지급을 거절할 수 없도록 한 계약조항은 무효이다.

④ 소비자가 청약을 철회하는 경우에 재화 등의 반환에 필요한 비용을 소비자가 부담하도록 하는 계약조항은 무효이다.

⑤ 소비자가 기한이 되기 전에 나머지 할부금을 한꺼번에 지급하는 경우 나머지 기간에 대한 할부수수료를 공제하지 않기로 하는 계약조항은 무효이다.

해설

법 제43조(소비자에게 불리한 계약의 금지) 할부거래업자와 소비자 간의 할부계약의 내용 중에서 제6조부터 제13조까지 및 제15조, 제16조, 제23조부터 제26조까지의 규정을 위반한 약정으로서 소비자에게 불리한 것은 그 효력이 없다. ① 법 제13조 제1항. ② 법 제8조 제1항. ③ 법 제16조 제1항 제3호. ④

법 제10조 제10항. ⑤ 기한 전 지급에 관한 규정은 편면적 강행규정이 아니다(법 제14조). <답 ⑤>

23. **「할부거래에 관한 법률」과 관련한 설명 중 옳지 않은 것은?** 〈2010 사시〉

① 할부매매는 소비자 신용거래의 일종이다.
② 할부매매는 소비자가 대금을 완납하기 전에 매매의 목적물을 인도받고 그 대금을 분할해서 지급하는 특수한 형태의 매매이다.
③ 할부매매는 대금의 전액을 향후 일시에 지급하기로 한 외상매매와는 구별된다.
④ 소비자가 상행위를 목적으로 체결한 할부계약에 대하여는 위 법을 적용하지 않는다.
⑤ 할부거래업자는 소비자가 할부금 지급의무를 이행하지 아니할 경우 사전 최고없이 계약을 해제할 수 있다.

해설

①②③ 법 제2조 제1호. ④ 법 제3조 제1호. ⑤ 제11조. <답 ⑤>

24. **甲은 결혼정보회사 乙에게(여신전문금융업법상 신용카드가맹점) 3개월 3회 할부 방식에 의해 가입비 등 100만원을 신용카드로 지급하기로 하였다. 「할부거래에 관한 법률」상 甲과 乙의 관계에 관한 설명으로 옳은 것은?** 〈2010 사시〉

① 甲과 乙은 서면으로 계약을 체결하여야 한다.
② 乙은 甲과 계약을 체결하기 전에 할부가격과 계약금에 대한 사항을 표시하고 사전 고지하여야 한다.
③ 甲이 외국인과 결혼하여 이주하는 경우에도 기한이익을 주장할 수 있다.
④ 甲은 철회권 행사기간 이내에는 언제든지 구두로 철회할 수 있다.
⑤ 乙이 甲과 계약을 체결하면서 위 법에서 규정하는 소비자의 기한 전 지급규정과 달리 한 약정은 무효이다.

해설

① 법 제6조 제1항. ② 계약금에 대한 사항은 표시대상이 아니며, 2010년 법 개정으로 인하여 사전 고지의무는 삭제되었다(법 제5조). ③ 생업, 외국인과의 결혼, 연고관계로 인하여 거주하는 경우에 기한의 이익을 주장할 수 없었으나, 2010년 법 개정으로 인하여 '이 요건 외에 국내에서 채무이행 보증이 어려운

경우'라는 조건이 추가되었다(법 제13조; 시행령 제10조). ④ 서면주의(법 제8조 제3항). ⑤ 소비자의 기한 전 지급에 관한 법 제14조 규정은 법 제43조에서 정하는 편면적 강행규정에 해당되지 않는다. <답 ①>

25. 甲은 방문판매 방식을 통하여 할부거래업자인 乙과 위인전집을 구입하는 할부계약을 체결하고 위인전집을 계약서와 함께 수령하였다. 다음 중 「할부거래에 관한 법률」상 甲이 할부금의 지급을 거절할 수 있는 사유로 옳지 않은 것은? 〈2011 사시〉

① 甲과 乙 사이의 할부계약이 취소된 경우
② 甲이 「방문판매 등에 관한 법률」에 따라 위인전집을 수령한 날부터 10일이 되는 날에 청약을 철회한 경우
③ 乙이 하자담보책임을 이행하지 아니한 경우
④ 乙의 채무불이행으로 할부계약의 목적을 달성할 수 없는 경우
⑤ 위인전집이 제3자의 불법행위로 멸실된 경우

해설

①②③④ 법 제16조 제1항. <답 ⑤>

26. 「할부거래에 관한 법률」상 할부거래에 관한 설명으로 옳지 않은 것은? 〈2011 사시〉

① 소비자는 기한이 되기 전이라도 나머지 할부금을 한꺼번에 지급할 수 있다.
② 소비자가 청약철회를 하고자 하는 때에는 철회의 의사표시가 기재된 서면에 의하여야 한다.
③ 할부계약에 의한 할부대금채권의 소멸시효기간은 3년이다.
④ 소비자가 할부금 지급거절의 항변권을 서면으로 행사하는 경우 그 효력은 서면이 도달한 날에 발생한다.
⑤ 소비자가 생업에 종사하기 위하여 외국에 이주함으로써 국내에서 할부금 채무이행 보증이 어려운 경우에는 할부금의 지급에 대한 기한의 이익을 주장하지 못한다.

해설

① 법 제14조 제1항. ② 법 제8조 제3항. ③ 법 제15조. ④ 서면을 발송한 날에 발생한다(법 제16조 제4항). ⑤ 법 제13조 제1항; 시행령 제10조 제1호. <답 ④>

27. **「할부거래에 관한 법률」상 선불식 할부거래에 관한 설명으로 옳은 것은?**

〈2011 사시〉

① 위 법상 선불식 할부계약이란 소비자가 재화의 대금을 2개월 이상의 기간에 걸쳐 3회 이상 나누어 지급한 후에만 사업자로부터 재화의 공급을 받기로 하는 계약으로 정의되어 있다.

② 제공시기가 확정된 혼례를 위한 용역 및 이에 부수한 재화도 선불식 할부계약의 대상이 된다.

③ 선불식 할부계약이 해제되어 선불식 할부거래업자가 이미 지급받은 대금을 소비자에게 환급하는 경우 위약금을 공제하여 환급할 수는 없고 이를 별도로 청구하여야 한다.

④ 선불식 할부거래업자가 소비자피해보상금의 지급을 확보하기 위하여 위 법에 따라 예치기관에 예치한 예치금은 누구도 가압류 · 압류 · 상계할 수 없다.

⑤ 회사가 아닌 개인사업자도 선불식 할부거래업자로 등록할 수 있다.

해설

① 소비자가 사업자로부터 재화의 대금을 2개월 이상의 기간에 걸쳐 2회 이상 나누어 지급함과 동시에 또는 지급한 후에 재화등의 공급을 받기로 하는 계약을 말한다(법 제2조 제2호). ② 제공시기가 확정된 장례 또는 혼례를 위한 용역 및 이에 부수한 재화는 선불식 할부계약의 대상이 아니다(법 제2조 제2호 가목). ③ 위약금을 공제하여 환급하여야 한다(법 제25조 제4항). ④ 법 제27조 제3항. ⑤ 상법상 회사로서 자본금이 3억원 이상이어야 한다(법 제19조).

<답 ④>

28. **「할부거래에 관한 법률」에 관한 설명으로 옳은 것은?** 〈2012 사시〉

① 할부계약의 내용이 불확실한 경우에는 소비자와 할부거래업자간의 특약이 있더라도 그 계약내용은 소비자에게 불리하게 해석되어서는 아니 된다.

② 사업자가 사실상 소비자와 같은 지위에서 다른 소비자와 같은 거래조건으로 거래하는 경우 이 법을 적용하지 아니한다.

③ 할부대금채권은 3년간 행사하지 아니하면 소멸시효가 완성된다.

④ 소비자가 할부금 지급의무를 이행하지 아니하여 할부계약이 해제된 경우에도 할부거래업자는 상대방이 원상회복할 때까지 자기의 의무이행을 거절할 수 없다.

⑤ 소비자가 청약을 철회한 경우 이미 용역이 제공된 때에는 할부거래

업자는 원칙적으로 이미 제공된 용역과 동일한 용역의 반환을 청구할 수 있다.

해설

① 할부계약의 내용이 불확실한 경우 그 계약내용은 어떠한 경우에도 소비자에게 불리하게 해석되어서는 아니 되지만, 이는 소비자와 할부거래업자간의 특약이 없는 경우에 한한다(법 제6조 제4항). ② 사업자가 상행위를 위하여 재화등의 공급을 받는 거래에는 동법이 적용되지 않지만, 사업자가 사실상 소비자와 같은 지위에서 다른 소비자와 같은 거래조건으로 거래하는 경우는 적용한다(법 제3조). ③ 법 제15조. ④ 할부거래업자는 자기의 의무이행을 거절할 수 있다(법 제14조 제2항). ⑤ 할부거래업자는 이미 제공된 용역과 동일한 용역의 반환을 청구할 수 없다(밥 제10조 제3항). <답 ③>

29. **「할부거래에 관한 법률」상 간접할부계약에 관한 설명으로 옳은 것은?**

〈2012 사시〉

① 간접할부계약이라 함은 소비자가 사업자에게 재화등의 대금을 2개월 이상의 기간에 걸쳐 3회 이상 나누어 지급하고, 재화등의 대금을 완납하기 전에 재화등의 공급을 받기로 하는 계약을 말한다.

② 소비자는 청약을 철회한 경우 14일 이내에 할부거래업자와 신용제공자 모두에게 청약을 철회하는 의사표시가 적힌 서면을 발송하여야 한다.

③ 할부거래업자는 신용카드회원과 신용카드가맹점 간의 간접할부계약의 경우 할부계약 체결 시에 발급하여야 하는 계약서 대신에 소비자의 동의를 받아 해당 계약의 내용을 팩스나 전자문서로 보낼 수 있다.

④ 할부거래업자는 신용카드회원과 신용카드가맹점 간의 간접할부계약의 경우 소비자에게 할부수수료의 실제연간요율을 표시하지 아니할 수 있다.

⑤ 할부거래업자가 청약을 철회하는 서면을 수령한 때에는 7일 이후에 해당 신용제공자에게 재화등에 대한 할부금의 청구를 중지하도록 요청할 수 있다.

해설

① 간접할부계약은 소비자가 사업자가 아닌 신용제공자에게 재화등의 대금을 2개월 이상의 기간에 걸쳐 3회 이상 나누어 지급하고, 재화등의 대금을 완납하기 전에 사업자로부터 재화등의 공급을 받기로 하는 계약을 의미한다(법 제2조

제1호 제나목). ② 7일이다(법 제9조 제1항). ③ 법 제6조 제2항. ④ 간접할부계약의 경우에도 할부수수료의 실제연간요율은 표시하여야 한다(법 제5조 제5호). ⑤ 7일 이내에 발송하여야 한다(법 제9조 제1항). <답 ③>

30. 청약철회에 관한 규정 내용과 해당 법률을 옳게 연결한 것은?

〈2012 사시〉

ㄱ. 전기 냉방기 등과 같이 설치에 전문인력 및 부속자재 등이 요구되는 목적물을 설치한 경우 청약철회가 제한된다.
ㄴ. 청약철회의 경우 공급받은 재화등의 반환에 필요한 비용은 원칙적으로 소비자가 이를 부담한다.
ㄷ. 소비자는 원칙적으로 계약서를 교부받은 날부터 14일, 다만 계약서를 교부받은 때보다 재화등의 공급이 늦게 이루어진 경우에는 재화등을 공급받거나 공급이 개시된 날부터 14일 이내에 청약을 철회할 수 있다.

a. 「할부거래에 관한 법률」
b. 「방문판매 등에 관한 법률」
c. 「전자상거래 등에서의 소비자보호에 관한 법률」

① ㄱ-a, ㄴ-b, ㄷ-c
② ㄱ-b, ㄴ-a, ㄷ-c
③ ㄱ-a, ㄴ-c, ㄷ-b
④ ㄱ-c, ㄴ-a, ㄷ-b
⑤ ㄱ-c, ㄴ-b, ㄷ-a

해설

ㄱ. 할부거래에 관한 법률 제8조 제2항 제2호; 시행령 제6조 제1항 제6호. ㄴ. 전자상거래 등에서의 소비자보호에 관한 법률 제18조 제9항. ㄷ. 방문판매 등에 관한 법률 제8조. <답 ③>

31. 「할부거래에 관한 법률」상 소비자가 주장할 수 있는 기한의 이익에 관한 설명으로 옳은 것을 모두 고른 것은? 〈2013 사시〉

ㄱ. 할부금을 다음 지급기일까지 연속하여 2회 이상 지급하지 아니하고 그 지급하지 아니한 금액이 할부가격의 100분의 5를 초과하는 경우 소비자는 기한의 이익을 주장하지 못한다.
ㄴ. 서울에 거주하는 소비자가 생업에 종사하기 위하여 제주도로 이

> 주하는 경우 기한의 이익을 주장하지 못한다.
> ㄷ. 국내에서 할부금 채무이행 보증이 어려운 소비자가 외국인과 혼인하여 외국에 이주하는 경우 기한의 이익을 주장하지 못한다.
> ㄹ. 소비자가 기한 전에 한꺼번에 지급하는 금액은 나머지 할부금에서 나머지 기간에 대한 할부수수료를 공제한 금액으로 한다.

① ㄱ, ㄴ ② ㄱ, ㄷ ③ ㄱ, ㄹ
④ ㄴ, ㄷ ⑤ ㄷ, ㄹ

해설

ㄱ. 할부금을 다음 지급기일까지 연속하여 2회 이상 지급하지 아니하고 그 지급하지 아니한 금액이 할부가격의 100분의 10을 초과하여야 한다(할부거래법 제13조 제1항; 시행령 제10조). ㄴ. ㄷ. 국내에서 할부금 채무이행 보증이 어려운 경우로서 생업에 종사하기 위하여 외국에 이주하는 경우이거나 외국인과의 혼인 및 연고관계로 인하여 외국에 이주하는 경우에는 소비자는 기한의 이익을 주장하지 못한다(할부거래법 제13조 제1항; 시행령 제10조). ㄹ. 할부거래법 제13조 제2항. <답 ⑤>

32. **「할부거래에 관한 법률」상 소비자의 항변권에 관한 설명으로 옳지 않은 것은?** 〈2013 사시〉

① 할부거래업자가 하자담보책임을 이행하지 아니한 경우 소비자는 할부거래업자에게 그 할부금의 지급을 거절할 수 있다.
② 간접할부계약이 무효인 경우 소비자는 할부가격이 얼마인지와 관계없이 할부금 지급을 거절할 수 있다.
③ 소비자가 항변권의 행사를 서면으로 하는 경우 그 효력은 서면을 발송한 날에 발생한다.
④ 할부거래업자가 서면으로 수령한 소비자의 항변이 이 법이 정한 항변사유에 해당하지 아니할 때에는 항변 불수용의 의사와 그 항변이 이 법이 정한 항변사유에 해당하지 아니함을 소비자에게 서면으로 통지하여야 한다.
⑤ 할부거래업자가 소비자의 서면상 항변에 대하여 항변 불수용의 의사를 소비자에게 통지하지 아니한 경우에는 소비자의 할부금 지급거절의사를 수용한 것으로 본다.

해설

① 할부거래법 제16조 제1항 제4호. ② 할부가격이 10만원 이상(신용카드를 사

용한 경우에는 20만원 이상)인 경우에만 신용제공자에게 할부금 지급을 거절할 수 있다(할부거래법 제16조 제2항; 시행령 제11조). ③ 할부거래법 제16조 제4항. ④ 할부거래법 제16조 제5항. ⑤ 할부거래법 제16조 제6항. <답 ②>

제 7 장 방문판매법

01. **「방문판매 등에 관한 법률」의 내용으로 옳지 않은 것은?**

① 방문판매법에서는 소의 관할은 제소 당시의 소비자의 주소를, 주소가 없는 경우에는 거소를 관할하는 지방법원의 전속관할로 하고 있다.

② 방문판매법에는 이른바 양벌규정이 있다.

③ 방문판매법의 규정에 위반되는 사실이 있다고 인정하여 그 사실을 공정거래위원회, 시 · 도지사 또는 시장 · 군수 · 구청장에게 신고할 수 있는 자는 이해관계를 가진 자라야 한다.

④ 공정거래위원회, 시 · 도지사 또는 시장 · 군수 · 구청장은 방문판매법 규정에 위반한 사실이 있다고 인정할 때에는 직권으로 필요한 조사를 할 수 있다.

⑤ 공정거래위원회는 소비자피해보상보험계약 등이 해지된 경우, 일정한 요건하에 대통령령이 정하는 바에 따라 다단계판매업자의 등록을 취소할 수 있다.

해설

① 법 제53조. ② 법 제65조. ③ 누구든지 신고가 가능하다고 규정되어 있다(법 제43조 제7항). ④ 법 제43조 제1항. ⑤ 법 제49조 제5항. <답 ③>

02. **다음은 방문판매에 있어서 소비자의 철회권에 대한 설명이다. 옳지 않은 것은?**

① 계약서를 받은 날로부터 14일 이내에 행사할 수 있다.

② 계약체결 후 재화 등을 공급받은 경우에는 재화 등을 공급받은 날로부터 14일 이내에 행사할 수 있다.

③ 10개의 공(빈)테이프가 하나의 패키지로 비닐포장되어 매매된 경우, 비닐 패키지만 뜯어보았다면 숙고기간이 인정되지 아니한다.

④ 청약의 철회는 서면을 발송한 날에 효력이 발생한다.

⑤ 방문판매자등은 청약철회등을 할 수 없는 재화등의 포장이나 그 밖에 소비자가 쉽게 알 수 있는 곳에 청약철회등을 할 수 없다는 사실을 분명하게 표시하여야 한다.

해설

①② 법 제8조 제1항. ③ 복제가 가능한 재화 등의 포장을 훼손한 경우 숙고기간이 인정되지 아니한다(법 제8조 제2항 제4호). 빈 테이프는 복제가능한 재화가 아니다. ④ 법 제8조 제4항. ⑤ 법 제8조 제5항. <답 ③>

03. 방문판매의 철회권행사의 효과로 옳지 않은 설명은?

① 방문판매자는 이미 지급받은 재화등의 대금을 소비자가 재화등을 반환함과 동시에 반환하여야 한다.
② 목적물의 반환비용은 방문판매자가 부담하며 방문판매자는 위약금 또는 손해배상을 청구할 수 없다.
③ 방문판매자는 이미 재화등이 사용 또는 일부 소비된 경우에는 소비자가 얻은 이익 또는 그 재화등의 공급에 소요된 비용에 상당하는 금액의 지급을 소비자에게 청구할 수 있다.
④ 방문판매자가 정당한 사유 없이 대금을 환급하지 않는 경우 소비자는 결제업자에 대하여 상계를 통한 대금회수 등의 협력을 요구할 수 있다.
⑤ 방문판매자등, 대금을 지급받은 자 또는 소비자와 방문판매 등에 관한 계약을 체결한 자가 동일인이 아닌 경우, 각자는 청약철회 등에 따른 대금환급과 관련한 의무의 이행에 있어서 연대하여 책임을 진다.

해설

① 방문판매자는 소비자로부터 재화등을 반환받은 날부터 3영업일 이내에 반환하면 된다. 즉 동시이행이 아니다(법 제9조 제2항). ② 법 제9조 제9항. ③ 법 제9조 제8항. ④ 법 제9조 제6항. ⑤ 법 제9조 제10항. <답 ①>

04. 다음 중 방문판매자등의 금지행위에 해당하지 않는 것은?

① 방문판매원이 되고자 하는 자 또는 방문판매원등에게 1인당 연간 2만원 이상의 비용 그 밖의 금품을 징수하거나 재화등을 구매하게 하는 등의 의무를 부과하는 행위
② 방문판매원에게 다른 방문판매원을 모집하도록 의무를 지게 하는

행위

③ 청약철회 등이나 계약의 해지를 방해할 목적으로 주소, 전화번호 등을 변경하는 행위

④ 분쟁이나 불만처리에 필요한 인력 또는 설비의 부족을 상당기간 방치하여 소비자에게 피해를 주는 행위

⑤ 재화등의 거래에 따른 대금정산 등을 위하여 본인의 허락을 받지 아니하거나 허락 받은 범위를 넘어 소비자에 관한 정보를 이용하는 행위

해설

① 법 제11조 제1항 제3호; 시행령 제17조. ② 법 제11조 제1항 제4호. ③ 법 제11조 제1항 제5호. ④ 법 제11조 제1항 제6호. ⑤ (i) 재화 등의 배송 등 소비자와의 계약의 이행에 불가피한 경우로 대통령령이 정하는 경우, (ii) 재화 등의 거래에 따른 대금정산을 위하여 필요한 경우, (iii) 도용방지를 위하여 본인확인에 필요한 경우로서 대통령령이 정하는 경우, (iv) 법률의 규정 또는 법률에 의하여 필요한 불가피한 사유가 있는 경우에는 소비자에 관한 정보를 본인의 허락을 받지 아니하거나 허락 받은 범위를 넘어 이용할 수 있다(법 제11조 제1항 제9호).

<답 ⑤>

05. **「방문판매 등에 관한 법률」상 방문판매자등의 계약체결 전 정보제공의무 및 계약체결에 따른 계약서 교부의무에 관한 설명 중 옳지 않은 것은?**

① 계약을 체결하기 전에 소비자에게 방문판매업자등의 성명, 상호, 주소, 전화번호, 전자우편주소를 설명하여야 하고, 계약을 체결한 때에는 이를 기재한 계약서를 소비자에게 교부하여야 한다.

② 방문판매업자등이 소비자와 직접 계약을 체결하는 경우에는 소비자에게 방문판매원등의 성명, 주소, 전화번호, 전자우편주소를 설명하거나 계약서에 기재할 필요가 없다.

③ 전화권유판매에 따른 계약서의 경우에는 소비자의 동의와 상관없이 당해 계약의 내용을 모사전송이나 전자문서로 송부할 수 있다.

④ 재화 등의 가격 이외에도 소비자가 추가로 부담하여야 할 사항으로서 소비자의 구매 여부 판단에 영향을 주는 거래조건은 계약을 체결하기 전에 소비자에게 설명하여야 한다.

⑤ 미성년자와 재화등의 계약을 체결하는 경우에는 법정대리인의 동의를 얻어야 하며, 법정대리인의 동의를 얻지 못하는 경우에는 미성년자 본인 또는 법정대리인이 계약을 취소할 수 있음을 고지하여야

한다.

해설

① 법 제7조 제1항 제1호, 제2항. ② 법 제7조 제1항 제2호 단서. ③ 전화권유판매의 경우에는 소비자의 동의를 얻어야 당해 계약의 내용을 모사전송이나 전자문서로서 계약서 교부에 갈음할 수 있다(법 제7조 제4항 참조). ④ 법 제7조 제1항 제11호; 시행령 제11조. ⑤ 법 제7조 제3항. <답 ③>

06. **다음은 전화권유판매에 관한 설명이다. 옳지 않은 것은?**

① 전화권유판매라 함은 전화를 이용하여 소비자에게 권유를 하거나 전화회신을 유도하는 방법으로 재화 등을 판매하는 것을 말한다.

② 전화권유판매자는 공정거래위원회 또는 특별자치시장 · 특별자치도지사 · 시장 · 군수 · 구청장에게 신고하여야 한다.

③ 전화권유판매자가 신고를 전자거래기본법 제2조 제1호 규정에 의한 전자문서로 하는 경우에는 공정거래위원회가 정한 정보처리시스템에 의하여 신고할 수 있다.

④ 전화권유판매에 관한 계약의 경우 전화권유판매자의 계약서교부의무는 당해 계약의 내용을 모사전송이나 전자문서로 송부하는 것으로 갈음한다.

⑤ 모사전송 또는 전자문서에 의하여 송부한 계약의 내용이나 도달에 관하여 다툼이 있는 경우에는 전화권유판매자가 이를 입증하여야 한다.

해설

① 법 제2조 제3호. ② 법 제5조. ③ 법 제5조 제1항; 시행령 제8조 제5항. ④ 소비자의 동의를 얻어서 할 수 있다(법 제7조 제4항). <답 ④>

07. **다음은 방문판매에 관한 설명이다. 옳지 않은 것은?**

① 방문판매업자등은 총리령으로 정하는 바에 따라 방문판매원등의 명부를 작성하여야 한다.

② 판매업자가 사업장 이외의 장소에서 소비자에게 권유하고 사업장 이외의 장소에서 계약의 청약을 받거나 계약을 체결하여야 방문판매에 해당된다.

③ 소비자에게 책임있는 사유로 인하여 계약이 해제된 경우에도 방문판매자는 법에서 정한 금액 이상으로 손해배상을 청구할 수 없다.

④ 방문판매자등은 그 휴업기간 또는 영업정지기간 중에도 청약철회등의 업무를 계속하여야 한다.
⑤ 소비자가 신용카드를 이용하여 구매하였다가 철회권을 행사한 경우, 사업자가 결제업자에게 대금청구의 정지 또는 취소를 요청하여야 한다.

해설

① 법 제6조 제1항. ② 소비자에게 권유하는 장소가 사업장 이외의 장소이면 방문판매에 해당하고, 계약의 청약을 받거나 계약을 체결하는 장소는 문제되지 않는다(법 제2조 제1호). ③ 법 제10조. ④ 법 제12조 제1항. ⑤ 법 제9조 제3항.

<답 ②>

08. 다단계판매의 철회권행사에 관한 설명으로 옳지 않은 것은?

① 소비자가 다단계판매원과 계약을 체결한 경우 다단계판매업자에 대하여는 청약을 철회할 수 없다.
② 거래당사자 사이에 방문판매법상의 철회기간보다 긴 기간으로 약정한 경우에는 그 기간 내에 철회하면 된다.
③ 복제 가능한 재화등의 포장을 훼손한 경우에는 철회할 수 없다.
④ 다단계판매의 방법으로 재화등의 구매에 관한 계약을 체결한 다단계판매원은 계약을 체결한 날부터 3월 이내에 서면으로 청약철회등을 할 수 있다.
⑤ 다단계판매의 상대방이 청약철회등을 한 경우에는 이미 공급받은 재화등을 반환하여야 한다.

해설

① 소비자가 다단계판매원과 계약을 체결한 경우에는 다단계판매원에게 우선적으로 청약을 철회하되 다단계판매원의 소재불명 등 다단계판매원에 대하여 청약철회등을 하는 것이 곤란한 경우에는 당해 재화등을 공급한 다단계판매업자에 대하여 청약철회등을 할 수 있다(법 제17조 제1항). ④ 법 제17조 제2항. ⑤ 법 제18조 제1항.

<답 ①>

09. 다음 중 다단계판매에 대한 설명 중 옳지 않은 것은?

① 다단계판매업자는 공정거래위원회 또는 시 · 도지사에게 등록하여야 한다.
② 다단계판매는 판매원의 가입이 2단계 이상 단계적으로 이루어지는 다단계판매조직을 통하여 재화등을 판매하는 것을 의미한다.

③ 상법상 주식회사가 아닌 자도 다단계판매업자로 등록할 수 있다.
④ 다단계판매원으로 등록하고자 하는 자는 다단계판매업자에게 등록하여야 한다.
⑤ 다단계판매자란 다단계판매업자와 다단계판매원을 말한다.

해설

① 법 제13조. ② '다단계판매'란 i) 판매업자에 속한 판매원이 특정인을 해당 판매원의 하위 판매원으로 가입하도록 권유하는 모집방식이 있고, ii) 판매원의 가입이 3단계 이상 단계적으로 이루어지야 하며, iii) 판매업자가 판매원에게 후원수당을 지급하는 방식을 가진 '다단계판매조직'을 통하여 재화등을 판매하는 것을 말한다(법 제2조 제5호). ③ 2002년 상법상 주식회사를 다단계판매업자의 자격요건으로 하지 않도록 개정되었다. ④ 법 제15조 제1항. ⑤ 법 제2조 제6호.
<답 ②>

10. **다음은 다단계판매에 대한 설명이다. 옳지 않은 것은?**

① 다단계판매자는 재화등의 판매에 관한 계약체결시, 거래상대방에게 다단계판매업자의 상호, 주소 등이 기재된 서면을 교부하여야 한다.
② 상대방의 귀책사유로 계약이 해제된 경우 공급한 재화등이 반환되지 아니하였다면 다단계판매자가 상대방에게 청구하는 손해배상액은 그 재화등의 판매가액에 상당하는 금액에 대금 미납에 따른 지연배상금을 더한 금액을 초과할 수 없다.
③ 다단계판매업자의 지배주주 또는 임직원은 다단계판매원으로 등록할 수 없다.
④ 원칙적으로 다단계판매원과 매매계약을 체결한 소비자가 다단계판매업자에 대해 직접적인 권리 · 의무를 갖는 것은 아니다.
⑤ 소비자가 직접 다단계판매업자에게 철회권을 행사하는 경우에도 소비자는 다단계판매원이 다단계판매업자에게 지급한 범위에서 반환을 받을 수 있을 뿐이다.

해설

② 법 제19조, 제10조. ③ 법 제15조 제2항. ④ 다단계판매업자와 다단계판매원의 관계는 대리관계나 위탁매매관계가 아니라 법적으로 전혀 독립적인 관계이다. ⑤ 소비자는 자기가 다단계판매원에게 지급한 범위 내에서 반환받을 수 있다(법 제18조 제6항).
<답 ⑤>

11. **「방문판매 등에 관한 법률」상 다단계판매에 관한 설명으로 옳지 않은**

것은?

① 다단계판매원과 재화등의 구매에 관한 계약을 체결한 소비자는 다단계판매원 또는 다단계판매업자를 선택하여 청약의 철회를 할 수 있다.

② 청약의 철회로 인한 다단계판매업자의 대금환급의무와 관련하여 소비자는 지급받은 재화등을 미리 반환할 의무를 부담한다.

③ 철회권이 행사되면 다단계판매업자는 다단계판매원에게 비용을 청구할 수 있다.

④ 다단계판매자가 거래의 상대방에게 판매하는 개별 재화등의 가격은 160만원(부가가치세가 포함된 금액) 미만이어야 한다.

⑤ 다단계판매자는 다단계판매원의 지위를 상속하거나 사업의 양도·양수·합병의 경우에는 다단계판매조직 및 다단계판매원의 지위를 양도하거나 양수할 수 있다.

해설

① 소비자가 다단계판매원과 재화등의 구매에 관한 계약을 체결한 경우에는 다단계판매원에게 우선적으로 청약철회 등을 하고, 다단계판매원의 소재불명 등 대통령령이 정하는 사유로 인하여 다단계판매원에 대하여 청약철회 등을 하는 것이 곤란한 경우에 한하여 소비자는 당해 재화등을 공급한 다단계판매업자에게 청약철회 등을 할 수 있다(법 제17조 제1항). ② 법 제18조. ③ 법 제18조 제2항. ④ 법 제23조 제1항 제9호; 시행령 제30조. ⑤ 법 제23조 제1항 제11호.

<답 ①>

12. **소비자피해보상보험계약에 대한 설명이다. 옳지 않은 것은?**

① 청약철회 등의 권리행사에 따라 발생하는 대금환급의무불이행 또는 재화등의 공급의무불이행 등으로 인한 소비자 피해를 보상하기 위한 것이다.

② 피보험자 또는 수혜자는 당해 소비자피해보상보험계약을 체결한 자가 판매하는 재화등의 구매자이다.

③ 계약금액은 재화등의 매매대금을 한도로 공정거래위원회가 정한 규모 이상으로 한다.

④ 소비자가 용이하고 신속하게 피해보상을 받을 수 있도록 하고, 보상이 지연되는 경우 지연배상금이 지급되도록 하여야 한다.

⑤ 특수판매자는 소비자피해보상보험계약 등을 체결하여야 한다.

✍ **해설**

⑤ 다단계판매와 후원방문판매 이외에 방문판매, 전화권유판매 및 계속거래 등의 경우에는 소비자피해보상보험계약 등을 체결할 수 있도록 권장할 수 있을 뿐 의무사항은 아니다(법 제37조 제1항). ①②③④ 법 제37조 제1항; 시행령 제42조. <답 ⑤>

13. **다음의 금지행위 중에서 특히 피라미드판매에 있어서 문제될 가능성이 높은 것을 모두 고른다면?**

㈎ 상품의 판매 또는 용역의 제공에 관한 계약의 체결을 강요하거나, 청약의 철회 또는 계약의 해제를 방해할 목적으로 상대방에게 위력을 가하는 행위 ㈏ 다단계판매원이 되고자 하는 자 또는 다단계판매원에게 가입비 · 시용상품 · 판매보조물품 · 개인할당판매액 · 교육비 등 그 명칭 및 형태 여하를 불문하고 부담을 지게 하는 행위 ㈐ 다단계판매원에게 일정 수의 하위판매원을 모집 또는 후원하도록 하는 행위 ㈑ 특정인을 동의없이 자신의 하위판매원으로 등록하는 행위 ㈒ 하위판매원 모집 자체에 대하여 경제적 이익을 지급하거나 다단계판매원에게 후원수당 외의 경제적 이익을 지급하는 행위

① ㈎, ㈏, ㈑ ② ㈎, ㈐, ㈑ ③ ㈏, ㈐, ㈒
④ ㈏, ㈑ ⑤ ㈐, ㈑, ㈒

✍ **해설**

피라미드판매는 허위판매원에 의하여 주어진 마진이 판매실적보다는 주로 판매원의 신규가입에 의존하고 있다는 점에서 다단계판매와 구별된다. 그러나 실제로 양자를 구별하기는 용이하지 않다. 대법원은 피라미드판매에 해당하기 위한 요건으로 (i) 방문판매업자를 정점으로 하여 상품의 판매계약이 순차적 · 단계적 구조로 형성된 조직, (ii) 상품판매나 교육 · 지도활동과 무관한 일정한 이익을 지급하는 조직, (iii) 가입자에게 자신이 직접 권유한 가입자 이외의 자의 상품판매 실적 또는 가입자의 수에 연계되어 이익을 얻을 수 있다고 권유되어 가입이 이루어지고 있는 조직 등을 들고 있다(대판 1996.4.12, 95도3092). <답 ③>

14. **계속거래 등에 관한 설명으로 옳지 않은 것은?**

① 계속거래라 함은 1월 이상 계속적으로 또는 부정기적으로 재화등을 공급하는 계약으로서 중도에 해지할 경우 대금환급의 제한 또는 위

약금에 관한 약정이 있는 거래를 말한다.

② 계속거래에 있어서 계약체결 전 정보제공 및 계약체결에 따른 계약서 교부의무가 부과되는 경우는 금액에 상관없이 3월 이상의 기간을 거래조건으로 하는 계약이다.

③ 계속거래업자등은 자신의 책임이 없는 사유로 계속거래등의 계약이 해지 또는 해제된 경우에도 소비자에게 해지 또는 해제로 발생하는 손실을 현저하게 초과하는 위약금을 청구할 수 없다.

④ 소비자의 주문에 의하여 개별적으로 생산되는 재화등의 계약해지를 인정하는 경우 계속거래업자에게 회복할 수 없는 중대한 피해가 예상되는 경우로 사전에 당해 거래에 대하여 별도로 그 사실을 고지하고 소비자의 서면에 의한 동의를 얻었다면 소비자는 계속거래계약을 해지할 수 없다.

⑤ 계속거래업자등은 재화 등의 거래 기록 등을 언제든지 소비자가 열람할 수 있도록 해야 한다.

해설

① 법 제2조 제10호. ② 10만원 이상 3월 이상을 거래조건으로 하는 계속거래등에 관한 계약의 경우 계약체결 전 정보제공 및 계약체결에 따른 계약서 교부의무가 부과된다(법 제30조 제1항; 시행령 제35조). ③ 법 제32조 제1항. ④ 법 제31조; 시행령 제38조. ⑤ 법 제33조. <답 ②>

15. **「방문판매 등에 관한 법률」에 규정된 위반행위조사 등에 관한 설명으로 옳지 않은 것은?**

① 공정거래위원회는 이 법에 위반한 사실이 있다고 인정될 때에는 직권으로 조사할 수 있다.

② 시·도지사는 직권으로 조사할 권한은 없고 위반되는 사실이 있다고 인정되는 때에는 공정거래위원회에 조사를 요청할 수 있다.

③ 공정거래위원회는 조사결과를 당해 사건의 당사자에게 서면으로 통지하여야 한다.

④ 누구든지 이 법에 위반되는 사실이 있다고 인정한 때에는 그 사실을 공정거래위원회에 신고할 수 있다.

⑤ 공정거래위원회는 이 법의 규정에 위반하는 행위가 종료한 날부터 5년을 경과한 경우에는 당해 위반행위에 대하여 시정조치를 명하거나 과징금 등을 부과하지 아니한다.

✍ **해설** ···

② 공정거래위원회뿐 아니라 시 · 도지사 및 시장 · 군수 · 구청장도 위반행위에 대해 직권으로 조사할 수 있다(법 제43조 제1항). ①③④⑤ 법 제43조 참조.

<답 ②>

16. **「방문판매 등에 관한 법률」에서 규정한 시정조치에 관한 다음 설명 중 옳지 않은 것은?**

① 시정조치에는 당해 위반행위의 중지, 이 법에 규정된 의무의 이행, 시정조치를 받은 사실의 공표, 소비자피해 예방 및 구제에 필요한 조치, 그 밖의 시정조치를 위하여 필요한 조치가 있다.

② 공정거래위원회는 시정조치를 받은 사실의 공표를 명하고자 하는 경우 위반행위의 내용 및 정도, 위반행위의 기간 및 횟수, 위반행위로 인하여 발생한 소비자피해의 범위 및 정도를 참작하여 공표의 내용 및 그 횟수를 정하여 명하여야 한다.

③ 공정거래위원회는 과징금을 부과함에 있어 위반행위로 인한 소비자의 피해정도, 소비자 피해에 대한 사업자의 보상노력 정도, 위반행위로 인하여 취득한 이익의 규모, 위반행위 내용 · 기간 및 횟수를 참작하여야 한다.

④ 공정거래위원회 또는 시 · 도지사는 사업자가 이 법의 규정에 위반되는 행위를 하거나 이 법의 규정에 의한 의무를 이행하지 아니하는 경우 해당사업자에 대하여 그 시정을 위한 조치를 명할 수 있다.

⑤ 공정거래위원회는 시정조치에도 불구하고 위반행위가 반복되거나 시정조치에 따른 이행을 하지 아니하는 경우에는 1년 이하의 기간을 정하여 그 영업의 전부 또는 일부의 정지를 명할 수 있다.

✍ **해설** ···

① 법 제49조 제2항. ② 법 제49조 제3항; 시행령 제53조. ④ 시 · 도지사는 시정권고만 할 수 있을 뿐이다(법 제49조 제1항). ⑤ 법 제49조 제4항. <답 ④>

17. **다음 중 방문판매법의 적용범위에 대한 설명으로 옳지 않은 것은?**

① 모든 재화나 용역의 거래에 적용한다.

② 개인이 독립된 자격으로 공급하는 가공되지 아니한 농 · 수 · 축 · 임산물은 배제된다.

③ 보험업법에 의한 보험사업자와의 보험계약체결을 위한 거래에도 적

용되지 않는다.

④ 상행위를 목적으로 계약을 체결하는 경우 다단계판매에 관한 규정은 적용된다.

⑤ 방문판매를 통해 물품을 구입하고 대금을 할부로 하는 경우 우선 할부거래법이 적용된다.

해설

⑤ 이러한 경우는 소비자에게 유리한 법이 우선적으로 적용된다(각 법 제4조).

<답 ⑤>

18. **「방문판매 등에 관한 법률」에 대한 내용으로 옳지 않은 것은?**

① 누구든지 다단계판매조직과 비슷하게 단계적으로 가입한 자로 구성된 조직을 이용하여 재화등의 거래 없이 금전거래를 하여 판매원에게 재화등을 현저히 높은 가격으로 판매하면서 후원수당을 지급하는 사행적 판매원 확장행위를 하여서는 아니된다.

② 다단계판매자의 사행적 판매원 확장행위로 현실적인 이익의 침해를 받은 자에 한하여 공정거래위원회에 침해의 정지에 필요한 조치를 요청할 수 있다.

③ 다단계판매업자는 휴업기간 또는 영업정지기간 중에도 청약철회등의 업무를 계속하여야 한다.

④ 다단계판매업자는 다단계판매원에게 사행적 판매원 확장행위를 금한다는 내용을 서면으로 고지하여야 한다.

⑤ 다단계판매업자가 다단계판매원에 대한 고지의무 위반으로 소비자에게 손해를 배상한 경우, 다단계판매원에게 구상권을 행사할 수 있다.계속거래업자는 관할 관청에 등록하여야 한다.

해설

① 법 제24조 제1항. ② 이익의 침해를 받을 우려가 있는 자도 요청할 수 있다(법 제25조). ③ 법 제26조 제1항. ④⑤ 법 제28조.

<답 ②>

19. **다음 중 「방문판매 등에 관한 법률」에 대한 내용으로 옳지 않은 것은?**

① 공정거래위원회는 소비자가 수신거부의사를 명시적으로 표시하여 등록할 수 있는 수신거부의사 등록시스템을 구축할 수 있다.

② 전화권유판매자가 전화권유판매를 하려는 경우에는 등록시스템에서

소비자의 수신거부의사 등록 여부를 확인하여 소비자로부터 개별적인 동의를 받은 경우를 제외하고는 전화권유판매 수신거부의사를 등록한 소비자에게 전화권유판매를 하여서는 아니 된다.

③ 재화등의 훼손에 대한 소비자의 책임 유무에 관하여 계약 상대방과 다툼이 있는 경우 특수판매업자가 이를 증명하여야 한다.

④ 특수판매업자가 사용하는 약관 등 계약의 내용이 소비자보호지침의 내용보다 소비자에게 불리한 경우 그 부분은 효력이 없다.

⑤ 다단계판매업자는 소비자피해 보상금의 지급을 확보하기 위한 채무지급보증계약을 체결하여야 한다.

해설

① 법 제42조 제1항. ② 법 제42조 제2항. ③ 법 제36조 제1항. ④ 소비자보호지침과 다르게 정한 그 계약의 내용을 소비자가 알기 쉽게 표시하거나 고지하여야 한다(법 제35조 제2항). ⑤ 법 제37조 제1항. <답 ④>

20. 다음 중 「방문판매 등에 관한 법률」에 대한 내용으로 옳지 않은 것은?

① 등록한 다단계판매업자는 공정거래위원회에 신고를 한 다음 공제조합을 설립할 수 있다.

② 공제조합의 기본재산은 가입한 자의 출자금 등으로 조성된다.

③ 공제조합의 기본재산의 운영에 관한 사항은 공정거래위원회의 인가를 받아야 한다.

④ 공정거래위원회는 공제조합에 대하여 업무 및 회계에 관한 보고서를 제출할 것을 명할 수 있고, 필요할 경우 소속공무원으로 하여금 공제조합의 업무 및 회계 상황을 직접 조사 또는 검사하게 할 수도 있다.

⑤ 공정거래위원회는 공제조합의 임직원이 공제규정을 위반하여 업무를 처리한 경우, 관련 임직원에 대한 징계를 요구할 수 있다.

해설

① 인가 대상이다(법 제38조 제1항). ②③ 법 제38조 제4항. ④ 법 제39조 제1항. ⑤ 법 제39조 제3항. <답 ①>

21. 다음 중 「방문판매 등에 관한 법률」의 후원방문판매에 대한 내용으로 옳지 않은 것은?

① '후원방문판매'는 특정 판매원의 구매·판매 등의 실적이 그 직근

상위판매원 1인의 후원수당에만 영향을 미치는 후원수당 지급방식을 가진 경우를 말한다.

② '후원방문판매자'란 후원방문판매를 업으로 하기 위한 후원방문판매 조직을 개설하거나 관리·운영하는 후원방문판매업자와 후원방문판매조직에 판매원으로 가입한 후원방문판매원을 말한다.

③ 후원방문판매자는 후원방문판매원에게 판매원 자신의 직근 하위판매원이 아닌 다른 후원방문판매원의 구매·판매 등의 실적과 관련하여 구매·판매액의 50% 범위 내에서 후원수당을 지급할 수 있다.

④ 후원방문판매업자가 후원방문판매원에게 공급한 재화등의 70% 이상을 판매원이 아닌 소비자에게 판매한 경우에는 소비자피해보상보험계약등을 체결하지 않을 수 있다.

⑤ 후원방문판매업자가 후원방문판매원에게 후원수당으로 지급할 수 있는 총액은 후원방문판매업자가 후원방문판매원에게 공급한 재화등의 가격 합계액의 38%에 해당하는 금액을 초과하여서는 아니된다.

해설

①② 법 제2조 제7호·제8호. ③④ 법 제29조 제1항. ⑤ 법 제29조 제3항 제2호.

<답 ①>

22. **「방문판매 등에 관한 법률」에서 정하고 있는 다단계판매의 정의에 관한 설명 중 옳지 않은 것은?** 〈2007 사시〉

① 다단계판매자란 다단계판매업자와 다단계판매원을 말한다.

② 다단계판매원이 얻는 일정한 이익이란 다단계판매원이 소비자에게 재화등을 판매하여 얻는 소매이익과 다단계판매업자가 그 다단계판매원에게 지급하는 후원수당을 말한다.

③ 판매원의 가입이 단계적으로 이루어지는 다단계판매조직이란 판매조직에 가입한 판매원의 단계가 3단계 이상인 경우를 말한다.

④ 판매원에 대한 후원수당의 지급방법에 있어 판매원의 단계가 3단계 이상인 경우에는 다단계판매조직에 해당한다.

⑤ 판매원에 대한 후원수당의 지급방법에 있어 판매원의 단계가 2단계이고 판매조직에 가입한 판매원의 단계가 3단계 이상인 경우에는 다단계판매조직에 해당되지 않는다.

✍ **해설**

⑤ 그와 같은 경우도 다단계판매조직에 해당한다(법 제2조 제5호 참조).

<답 ⑤>

23. **「방문판매 등에 관한 법률」의 적용대상이 되는 방문판매에 해당하는 것을 모두 고른 것은?** 〈2007 사시〉

ㄱ. 부동산개발업자의 영업사원이 가가호호 방문하면서 소비자에게 개발예정지역의 토지구입을 권유하고 실제 계약은 부동산개발업자의 영업소에서 체결하는 경우
ㄴ. 화가의 그림 판매를 중개하는 자가 방문판매업자로서 그림을 노상의 임시가판대에 놓고 2개월여간 판매하는 경우
ㄷ. 제주도에서 감귤농업을 하는 자로부터 감귤 판매를 위탁받은 자가 청과물상회를 방문하여 구입을 권유하여 판매하는 경우
ㄹ. 보험회사의 보험모집인이 회사원을 상대로 회사사무실을 방문하여 보험가입을 권유하여 계약을 체결하는 경우

① ㄱ ② ㄱ, ㄴ ③ ㄴ, ㄷ
④ ㄴ, ㄹ ⑤ ㄴ, ㄷ, ㄹ

✍ **해설**

법 제2조 제1호, 제3조 참조. <답 ②>

24. **「방문판매 등에 관한 법률」에서 정하고 있는 계속거래에 관한 설명 중 옳은 것은?** 〈2007 사시〉

① 계속거래에 해당하는 사업을 영위하고자 하는 사업자는 공정거래위원회 또는 시장 · 군수 · 구청장에게 신고하여야 한다.
② 계속거래를 업으로 하는 자는 소비자와 계약을 체결하기 전에 거래금액에 관계없이 소비자가 계약의 내용을 이해할 수 있도록 법률에서 정한 계약 관련 주요사항에 대하여 설명하고 그 내용을 기재한 계약서를 소비자에게 교부하여야 한다.
③ 계속거래를 업으로 하는 자는 그 계속거래의 기간이 1월 이상인 경우 계약체결 전에 소비자에게 법률에서 정한 계약관련 주요사항에 대하여 설명하고 그 내용을 기재한 계약서를 소비자에게 교부하여야 한다.

④ 계속거래업자와 계속거래계약을 체결한 소비자는 계약기간중 계약을 해지할 수 없다.

⑤ 계속거래업자는 재화등의 거래기록 등을 소비자가 방문 · 전화 또는 인터넷 등을 통하여 언제든지 열람할 수 있도록 하여야 한다.

해설

① 계속거래에 관하여는 신고규정이 없다는 점에서 법 제5조상의 방문판매업자 등의 신고의무와 구분된다. ② 계약체결 전의 정보제공 및 계약체결에 따른 계약서 교부의무는 대통령령이 정하는 금액 및 기간 이상을 거래조건으로 하는 경우에 적용된다(법 제30조 제1항). ③ 계속거래의 기간이 3월 이상이면서 동시에 10만원 이상인 경우에 주요사항 설명 및 계약서 교부의무가 있다(법 제30조 제1항; 시행령 제35조). ④ 언제든지 계약기간중 계약을 해지할 수 있다(법 제34조). ⑤ 법 제33조. <답 ⑤>

25. **「방문판매 등에 관한 법률」상 후원수당과 관련하여 다단계판매업자가 준수하여야 할 사항을 바르게 설명한 것은?** 〈2008 사시〉

① 다단계판매원이 되고자 하는 자에게 전체 다단계판매원에 대한 평균 후원수당 등 후원수당의 지급현황에 관한 정보를 일정한 기준에 따라 고지하여야 한다.

② 다단계판매원에게 하위판매원 모집 자체에 대하여 경제적 이익을 지급할 수 있다.

③ 다단계판매원의 정당한 요구가 있는 경우에만 후원수당의 산정 · 지급명세 등의 열람을 허용할 수 있다.

④ 다단계판매원에게 후원수당으로 지급할 수 있는 총액은 다단계판매업자가 다단계판매원에게 공급한 재화 등의 가격의 합계액의 100분의 40에 해당하는 금액 이내이어야 한다.

⑤ 후원수당의 산정 및 지급기준을 다단계판매원에게 이익이 되도록 변경하고자 하는 경우, 그 적용일로부터 3월 이전에 다단계판매원에게 통지하여야 한다.

해설

① 다단계판매업자는 다단계판매원이 되고자 하는 자 또는 다단계판매원에게 전체 다단계판매원에 대한 평균수당과 후원수당의 지급현황 정보를 총리령이 정하는 기준에 따라 고지하여야 한다(법 제21조 제2항). ② 법 제20조 제5항. ③ 다단계판매원의 요구가 있는 경우 다단계판매업자는 후원수당의 산정, 지급명세 등의 열람을 허용하여야 한다(법 제20조 제4항). ④ 후원수당으로 지급할 수 있는 총액은 재화 등의 가격의 합계액의 100분의 35에 해당하는 금액 이내

이어야 한다(법 제20조 제3항). ⑤ 법 제20조 제2항; 시행령 제28조 제1항.
<답 ①>

26. **「방문판매 등에 관한 법률」상 방문판매와 전화권유판매에 관한 설명 중 옳지 않은 것은?** 〈2008 사시〉

① 방문판매자, 대금을 받은 자 또는 소비자와 방문판매계약을 체결한 자가 동일인이 아닌 경우, 이들 모두는 청약철회에 따른 대금환급 의무의 이행에 있어서 연대책임을 진다.

② 소비자의 청약이 없는데도 일방적으로 재화 등을 공급하고 그 대금을 청구하는 행위를 하여서는 아니된다.

③ 전화권유판매자는 판매계약 체결시 소비자의 동의를 얻더라도 계약 내용을 모사전송이나 전자문서로 송부함으로써 계약서의 교부에 갈음할 수 없다.

④ 방문판매업자는 소비자로 하여금 방문판매원의 신원을 확인할 수 있도록 하여야 한다.

⑤ 전화권유판매자는 재화등의 거래에 따른 대금정산을 위하여 필요한 경우에는 본인의 허락 없이도 소비자에 관한 정보를 제3자에게 제공할 수 있다.

해설

① 법 제9조 제10항. ② 법 제11조 제1항 제7호. ③ 소비자의 동의를 얻은 경우에는 모사전송이 가능하다고 규정하고 있다(법 제7조 제4항). ④ 법 제6조 제2항. ⑤ 법 제11조 제1항 제9호. <답 ③>

27. **「방문판매 등에 관한 법률」 위반행위로 피해를 입은 소비자의 피해구제 제도와 공정거래위원회의 역할에 관한 설명 중 옳지 않은 것은?** 〈2009 사시〉

① 공정거래위원회는 이 법 위반행위의 방지 및 소비자피해의 예방을 위하여 방문판매자 등이 준수해야 할 기준을 정하여 고시할 수 있다.

② 공정거래위원회는 소비자의 피해구제신청이 있는 경우 시정조치를 취하기 전에 소비자피해분쟁조정기구에 그 조정을 의뢰할 수 있다.

③ 공정거래위원회가 분쟁조정을 의뢰할 수 있는 소비자피해분쟁조정기구에 「소비자기본법」상의 한국소비자원도 포함된다.

④ 공정거래위원회는 소비자피해분쟁조정기구의 권고안 또는 조정안에

대하여 당사자가 수락하고 이행한 경우 해당 사업자에 대한 시정조치를 하지 아니할 수 있다.

⑤ 공정거래위원회는 소비자피해분쟁조정기구에 분쟁의 조정을 요청하는 경우 예산의 범위 안에서 당해 분쟁의 조정에 필요한 예산을 지원할 수 있다.

해설

① 법 제11조 제2항. ②⑤ 법 제50조 제1항·제4항. ③ 시행령 제55조 제1호. ④ 소비자피해분쟁조정기구의 권고안 또는 조정안에 대하여 당사자가 수락하고 이행한 경우에는 시정조치를 할 수 없다. 즉 시정조치를 해서는 안 된다(법 제50조 제3항). <답 ④>

28. **「방문판매 등에 관한 법률」상 다단계판매원으로 등록할 수 있는 자를 모두 고른 것은?** 〈2009 사시〉

> ㄱ. 지방자치단체의 공무원
> ㄴ. 소비자단체의 임원
> ㄷ. 다단계판매업자의 지배주주
> ㄹ. 「형법」상 절도죄로 형의 집행유예를 선고받고 그 유예기간중에 있는 자
> ㅁ. 「사립학교법」에 의한 교원
> ㅂ. 「방문판매 등에 관한 법률」 위반으로 징역의 실형을 선고받고 그 집행이 종료된 날부터 3년이 경과된 자

① ㄱ, ㄹ ② ㄷ, ㅁ ③ ㄷ, ㅂ
④ ㄴ, ㄹ ⑤ ㄴ, ㅂ

해설

법 제15조 제2항; 시행령 제23조. <답 ④>

29. **아래 문장의 ( )안에 들어갈 내용으로 옳은 것은?** 〈2010 사시〉

> 「방문판매 등에 관한 법률」상 방문판매, 전화권유판매 및 다단계판매의 경우 소비자의 철회권 행사기간은 법정 기산일로부터 (A) 이내이다. 그러나 재화 등의 내용이 표시 · 광고의 내용과 다르거나 계약 내용과 다르게 이행된 경우 철회권 행사기간은 당해 재화등을 공급받

은 날로부터 (B) 이내, 그 사실을 안 날 또는 알 수 있었던 날로부터 (C) 이내이다.

	A	B	C
①	7일	1월	14일
②	7일	3월	30일
③	14일	2월	30일
④	14일	3월	30일
⑤	21일	2월	14일

해설

(A) 법 제8조 제1항. (B)(C) 법 제8조 제3항. <답 ④>

30. **「방문판매 등에 관한 법률」상 영업과 관련한 규제를 잘못 서술한 것은?**

〈2010 사시〉

① 방문판매업자는 원칙적으로 관할 관청에 신고하여야 한다.

② 전화권유판매업자는 원칙적으로 관할 관청에 신고하여야 한다.

③ 다단계판매업자는 영업을 개시할 때에는 관할 관청에 등록하여야 한다.

④ 다단계판매조직에 다단계판매원으로 가입하고자 할 때에는 다단계판매업자에게 등록하여야 한다.

⑤ 계속거래업자는 관할 관청에 등록하여야 한다.

해설

①② 법 제5조 제1항. ③ 법 제13조 제1항. ④ 법 제15조 제1항. ⑤ 계속거래업자에게는 등록의무가 없다. <답 ⑤>

31. **「방문판매 등에 관한 법률」의 적용에 관한 설명으로 옳지 않은 것은?**

〈2011 사시〉

① 위 법은 다단계판매원이 상행위를 목적으로 재화를 구입하는 거래에 적용된다.

② 다른 법률에 계약서교부의무의 이행방법에 관하여 위 법과 달리 규정되어 있는 경우에 위 법의 규정이 우선 적용된다.

③ 위 법은 사업자가 소득기회를 알선 · 제공하는 방법으로 거래상대방을 유인하여 재화를 구입하게 하는 거래에 적용된다.

④ 위 법은 사업자가 사실상 소비자와 같은 지위에서 다른 소비자와 같은 거래조건으로 재화를 구입하는 거래에 적용된다.

⑤ 위 법은 전화를 사용하여 소비자의 응답을 유도하고 대화를 함으로써 계약의 청약을 받거나 계약을 체결하는 방법으로 재화를 판매하는 거래에 적용된다.

해설

① 사업자가 상행위를 목적으로 재화를 구입하는 거래에는 동법이 적용되지 않음이 원칙이나 다단계판매원이나 사업권유거래의 상대방은 예외적으로 동법이 적용된다(법 제3조 제1항). ② 동법상 계약서 교부의무에 관한 규정은 다른 법률에 이 법의 규정과 다른 방법에 의한 계약서교부의무 등이 규정되어 있는 거래에는 적용하지 아니한다(법 제4조 제2항). ③ "사업권유거래"라 한다(법 제1조 및 제2조 제11호). ④ 법 제3조 제1호 단서. ⑤ "전화권유판매"라 한다(법 제1조 및 제2조 제3호). <답 ②>

32. **「방문판매 등에 관한 법률」상 소비자의 청약철회권 행사에 관한 설명으로 옳은 것은?** 〈2011 사시〉

① 방문판매자는 소비자에게 청약철회를 이유로 위약금 또는 손해배상을 청구할 수 없다.

② 소비자가 다단계판매원으로부터 재화를 구입한 경우 우선적으로 다단계판매업자에게 청약철회를 하여야 한다.

③ 청약철회시 소비자와 방문판매자는 원상회복의무를 동시에 이행하여야 한다.

④ 방문판매계약을 체결한 자와 대금을 지급받은 자가 동일인이 아닌 경우 이들은 청약철회에 따른 대금환급의무의 이행에 있어서 각각 분할책임을 진다.

⑤ 청약철회시 방문판매자로부터 공급받은 재화의 반환에 필요한 비용은 소비자가 부담하여야 한다.

해설

① 법 제9조 제9항. ② 소비자가 다단계판매원과 재화 등의 구매에 관한 계약을 체결한 경우에는 다단계판매원에게 우선적으로 청약철회를 하고, 다단계판매원에 대하여 청약철회를 하는 것이 곤란한 경우에 한하여 당해 재화등을 공급한 다단계판매업자에게 청약철회를 할 수 있다(제17조 제1항 단서). ③ 방문판매자는 재화를 반환 받은 날부터 3영업일 이내에 이미 지급받은 재화등의 대금을 환급하여야 한다(법 제9조 제2항). ④ 연대책임을 진다(법 제9조 제10항). ⑤ 방문판매자가 부담한다(법 제9조 제9항). <답 ①>

33. **「방문판매 등에 관한 법률」상 다단계판매자에게 금지된 행위가 아닌 것은?** 〈2012 사시〉

① 계약의 해지를 방해할 목적으로 상대방에게 위력을 가하는 행위
② 재화등의 가격 · 품질 등에 대하여 허위사실을 알리는 행위
③ 청약철회등이나 계약의 해지를 방해할 목적으로 주소 · 전화번호 등을 변경하는 행위
④ 다단계판매원으로 등록하지 아니한 자를 다단계판매원으로 활동하게 하는 행위
⑤ 재화등의 거래에 따른 대금정산을 위하여 허락받은 범위를 넘어 소비자에 관한 정보를 이용하는 행위

해설

법 제23조 참조. <답 ⑤>

34. **「방문판매 등에 관한 법률」상 다단계판매원으로 등록할 수 없는 자를 모두 고른 것은?** 〈2012 사시〉

ㄱ. 파산선고를 받고 복권되지 아니한 자	ㄴ. 지방공무원
ㄷ. 한정치산자	ㄹ. 법인
ㅁ. 법정대리인의 동의를 얻지 아니한 미성년자	

① ㄱ, ㄴ, ㄷ ② ㄱ, ㄷ, ㄹ ③ ㄱ, ㄹ, ㅁ
④ ㄴ, ㄷ, ㅁ ⑤ ㄴ, ㄹ, ㅁ

해설

법 제15조 제2항 참조. <답 ⑤>

35. **「방문판매 등에 관한 법률」의 적용대상이 되는 방문판매에 해당하는 것을 모두 고른 것은?** 〈2013 사시〉

ㄱ. 부동산개발업자의 영업사원이 마을회관을 방문하여 소비자에게 개발예정지역의 토지 구입을 권유하고 실제 계약은 부동산개발업자의 영업소에서 체결하는 경우
ㄴ. 정수기 판매를 중개하는 자가 가가호호 방문하여 소비자에게 구입을 권유하고 매매계약의 청약을 받은 경우
ㄷ. 배추농사를 짓는 농부가 자신이 재배한 배추를 아파트 단지에 신

고 와서 주민들에게 판매하는 경우 ㄹ. 보험회사의 보험모집인이 병원을 방문하여 의사를 상대로 보험가입을 권유하여 계약을 체결하는 경우

① ㄱ, ㄴ ② ㄱ, ㄷ ③ ㄴ, ㄷ
④ ㄴ, ㄹ ⑤ ㄷ, ㄹ

해설

ㄱ. ㄴ. 방문판매는 사업장 외의 장소에서 소비자에게 권유하여 계약의 청약을 받거나 계약을 체결하여 재화 또는 용역을 판매하는 것을 말하며, 사업장 외의 장소에서 권유 등 방법으로 소비자를 유인하였다면 사업장에서 계약의 청약을 받거나 계약을 체결하는 경우도 역시 방문판매에 포함된다(방문판매법 제2조 제1호). ㄷ. 방문판매법 제3조 제3호; 시행령 제6조에 따라 방문판매법의 적용이 배제된다. ㄹ. 방문판매법 제3조 제2호에 따라 방문판매법의 적용이 배제된다. <답 ①>

36. **「방문판매 등에 관한 법률」(이하 '방문판매법'이라 함) 및 「할부거래에 관한 법률」(이하 '할부거래법'이라 함)상의 청약철회에 관한 설명으로 옳은 것은?** 〈2013 사시〉

① 계약서를 받은 날보다 재화등의 공급이 늦게 이루어진 경우 재화등을 공급받은 날부터 방문판매에서는 7일, 할부거래에서는 14일 이내에 각각 청약을 철회할 수 있다.
② 방문판매법상 청약철회의 효력은 철회의 의사표시를 기재한 서면을 발송한 날에 발생하나, 할부거래법상 할부거래의 경우에는 그 서면이 도달한 날에 발생한다.
③ 방문판매법은 소비자의 결제업자에 대한 상계요청권을 규정하고 있으나, 할부거래법에는 이에 관한 규정이 없다.
④ 방문판매법상의 방문판매자는 재화등의 공급에 소요된 비용에 상당하는 금액을 소비자에게 청구할 수 있으나, 할부거래법상 할부거래업자에게는 그러한 권리가 없다.
⑤ 방문판매법상 재화등의 훼손에 대하여 소비자의 책임이 있음을 방문판매자가 입증하여야 하지만, 할부거래법상 할부거래업자는 그러하지 아니하다.

해설

③ 방문판매법 제9조 제6항. ① 방문판매법상 철회권은 14일, 할부거래법상 철

회권은 7일 이내에 행사하여야 한다(방문판매법 제8조 제1항; 할부거래법 제8조 제1항). ② 할부거래의 경우에도 서면이 발송한 날에 효력이 발생한다(방문판매법 제8조 제4항; 할부거래법 제8조 제4항). ④ 할부거래업자에게도 소비자에게 비용을 청구할 수 있다(방문판매법 제9조 제8항; 할부거래법 제10조 제9항). ⑤ 할부거래법 제8조 제5항에서는 할부거래업자에게 입증책임을 지우고 있지 아니하다. <답 ③>

제 8 장　전자상거래소비자보호법

01. **다음은 「전자상거래 등에서의 소비자보호에 관한 법률」 중 사업자의 의무에 관한 내용이다. 옳지 않은 것은?**

① 전자상거래를 하는 사업자는 소비자의 회원 가입을 전자문서를 통하여 할 수 있도록 하는 경우에는 회원탈퇴도 전자문서를 통하여 할 수 있도록 하여야 한다.

② 전자상거래를 하는 사업자가 전자문서로 제공하기 어려운 기술적 이유나 보안상 이유가 명백하여 이를 소비자에게 미리 고지한 경우에는 전자문서 제공의무가 면제된다.

③ 사업자와 전자결제업자등은 전자적 대금지급이 이루어지는 경우 재화등의 내용·종류·가격, 용역의 제공기간을 명확히 고지하여야 한다.

④ 통신판매업자는 공정거래위원회 및 특별자치도지사·시장·군수·구청장에게 신고하여야 한다.

⑤ 신고한 통신판매업자가 그 영업을 휴업 또는 폐업하거나 휴업한 후 영업을 다시 시작할 때에도 신고하여야 한다.

해설

① 법 제5조 제4항. ② 법 제5조 제6항. ③ 법 제8조 제2항. ④ 공정거래위원회 또는 특별자치도지사·시장·군수·구청장에게 신고하면 된다(법 제12조 제1항). ⑤ 법 제12조 제3항. <답 ④>

02. **다음은 「전자상거래 등에서의 소비자보호에 관한 법률」 중 통신판매중개자에 관한 내용이다. 옳지 않은 것은?**

① 통신판매업자인 통신판매중개자는 통신판매중개의뢰자의 성명·주소·전화번호 등을 확인하여 그가 사업자인 경우에는 소비자에게 제공하고, 그가 사업자가 아닌 경우에는 거래의 당사자들이 위 정보를 열람할 수 있는 방법을 제공하여야 한다.

② 통신판매중개자는 고지의무를 위반한 경우, 통신판매중개의뢰자

의 고의 또는 과실로 소비자에게 발생한 재산상 손해에 대하여 통신판매중개의뢰자와 연대하여 배상할 책임을 진다.

③ 통신판매중개자는 소비자에게 제공한 정보가 사실과 달라 소비자에게 발생한 재산상 손해를 발생시킨 경우에도, 소비자에게 피해가 가지 않도록 상당한 주의를 기울인 경우에는 통신판매중개의뢰자와의 연대책임에서 배제된다.

④ 통신판매업자의 의뢰를 받아 통신판매를 중개하는 경우 통신판매중개의뢰자가 책임을 지는 것으로 약정하여 소비자에게 고지한 부분에 대하여 통신판매업자인 통신판매중개자는 통신판매중개의뢰자와 연대하여 책임을 진다.

⑤ 사업자인 통신판매중개의뢰자가 소비자에게 피해가 가지 아니하도록 상당한 주의를 기울인 경우에는 통신판매중개자의 고의 또는 과실로 소비자에게 발생한 재산상 손해에 대하여도 면책된다.

해설

① 법 제20조 제2항. ②③⑤ 법 제20조의2 제1항·제2항·제4항. ④ 이러한 고지를 하였다면 통신판매중개자는 책임을 면한다(법 제20조의2 제3항). <답 ④>

03. 음은 「전자상거래 등에서의 소비자보호에 관한 법률」에 관한 내용이다. 옳지 않은 것은?

① 공정거래위원회는 전자상거래 또는 통신판매에서의 소비자보호를 위하여 관련 사업자에게 소비자피해보상보험계약 등을 체결하도록 권장할 수 있다.

② 전자상거래를 행하는 사이버몰의 운영자는 소비자가 사업자의 신원 등에 관하여 쉽게 알 수 있도록 전화번호 · 전자우편주소를 표시하여야 한다.

③ 전자상거래를 하는 사업자 또는 통신판매업자가 전화, 팩스, 컴퓨터 통신 또는 전자우편 등을 이용하여 재화를 구매하거나 용역을 제공받도록 권유하는 구매권유광고를 할 때에는 이 법과 「정보통신망 이용촉진 및 정보보호 등에 관한 법률」 등 관계 법률의 규정을 준수하여야 한다.

④ 공정거래위원회가 관계법률을 위반하여 구매권유광고를 한 전자상거래를 하는 사업자 또는 통신판매업자에 대한 시정조치를 하기 위하여는 방송통신위원회 등 관련 기관에 위반자의 신원정보를 요청

하여야 한다.

⑤ 통신판매중개자는 사이버몰 등을 이용함으로써 발생하는 불만이나 분쟁의 해결을 위하여 그 원인 및 피해의 파악 등 필요한 조치를 신속히 시행하여야 한다.

해설

④ 공정거래위원회가 위반자의 신원정보를 확보하기 곤란한 경우에만 방송통신위원회 등 관련 기관에 위반자의 신원정보를 요청할 수 있다(법 제24조의2 제2항). ① 법 제24조 제1항. ② 법 제10조 제1항 제3호. ③ 법 제24조의2 제1항. ⑤ 법 제20조 제3항. <답 ④>

04. **「전자상거래 등에서의 소비자보호에 관한 법률」에 관한 다음 설명 중 옳지 않은 것은?**

① 사업자가 상행위를 목적으로 구입하는 거래에 대하여는 적용되지 않는다.

② 전화권유판매 및 통신판매에 대해 적용된다.

③ 사업자라 하더라도 사실상 소비자와 같은 지위에서 다른 소비자와 같은 거래조건으로 거래하는 경우에는 적용된다.

④ 전자상거래는 통신판매보다 넓은 개념으로서 '전자거래의 방법으로 상행위를 하는 것'을 말한다.

⑤ 통신판매중개는 사이버몰의 이용을 허락하거나 그 밖의 방법에 의해 거래 당사자간의 통신판매를 알선하는 행위를 말한다.

해설

① 법 제3조 제1항. ② 전화권유판매는 방문판매법이 적용되고, 전자상거래법이 적용되지 않는다(법 제2조 제2호 단서). ③ 법 제3조 제1항 단서. ④ 법 제2조 제1호, 「전자문서 및 전자거래기본법」 제2조 제5호. ⑤ 법 제2조 제4호. <답 ②>

05. **다음은 「전자상거래 등에서의 소비자보호에 관한 법률」상 사업자의 의무에 관한 내용이다. 옳지 않은 것은?**

① 사업자는 전자상거래 및 통신판매에서의 거래에 관한 기록을 1년 동안 보존하여야 한다.

② 통신판매업자는 소비자가 청약을 한 날부터 7일 이내에 재화 등의 공급에 필요한 조치를 하여야 하고, 선지급식 통신판매의 경우에는 소비자가 그 대금의 전부 또는 일부를 지급한 날부터 3영업일 이내

에 재화 등의 공급을 위하여 필요한 조치를 하여야 한다.

③ 사업자는 전자상거래에서 소비자가 조작실수 등으로 인한 의사표시의 착오 등으로 발생하는 피해를 예방할 수 있도록 거래대금이 부과되는 시점 또는 청약에 앞서 그 내용의 확인 및 정정에 필요한 절차를 마련하여야 한다.

④ 통신판매업자는 계약이 체결되면 계약자 또는 재화 등을 공급받는 자에게 계약내용에 관한 서면을 재화등을 공급할 때까지 교부하여야 한다.

⑤ 통신판매업자는 미성년자와 재화등의 거래에 관한 계약을 체결하고자 하는 경우에는 법정대리인이 그 계약에 대하여 동의를 하지 아니하면 미성년자 본인 또는 법정대리인이 그 계약을 취소할 수 있다는 내용을 미성년자에게 고지하여야 한다.

해설

① 기록의 종류별로 6개월, 3년, 5년의 보존기간이 정해져 있다(시행령 제6조 제1항). ② 법 제15조 제1항. ③ 법 제7조. ④ 원칙적으로 계약자에게 교부하나, 계약자의 권리를 침해하지 아니하는 범위에서 대통령령으로 정하는 사유가 있는 경우에는 계약자를 갈음하여 재화등을 공급받는 자에게 계약내용에 관한 서면을 교부할 수 있다(법 제13조 제2항). ⑤ 법 제13조 제3항. <답 ①>

06. **다음은 「전자상거래 등에서의 소비자보호에 관한 법률」의 내용이다. 옳지 않은 것은?**

① 소비자피해보상보험계약등에 따라 소비자피해보상금을 지급할 의무가 있는 자는 그 지급 사유가 발생하면 지체없이 소비자피해보상금을 지급하여야 하고, 이를 지연한 경우에는 지연배상금을 지급하여야 한다.

② 전자결제수단의 발행자는 소비자피해보상보험계약등의 체결이 의무화되어 있다.

③ 선지급식 통신판매의 경우에 통신판매업자는 자신의 선택에 따라 소비자가 결제대금예치를 이용하도록 하거나 소비자피해보상보험계약등을 체결하여야 한다.

④ 신용카드로 재화등의 대금을 지급하는 거래는 결제대금예치제도의 이용이나 소비자피해보상보험계약의 체결이 면제된다.

⑤ 소비자피해보상보험계약등에는 「보험업법」에 의한 보험계약, 소비

자피해보상금의 지급을 확보하기 위한 「금융위원회의 설치 등에 관한 법률」에 따른 기관과의 채무지급보증계약, 공제조합과의 공제계약이 포함된다.

해설

① 법 제24조 제6항. ② 법 제24조 제1항 단서. ③ 소비자가 선택하도록 규정되어 있다(법 제24조 제2항). ④ 법 제24조 제3항. ⑤ 법 제24조 제1항.

<답 ③>

07. 다음 중 「전자상거래 등에서의 소비자보호에 관한 법률」에서 금지하고 있는 사업자 또는 통신판매업자의 행위유형이 아닌 것을 모두 고른다면?

㈎ 소비자가 이용할 수 있는 결제업자를 지정하는 행위 ㈏ 청약철회나 계약해지를 방해하는 행위 ㈐ 소비자불만신고를 받기에 부족한 전화회선수와 전화상담요원수를 장기간 방치하는 행위 ㈑ 소비자의 동의를 받지 아니하거나 총리령으로 정하는 방법에 따라 쉽고 명확하게 소비자에게 설명·고지하지 아니하고 컴퓨터프로그램 등이 설치되게 하는 행위 ㈒ 소비자의 청약이 있음에도 불구하고 재화 등의 공급을 거절하는 행위 ㈓ 소비자가 재화를 구매할 의사가 없음을 밝혔음에도 불구하고 컴퓨터통신을 통하여 재화의 구매를 강요하는 행위 ㈔ 거래대금의 정산을 위하여 필요한 경우에 소비자의 허락을 받지 않고 소비자에 관한 정보를 이용하는 행위 ㈕ 기만적 방법을 사용하여 소비자를 유인하는 행위

① ㈎, ㈒, ㈔ ② ㈎, ㈐, ㈓ ③ ㈏, ㈑, ㈕
④ ㈏, ㈐, ㈓ ⑤ ㈒, ㈔, ㈕

해설

㈎와 ㈒는 법 제21조 제1항에 열거되어 있지 않고, ㈔는 예외적으로 허용되는 행위이다.

<답 ①>

08. 소비자가 통신판매업자에 대한 청약을 철회한 경우의 법률효과에 관한 다음 설명 중 옳은 것은?

① 재화의 훼손에 대하여 소비자의 책임이 있는지의 여부에 관하여 다툼이 있는 경우에 입증책임을 부담하는 자는 소비자이다.

② 소비자로부터 재화의 대금을 지급받은 통신판매업자는 재화를 반환받은 날로부터 5영업일 이내에 이미 지급받은 재화의 대금을 환급하여야 한다.

③ 소비자가 신용카드로 재화의 대금을 지급하였고 통신판매업자가 결제업자로부터 대금을 이미 지급받았다면 통신판매업자는 지체없이 결제업자에게 그 금액을 환급하고 그 사실을 소비자에게 통지하여야 한다.

④ 통신판매업자가 재화의 대금의 환급을 지연한 때에는 그 지연기간에 대하여 상법상의 법정이율에 따른 지연이자를 지급하여야 한다.

⑤ 결제업자는 통신판매업자로부터 재화의 대금을 환급받았는가의 여부에 관계없이 청약을 철회한 소비자에게 대금을 환급하여야 한다.

해설

① 통신판매업자가 입증하여야 한다(법 제17조 제5항). ② 3영업일이다(법 제18조 제2항). ③ 법 제18조 제3항. ④ 지연이자율은 공정거래위원회가 정한다(법 제18조 제2항). ⑤ 통신판매업자로부터 환급받은 후에 결제업자의 환급의무가 발생한다(법 제18조 제4항). <답 ③>

09. 「전자상거래 등에서의 소비자보호에 관한 법률」('이 법률'이라 한다)에서 규정한 조사절차에 관한 다음 설명 중 옳지 않은 것은?

① 이 법률에서는 직권조사를 일반적 방법으로 예정하고 있으나 신고에 따라 조사가 개시될 수도 있다.

② 조사기관은 그 결과를 당해사건의 당사자에게 서면으로 통지하여야 한다.

③ 공정거래위원회는 조사를 위하여 한국소비자원과 합동으로 조사반을 구성할 수 있다.

④ 시 · 도지사 또는 시장 · 군수 · 구청장이 조사를 하려면 미리 시 · 도지사는 공정거래위원회에, 시장 · 군수 · 구청장은 시 · 도지사를 경유하여 공정거래위원회에 통보하여야 한다.

⑤ 이 법률의 위반행위가 종료한 날로부터 5년이 경과하면 시정조치를 명할 수 없고 과징금도 부과할 수 없다.

✍ **해설**

①②③⑤는 법 제26조 각항의 규정내용이다. ④ 시·도지사 또는 시장·군수·구청장이 조사를 하려면 미리 시·도지사는 공정거래위원회에, 시장·군수·구청장은 공정거래위원회 및 시·도지사에게 통보하여야 하며, 공정거래위원회는 조사 등이 중복될 우려가 있는 경우에는 시·도지사 또는 시장·군수·구청장에게 조사의 중지를 요청할 수 있다. 이 경우 중지 요청을 받은 시·도지사 또는 시장·군수·구청장은 상당한 이유가 없으면 그 조사를 중지하여야 한다(법 제26조 제2항). 2012년 법 개정으로 공정거래위원회 및 시·도지사 외에 시장·군수·구청장에게도 조사권한이 부여되었다. <답 ④>

10. **「전자상거래 등에서의 소비자보호에 관한 법률」에서 정한 제재에 관한 다음 설명 중 옳은 것은?**

① 시정조치 후에도 위반행위가 반복되거나 시정조치가 이행되지 않을 경우 공정거래위원회는 6개월 이내의 기간을 정하여 그 영업의 전부 또는 일부의 정지를 명할 수 있다.
② 시정조치명령에는 중지명령, 이행명령, 소비자피해 예방에 필요한 조치명령, 시행조치를 받은 사실의 공표명령 등이 있다.
③ 시정조치만으로는 소비자피해의 방지가 곤란하다고 판단되는 경우라도 시정조치의 불이행이 있어야 영업정지명령을 내릴 수 있다.
④ 영업정지명령과 과징금은 동시에 병과할 수 있다.
⑤ 과징금 부과에 있어서 가장 중요하게 고려하여야 할 사항은 소비자의 피해규모이다.

✍ **해설**

① 1년 이내로 규정되어 있다(법 제32조 제4항). ② 법 제32조 제2항. ③ 시정조치의 불이행이 없더라도 과징금을 부과할 수 있다(법 제34조 제1항). ④ 법 제34조 제1항의 법문을 보면 과징금은 영업정지명령에 갈음하는 제재수단으로 규정되어 있다. ⑤ 여러 가지 고려사항 중 하나일 뿐 특히 중요한 고려사항이라고 할 수 없다. <답 ②>

11. **「전자상거래 등에서의 소비자보호에 관한 법률」상 전자상거래를 행하는 사이버몰의 운영자가 소비자를 위하여 사업자의 신원 등에 관하여 같은 법 총리령이 정하는 바에 따라 사이버몰의 초기화면 또는 연결화면에 표시하여야 하는 사항을 모두 고른 것은?**

㈎ 사이버몰의 이용약관	㈏ 사이버몰 운영자의 주민등록번호
㈐ 사업자등록 번호	㈑ 호스트서버의 주소

(마) 전자우편주소

① (가), (나), (다) ② (가), (다), (마) ③ (나), (다), (라)
④ (나), (라), (마) ⑤ (다), (라), (마)

해설

전자상거래를 행하는 사이버몰의 운영자는 소비자가 사업자의 신원 등에 관하여 쉽게 알 수 있도록 (i) 상호 및 대표자 성명, (ii) 영업소 소재지 주소(소비자의 불만을 처리할 수 있는 곳의 주소를 포함한다), (iii) 전화번호 · 전자우편주소, (iv) 사업자등록번호, (v) 사이버몰의 이용약관을 표시하여야 한다(법 제10조 제1항). <답 ②>

12. 다음 소비자보호 관련 법률 중에서 과징금부과를 제재수단으로 규정하고 있는 법률들로 묶인 것은? 〈2007 사시〉

ㄱ. 소비자보호법	ㄴ. 약관의 규제에 관한 법률
ㄷ. 할부거래에 관한 법률	ㄹ. 방문판매 등에 관한 법률
ㅁ. 전자상거래 등에서의 소비자보호에 관한 법률	

① ㄱ, ㄴ, ㄷ ② ㄴ, ㄷ, ㄹ ③ ㄱ, ㄷ, ㅁ
④ ㄱ, ㄷ, ㄹ ⑤ ㄷ, ㄹ, ㅁ

해설

ㄹ의 경우 법 제44조에서, ㅁ의 경우 법 제34조에서 과징금부과를 규정하고 있다. ㄷ의 경우 2010년 법 개정으로 선불식 할부거래업자에 대하여 과징금을 규정하게 되었고(법 제42조), ㄱ의 소비자보호법은 2007년의 법개정으로 소비자기본법이 되었는데, 소비자기본법은 과징금을 규정하고 있지 않다. <답 ⑤>

13. 「전자상거래 등에서의 소비자보호에 관한 법률」상 선지급식 통신판매에 있어서 통신판매업자가 결제대금의 예치 또는 소비자피해보상보험계약 등을 체결하여야 하는 경우에 해당되지 않는 것을 모두 고른 것은? 〈2007 사시〉

ㄱ. 10만원 이상의 재화등을 구매하는 거래 ㄴ. 신용카드로 재화등의 대금을 지급하는 거래 ㄷ. 일정한 기간에 걸쳐 분할되어 공급되는 재화등을 구매하는 거래 ㄹ. 정보통신망에 의하여 전송되거나 제3자가 배송을 확인할 수 없는 재화등을 구매하는 거래

① ㄱ, ㄴ　　② ㄱ, ㄷ　　③ ㄷ, ㄹ
④ ㄱ, ㄴ, ㄹ　　⑤ ㄴ, ㄷ, ㄹ

해설

법 제24조 제3항 각호 참조.
ㄱ. 출제 당시 10만원 '이하'의 재화등을 구매하는 거래(시행령으로는 5만원 이하로 규정)는 소비자피해보상보험계약을 체결하지 않아도 되는 것으로 규정하고 있었으나, 2013.5.28. 법 개정시 해당 조문은 삭제되어 현재는 소액거래라 하더라도 결제대금예치를 이용하도록 하거나 소비자피해보상보험계약을 체결하도록 의무화하는 '구매안전 보호조치'가 적용된다. 법 개정에도 불구하고 정답은 변함 없다. <답 ⑤>

14. **「전자상거래 등에서의 소비자보호에 관한 법률」상 소비자가 청약철회를 할 수 없는 것으로 묶인 것은?** 〈2007 사시〉

> ㄱ. 소비자의 책임 있는 사유로 재화등이 멸실 또는 훼손된 경우
> ㄴ. 광고·표시 등과 다른 재화등을 정보통신망에 의하여 제공받아 이용한 경우
> ㄷ. 소비자의 사용 또는 일부 소비에 의하여 재화등의 가치가 현저히 감소한 경우
> ㄹ. 시간의 경과에 의하여 재판매가 곤란할 정도로 재화등의 가치가 현저히 감소한 경우
> ㅁ. 복제가 불가능한 재화등의 포장을 훼손한 경우

① ㄱ, ㄴ, ㄷ　　② ㄱ, ㄴ, ㅁ　　③ ㄱ, ㄷ, ㄹ
④ ㄴ, ㄹ, ㅁ　　⑤ ㄷ, ㄹ, ㅁ

해설

법 제17조 제2항 각호 참조. <답 ③>

15. **「전자상거래 등에서의 소비자보호에 관한 법률」상 공정거래위원회의 시정조치에 대한 내용 중 옳지 않은 것은?** 〈2008 사시〉

① 공정거래위원회가 사업자에 대하여 시정조치를 명할 때에는 그에 앞서 시정방안을 정하여 시정권고를 하여야 한다.
② 사업자가 위반행위의 시정권고를 수락한 때에는 시정조치가 명하여진 것으로 본다.
③ 시정조치는 당해 위반행위의 중지, 이 법에 규정된 의무의 이행, 시

정명령을 받은 사실의 공표, 그 밖에 시정을 위하여 필요한 조치를 말한다.

④ 사업자가 시정조치에 따른 이행을 하지 아니하는 경우 공정거래위원회는 1년 이내의 기간을 정하여 그 영업의 전부 또는 일부의 정지를 명할 수 있다.

⑤ 시 · 도지사도 법위반 사업자에게 시정권고를 할 수 있다.

해설

① 공정거래위원회, 시 · 도지사 또는 시장 · 군수 · 구청장은 사업자가 법 규정에 위반하는 행위를 하거나 법 규정에 의한 의무를 이행하지 않은 경우 시정조치에 앞서 행위를 중지하거나 법에 규정된 의무 또는 시정을 위하여 필요한 조치를 이행하도록 사업자에게 시정방안을 정하여 이에 따를 것을 권고할 수 있지만 시정권고 절차 없이도 바로 시정조치가 가능하도록 규정하고 있다(법 제31조 제1항). ② 법 제31조 제3항. ③ 2012년 법 개정시 제4호가 추가되었음(법 제32조 제2항). ④ 법 제32조 제4항. ⑤ 2012년 법 개정시 시장 · 군수 · 구청장도 시정권고를 할 수 있게 되었다(법 제31조 제1항). <답 ①>

16. **「전자상거래 등에서의 소비자보호에 관한 법률」의 내용에 관한 설명 중 옳지 않은 것을 모두 고른 것은?** 〈2009 사시〉

ㄱ. 통신판매업자는 허위 또는 과장된 사실을 알리거나 기만적 방법을 사용하여 소비자를 유인하는 행위를 하여서는 아니된다.
ㄴ. 통신판매업자와의 거래에 관련된 소는 제소 당시 통신판매업자의 영업소를 관할하는 지방법원의 전속관할로 한다.
ㄷ. 통신판매업자는 그 휴업기간 또는 영업정지기간 중에도 청약철회 등의 업무와 청약철회 등에 따른 대금의 환급과 관련된 업무를 계속하여야 한다.
ㄹ. 청약철회의 경우에 재화등의 반환에 필요한 비용은 통신판매업자만이 부담한다.
ㅁ. 통신판매업자는 재화등의 거래에 따른 대금정산을 위하여 필요한 경우에는 소비자의 허락을 받지 아니하거나 허락받은 범위를 넘어 소비자에 관한 정보를 이용할 수 있다.

① ㄱ, ㄴ ② ㄴ, ㄹ ③ ㄷ, ㅁ
④ ㄱ, ㄷ ⑤ ㄹ, ㅁ

✍ **해설**

ㄱ. 2012년 법 개정으로 '허위 또는 과장된 사실'이 '거짓 또는 과장된 사실'로 변경되었다(법 제21조 제1항). ㄴ. 소 제기 당시 소비자의 주소 또는 거소가 분명하지 아니한 경우를 제외하고 통신판매업자와의 거래에 관련된 소(訴)는 소 제기 당시 소비자의 주소를 관할하는 지방법원의 전속관할로 하고, 주소가 없는 경우에는 거소를 관할하는 지방법원의 전속관할로 한다(법 제36조). ㄷ. 법 제22조 제1항. ㄹ. 법 제17조 제1항의 규정에 의한 청약철회 등의 경우 공급받은 재화등의 반환에 필요한 비용은 소비자가 이를 부담하고 통신판매업자는 소비자에게 청약철회 등을 이유로 위약금 또는 손해배상을 청구할 수 없으며(법 제18조 제9항), 제17조 제3항의 규정에 의한 청약철회 등의 경우 재화 등의 반환에 필요한 비용은 통신판매업자가 이를 부담한다(법 제18조 제10항). ㅁ. 법 제21조 제1항 제6호. <답 ②>

17. **「전자상거래 등에서의 소비자보호에 관한 법률」상 소비자의 청약철회에 관한 설명 중 옳지 않은 것은?** 〈2009 사시〉

① 소비자가 재화를 이미 사용하여 재화의 가치가 현저히 감소한 경우에 원칙적으로 소비자는 청약철회를 할 수 없다.

② 소비자가 복제가 가능한 재화의 포장을 훼손한 경우에 원칙적으로 소비자는 청약철회를 할 수 없다.

③ 소비자가 청약철회를 서면으로 하는 경우에 그 의사표시가 기재된 서면을 발송한 날에 그 효력이 발생한다.

④ 소비자가 청약철회를 한 경우에 통신판매업자가 결제업자로부터 해당 재화의 대금을 이미 지급받은 때에는 통신판매업자는 지체없이 소비자에게 이를 환급하여야 한다.

⑤ 소비자가 청약철회를 한 경우에 재화의 훼손에 대하여 소비자의 책임이 있는지의 여부에 관하여 다툼이 있는 경우에는 통신판매업자가 이를 입증하여야 한다.

✍ **해설**

①②③⑤ 법 제17조 제2항 · 제4항 · 제5항. ④ 통신판매업자는 제1항 및 제2항의 규정에 의하여 재화등의 대금을 환급함에 있어 소비자가 여신전문금융업법 제2조 제3호의 규정에 의한 신용카드 그 밖에 대통령령이 정하는 결제수단으로 재화등의 대금을 지급한 때에는 지체없이 당해 결제수단을 제공한 사업자(이하 '결제업자'라 함)로 하여금 재화등의 대금의 청구를 정지 또는 취소하도록 요청하여야 한다. 다만, 통신판매업자가 결제업자로부터 해당 재화등의 대금을 이미 지급받은 때에는 지체없이 이를 결제업자에게 환급하고, 그 사실을 소비자에게 통지하여야 한다(법 제18조 제3항). <답 ④>

18. **「전자상거래 등에서의 소비자보호에 관한 법률」상 소비자보호 규정에 위반한 자는?** 〈2010 사시〉

① 소비자가 쉽게 거래기록을 열람·보존할 수 있는 방법을 제공한 사업자
② 사업자가 보존하여야 할 거래의 기록 및 관련된 개인정보의 이용에 관하여 소비자가 이용 동의를 철회한 경우에도 이를 지체없이 파기하지 않은 사업자
③ 복제가 가능한 재화등의 포장을 훼손한 소비자에 대하여는 언제나 철회권을 인정하지 않는 사업자
④ 거래대금이 부과되는 시점 또는 청약에 앞서 그 내용의 확인 및 정정에 필요한 절차를 마련하여 둔 사업자
⑤ 재화의 배송 등 계약의 이행을 위하여 불가피한 사정이 있는 경우 본인의 허락 없이 개인정보를 위탁받은 배송사업자에게 제공한 사업자

해설

① 법 제6조 제1항. ② 법 제6조 제2항. ③ 법 제17조 제2항 단서. ④ 법 제7조. ⑤ 법 제21조 제1항 제6호 가목; 시행령 제26조. <답 ③>

19. **「전자상거래 등에서의 소비자보호에 관한 법률」상 통신판매에 해당하지 않는 것은?** 〈2011 사시〉

① 우편에 의한 판매
② 광고시설물에 의한 판매
③ 방송에 의한 판매
④ 전화권유에 의한 판매
⑤ 전단지에 의한 판매

해설

④ 전화권유에 의한 판매는 방문판매법에서 규율한다(법 제2조 제2호). <답 ④>

20. **「전자상거래 등에서의 소비자보호에 관한 법률」상 전자상거래 또는 통신판매를 할 때 건전한 거래질서의 확립 및 소비자의 보호를 위하여 사업자의 자율적 준수를 유도하기 위한 지침을 정할 수 있는 것으로 규정된 기관은?** 〈2012 사시〉

① 한국소비자원
② 공정거래위원회
③ 전자거래분쟁조정위원회
④ 한국공정거래조정원

⑤ 소비자정책위원회

해설

② 법 제23조 제1항. <답 ②>

21. **「전자상거래 등에서의 소비자보호에 관한 법률」상 통신판매업자의 재화등의 공급에 관한 설명으로 옳지 않은 것은?** 〈2012 사시〉

① 통신판매업자는 원칙적으로 소비자가 청약을 한 날부터 7일 이내에 재화등의 공급에 필요한 조치를 하여야 한다.
② 통신판매업자는 청약을 받은 재화등을 공급하기 곤란함을 알았을 때에는 그 사유를 소비자에게 지체없이 알려야 한다.
③ 선불식 통신판매의 경우 소비자와 통신판매업자 간의 재화등의 공급시기에 관한 별도의 약정은 효력이 없다.
④ 선불식 통신판매의 경우 통신판매업자는 원칙적으로 그 대금을 받은 날부터 3영업일 이내에 재화등의 공급을 위하여 필요한 조치를 하여야 한다.
⑤ 선불식 통신판매에서 통신판매업자가 청약을 받은 재화등을 공급하기 곤란함을 알았을 때에는 그 대금을 지급받은 날부터 3영업일 이내에 환급하거나 환급에 필요한 조치를 하여야 한다.

해설

③ 법 제15조 제1항 참조. <답 ③>

22. **「전자상거래 등에서의 소비자보호에 관한 법률」상 '소비자피해보상보험계약등'에 관한 설명으로 옳은 것을 모두 고른 것은?** 〈2013 사시〉

ㄱ. 공정거래위원회는 소비자보호를 위하여 사업자단체에 '소비자피해보상보험계약등'을 체결하도록 명하여야 한다.
ㄴ. 선지급식 통신판매에서 소비자가 결제대금예치의 이용을 선택한 경우에는 통신판매업자는 소비자가 이를 이용하도록 하여야 한다.
ㄷ. '소비자피해보상보험계약등'에 따라 소비자피해보상금을 지급할 의무가 있는 자는 그 지급사유가 발생한 경우 지체없이 이를 지급하여야 한다.
ㄹ. '소비자피해보상보험계약등'은 「보험업법」에 의한 보험계약 또는

공제조합과의 공제계약 중 어느 하나여야 한다.

① ㄱ, ㄴ ② ㄱ, ㄷ ③ ㄴ, ㄷ
④ ㄴ, ㄹ ⑤ ㄷ, ㄹ

✍ **해설**

ㄱ. 공정거래위원회는 사업자에게 소비자피해보상보험계약을 체결하도록 권장할 수 있다(전자상거래법 제24조 제1항). ㄴ. 전자상거래법 제24조 제2항. ㄷ. 전자상거래법 제24조 제6항. ㄹ. 「보험업법」에 따른 보험계약과 공제조합과의 공제계약뿐만 아니라 「금융위원회의 설치 등에 관한 법률」 제38조에 따른 기관과의 채무지급보증계약도 소비자피해보상보험계약에 해당될 수 있다(전자상거래법 제24조 제1항). <답 ③>

저자약력

서울대학교 법과대학 졸업
캘리포니아대학교 로스쿨 LL.M.
툴레인대학교 로스쿨 S.J.D.
하버드 로스쿨 연구교수(Yenching Scholar)
워싱턴대학교 로스쿨 강의교수
사법시험 · 행정고시 · 입법고시 위원
법무부 법무자문위원회 상법개정특별위원회 위원
공정거래위원회 비상임위원
현재 이화여자대학교 법학전문대학원 교수

〈주요저서〉
국제독점금지법(박영사, 1986)
미국계약법(법문사, 1996)
어음 · 수표법(법문사, 2009)
미국유통증권법(세창출판사, 2007)
회사법—판례와 사례—(법문사, 2012)
유가증권법(법문사, 2013)
주석 상법[총칙 · 상행위] (공저, 한국사법행정학회, 2003)
주석 상법[회사] (공저, 한국사법행정학회, 2003)
경제법(신조사, 2013)

객관식 경제법

2013년 9월 25일 초 판 제 1 쇄인쇄
2013년 9월 30일 초 판 제 1 쇄발행

저 자 양 명 조
발행인 이 명 재
발행처 **신 조 사**
서울특별시 마포구 염리동 161-5 201호
전 화 (02) 713-0402 FAX (02) 713-040
등 록 1994. 7. 4, 제17-179호(倫)
E-mail: sinjosa@sinjosa.co.kr http: //www.sinjosa.co.kr

정가 17,000원 ISBN 978-89-92841-79-5